感悟历代帝王的文治武功与百态人生

展现封建皇权的家国情仇与盛衰兴亡

千年更迭变换，他们或是流芳千古、或遗臭万年、
或是平平淡淡，但是在他们身上总有一点历史的缩影，
或深或浅的足迹中隐隐约约的展现了中国封建历史的发展轨迹。

年轻人**要熟知的**100位

中國帝王

NIANQINGREN
YAOSHUZHIDE
100WEIZHONGGUODIWANG

志刚◎编著

中国华侨出版社

图书在版编目（CIP）数据

年轻人要熟知的100位中国帝王 / 志刚编著. —

北京：中国华侨出版社，2012.5

　　ISBN 978-7-5113-2332-3

　　Ⅰ．①年… Ⅱ．①志… Ⅲ．①帝王－生平事迹－中国

－古代－青年读物 Ⅳ．①K827=2

　　中国版本图书馆 CIP 数据核字（2012）第 075690 号

●年轻人要熟知的100位中国帝王

编　　著	/	志　刚
责任编辑	/	支惠琴
装帧设计	/	添翼图文设计工作室 / 王丽杰
经　　销	/	全国新华书店
开　　本	/	710×1000 毫米　1/16 开　印张 /20　字数 210 千字
印　　刷	/	北京凯达印务有限公司
版　　次	/	2012 年 8 月第 1 版　2012 年 8 月第 1 次印刷
书　　号	/	ISBN 978-7-5113-2332-3
定　　价	/	35.00 元

中国华侨出版社　北京市朝阳区静安里 26 号　邮编：100028

法律顾问:陈鹰律师事务所

编辑部：(010)64443056　64443979

发行部：(010)64443051　传真：(010)64439708

网址:www.oveaschin.com

E-mail:oveaschin@sina.com

前言

■ 与帝王握手

历史见证着时代，人类创造着历史。上至王侯将相名门望族，下至贩夫走卒布衣黎民，他们都是历史的创造者。人与人之间原本没有什么分别，但在封建思想的熏陶下，身份、地位、权势、财富等在人们的心中打下了深深的烙印，燃起了人们的欲望。随着千古第一帝秦始皇的登台，封建时代愈发兴盛起来。

时势造就了英雄，也造就了开朝皇帝。日中则昃，月圆则亏。在开朝皇帝子孙的经营下，朝代终归会走向完结。然而，历史没有结局，只会无休止地延续下去。于是，在中国历史的长河中，留下了秦、两汉、三国、两晋、南北朝、隋、唐、五代、宋、元、明、清等诸多朝代。

在朝代的不断更替中，四百多位帝王先后登上了历史的舞台。然而，皇帝这个身份给他们的感觉却存在着天壤之别，遂有叹息流涕者，有志得意满者，有战战兢兢者，也有胸有成竹者。无论是在处理与朝臣、外戚、皇族、百姓的关系上，还是在重大决策的执行上和对待爱情、家庭、艺术、享受等方面的追求上，他们都展现出了各自不同的姿态。横看成岭侧成峰，远近高低各不同。全面了解了这些帝王后，你将会发现：历史并不是我们想象的那么沉重，帝王也并不是我们想象的那样难以接触。

不平凡的身份使得帝王们拥有了不平凡的生活，尽管有些帝王曾经平庸地度过了一生。山之妙在峰回路转，水之趣在风起波生。从他们千回百转、波澜起伏的生活中，更能体会到人生百味和世事无常。

清代金缨说："眼界要阔，遍历名山大川；度量要宏，熟读五经诸史。"与帝王牵手，让记忆生机勃勃，从中寻找真理的火炬，用它照亮我们的现实，照亮我们的未来！

　　本书参考了诸多史料，从历代帝王中精心挑选出富有代表性的一百位帝王供读者赏阅。它融历史性、趣味性、文学性于一体，是一本常看常新、常思常获的大众读物。

目录

第一篇 秦汉三国卷

第二篇　东西两晋南北朝卷

第三篇　隋唐五代十国卷

第四篇　宋元明清卷

秦始皇嬴政——千古第一帝

■ 吕不韦喜得奇货　嬴政顺势成王

秦昭王四十年（公元前267年），秦国太子死。两年后，秦昭王次子安国君被立为太子。安国君将最喜欢的爱姬立为正夫人，号为华阳夫人。在众多爱姬中，夏姬并不受宠爱。她为安国君生有一子，名为子楚，这就是嬴政的父亲。夏姬在安国君心中的地位直接影响到她在秦宫中的地位，从而导致了子楚的不幸。

为了扩张秦国势力，秦昭王采取了远交近攻的策略，打算联合赵国来攻打与秦相邻的韩国和魏国。秦昭王为表诚意，要从二十几个王孙中选出一位去赵国做人质，子楚成为了"最佳人选"。他告别了秦宫，来到人生地不熟的赵国。

在战火不断的战国时期，人质的处境常常是危险的。因为一旦交好的两国之间发生战争，人质便会成为牺牲品，或者受尽凌辱与虐待，或者被处以死刑。子楚是不幸的，然而又是幸运的。不幸的是他成为了人质，而幸运的是他不仅活着，而且在经历了一段艰苦时期后，一潭死水般的生活竟然活泛起来。

子楚在赵国期间，秦国违背了与赵国的约定，数次攻打赵国。赵国军民迁怒于子楚，子楚出无车、食无肉，生活甚是窘迫。就在这个时候，吕不韦奇迹般地出现了。

吕不韦是当时有名的大商人，凭着灵活的经商头脑积累了许多财富。他在邯郸做生意时，听说了子楚这个人，认为子楚是"奇货"。于是，他主动去拜见子楚，向子楚说道："秦王年老，死后必然立安国君为王。我听说安国君非常宠爱华阳夫人，只有她有资格立嫡嗣，而她却没有儿子。如今，你有兄弟二十多个，而你又不受宠幸，一旦安国君被立为王，你们兄弟之间肯定会为了太子之位而激烈竞争，你现在的处境是不利于争夺太子之位的。"吕不韦分析得非常透彻，子楚当即向他问计。他告诉子楚："你现在生活贫寒，又远离家乡，没有财力攀亲和结交宾客。我可以拿出千金来替你去秦国走一趟，供奉安国君和华阳夫人，使你成为华阳夫人的继子。"子楚满怀感激，吕不韦成功迈出了计划的第一步。

任何事物都存在相对性，偶然性中也常常存在必然性。偶然的是，吕不韦认识了落魄的子楚，而华阳夫人没有儿子。吕不韦正是看到了这些偶然事物之间的联系，于是才决定将偶然变成必然，使子楚成为太子，借助子楚来抬高自己的声望和地位。

于是，吕不韦给子楚留了五百金，用以结交宾客；用另外五百金买了一些古玩奇物，奉献给华阳夫人。为了掩人耳目，吕不韦到了秦国后，通过华阳夫人的姐姐将礼物转送给华阳夫人，并借其口来说服华阳夫人。华阳夫人自然明白自己的处境，要想永久保住自己的地位，不能依靠渐渐褪去的容颜，唯一的办法是从安国君众多儿子中选择一位做继子。此时，在她姐姐动之以情、晓之以理的劝说下，她选中了子楚。接着，华阳夫人轻而易举地说服了安国君，子楚得以成为她的继子。

吕不韦返回赵国后，将自己一位能歌善舞的姬子赵姬赠给了子楚。不久，赵姬生下一子，取名为政，这一年是公元前259年。

秦昭王五十年（公元前257年），秦国派兵围攻赵国都城邯郸，赵人要杀掉子楚。吕不韦买通守城官吏，子楚得以逃回秦国。赵人无奈，要杀掉赵姬母子二人。赵姬带着小嬴政躲在她母亲家，躲过了杀身之祸。

公元前251年，在位长达56年的秦昭王死去。安国君即位后，立华阳夫人为王后，子楚为太子。不过三日，安国君便死去，被追谥为孝文王。此时，秦赵两国再次交好，赵国派人将赵姬和小嬴政送回秦国。子楚即位后，为庄襄王。华阳王后成为了华阳太后，庄襄王生母夏姬被尊为夏太后。吕不韦的生意做成了，他被任命为丞相，同时被封为文信侯，得到十万户食邑。

公元前246年，庄襄王死。年仅13岁的太子政即位，这就是中国历史上第一个皇帝——秦始皇！

■ 消除内患　手握实权

秦王嬴政即位后，把吕不韦尊为相国和仲父。少主临朝，按照当时的社会惯例，通常由母后主政。例如，秦昭王即位后，"宣太后自治"；齐王建即位后，"国事皆决于君王后"；赵孝成王即位后，"太后用事"。照此说来，秦王嬴政即位时，其母赵太后主政也是必然。

赵姬做了太后以后，依然难以割舍与吕不韦的旧情，但当时的形势大有不同。吕不韦显得进退两难，不应承太后之召属于违命，而应召又有可能使自己多年的心血毁于一旦，但也只能与太后"时时窃私通"。

吕不韦心里明白，与太后私通的事情一旦暴露，自己就会身败名裂。于是，在迎合太后的同时，他时时在寻找摆脱太后的时机。后来，吕不韦在一个偶然的机会得到了嫪毐，对外诈称嫪毐被施了腐刑，然后让他以"宦者"身份在后宫侍奉太后。

嫪毐很讨太后的喜欢，与太后如胶似漆。不久，太后生下一男。为避人耳目，太后移居秦国故都雍城，在雍城中的大郑宫内住下。一段时间后，太后再次怀孕。嫪毐备加受宠，权势日益膨胀。秦王政八年（公元前239年），嫪毐被封为长信侯，并被赐予山阴地，以河西太原郡为封国。很快，他在秦国的权势与吕不韦不相上下。

然而，嫪毐是个得志便猖狂的小人，注定难成气候。一次，嫪毐与秦王的侍臣饮酒博戏，酒醉后发生口角之争。嫪毐自恃有太后撑腰，大言不惭地说："我是秦王的'假父'，你竟敢对我无理！"秦王侍臣见嫪毐如此嚣张，忍气吞声地离开了。回到王宫后，侍臣把嫪毐所说的话向秦王做了详细禀报。秦王嬴政听后非常恼怒，决心除掉嫪毐。

秦王政九年（公元前238年），秦王嬴政年满22岁。按照秦国礼制，应加冠亲政。

就在举行加冠礼前夕，秦王嬴政从亲信口中得知，长信侯嫪毐并非宦者，常与太后秽乱宫中，并生有两个男儿，现藏匿在民间。而且，长信侯与太后密谋：一旦秦王驾崩，便立他们的儿子为秦王。

秦王嬴政非常震惊，立刻密令官员调查，发现情况属实。因加冠礼在即，秦王嬴政并没有立即下令逮捕嫪毐，而是采取"欲擒故纵"的计策，照常前往雍都行加冠礼，暗中做好了一切部署。

嫪毐的爪牙众多，秦王要调查"官闱秽事"的消息很快便传入了他耳中。这时的他顿时感到恐慌，急忙与太后商议对策，谋定在举行加冠礼时除掉秦王。

秦王嬴政下榻蕲年宫时，嫪毐按计划行事，立即征发县卒、卫卒、官骑以及门下舍人，向蕲年宫进发，企图一举推翻秦王嬴政，另立新君。

令嫪毐没有想到的是，秦王嬴政早有准备。嫪毐刚发兵，秦王嬴政立即派相国昌平君、昌文君率兵镇压。嫪毐兵败逃走，秦王发兵追击，斩杀了嫪毐。叛乱平息后，参与叛乱的大臣一律受车裂之酷刑，且被诛灭三族。

从平定嫪毐叛乱那天起，秦王嬴政亲理政事，成为集军政大权于一身的年轻帝王。

除掉嫪毐后，秦王嬴政并没有善罢甘休，接着杀死了太后与嫪毐生下的两个儿子，并将太后迁于雍城居住，以示惩罚。

秦王嬴政杀弟迁母之后，怒气仍不能平息。他认为乱事之根、罪魁祸首应当是仲父吕不韦。于是要除掉吕不韦。朝中大臣纷纷为吕不韦说情，尽数其功劳。秦王嬴政考虑到吕不韦这些年来的确尽心扶持自己，不忍诛杀他。但死罪可免，活罪难饶，他罢免了吕不韦的相国职务。

吕不韦权倾朝野，虽然不做相国，但影响力并没有减退。他被罢相不久，秦王嬴政又把他驱逐到河南的封邑。在吕不韦回封邑后一年多的时间内，他门下的宾客接连不断地从河南前往咸阳，在秦王面前为吕不韦说情。他们的目的很明确，就是企图使吕不韦回到咸阳，重新执掌国政。秦王嬴政深感不安，正式赐书给吕不韦：

"君何功于秦，封君河南，食十万户？

君何亲于秦，号称仲父？"

与此同时，秦王将吕不韦及其家属迁徙蜀地，以彻底清除吕不韦的势力。吕不韦终于省悟，不再抱有任何幻想，于是服毒而死。

秦王嬴政顺利除掉了吕不韦，为自己掌权扫清了障碍。

■ 鞭挞宇内　一统天下

秦王嬴政理政后，任用尉缭、李斯为相，开始实现自己的宏图霸业。他以坚强的毅力和刚柔相辅的手腕，将军事攻打和政治分化完美地结合起来，在短短10年的时间内（公元前230年——公元前221年），以气吞山河之势先后灭掉了韩、燕、赵、魏、楚、齐六国，建立了中国历史上第一个统一的多民族封建专制中央集权国家。

战国七雄中，赵国是仅次于秦国的强国，名将辈出。而且，赵国曾多次同其他诸侯国合纵攻秦，数次重创秦军。所以，秦国君臣都把赵国当作最大的敌人，对其不敢掉以轻心。

秦王政三年（公元前245年），赵悼襄王上台，大将间矛盾激化。赵王的亲信乐乘想取代廉颇的位置，结果被廉颇打败。随后，廉颇投奔魏国。

为了保证对赵作战的胜利，秦王嬴政进行了仔细的调查和研究。他了解到，赵国除了君臣隔膜、将士不睦以外，还与东北邻国燕国不容，经常兵戎相见。即使在休战时期，也是貌合神离、互相倾轧。

秦王政十一年（公元前236年），秦王嬴政得到消息：赵、燕两国关系又趋紧张，赵国派庞煖将兵攻燕，连克燕城数座，而且继续向燕腹地推进。秦王嬴政判断赵国国内必然空虚，果断决策，派王翦等以救燕为名，乘燕赵两国做鹬蚌之争时攻打赵国。

赵国正忙于对燕作战，国内兵力严重不足，无法组织有效的抵抗。秦军兵分两路，王翦一路很快攻占了好几个城市，另一路秦军占领了赵国的河间六城。不久，秦军又攻占了邺（今河北磁东）和安阳（今河南安阳），赵国的上党郡和漳河流域已完全为秦军所控制。

战争的考验和理政的实践，使年轻的秦王很快成熟起来。

秦王政十三年（公元前234年），秦军士气正旺，而赵国则兵势不振。秦王嬴政再做决策，派将军桓汸攻赵。桓汸行动迅速，指挥秦军快速东进，将武城（今河北磁县西南）和平阳（今磁县东南）两城包围起来，对其发起猛攻。平阳和武城皆位于赵都邯郸之南的漳水边上，一东一西，扼住邯郸南大门，地理位置十分重要。赵王见形势危急，急调10万精兵，以扈辄为将前去救援。双方在平阳外围展开了激战，结果赵军被全部歼灭，扈辄战死沙场。

平阳之战是秦统一六国前所进行的最大一次战役，赵国的有生力量在这次战争中遭到沉重打击。秦王接到捷报，兴奋不已。为了鼓舞士气，他起身前往距前线不远的河南地区督战，决心一举灭赵。

第二年，桓汸奉命继续攻赵。桓汸率军从上党出发，翻越太行山，向赵发起进攻，夺取了赤丽、宜安（今河北藁城西南）。秦王此次出兵的目标主要是攻占邯郸以北的要塞，与在邯郸以南的秦军遥相呼应，形成南北合击的态势，为灭赵创造有利的战略条件。

赵王十分清楚秦军的意图，只有尽快击退秦兵，稳固后方，才能使赵都邯郸摆脱危险境地。赵王在此危难之际，急调"北边良将"李牧出征。

李牧率军向宜安进发，与桓汸指挥的秦军在肥（今河北晋县西）展开激战。桓汸被李牧打得大败。他侥幸逃脱性命，想到自己是近年来第一个遭到如此惨败的秦将领，无颜再回到秦国，遂投燕去了。李牧为赵国解了燃眉之急，换得赵国片刻安宁。

秦王政十五年（公元前232年），秦王兵分两路，企图再次形成南北合击邯郸的战略态势，一支攻到了漳水流域的邺，另一支到达太原，并由此向邯郸后方的番吾（在今河北省灵寿县西南）发动猛攻。在此危难时刻，赵王再次令李牧率军迎敌。李牧没有辜负赵王厚望，领兵直驱番吾，同秦军展开了血战，结果再次打败秦军。

秦王嬴政见两次失利，决定放弃临时制定的先行灭赵计划，恢复执行既定的先行灭韩、翦除秦腹心之患的战略方针。同时，他也在寻找时机，以除掉李牧，确保统一战争的顺利进行。

战国七雄中韩国的领土最小，辖有现今山西省的东南部、河南省的中部。由于韩国地处秦军东进的要冲，是"天下之咽喉"，再加上韩国在山东六国中实力最弱，因此成为了秦国的第一个战略目标。

在秦惠王时期，张仪已经提出了"下兵三川"、"挟天子以令天下"的主张，建议首先灭韩。司马错则主张先攻取巴蜀，可以"广地"、"富国"、"强兵"，从而"三资者备而王随之矣"。

当时，秦惠王认为司马错的主张更合理，于是采纳了他的建议，于公元前316年派司马错带兵攻取巴蜀，后来建成了都江堰。从历史发展的过程来看，秦惠王当年弃韩而攻蜀的战略决策是非常正确的。经过多年的发展和积蓄，到秦王嬴政亲政的时候，秦国的实力比秦惠王时期更加强大，而韩国的实力比当年更为衰弱。

秦王嬴政高瞻远瞩，在大举发兵前，给实力强大的赵军造成重创，从而有效避免了灭韩的行动促成赵、楚、魏等国的联合。尽管秦军曾有两次被赵国名将李牧打得大败，但最终重创赵军，使赵"亡卒数十万、邯郸仅存"。

秦王政十六年（公元前231年），魏、韩两国被迫向秦国献地。韩献出了南阳（今河南获嘉县北）后，秦国派内史腾任南阳假守（郡级行政长官），为迅速吞掉韩国做准备。

秦王嬴政十七年（公元前230年），秦王嬴政下令内史腾就近攻打韩国。秦军将士勇猛如虎，几乎没有遇到什么顽强抵抗就攻入了韩都新郑（今河南新郑县北），俘虏了韩王安。韩国宣告灭亡，秦国将其土地建置为颍川郡。

就在这一年，赵国发生大地震，国内混乱。秦王嬴政认为这是天赐的灭赵良机，决定再举兵征伐。秦王政十八年（公元前229年），秦国派重兵大举攻赵。秦军兵强马壮，士气高昂。王翦率上党秦军由西向东直下井陉（今河北省井陉），再由北而南威逼邯郸；杨端和率河内（今河南省黄河以北地区）秦军由南而北，对邯郸形成夹攻之势。

此时的赵国，已是岌岌可危。赵王派大将军李牧和将军司马尚带兵在邯郸外围拼死抵御。李牧和司马尚竭尽心智，全力以赴，成功地将两路秦国大军抵挡在邯郸外围达一年之久。秦军想尽攻城办法，但收效甚微。

秦军三次攻赵，前两次遭到惨败，这一次又遭到顽强抵抗，而给秦军造成巨大障碍的竟都是李牧。秦王嬴政在心里暗暗佩服李牧的才能：提百万之军纵横沙场，攻必克，守必固，百战而不殆者，李牧足以称之。秦军将领无人能及。

秦王认为铲除李牧是当务之急，但靠军事强攻显然不行，唯有智取。于是，他派人潜入邯郸以重金贿赂郭开，巧施反间计。郭开收受贿赂后，声言李牧和司马尚在国难当头之际不为君王着想，不为国家尽力，欲谋叛赵国而去。赵王在国难当头时竟不做任何调查就信以为真，派赵葱和颜聚两个无能之辈去取代李牧和司马尚。李牧抗拒王命，不交兵权，继续率兵抗秦。赵王气愤，派人秘密捕杀了李牧，免了司马尚的职。

李牧死后，王翦和杨端和率军前进，再次对赵国发动猛攻。在不足3个月内，秦军全歼赵军，攻占邯郸，斩杀了赵葱，俘虏了赵王和颜聚。赵公子嘉逃往代郡，后来自立为代王。灭掉赵国后，秦国在以邯郸为中心的地区设立了邯郸郡。

秦灭赵后，兵临易水，对燕国构成了直接威胁。燕太子丹派荆轲入秦刺杀秦王嬴政，未遂。秦王嬴政立刻下令前线秦军大举进攻燕国，王翦和辛胜指挥秦军于当年在易水之西大破燕、代联军。

秦军占领燕都蓟城（今北京市）后，燕王喜和太子丹慌忙退守辽东郡（郡治在今辽宁辽阳市），秦将军李信领兵继续追杀。为摆脱困境，代王嘉建议燕王喜杀太子丹以讨好秦王。燕王喜走投无路，无奈之下派人杀死藏在衍水（位于辽东郡）的太子丹，将其头颅献与秦王，以求秦退兵。但是，秦军根本不予理睬，李信继续挥师猛攻。秦王政二十五年（公元前222年），秦军在辽东生擒燕王喜后，立即回师攻代，将盘踞此地六年之久的代王嘉俘虏。至此，燕、赵彻底灭亡。

秦王政二十二年（公元前225年），秦王派王翦之子王贲率兵攻魏。尽管此时魏已经臣服于秦，但这并不是秦王嬴政的最终目的，因为他要让魏彻底消失。王贲领命后，采用了智伯的"水可以灭人国"的计策，阻断故渠，引黄河、大沟之水淹灌魏都大梁三个月。魏王假向秦军请降后仍被秦杀，魏国亡。

按照秦王嬴政的战略部署，魏被灭后，中原地区已尽入秦国之手，攻楚时不再有后顾之忧。另一方面，秦军自公元前230年灭韩以来，所向披靡，攻无不克，气势正盛。所以，当秦军攻占魏都大梁后，秦王嬴政便立即下达了全面攻楚的命令。

为取得对楚作战的全面胜利，秦王嬴政召集国内著名将领，商讨作战方案，确定担任这场战争的秦军统帅。在这次重要的军事会议上，秦王嬴政充满自信地环视座前的各位虎将，说道："诸位爱将，此次对楚作战，需要动用多少物资和人马？"

"最多不过20万军马，便可平定楚国！"李信答道。

李信不久前以数千铁骑在辽东追杀燕太子丹，立了奇功，得到秦王嬴政的赏识。秦王嬴政听了李信的豪言壮语后，内心无比高兴。这时，老将王翦一言不发。秦王嬴政向王翦问道："老将军，您看对楚作战需用多少人马？"

"非60万不可。"王翦认真地回答。

秦王嬴政禁不住笑着说："王将军确实有些年老了。"

会议结束，秦王命李信、蒙武率20万大军南下伐楚，即日出发。李信进攻楚国的平舆，蒙武进攻楚国的寝。王翦则告老还乡。

进军之初，秦军进展顺利，两军在城父会师，合兵一处。此时，楚王命名将项燕率大军抵拒秦军。项燕率楚军杀入秦军营垒，斩杀秦军的七名都尉。秦军大败而逃，项燕率军乘胜向西挺进。秦王嬴政大为震惊，意识到了老将王翦的独到眼光。高傲的秦王嬴政屈尊降贵，亲自到王翦的家乡请他出山。王翦再次郑重地向秦王提出条件："承蒙大王不弃，一定要老臣出征，非60万人马不可。"

王翦不仅充分地估计了楚国的军事实力，而且意识到这次军事行动的特殊性。当年，秦将白起虽然攻陷楚都、重创楚军，但楚国并没有灭亡。要想彻底吞掉楚国，没有60万大军无法成功。王翦自然明白60万大军意味着什么，更何况秦王向来猜忌心重。在这关键时候，秦王嬴政一反常态，毫不犹豫地答应了王翦提出的条件。

王翦与秦王嬴政同车回到咸阳后，秦王嬴政立即调集60万部队，由王翦统一指挥，择日出征。

秦王政二十三年（公元前224年），王翦率大军抵达前线，取代李信。他下令构筑工事，坚守于深沟高垒之内，违令者一律斩首。楚军多次到阵地前向秦军谩骂叫阵，秦军不作回应，两军形成对峙局面。

相峙期间，王翦令士卒厉兵秣马、养精蓄锐，然后伺机而动。项燕见王翦始终坚壁不出，令楚军东移，想以此牵动秦军。王翦见项燕移师向东，在楚军拔营之际下令秦军以排山倒海之势全线出击，猛攻楚军。楚军大败，项燕见楚军主力被歼，知道大势已去，自杀而死。在不到半年的时间里，楚国的大片土地落入秦军之手。

秦王政二十四年（公元前223年），王翦率秦军攻入寿春，俘虏楚王负刍。

秦王政二十六年（公元前221年），秦王嬴政一鼓作气，命将军王贲率兵南下攻齐。秦军很快攻占临淄，俘虏了齐王建。

秦军兵占临淄，标志着秦统一六国的全面胜利。至此，长期处于分裂割据的华夏大地归于一统。

■ 居安思危　改制固权

秦王政二十六年（公元前221年），为彰显统一六国的宏图霸业、名传千秋百代，秦王嬴政决定更改名号。大臣们根据远古传说中的三皇和五帝，有的主张用"帝"，有的主张用"皇"，而秦王嬴政认为自己的功劳高过三皇和五帝，于是将皇和帝并称，改名号为"皇帝"。

为了维护皇帝的尊严，秦始皇对名称也做了规定：皇帝自称"朕"，皇命被称为"制"，皇令被称为"诏"；皇帝的印信用玉做成，被称为"玉玺"，而且只有皇帝的印信才能叫"玺"；皇帝的妻子称"皇后"，父亲称"太上皇"，母亲称"皇太后"。

秦始皇将全国政权牢牢握在手中，对全国实行统一管理，从而避免形成诸侯自立、权力分割的局面。为了加强君权，秦始皇在设置官吏上花费了不少功夫。皇帝之下，依次为三公、九卿。

三公是指丞相、太尉和御史大夫。丞相是最高行政长官，主要职能是辅助皇帝处理政务，同时负责管理文武百官；太尉是最高军政长官，负责军事事务，但在平时并没有军权，战时要听从皇帝的命令，而且要在得到皇帝的符节后才能调动军队；御史大夫负责监察百官，并将皇帝的诏令转交给丞相执行。

九卿是指奉常、郎中令、卫尉、太仆、廷尉、典客、宗正、治粟内史和少府。奉常掌管宗庙礼仪；郎中令是皇帝的警卫，同时负责传达皇帝命令；卫尉是宫廷的警卫首领，负责皇帝住所的日常守卫；太仆主要负责侍从皇帝，掌管皇帝的车马；廷尉掌管全国的司法事务，负责审理重案要案；典客负责国家的外交以及内部少数民族的事务；宗正专门管理皇室事务；治粟内史管理中央财政，并负责全国的税收工作；少府是皇帝个人的财政官员，管理皇帝私有的山泽湖泊和宫廷手工业等。

为了管理好地方事务，秦始皇在地方建制上实行了郡县制，替代了原来的分封制。郡县官吏由皇帝亲自任命，罢免权也掌握在皇帝手里。

不仅如此，秦始皇制定了严格的官吏管理制度，"刑不上大夫"的特权已经不复存在。官吏犯法，不但不会减轻惩罚，反而会加重处罚。这种制度的实施可以使秦朝吏治清明，提高政府的办事效率。

除了政治体制改革外，秦始皇还采取了一系列措施来巩固集权统治。

其一，驱逐匈奴，修造长城。

秦始皇统一六国后，并没有安于现状，因为匈奴是国家大患。他高瞻远瞩，派蒙恬率兵北击匈奴。蒙恬不辱使命，痛击匈奴，收复河南地。随后，他驻守边关十余年，迫使匈奴退往阴山以北。

为防匈奴进一步侵扰，秦始皇把战国时秦、赵、燕三国北边的长城连结起来，修筑成西起临洮（今甘肃岷县）、东至辽东的万里长城。

其二，收缴兵器，防止作乱。

为防止天下人作乱，秦始皇下令收缴天下的兵器，然后将这些兵器熔化，铸铜人12个，将其立于咸阳宫前。铜人巨大无比，每个重达24万斤。

其三，修建官道，速递信息。

官道即驰道。秦始皇时，以咸阳为中心，共修成了三条官道：一条向北通向内蒙古，这就是著名的"九原直道"；一条向东通向河北和山东，直到海边；一条向南，通向湖北、湖南和江苏。官道的修建，大大缩短了信息传递的时间，有利于中央集权的加强和政令的及时传达。

其四，迁徙后裔，统一监控。

六国虽然被灭，但各国仍然有后裔。为杜绝六国后裔的反叛行动，秦始皇将各国的贵族后裔以及富豪统统迁至咸阳，以便统一监视。

其五，焚书止学，坑儒愚民。

秦始皇在加强统治的过程中，种种残酷的手段引起了士人的不满，遭到了士人的指责。这时，丞相李斯给秦始皇写了一封奏疏，主张严厉镇压这些胆大妄为的士人，要求进行焚书。

诏令一发，除了《秦记》之外的所有史书一律被烧毁，百姓和士人私自收藏的经书和诸子百家的典籍也无一幸免，全部被烧毁。至此，除了少数史书之外，全国只剩下了农业、卜筮和医药方面的书籍。这是对中国文化的一次大清洗，同时也体现了秦朝的暴政。

但是，焚书并不能堵住士人的口，反而激起了更大的抗议，百姓和士人对秦始皇的暴政怨愤异常。秦始皇勃然大怒，派出御史到全国各地追查，最后共抓获460余人。秦始皇下令将这些人一齐押到骊山的山谷中，全部活埋。这些人中绝大部分是儒生，后人因此把秦始皇的这种行为称为"坑儒"。

关于秦始皇的功与过，后人评说不一。但有一点可以肯定的是，秦始皇的忧患意识很强烈。为了维护领土完整、防止秦帝国的分裂瓦解，秦始皇费尽心思、苦心经营，在有生之年，不仅维护了国土的完整，而且还有所扩张。秦始皇末年，秦朝的郡数由统一之初的三十六郡增至四十余郡。

■ 大兴土木颂功德　苦求仙药终不得

从公元前220年始，秦始皇开始到各地巡游。公元前220年，秦始皇"巡陇西、北地，出鸡头山，过回中"；公元前219年，秦始皇"东行郡县，上邹峄山"；公元前218年，秦始皇第二次东巡；公元前215年，秦始皇东巡至碣石。每到一处，他都令人立功德碑，记载自己的丰功伟业。

不仅如此，秦始皇还大兴土木，劳民伤财，造成了民不聊生的景象。

公元前211年，秦始皇认为国都咸阳人口众多，先王的宫廷显得狭小，于是开始扩建宫廷。秦始皇先后建起了近300座宫殿和700余座行宫。其中，关内行宫有300座，关外行宫有400余座。规模如此宏大，以至于有人感叹"穷年忘归，犹不能遍"。

在众多宫殿中，阿房宫的规模最为宏大。《史记·秦始皇本纪》中描述，阿房宫"东西五百步，南北五十丈（115米），上可以坐万人，下可以建五丈旗（约能容10万人）。"为了修建阿房宫，秦始皇每年要调用70余万民工。

秦始皇的一生是劳碌的一生，天下诸侯割据时忙于打江山，天下统一后又开始守江山，生怕前功尽弃、功亏一篑。或许是为了能够永远守住江山社稷，秦始皇开始寻求仙药，以便能够长生不老。然而，人总会有生老病死，哪怕他作为中国历史上的第一个皇帝，仍然不能征服自然界的规律，最终长眠地下、融为尘泥。

秦始皇第一次东巡时（公元前219年），见到了汹涌澎湃、仿佛要吞噬一切的大海。也就是在这段时期，秦始皇心中生起了寻求长生不老药的念头。

当时，他在离海不远的琅琊山一住就是三个月。在这期间，一个名叫徐福的齐国人上书说海中有三座神山，分别叫蓬莱、方丈和瀛洲，表示愿意替秦始皇入海求仙。秦始皇大喜，选择了数千名童男童女随徐福同往。

秦始皇没有把希望全部寄托在徐福身上，为了尽快找到仙药，在东巡至碣石时派燕国方士卢生"求羡门高誓"，并令韩终、侯公、石生等人求取"仙人不死之药"。尽管秦始皇花费了大量财力、人力，但并没有得到仙药。

公元前210年，秦始皇再次出巡。此次出巡，秦始皇直接南下，先后经过了云梦（今湖北境内）、丹阳（今安徽宣城）、会稽（今浙江境内）等地，先后祭祀了舜、禹。在会稽时，仍不忘刻石颂德。随后，秦始皇再次赶至琅琊，继续寻求仙药。不久，秦始皇在平原津（今山东平原县）一病不起。尽管他不愿意听到别人提及"死"字，但还是摆脱不了死亡。该年七月，秦始皇在沙丘平台（今河北广宗境内）驾崩。

秦二世嬴胡亥——窃国篡位的短命皇帝

■ 赵高矫诏 胡亥即位

公元前230年，胡亥出生，他是秦始皇的第十八个皇子。在秦始皇的众多皇子中，胡亥的才德没有丝毫突出之处。然而，就是这样一个平庸的人，却登上了皇帝的宝座。

秦始皇虽然忙于处理国事，但并没有忽视对宗室子弟的教育。当时，秦国国力雄厚，诸公子的学习条件非常优越。尤其在秦始皇焚书坑儒前，宫廷内的儒学氛围很浓厚。诸公子从中学习了礼仪道德之类的知识，其中秦始皇的长子扶苏最为优秀。扶苏为人宽厚仁慈，深爱儒学，得到秦始皇的喜爱。后来，秦始皇焚书坑儒，遭到了扶苏的反对。秦始皇虽然很生气，但考虑到扶苏有治国才能，于是将他派往北方守将蒙恬的军队里监军，这样做既可以避免与他争论，又可以磨练他。

与扶苏不同的是，胡亥虽然也学了一些儒学理论，但他对此并没有很大的兴趣。再加上秦朝在管理过程中多尊崇法家学说，胡亥刚接触它就被它吸引了。

尽管扶苏在各个方面都比胡亥优秀，然而秦始皇的突然驾崩和赵高的蓄谋篡权却将胡亥推上了皇位。

赵高原本只是宫中的一个太监，此人不仅身强力壮，而且擅长书法、谙熟刑律，因而深受秦始皇喜爱，屡屡被提拔，直到升为中车府令。后来，他做了胡亥的老师，与胡亥的关系非常亲密。

中车府令虽然不是一个很高的官职，但却起着不可忽视的作用。赵高做了中车府令后，主要负责为皇帝准备车马仪仗。不仅如此，他还要为皇帝起草诏书和下传符玺。因此，他可以时常跟随在秦始皇的身边，特别是当秦始皇出巡时。

公元前210年，秦始皇最后一次出巡，左丞相李斯随行。胡亥得到秦始皇的允许后，跟随在老师赵高身边。此时的秦始皇已经有50岁了，一番长途跋涉后，病死于沙丘平台。秦始皇不愿意让自己辛苦打下来的江山付诸东流，于是给扶苏留下遗诏，"以兵属蒙恬，与会咸阳而葬"，希望扶苏在朝中众多重臣的拥护下继承父业并将其发扬光大。

不过，阴险狡诈的赵高是不会为国家社稷着想的，他需要的是高官厚禄和荣华富贵。赵高见诏书还未发出时秦始皇已死去，立即在李斯面前分析了扶苏即位给李斯带来的不利，并最终说服了李斯。二人将秦始皇的遗诏扣下，然后商量如何将秦始皇的遗体运回咸阳城。

为了防止秦始皇死亡的消息泄露出去，他们像往常一样为秦始皇安排饮食起居，并在随行的车上装满鲍鱼，以鲍鱼的腥味来掩盖尸体的腐臭味。

不久，赵高、李斯等人将秦始皇的遗体运进咸阳城。接着，他们将篡改的诏书公布于世，立胡亥为皇帝。

就这样，胡亥不费吹灰之力，在赵高和李斯的合谋下，轻而易举地做了历史上第二个皇帝。

■ 治国暴戾　害人害己

　　为了能够在皇位上坐得安稳，胡亥大开杀戒，在除掉对自己构成威胁的人的同时来震慑其他人，欲使朝野上下臣服在他的脚下。

　　早在胡亥即位前，胡亥、赵高和李斯三人已经伪造了一份诏书，派使臣送往远在北方镇守大秦疆土的蒙恬和扶苏，令蒙恬和扶苏自裁。扶苏心中只有"君要臣死，臣不得不死"的忠君思想，在真伪未辨的情况下自刎而死。蒙恬并不甘心，不愿意死得不明不白，于是被关押起来。

　　秦二世元年（公元前209年）初，胡亥效仿父亲秦始皇巡游天下，所到之处同样立石刻碑。不过，秦始皇刻碑是为了记述功德，而胡亥无功无德，只好将他与臣子的零言碎语刻于石上，令后人忍俊不禁。已被胡亥提拔为郎书令的赵高向胡亥大进谗言，建议胡亥在全国范围内诛杀异己，以便树立威信。于是，胡亥和赵高二人向朝中元老重臣举起了屠刀，咸阳城内外顿时更添杀气。朝中和地方上的官吏无可避免地遭到了一次空前浩劫，比如，赵高考虑到蒙恬有可能为扶苏鸣冤，于是用谣言蒙蔽了胡亥，不仅除掉了蒙恬，还除掉了蒙恬的弟弟蒙毅。

　　不仅如此，胡亥生怕兄弟姐妹们知道他犯下的恶行，丝毫没有念及手足之情，残忍地将他们杀害。一次，他在咸阳城中处死了十二个兄弟；又一次，他在杜邮（今陕西咸阳东）碾死了六个兄弟和十个姐妹。

　　在胡亥的众多兄弟中，将闾等三人性格比格沉稳，处处谨慎行事。胡亥一时找不出陷害他们的理由，于是暂时将他们囚禁起来。待处死了众多兄弟后，胡亥指使赵高逼他们自尽。将闾对赵高派来的人说："我们时时牢记朝中的礼节，处处遵守朝中的制度，为什么要赐死我们呢？"只可惜，来人只是执行命令的，向他们述说冤屈是徒劳的。将闾三人拔剑出鞘，抹向各自的脖子。

　　同年四月，胡亥表示要完成父亲秦始皇的遗愿，在全国范围内征发民夫继续修造尚未完工的阿房宫和骊山墓地，并向咸阳城调遣了五万士卒负责守卫。为了解决粮食问题，胡亥下诏，各地必须准时向咸阳进献粮草，运送者须自带口粮，不能动用咸阳周围三百里区域内的粮食。

　　胡亥做皇帝前是纨绔子弟，只知道吃喝玩乐，做皇帝后仍然游手好闲，无所事事。一次，他对赵高说："人生如白驹过隙，极为短暂。既然做了皇帝，我就应该及时享乐。你觉得如何？"赵高求之不得，自然一味奉承，以便自己能够专权。

　　不过，胡亥并不放心，因为一时的安逸唾手可得，但永久的享乐却难以触摸。于是他找到李斯，对李斯说："我以前听韩非说过，尧治理天下时，住着茅草房，喝着野菜汤，夏天穿麻衣，冬天裹鹿皮；大禹治水时，不停地奔波忙碌，以致小腿脱毛，后来客死他乡。做帝王竟然如此辛苦，恐怕并不是他们的初衷，而应该是那些过惯了贫寒生活的书生们提出来的。如果拥有了整个天下，却从中得不到一点好处，帝王又怎么会有心思治理天下呢？我想在有生之年一直享乐下去，你有什么好建议吗？"

　　李斯担心自己失宠，用尽心思写了一篇名为《行督责之术》的文章，详尽讲述了如何专权和酷法治民的具体举措。胡亥如获至宝，在全国增强了督察力度和对犯罪造反者的打击力度。

官逼民必反，秦二世的残酷统治令沉默的民众不再沉默。同年七月，陈胜、吴广二人揭竿而起，受尽苛政压迫和严酷刑法的人们终于爆发了，积极响应和支持起义。随后，各地起义如雨后春笋般相继冒出头来。不仅如此，被秦国灭掉的各个诸侯国的后裔们纷纷打出各国的旗号，割地称王。一时间，秦始皇好不容易建立起来的秦帝国变得四分五裂。

然而，对于外面发生的一切，胡亥一直被蒙在鼓里。因为他愿意听到的是天下太平而不是天下大乱，以至于没有人敢上报有人谋反叛乱的事情。当陈胜起义军逐步向咸阳城逼近时，胡亥仍然不相信有人谋反。于是，懂得察言观色、善拍马屁的奸臣说陈胜只是盗贼而已，地方上就有能力将其逮捕，不用惊动皇帝。胡亥没有作罢，而是单独询问其他臣子，凡是说陈胜要造反的人都被治罪，罪名为"非所宜言"。

秦二世二年（公元前208年）初，数十万起义军抵达戏水，形势十分危急。少府章邯建议，赦免骊山刑徒，然后发给他们兵器，指挥他们来平乱。胡亥无可奈何，只好应允。章邯率领众刑徒击败了周章的军队，并在曹阳（今河南灵定县东）杀死了周章。随后，胡亥令长史司马欣、董翳率兵增援章邯。他们屡获战功，杀陈胜于城父（今河南宝丰县东四十里），击项梁于定陶（今安徽宿县北），灭魏咎于临济，为胡亥赢来了短期的安宁。

为了更好地控制胡亥，赵高在不断地想办法。他对胡亥说："先帝统治天下多年，在群臣中威信十足，没有人敢胡作非为。你刚做皇帝，最好不要与公卿大臣们在朝堂上议事。否则，你会因威慑力不够而难以镇住他们，从而在议事中将自己的弱点暴露出来，令自己行使皇权时束手束脚。"胡亥认为赵高的话很有道理，此后便与赵高单独议事，很少召见群臣。

此时的李斯开始自我反省，后悔自己因一念之差而铸成大错，想洗心革面。他见起义军四起、民生凋敝、朝纲不振，与右丞相冯去疾、将军冯劫一起进谏，奏请减轻农民赋税、停止修建宫廷、取消各种差役等事情，遭到胡亥的拒绝。不仅如此，胡亥还将盗贼四起的责任推卸到他们身上，认为他们居其位而不谋其政，遂将他们三人囚禁，并追查他们的罪行。右丞相冯去疾和将军冯劫为免受侮辱而自尽，李斯不甘心这样死去，被监禁起来。

赵高见李斯有异心，立即告诉胡亥说李斯有谋反之意，应该立即除掉他。胡亥对赵高言听计从，迅速派人监视李斯，搜索李斯的罪证。李斯闻讯后气愤不已，将赵高罪行一一列举，上奏胡亥。胡亥早已经不分黑白，顺手便将李斯的奏章拿给赵高看。赵高看后大怒，编造罪名将李斯打入大牢，然后用酷刑逼其认罪。李斯熬不住肉体折磨，只得服罪。

秦二世三年（公元前207年）初，赵高做了丞相。不久，李斯被处以极刑，三族皆被夷灭。当时，赵高发挥了自己熟悉刑典的特长，用"具五刑"让李斯不得好死。"具五刑"包括黥（刺面，秦朝时的一种辱刑）、劓（割鼻子）、斩左右趾（砍掉双脚）、腰斩（用铡刀从腰部砍成两段）、醢（剁成肉泥）这五种刑罚，让人触目惊心，心有余悸。

赵高一边谋害大臣，一边经营自己的势力。在他的操纵下，他的兄弟赵成担任中车府令一职，他的女婿担任咸阳县令一职。很快，赵高的爪牙遍布朝中。虽然他的权势已经无人能比，但他并没有鲁莽行事，而是事先试探一下大臣们对他的态度。

秦二世三年（公元前207年）八月，赵高在一次朝会上献给胡亥一只鹿，但他却对胡亥说这是一匹好马。胡亥以为赵高说错话了，笑着说这是鹿而不是马。然而，赵高并不认为自己错了，偏偏将鹿说成是马。胡亥见赵高知错不改，便询问周围的大臣。这些大臣要么装聋作哑，要么与赵高意见一致。

不久，赵高与弟弟赵成和女婿阎乐商议，决定杀死胡亥，立公子婴为皇帝。随后，郎中令受赵高的指使，谎称宫中有盗贼。为了防止阎乐临阵退缩，赵高一面令其追击盗贼，一面将其母挟至赵高的府邸。阎乐带着一千多人赶往胡亥的寝宫，逢人便杀。见到胡亥后，阎乐大骂胡亥昏庸无能，要他自裁。胡亥表示要见丞相，遭到拒绝。于是，贪生怕死的胡亥说自己可以不做皇帝，愿意做郡王、万户侯甚至平民百姓，然而一律被拒绝。随后，阎乐指挥士兵杀胡亥，胡亥不待士兵靠近便自行了断。

胡亥死后，赵高、赵成等人将胡亥一位哥哥的儿子公子婴立为皇帝，并以百姓的规制在杜南（今西安西南）宜春苑安埋了胡亥。

汉高祖刘邦——英雄不问出处

■ 人穷志不短　布衣成英雄

公元前247年，刘邦生于秦朝泗水郡沛县（今江苏沛县）的一个农民家庭。他生来长颈高鼻，左腿长有72颗黑痣。其父刘执嘉见其生有异秉，认为他不同一般，为其取名为邦。

令刘执嘉感到失望的是，刘邦既不爱读书，又不喜耕种。刘执嘉见他整日游手好闲，经常说他是个"无赖"。刘邦长大后，旧习仍然不改。他哥哥成家后，嫂子总是抱怨刘邦好吃懒做、空耗家产。于是，刘执嘉决定分家。这样一来，刘邦和父母住在一块，他的哥哥和嫂子住在一块。

刘执嘉对刘邦说："你真是个无赖，你要向你哥哥学一学。他分家不久，就置了一些地产，你什么时候才能买地置房！"刘邦淡然一笑。此后，他不仅不觉悟，反而还经常带朋友到哥哥家吃饭，尽管常遭嫂子的厉声斥责，但他毫不在意。

有一天，刘邦又带朋友到哥哥家。嫂子对刘邦讨厌至极，于是心生一计。她连忙跑进厨房，用勺子使劲刮锅，弄出很大的响声。刘邦一听，以为哥哥家已经吃完饭，自叹来迟，只好请朋友回去。送走朋友后，他去厨房看个究竟，结果发现锅灶上正热气腾腾。刘邦幡然醒悟，转身离去，从此不再去哥哥家。

公元前225年，秦灭了楚国，刘邦的家乡隶属楚地，自然也被并入了秦的版图，这时的刘邦已23岁。公元前221年秦统一全国时，已27岁的刘邦在生活上依然没有多大的起色，不过结交到了一批可以为其所用的朋友，比如萧何、曹参等。

公元前218年，因萧何的推荐，刘邦做了泗水亭长。在秦代，"亭"最主要的社会职能有两个：一是政府部门公干时经由的驿站，即过往官员歇脚的招待所，要为过往的官吏们提供食宿等；二是相当于今日的公安派出所，要维护管辖范围内的治安。

不过，刘邦的志向并不在此。一次，他押民夫去咸阳服劳役时，见到秦始皇锦衣华盖、宝马御车之盛况，顿时感慨道："嗟乎，大丈夫当如此也！"

在遇到吕公后，刘邦的命运发生了很大的转折。

吕公家住单父（今山东单县），与沛县县令交好。为躲避仇家，他搬到了沛县。

县里的豪绅、官吏听说县令家来了贵客后，纷纷赶来拜贺。萧何当时在沛县任主吏，负责主持这次宴会。考虑到来客众多，他向大家宣布："凡贺礼不满一千钱，都坐在堂下。"刘邦自然不愿放弃这一讨好县令的良机，但他又实在出不起钱。思考片刻后，他不动声色，迈步上前，拿起墨笔就在礼单上写了"贺钱万"三字。传达告诉吕公后，吕公急忙下堂迎接。见到刘邦后，吕公发现他气度非凡，立即引其入座。酒后，吕公示意刘邦留下。在闲聊中，吕公表示愿意把女儿嫁给刘邦。刘邦求之不得，很快和吕公的女儿吕雉成亲。吕雉为刘邦生了一男一女，即后来的孝惠帝和鲁元公主。

刘邦成家后，没事的时候经常回家帮妻子耕种。一次，吕雉带着两个孩子在田中锄草，一个过路的老人向吕雉讨水喝。老人会相面，说他们一家三口都有贵相。老人走后，刘邦来到田里，吕雉把相面之事告诉他。他扔下锄头，立即去追赶那位老人。追上老人后，他虔诚地请老人为他相面。老人为他相面后，说他贵不可言，他甚是高兴。

秦始皇为了修建骊山墓，要求调集大批劳力。刘邦接到命令后，押送刑徒到骊山（今陕西临潼县东南）。在路上，刑徒们纷纷逃亡。刘邦想：等到到了骊山，这些刑徒差不多要跑光，自己将难逃处罚。于是他为刑徒解开绳索，并对他们说："你们都逃命吧，我从此也要逃亡了！"当时有十几个刑徒愿意跟着刘邦，刘邦连夜带着他们逃走。

在逃亡路上，探路的人回报说有一条大蛇挡在路上，建议另外找条路。刘邦大声呵斥说："勇士赶路，还怕蛇不成！"他迅速赶到前面，拔出剑把那条蛇一斩两段，带领众人继续前行。

刘邦带着刑徒逃亡到芒砀山区（今河南永城县东北），在那里藏了起来。然而，吕雉和其他人去寻找他的时候，轻易地便找到了他。刘邦很奇怪，吕雉告诉他说："你藏身的地方，天空上总有五彩祥云，所以我能找到你。"刘邦很高兴，并把这件事悄悄告诉了周围的人。后来，沛县及附近的青年人纷纷前来投奔。

这样，刘邦迅速组织起了一批人为自己效力，成为当时人们公认的沛中豪杰。

■ 洞察时势适进退　数年苦战终成王

秦二世元年（公元前209年）七月，陈胜、吴广在大泽乡揭竿而起，声势日益扩大，并在陈（今河南淮阳）建立了"张楚"政权。九月，刘邦在沛县主吏萧何、狱掾曹参的拥护下回到沛县，被立为沛公，正式宣布反秦。接着，萧何、曹参和吕雉的妹夫樊哙等人分头去招兵买马，很快将队伍发展到了几千人。刘邦率领兵士打了几次小胜仗后，在丰邑（今湖北兴山县北）驻守。

秦二世二年（公元前208年），刘邦打败了来攻的秦泗水郡郡监后，令雍齿固守丰邑，自己率军在薛县打败了秦泗水郡郡守。此时，陈胜军在不断攻城略地。雍齿背叛刘邦投靠陈胜，刘邦失去了根据地，本想借兵攻打丰邑，但适逢秦军杀到了砀县（今安徽砀县），遂引兵前去攻打。初战失利后，整顿士兵再战，终于在三天内攻破砀县。刘邦收编了降兵，实力大增，准备夺回丰邑。这时，项梁大军已到薛县，刘邦转而投靠了项梁，项梁拨给他五千士兵和数位将领。

不久，陈胜被秦军所杀，项梁令各路将领赶至薛县。商议过后，项梁将楚怀王的孙子熊心立为楚王，定都盱眙（今江苏盱眙）。随后，项梁大军打着兴楚灭秦的旗号扩大队伍。

项梁大军分兵而进，先后在东阿（今山东阳谷县东北）、城阳（今山东莒县）、濮阳（今江苏境内）、雍丘（今河南杞县）打败秦军。项梁在打了几次胜仗后便得意起来，因疏忽而大败于定陶（今安徽宿县北）并阵亡。正在陈留作战的刘邦和项羽得知项梁的死讯后，立即前往助战。秦将章邯见项梁已死，认为楚人不再有威胁，遂引兵攻赵。

秦二世三年（公元前207年）初，楚王熊心迁都彭城（今江苏东海县南），统一指挥各路军队。赵被围攻后，赵王歇多次求援。楚王熊心下令兵分两路：宋义、项羽二人率军北上，增援赵军；刘邦率军西进关中，牵制住咸阳城的秦军，防止秦增兵攻赵，并策应北路援军。为激励两路军马奋力作战，楚王熊心向各路将领许诺，先入关中者将被封为关中王。

正所谓"百足之虫，死而不僵"，秦国虽然眼看就要灭亡，但秦国的军队实力仍不可小觑。尽管楚王许下承诺，但诸将并没有把握攻破咸阳城，谁也不愿意前去冒险。唯有项羽急于为叔叔项梁报仇，请求与刘邦一起挺进关中。众将领都认为他嗜杀，不利于安抚民心，遂不同意他率军西进。就这样，刘邦有了先入关中的机会。

接着，刘邦率部出发。途中，刘邦攻破荥阳（今河南荥泽县西南），夺取宛城（今湖北荆门南），解除了进军关中的后顾之忧。与此同时，项羽也在扩大战果。为了能够早日攻入关中，他杀掉了上将军宋义，夺走兵权。随后，项羽击败了秦将王离，招降了秦将章邯，各地的诸侯纷纷依附了他。秦二世胡亥被杀后，项羽为了不让刘邦先入关中，假意派人与刘邦约定一起瓜分关中。刘邦并不理睬，一面攻打秦军，一面安定民心，一步步向关中的秦朝国都咸阳城逼近。

汉王元年（公元前206年）10月，刘邦率领军队抵达咸阳城东的灞上（今西安东），然后派人入咸阳城招降。刚即位的秦王子婴见大势已去，不再做任何抵抗。秦王子婴的投降，标志着秦王朝的灭亡。

刘邦进入咸阳城后，被金碧辉煌的秦宫、无数的奇珍异宝、娇美的后宫佳丽迷住了眼睛，打算在宫中享乐一番。樊哙和张良劝他吸取秦朝灭亡的教训，不要因贪图享乐而忘了大计。刘邦醒悟后，将秦宫和府库全部封闭，下令将士不许动百姓一草一木，然后返回灞上。

11月，刘邦将咸阳内外的关中父老召集在一起，在向他们保证废除秦朝苛政的同时与他们约法三章："杀人者死，伤人及盗抵罪。"关中父老振奋欢呼，拥护刘邦做关中王。为了能够做关中王，刘邦派重兵把守住函谷关，并在想办法增强实力。

项羽一路猛攻，在攻下荥阳后，接着又占领了成皋（今河南荥阳汜水镇）。随后，项羽率领四十万大军攻破函谷关，驻扎在距灞上40里地的鸿门。

刘邦的属下曹无伤对刘邦心怀不满，见项羽已到，立即向项羽透露了刘邦想做关中王的消息。项羽大怒，打算率兵攻打刘邦。项羽军中的项伯是张良的好友，担心张良被杀，于是连夜告知张良。刘邦当时实力薄弱，难以与项羽抗衡，只好听从张良的建议，前往鸿门与项羽言和。项羽见刘邦前来，遂在鸿门设宴招待刘邦。席中，项羽谋士范增设计要杀掉刘邦，张良识破其计，屡屡为刘邦解围，再加上项羽无意杀刘邦，以至于刘邦总算有惊无险，乘小解之便逃回灞上。

各路军马聚齐后，浩浩荡荡地进入了咸阳城。咸阳城顿时遭到了一场空前浩劫，城内百姓惨遭屠杀，财物被洗劫一空，阿房宫也被焚烧殆尽，一时间所到之处尽是尸体纵横，映入眼帘的全是断壁残垣，惨不忍睹。

同年正月（在西汉前期，十月为一岁之始），项羽将楚王熊心尊为"义帝"。随后，他违背楚王熊心的命令，不让刘邦做关中王，并自称"西楚霸王"，然后分封诸侯王。刘邦被他封为汉王，管辖巴、蜀和汉中。其领地共有四十一县，国都为南郑（今陕西南郑）。

四月，刘邦带着项羽分派给他的三万兵士前往封地。途中，刘邦命令将士切断关中通往汉中的栈道，表示永不出汉中的决心，以此来麻痹项羽。

刘邦在做汉王期间，多有士卒因思乡心切而逃离军营，再加上水土不服，军心非常涣散。刘邦虽然也不愿意在汉中长久呆下去，但时不利己。当时，韩信几经辗转，投奔在刘邦帐下。见刘邦不重用自己，韩信逃走。接着，便有了历史上有名的萧何月下追韩信的故事。

萧何听说韩信逃跑后，没有来得及向汉王禀报，便策马亲自去追韩信了。这时，有人向汉王报告："丞相萧何逃跑了。"汉王一听，顿时大怒，却又不知如何是好。一天后，萧何前来拜见汉王。汉王见了萧何后，又怒又喜。怒的是萧何作为丞相，竟然逃跑；喜的是萧何又回来了，不用再担心没有左右手了。随后，汉王问萧何为何逃跑。萧何答道："臣不敢逃跑，臣在追逃跑的人。"汉王问："你在追谁呢？"萧何说是韩信。汉王生气地骂道："营中逃跑的将领就有十几人，你不去追。韩信不过一个小小的治粟都尉，你却要去追他。你一定在欺骗我。"萧何解释道："将领失去了以后容易得到，但像韩信这样的人，很难在国内找到第二个。大王如果只想在汉中称王，可以不用此人；但大王如果想争夺天下，除了韩信之外没有人能够辅佐大王。希望大王能够仔细考虑。"汉王说："我当然想图谋东方了，不想在此长期停留！"萧何于是说道："既然大王有这种念头，就一定要重用韩信。只有这样，韩信才会留下来；否则，韩信最终还会逃跑的。"汉王说："那我就封他为将吧。"萧何说："封他为将是留不住他的。"汉王改口说："那就封他为大将吧。"萧何说："太好了！"随后，汉王准备召见韩信。这时候，萧何又说："大王一向不注重礼节。如今要封大将，却像呼喊小儿一样，这正是韩信要逃走的原因。大王如果真心封他为大将，就要选择一个好日子，行斋戒之礼，设置坛场。待各种礼节都完成后，才可以行事。"汉王答应了萧何。

汉王封韩信为大将后，立即与其谈论天下大势。汉王说："丞相多次在我面前提到将军的才能，不知将军能够教给寡人什么计策呢？"韩信拜谢汉王的知遇之恩后，问汉王："如今，能够争夺天下的人，是项王吗？"汉王回答说是。韩信又问："大王认为自己的勇悍、仁德与项王比起来如何？"汉王沉默了很久，然后回答说不如项王。随后，韩信为汉王具体分析了项羽的为人和当前的形势。他说项羽"暗噁叱咤，千人皆废，然不能任属贤将"，这是匹夫之勇，又说项羽"恭敬慈爱，言语呕呕，人有疾病，涕泣分食饮；至使人，有功当封爵者，印刓敝，忍不能予"，这是妇人之仁。然后，韩信说项羽背信弃义，名不正言不顺，"虽为霸，实失天下心，故其强易弱"；而汉王"任天下武勇，何所不诛！以天下城邑封功臣，何所不服！以义兵从思东归之士，何所不敢"。他建议汉王入武关以后，"除秦苛法，与秦民约法三章"，使秦民"无不欲得大王王秦"。汉王听了韩信的这番议论后，心中大喜，认为早得韩信就好了。

此后，韩信用他卓越的军事才能屡次打下胜仗，为汉朝的建立立下了很大的功劳。可以说，没有韩信的战必胜、攻必克，屡吃败仗的刘邦就难以雄霸天下。

八月，刘邦乘项羽征讨齐国的田荣之际，采用韩信明修栈道、暗渡陈仓的计策顺利返回关中，打败秦朝降将雍王章邯，随后本想从沛县接回父亲刘太公和妻子吕氏，但被楚军阻止。随后，长达四年的楚汉之争为历史添上了新的一页。

汉王二年（公元前205年）初，刘邦降服了秦朝降将塞王司马欣、翟王董翳，安抚当地百姓。随后，刘邦便以咸阳为据点，号召各路诸侯讨伐项羽，向东猛进，直至占领彭城。

项羽本想一举平定齐、赵两地，见国都彭城失陷，急忙回兵自救。汉军将士正沉醉在胜利的喜悦中，还来不及准备就被项羽率领的三万精兵击败。各路诸侯见楚军锐不可当，各自抽身离去。

刘邦狼狈逃脱后，在灵璧（今安徽宿县西北）濉水又被楚军追上，被杀得溃不成军。退至荥阳后，幸好有萧何、韩信前来增援，汉军重整旗鼓，将尾随而至的楚军击退。不过，项羽并没有率领楚军离去，意欲铲除刘邦。

汉王三年（公元前204年），楚汉双方在荥阳形成了对峙局面。项羽虽骁勇善战，但刘邦只守不攻，双方就这样对峙了一年多的时间。项羽数次截断汉军粮道，最终将刘邦围困。刘邦见难以与项羽抗衡，遂欲与项羽和解，提出划地为界，荥阳以东皆归项羽所有。项羽犹豫不决，后听从了谋士范增的建议，打算彻底消灭刘邦，以绝后患。

刘邦利用项羽多疑的弱点，用离间计来挑拨项羽和范增的关系。项羽果然中计，认为范增私通刘邦，遂将胸怀大略的范增驱出帐外。范增一走，项羽身边便没有精通谋略的人才了。他的匹夫之勇如果离开了谋略的指引，自然难以成就大事。

项羽驱逐了范增后，全力进攻荥阳，并将刘邦围困其中。眼看荥阳危在旦夕，刘邦却无计可施。大将纪信不惜自身安危，乘天黑之际冒充刘邦向关羽投降。楚军放松了戒备，刘邦侥幸从荥阳西门逃走。项羽得知刘邦诈降后，怒不可遏，将纪信活活烧死。

刘邦从荥阳逃出后积极备战，在宛县（今河南南阳县）一带活动。项羽听说后，立即引兵来战，见汉军固守于深沟高垒之内而无可奈何。此时，彭越在下邳（今江苏邳县东）大败驻守该地的楚军，项羽立即引兵东进，刘邦乘机北上，在成皋（今河南荥阳县）驻扎。项羽打败彭越后，攻破再次被刘邦占领的荥阳，然后逼近成皋。双方再次对峙，不过这次汉军占据了优势。虽然刘邦不如项羽骁勇善战，但因萧何的后方支援，粮草不成问题。由于彭越经常在后方扰乱楚军，使得楚军前方的粮草无法供应。项羽本想速战速决，没想到拖至今日仍不能灭掉刘邦，不得不面临军心涣散、粮草不足等问题。汉王四年（公元前203年），刘邦乘项羽攻打彭越之时击溃成皋的楚军。项羽先听说成皋失守，后又听说大将龙且兵败，心里忐忑不安。

项羽先是以煮杀刘邦父亲相要挟，让刘邦投降。刘邦不同意，反而告诉项羽，他们曾经"约为兄弟"，他的父亲也是项羽的父亲，如果真要煮了他的父亲，不要忘了分他一杯羹。

项羽见刘邦不肯妥协，竟向刘邦提出单独决斗。刘邦自知不敌项羽，自然不答应。他大骂项羽，历数项羽犯下的罪行：不守前约，后来居上；贪图权力，谋杀宋义；火烧阿房宫，滥杀无辜；毫无善心，坑杀降卒；假公徇私，分封不均；驱逐义帝，途中暗害，等等。

项羽大怒，不等刘邦说完，一箭射中刘邦胸部。刘邦被射中要害部位，为稳定军心，假装被射中脚心，急忙捂脚退至帐中。第二天，刘邦强忍痛苦，亲自检阅军队，然后在当天黄昏带着张良逃至成皋。不久，刘邦养好伤后又回到军中。

项羽见刘邦渐占上风，向刘邦求和，表示愿意将刘邦的父亲和妻子放还，条件是以鸿沟（今河南荥阳、中牟和开封一线）为界，楚汉双方划地而治。

刘邦与项羽签订合约后，见项羽将父亲和妻子送回，打算领兵西返。张良、陈平等人不愿失去灭掉项羽的好机会，力劝刘邦继续进攻，不给项羽喘息的机会。于是，刘邦令全军全速追击正率军东返的项羽，并派人通知韩信、彭越二人集合军队进行围攻。

很快，刘邦在固陵（今河南太康西）追上楚军。项羽以一当十，率领楚军进行猛烈反攻。由于韩信和彭越的军队尚未抵达，刘邦大败，只得筑垒坚守。此时，刘邦才知道韩信、彭越二人迟迟不发兵的原因。原来，韩信在楚汉两军对峙阶段，破赵、降燕、平齐，立下了汗马功劳，认为劳苦功高，于是乘刘邦急需用兵之际要求得到假齐王的封号。刘邦遏制怒火，答应了韩信的要求，封他为齐王，封彭越为吴王。韩信和彭越受封后，立即调兵增援。

汉王五年（公元前202年）冬，汉王刘邦、齐王韩信、彭越会合后，同率大军30万与楚王项羽在垓下展开了决战。

在汉军的围攻下，楚军明显处于劣势。晚上，汉军战士唱起楚歌，楚军遂以为楚地皆为汉军占领，心中顿生感慨，毫无斗志。在这种情况下，楚军一触即溃。

项羽见自己的死期已到，无奈之下在帐中饮酒。其间，他吟道："力拔山兮气盖世，时不利兮骓不逝。骓不逝兮可奈何，虞兮虞兮奈若何！"

深受项羽宠爱的虞姬见项羽如此悲痛，强忍伤心为其舞剑。她边舞边吟："汉兵已略地，四面楚歌声。大王意气尽，贱妾何聊生。" 随后自杀而亡。

项羽拭去眼泪，强忍伤痛，率领八百骑兵趁夜突围而去。第二天早上，刘邦率军全力攻打楚军时发现项羽已逃走，立即令灌婴追击。项羽与诸将奋力拼杀，但毕竟寡不敌众。项羽不愿束手就擒，在乌江亭自刎。

同年二月，刘邦在楚王韩信、越王彭越等人的拥护下在定陶汜水（今山东曹县一带）登临帝位，定国号为汉。这就是汉王朝的开国皇帝，史称汉高祖。刘邦称帝后，其妻吕雉改称皇后，其子刘盈改称皇太子。

五月，汉高祖将国都由栎阳（今陕西富平东南）迁至洛阳（今河南洛阳）。后来，为取

"长治久安"之意，刘邦又将国都迁至长安（今陕西西安）。为了将汉朝的两个时期分开，后人用方位来划分，因刘邦建都长安、刘秀建都洛阳，所以将刘邦建立的汉朝称为西汉。

■ 除患平乱　宽松治国

汉高祖称帝后不久，就开始治理国家。为了保证国家的长治久安，他做的第一件事就是削除各个异姓诸侯王的势力。

汉高祖称帝前，先后封了好几个异姓王，如封韩信为楚王、彭越为越王、英布为九江王等。这些同姓诸侯王的封地多、权势大，汉高祖担心这些异姓王会拥兵自重，犯上作乱，于是开始对付他们。

韩信被封为楚王后，衣锦还乡。然而，他并不满足于眼前的地位，决定与陈豨叛乱。二人商议后，由陈豨公然反叛汉朝，吸引刘邦前去平定，而韩信乘汉宫空虚进行偷袭，一举制胜。

由于消息泄漏，被刘邦得知。刘邦采用陈平的计策将韩信抓捕，因缺少证据释放了韩信，顺势将韩信贬为淮阴侯。后来，陈豨果然反叛，韩信被萧何诱入宫中，被吕后斩首。

韩信的反叛更加坚定了汉高祖灭掉异姓诸侯王的决心，此后，除长沙王吴芮得以保全之外，其他各王纷纷被诛杀。

汉高祖还认为，秦朝之所以会灭亡，关键原因在于没有分封子弟，以至于在发生动乱时处于孤立境地，无人援助。为此，汉高祖分封了九个同姓诸侯王，这些同姓诸侯王都是汉高祖的儿子、侄子和兄弟。公元前195年，汉高祖与同姓王杀白马起誓：非刘氏而王者，天下共击之。史称"刑白马盟"。

另外，汉高祖仿效秦始皇，在国内设立三公九卿和郡县制，并将关东六国的名门贵族、富豪豪杰迁往关中，以确保地方稳定和避免反叛现象的发生。

秦朝走向没落时，国内局势动荡不安，秦朝此时已经是捉襟见肘，没有余力来防范漠北的匈奴。于是匈奴主蓄势而发，率军南下，再次入侵河南地（今内蒙古河套地区）。刘邦建汉后，匈奴丝毫没有停止活动，时常侵扰汉朝边郡。公元前201年，韩王信抵挡不住匈奴的攻势，遂向匈奴投降。

公元前200年，汉高祖御驾亲征，欲狠击匈奴。不料，30余万的匈奴骑兵浩浩荡荡迎战，在白登（今山西大同东北）将汉军团团围住。汉军被围困了整整七昼夜，始终无法突围求援。汉高祖无奈，只好采用陈平的计谋，用重金买通匈奴王的阏氏，从而得以脱险。

汉高祖见强攻不行，索性用和亲的方式与匈奴交好。不仅如此，他还打开边关大门，促进双方的交往。如此一来，汉朝可以抓紧时间增强国力。

由于连年征战，汉朝初期的经济形式显得非常紧张，在保证国家安定的基础上，汉高祖在国内进行了一系列促进经济发展的改革。当时，他改革的大方向是重农抑商。

汉高祖下令减少各种徭役，23岁以上、56岁以下的人不用服徭役；减轻各种赋税，"与民休息"，颁布了"十五税一"的惠民政策。所谓"十五税一"，就是指将赋税减少到秦朝时的十五分之一。

另外，汉高祖规定，国民为求生计自卖为奴者，皆被免为庶人；下令遣散士兵，令其归家务农并豁免其徭役；效仿秦代制度，按照军功大小授予将士田宅；加重商人的租税，商人不得穿戴丝帛和以车代步，等等。为了增加国内的劳力，汉高祖鼓励生育，使得国家人口得到大幅度的增加。

汉高祖一面发展经济，一面提倡节约，二者的结合使得汉朝初期的国力日益强盛。

在法制方面，汉高祖也做了一些改革，使得汉朝的法制比秦朝更加完善。

汉高祖在年轻时就觉得读书无用，在鄙视学习的同时也鄙视文人，称帝后同样不重视学问。然而，深得其信任的陆贾却常常在他面前推崇《诗》、《书》。汉高祖批评他说："乃公居马上而得之，安事《诗》、《书》？"陆贾却反驳道："居马上而得之，宁可以马上治之乎？"他分析说，吴王夫差、智伯之所以被灭，是因为他们穷兵黩武；秦国之所以被赵高、赵成等人颠覆，是因为他们始终推崇刑法。他反问刘邦："向使秦已并天下，行仁义，法先圣，陛下安得而有之？"

汉高祖觉得陆贾的话很有道理，于是令其详细阐述秦朝失天下的原因和总结汉朝兴天下的方法。陆贾写成《新语》一书，共十二篇。此书吸取儒家、道家、法家等各种思想之精华，将其巧妙地糅合，提倡无为而治、用刑宽舒和仁义天下。刘邦接受了陆贾的政治主张，在沿袭秦朝基本制度的同时又进行了一番改革，史称"汉承秦制"。

另外，丞相萧何在刘邦的指示下修订了汉朝律令。战国时期，李悝制定了《法经》，共六篇，分别为盗法、贼法、网法、捕法、杂法、具法。萧何在此基础上另增三篇：户律（户口、婚姻和赋税）、兴律（徭役和城防）和厩律（畜牧和驿传），是为"汉律九章"。

汉高祖的一生是操劳的一生，为汉朝的发展作出了杰出的贡献。公元前195年，62岁的汉高祖率军征讨作乱的英布，结果被流矢射伤，此后身体状况每况愈下，于同年逝世。

 汉惠帝刘盈——仁弱有余，刚猛不足

■ 幼年颠簸　少年即位

公元前211年，刘盈出生。

刘盈出生时，其父刘邦只是一个小亭长，家庭生活并不富足。很小的时候，他就常常和母亲一起到地里干活，过着普通人的生活。后来，刘邦举兵反抗秦朝暴政，带着家人到处奔走，使得刘盈饱尝颠沛流离之苦。不仅如此，刘邦与项羽对立后，曾被项羽打得四处逃奔。为逃脱项羽的追赶，他不顾骨肉之情，狠心将儿子刘盈和女儿推下车。多亏属下夏侯婴强力阻拦，刘盈和他的姐姐才没被有父亲抛弃。

公元前202年，刘邦在楚汉战争中胜出，建汉称帝，立9岁的刘盈为太子。

刘盈性格比较文静，缺乏帝王之气，汉高祖刘邦本身就不喜欢他。后来，汉高祖特别宠爱

戚姬，同时也很疼爱戚姬所生的儿子如意，于是要废掉刘盈，另立如意为太子，因群臣强烈反对才暂时按下此念头。刘盈的母亲吕皇后担心汉高祖会再次废掉刘盈，请来汉高祖一向尊敬的"四皓"帮忙。一旦汉高祖有废太子的迹象，"四皓"就会通过适当的方式阻止他。

汉高祖平定淮南王英布的叛乱后，受箭伤而病倒。刘邦知道自己时日不多，开始考虑如何安排后事。此时，他仍有更换太子的念头。为了使刘盈能够顺利地继承皇位，"四皓"在一次宴会上陪同刘盈入席，令汉高祖感到异常惊讶。汉高祖见素有威望的"四皓"已经站在刘盈这边，担心改立太子会导致朝堂大乱，彻底放弃了改立太子的打算。

公元前195年，刘邦病逝，刘盈即位，是为汉惠帝。

■ 以仁治国　因弱亡身

汉高祖刘邦在位后期，既要平定国内的叛乱，又要迎击侵扰边境的匈奴，于是改动了十五税一的惠民政策，增加了一部分赋税。惠帝刘盈即位后，见既无内忧又无外患，立即恢复了十五税一的政策。

不仅如此，汉惠帝还鼓励农业生产，通过免除徭役的方式来激励农民们积极耕作。为了增加国内人口，惠帝规定，女子出嫁年龄最迟不得超过十五岁，否则要征收五倍的人头税。

汉惠帝同时也意识到商业的重要性，于是放宽对商人的限制。

不仅如此，汉惠帝对中国文化思想的传承和发展也作出了一定的贡献。公元前191年，汉惠帝下令废除从秦始皇时期沿袭下来的"挟书律"。秦始皇在位时为了彻底地消除各种思想学说，颁布了"挟书律"。它规定，官府相关部门藏书时一定要严格遵照朝廷的规定，私人一律禁止藏书。"挟书律"废除后，各种思想学说终于重见光明，纷纷活跃起来，特别是儒家学说，推行范围极为广范。

公元前194年，汉惠帝见社会和谐，与外界交往日趋频繁，开始整修长安城。公元前190年，整个长安城工程竣工，成为了当时世界上有名的建筑群。

汉惠帝是个年轻有为的皇帝，本可以将汉朝治理得繁荣昌盛，但却英年早逝，令人感到无比惋惜。之所以会如此，与其母吕太后吕雉的"功劳"是分不开的。

汉高祖刘邦称帝时，吕雉已经毫无风韵，加上宫中佳丽无数，使她很快体会到了失宠的滋味。汉高祖死后，吕雉成为了太后。她开始不择手段地迫害那些曾经受宠的姬妾们，以此来获得满足。而作为威胁到她权势的戚姬，自然要受到更加残酷的折磨和虐待。她将戚姬囚禁，令人剃掉她的头发，然后在她的脖子上套上枷锁，并让她舂米。然而，这并不能够消除她对戚姬的嫉恨，于是她又砍断戚姬的四肢，挖去她的眼睛，熏聋她的双耳，并把她变成了哑巴，然后将其做成"人彘"。戚姬的儿子赵王如意同样难逃劫难，被吕雉骗到长安后毒死。

汉惠帝生来善良，看到被母亲做成"人彘"的戚姬后，无法承受这种心灵上的刺激，不久便患上了一种心理方面的疾病，久治不愈。此后，汉惠帝不再处理朝政，一味饮酒作乐，渐渐消沉下去。

公元前188年，年仅23岁的汉惠帝去世。

汉文帝刘恒——意外登上王位的清明天子

■ 因祸得福　保身称帝

公元前202年，汉高祖刘邦的第四子刘恒出生。刘恒出生后，汉高祖先后又添了四个儿子。

刘恒为薄姬所生，从而决定了他在诸多皇子中的轻微地位。楚汉相争时，汉高祖打败了依附项羽的魏王豹，将魏宫中的宫女押入荥阳，薄姬就是其中的一位。后来，汉高祖偶然遇到了薄姬，将其纳入后宫。刘恒出生前，薄姬没有受宠。刘恒出生后，汉高祖也没有因此宠爱她，始终没有封她为"夫人"。

小时候的刘恒虽然过着衣食无忧的生活，但处处需要小心谨慎，因为后宫中的权利之争是残酷的，他与母亲薄姬没有后台力量的支撑。为了不给母亲添麻烦，刘恒从不招惹是非，待人接物都严格遵照宫廷礼仪，得到了宫中上下的一致好评。公元前196年，7岁的刘恒在朝中上下三十余位大臣的共同保举下，汉高祖封他为代王。

汉高祖死后，吕后的儿子汉惠帝即位，吕后成为了太后。汉惠帝做了不满7年的皇帝后，也离开人世。汉惠帝去世后，朝政大权落在了吕太后的手中。

吕太后只有汉惠帝这一个儿子，为了防止其他皇子将皇权夺去，她先后除掉了汉高祖的四个皇子。刘恒的母亲地位卑下，使得他们母子二人没有成为吕太后的敌人，从而保全了性命。

公元前180年，吕后死。汉高祖旧臣陈平、周勃二人携手合作，铲除了吕氏家族在朝中的势力，掌握了朝政大权。当时，大臣们多认为吕太后生前所立的小皇帝刘弘不是皇家子孙，纷纷要求另立皇帝。一番商议后，他们决定立代王刘恒为皇帝，并迅速派使者前去代国迎回刘恒。

刘恒从京师来的使者口中得到消息后，一向小心谨慎的他心中起了疑惑，遂与诸属臣商议。属臣们各有看法，意见不统一，弄得刘恒举棋不定。此时，他想起了占卜，欲通过占卜来测算吉凶。占卜结果是"大横"，意味着他将要做天子，像夏启和大禹那样子承父业。不过，刘恒和母亲薄姬二人仍不放心。薄姬找来弟弟薄昭，派他前往长安城察探实情。薄昭马不停蹄，了解到朝中真要立刘恒为天子后，速回禀报。

刘恒知道实情后，带着随从前往长安。在距离长安近五十里地的时候，刘恒又派人进城探路。刘恒得知朝中上下皆已列队恭候他的到来后，这才放下心来，入城与众人相见。起初，刘恒在大庭广众之下并不接受玉玺和符节。他回到在长安城的府邸，丞相陈平、太尉周勃等八名朝中重臣联名上表给他，阐述立他为天子的理由。在这种情况下，刘恒才同意做皇帝。刘恒称帝后，是为汉文帝。

■ 党同伐异　加强皇权

汉文帝即位后，要做的第一件事情便是巩固皇权，因为只有这样，才能够做到号令如山，保证各种措施的顺利推行。

汉文帝深知失去军权就等于失去了控制力，于是把国家军权交给了跟随自己多年的幕僚。

同时，他从自己做皇帝的经历中看到，要想保住皇位，必须除掉有可能与自己争夺皇位的人，于是先后将汉惠帝的四个儿子统统诛杀。

吕太后执政期间，极力使刘姓天下变成吕姓天下。在这种局势下，朝中元老重臣遭到排挤，一些同姓诸侯王也受到不同程度的压制。汉文帝即位后，重新起用朝中与吕氏对立的旧臣，分别封周勃、陈平、灌婴为右丞相、左丞相和太尉，在朝中建立了一个新的权力核心。与此同时，汉文帝不仅恢复了同姓王曾被吕氏削去的封地，而且仿效父亲汉高祖的做法，在原有同姓王的基础上新封了一些同姓诸侯王。

不过，任何一种措施的实行都具有两面性，关键在于它是向好的一面发展还是向坏的一面发展。汉高祖之所以要分封同姓王，目的是为了防止外姓人篡权夺位。但是，这种做法并不能杜绝内乱的发生，因为在有些时候，内乱来自于同姓诸侯王。一旦同姓王的势力得到膨胀，他们便有可能萌发称帝的野心，事实证明了这一点。

汉文帝三年（公元前177年），济北王刘兴居首当其冲，举兵谋反；汉文帝六年（公元前174年），淮南王刘长也欲犯上作乱。幸好汉文帝及早发现了他们的阴谋，有效制止了内乱的发生。

汉文帝从同姓王叛乱的事实中感受到了潜在的威胁，遂听取了贾谊的建议，"众建诸侯而少其力"。不过，汉文帝担心这种做法会引起各地同姓诸侯王的不满。起初，他只是有选择性地多建诸侯，尽量不得罪原来的诸侯王。比如，没有子嗣的齐王死后，他在齐国设立了六个诸侯王；淮南王刘长被发配后，他在淮南封了三个诸侯王，这三个诸侯王是淮南王的三个儿子。后来，汉文帝才在全国范围内众建诸侯。不过，众建诸侯并不是一个理想的方法，后来的历史证明了这一点。

■ 心忧天下　创建治世

汉文帝即位后，在经济、司法和对外政策上都进行了一定的改革，使得汉朝出现了第一个盛世。

在经济上，汉文帝继续大力发展农业。汉文帝二年（公元前178年），汉文帝继续降低田地赋税，在十五税一的基础上"除田租税之半"，变成了三十税一，而且，按照这种比例收取赋税的方式一直延续到西汉昭帝时。另外，汉文帝十二年（公元前168年），汉文帝采用了太子家令晁错徙民实边的建议，充实了汉朝边境和各郡县的粮库。汉文帝用这种方法满足了国家的需要，索性免去了田地租税。不过，这种惠民政策是不能长期实行的，否则将会影响到国家机构的正常运行。

为了进一步减轻百姓的负担，汉文帝降低了口赋。口赋又称作算赋，也就是现在所说的人口税。汉高祖时期，每人每年要缴纳120钱的口赋。汉文帝将口赋减至汉高祖时期的三分之一，即为40钱。

汉文帝以前，全国绝大多数的山川湖泊都被划归国家，私人一律不允许擅自围猎捕鱼、伐木采矿。汉文帝后元六年（公元前158年），汉文帝放宽了政策，允许私人在一定范围内开发山川湖泊的资源，使得汉朝的经济发展呈现多样化和全面化。

汉文帝以前，为了保证国内稳定，朝廷设立关卡，严格控制各军事要地的人口流动。汉文帝一改以往的规定，允许人们自由流动，促进了各地商业贸易的发展。

汉高祖时期，汉高祖为了防止各诸侯国内的名门望族反叛汉朝，遂将他们迁至长安。汉文帝于文帝二年（公元前178年）取消了这种规定，将各地的列侯遣回他们的封地，不仅进一步减轻了百姓的劳役，而且节省了运输费用。

在司法方面，汉文帝废除了收孥连坐法和肉刑，从而更能稳定人心，让人民感受到汉朝政府的仁德。

从汉初开始，黄老学说成为了治国安民的主要治国思想。所谓黄老学说，是以黄帝、老子和庄子为代表的学说。老子和庄子是道家思想的代表，有人在汉初道家思想流行的情况下把黄帝推崇为道家鼻祖，于是出现了黄老并称的现象。

汉初推崇的黄老学说已经不再是单一的道家学说，而是道家、儒家、法家等各种学说的糅合体。陆贾在汉高祖时期提出了这种治国思想，曹参在惠帝时期成为了全面推行这种思想的第一个执行者。到了文帝时期，惠帝时期的"黄老政治"继续得以延伸。

黄老学说虽然融合了多家思想，但"无为而治"的思想没有改变。"无为"的内容包括两个方面，一方面是遵循以往的旧制，另一方面是尽量少干涉百姓。然而，在有些时候，要想使这两个方面能融为一体，为了能够更好地无为而治，进行一些改革还是有必要的。汉文帝看到了这一点，于是敢于打破传统，敢于标新立异。

所谓收孥连坐法，是指一人犯罪，其家人皆当被贬为奴隶；而肉刑是指以往挖眼、割鼻之类的残酷刑法。汉文帝废除这种法律和刑罚的做法是中国文明史上的进步，也是一个有为帝王的英明之举。

当时，汉朝北有匈奴、南有百越，都威胁着汉朝的稳定长存。汉文帝采取了"和为贵"的做法，即使在万不得已的情况下，也只是采取抵御措施，不主动进攻外敌。

公元前200年，汉高祖刘邦被匈奴围困于白登（今山西大同），此后便与匈奴交好，直到汉文帝时期。汉文帝即位后，继续与匈奴交好，以免破坏了国内的和平稳定。然而，匈奴为了从汉朝得到更多的利益，有些时候并不遵守约定，进犯汉朝边境。此时，汉文帝又一次听取了太子家令晁错的提议，通过种种优惠政策号召内地人前往边地生活，然后按照什伍编制将他们组织起来。他们一边务农一边参加军事训练，有效地保证了汉朝边境上的稳定。

除了匈奴外，汉朝的东南方还有"百越"。百越是对越族人的统称，之所以如此称呼，是因为越族人的支族有很多。早在战国时期，越族人已经开始在我国东南沿海和岭南一带活动。秦始皇统一全国后，在岭南设置了三郡。秦朝末年，天下大乱，赵佗乘势而起，宣布岭南独立。

汉高祖称帝后，派陆贾出使南越，封赵佗为南越王。赵佗接受了汉高祖的封号，表示向汉称臣，奉行与汉朝的约定。吕太后掌权后，改变了汉高祖的外交策略，在经济上不再对其开放，导致了赵佗对汉朝的敌视。文帝即位后，立即令陆贾再次前往南越，采用各种政策对百越进行安抚，如无偿向其提供各种生产工具和牲畜、替赵佗修茸祖坟、任命赵佗兄弟为汉官等。

赵佗被汉文帝的诚意打动，再次向汉朝称臣。

汉文帝后元七年（公元前157年）六月，46岁的汉文帝病逝于未央宫。

汉景帝刘启——信奉黄老之术的守成之君

■ 内平藩乱　外抵匈奴

汉惠帝七年（公元前188年），刘启出生于代国国都中都（今山西平遥县西南）。公元前179年，其父代王刘恒登基，是为汉文帝，刘启遂被立为皇储。

公元前157年，文帝死，刘启即位，是为汉景帝。

汉文帝在位时，由于没有及时依照太子家令晁错的建议削藩，使得地方上有些诸侯王的势力在以后得到更大的扩张，已经威胁到汉朝的统治。在众多诸侯国中，吴国的势力发展最为迅速，吴王刘濞的野心也越来越明显。

公元前195年，汉高祖刘邦封刘濞为吴王。刘濞是刘仲的儿子，而刘仲是汉高祖的兄长。刘濞到了吴国后，极力发展吴国的经济。吴国经济飞速发展的同时，刘濞渐生野心。文帝在位时，刘启因与入朝的吴国太子在博弈过程中发生争执而失手将其砸死。吴王刘濞接到从长安送回来的尸体后非常愤怒，此后以身体有病为由，不再上朝。汉文帝心中有愧，此后很少干涉他。

汉景帝即位后，晁错被任命为内史兼御史大夫。晁错早就看到了各地诸侯王坐大的危害，再加上吴王刘濞此时已经蠢蠢欲动，于是呈上《削藩策》，建议景帝迅速削减各诸侯王的封地，以此来约束他们。汉景帝此时也明白，无论削藩与否，诸侯王都会发动叛乱，于是开始削藩，将威胁降到最低。

汉景帝三年（公元前154年）初，汉景帝先后将楚地东海郡、赵地常山郡和胶西六县划出各诸侯国管辖区域。吴王刘濞见汉景帝开始削藩，以为时机已到，迅速拿"诛晁错，清君侧"做幌子，号召各诸侯王叛乱。楚王刘戊、赵王刘遂、胶西王刘印、济南王刘辟光、胶东王刘雄渠、淄川王刘贤纷纷响应。此次大规模叛乱的主谋是吴楚两国，史称"吴楚之乱"。因参与此次叛乱的有七个诸侯国，又称"七国之乱"。

吴楚联军浩浩荡荡向西挺进，初战大败汉军后，又有赵军前来汇合。同时，齐国国都临淄被胶西、胶东、淄川和济南四国之兵围困。汉景帝收到消息后，立即发兵征讨。汉景帝生于治世，长于治世，连一场小规模的战争都没有经历过，更何况如此大规模的叛乱。正值此时，朝中奸臣袁盎上奏说，晁错是引起叛乱的根源，只要诛杀此人，叛乱自然会平息。汉景帝求之不得，遂草率腰斩了忠臣晁错。然而，叛军得到晁错被诛的消息后毫无退兵的迹象。汉景帝因悔生恨，令汉军猛击叛军。

联盟的瓦解和它的形成有时候会一样的迅速，因为联盟只有在各自的利益面临着严重威胁时才会牢固，一旦威胁有所缓解，内部就容易出现纷争。有了这个规律，加上安居乐业的人民对叛军作乱的厌恶和太尉周亚夫的英明指挥，叛军很快被击溃。

汉景帝从七国叛乱中意识到加强中央集权的重要性，于是立即着手改革。经过一番整顿后，诸侯国的封地大大减少。一般来说，一个诸侯国的封地就是一个郡。不仅如此，汉景帝还规定诸侯王"不得复治国"；不再拥有官吏任免权；除田地租税外，其他租税皆归朝廷所有。

在对待诸侯国势力问题上，汉景帝采取的措施虽然比汉文帝更加强硬有力，但还是给诸侯王留下了生存的空间，没有达到釜底抽薪的效果。正是因为如此，汉武帝即位后仍要面对这一问题。

汉景帝以前，汉朝在对待匈奴问题上，一直通过和亲的政策与匈奴交好。这种做法具有两面性：一方面，汉朝从中争取到休养生息的时间，加快了经济发展的步伐；另一方面，匈奴因汉朝的不断妥协而日益骄横，更加频繁地侵扰汉朝边境。

汉景帝认为，汉朝的国力还有待增强，否则无法战胜匈奴，但又不能放纵匈奴。于是，他在与匈奴继续交好的同时，增强了对匈奴的抵御力量。

当时，"飞将军"李广成了匈奴的克星。后人作诗称赞："秦时明月汉时关，万里长征人未还。但使龙城飞将在，不教胡马度阴山。"除李广之外，程不识、郅都等人都是驻守边疆、与匈奴作战的杰出将领。他们的存在给匈奴造成了一种威慑，使得匈奴的侵扰行为收敛了许多。

汉景帝除了将勇猛的将领派往边地戍边外，还继续采用了晁错在文帝时提出的两条建议：建立马苑和卖爵屯粮。这两条建议的继续推行不仅大大满足了边地作战对马匹的需求，还能够充分保证军粮的充足。另外，汉景帝仍然不断地将内地人民迁往边地，对屯垦戍边起到了非常积极的作用。

■ 子承父业　再创治世

汉景帝即位后，继续大力发展国内的经济，取得了明显的成就。

汉景帝发展经济的主要策略是重农抑商，因为他认为农业是天下之本，"黄金珠玉，饥不可食，寒不可衣，以为币用，不识其始终。"他在国内大力提倡农桑，以保证全国的衣食之需。他一方面减少各种徭役赋税，一方面禁止用谷物酿酒或喂马。

在法制上，汉景帝以轻刑罚为主旨思想，在文帝废除肉刑的基础上继续进行修改。比如，他废除了磔刑（分裂肢体）；文帝虽然用笞刑取代了肉刑，但同样会使犯人致残或将犯人打死，汉景帝对此做了修改。另外，为了避免冤案的发生，汉景帝要求有司在审案过程中一定要弄清真相，做到实事求是。

还值得一提的是，汉景帝在文化教育方面也有一定的贡献。汉景帝在对待各种思想学说时采取了求同存异的态度，各种思想学说纷纷兴起。除了黄老思想外，儒家思想的推行尤为广泛。之所以会出现这种现象，与汉景帝起用儒者为博士官是分不开的。汉景帝末年，蜀郡太守文翁选派了一些人前往长安城求学，然后在蜀郡创建了汉朝以来第一个学馆，在蜀郡广泛传播了儒学思想。

为了维护社会治安，汉景帝一方面仿效汉高祖，对部分豪强采取迁离措施，一方面在各地安插酷吏，严惩无视法纪的盗贼、豪强、外戚等，起到了维护社会秩序的作用。

汉景帝采用的诸多措施促进了汉朝的经济繁荣，汉朝在他的统治下又迎来了一个治世。汉文帝和汉景帝在治国安邦上有着杰出的贡献，后来人们把他们在位的这两段辉煌时期并称为"文景之治"。

景帝后元三年（公元前141年），汉景帝积劳成疾，病死于未央宫，享年48岁。

 汉武帝刘彻——集雄才伟略于一身

■ 借梯登高　少年称帝

公元前156年七月初七，汉武帝刘彻出生。他父亲汉景帝刘启正好在这年登基，所以他一出生便是皇子。传说汉武帝母亲怀孕时，梦见太阳钻入怀中。汉景帝听说后很高兴，认为这是一件吉利的事情，预示着这孩子将来会有大作为。刘彻的生母王夫人只是一个妃子，刘彻只能算作庶子，按封建宗法规定是没有资格继承皇位的。四岁时，他被封为胶东王，其大哥刘荣被封为皇太子。

刘彻最后之所以能继承皇位，有一定的渊源。

汉景帝虽然有十余个儿子，但没有一个是薄皇后所出。为此，朝中不可避免地要出现皇储之争。当时，汉景帝的母亲窦太后干预朝政。窦太后对汉景帝的胞弟梁王刘武最为疼爱，考虑到薄皇后没有子嗣，于是想让汉景帝传位于刘武。七国叛乱前，汉景帝曾在醉酒后许诺传位于刘武，后被窦婴以"汉法之约，传子嫡孙"提醒，不再提及此事。在平定七国叛乱时，梁王刘武为保社稷奋勇杀敌，立下了战功。于是，窦太后待平定七国叛乱后又提及传位一事，窦婴用齐宣公不立儿子而立弟以致引发五世之乱的故事来反驳，窦太后只好作罢，放弃了拥立梁王刘武的打算。

汉景帝的姐姐长安公主有个名叫陈阿娇的女儿，长安公主想把阿娇许配给太子刘荣，但太子的母亲栗姬却不领情。长安公主非常生气，从此便与栗姬结下仇怨。不久，她又打算把女儿许配给刘彻，但汉景帝并不支持。于是，她想了一个办法促使汉景帝同意了这门亲事，从此长安公主与刘彻的母亲结成了亲家。

景帝六年（公元前151年），薄皇后被废。接着，长安公主不断在汉景帝面前诋毁刘荣及其生母栗姬。景帝七年（公元前150年），汉景帝将太子刘荣废为临江王。由于长安公主的极力策划和帮助，再加上刘彻自己的出色表现，汉景帝在半年后终于立刘彻的生母为皇后，立刘彻为太子，此时刘彻仅有7岁。

刘彻的初名为"彘"，他生性聪明，勤学好问，七岁的时候"诵伏羲以来群圣，所录阴阳诊候龙图龟册数万言，无一字遗落"。汉景帝见其"圣彻过人"，于是把他的名字改为

"彻"。

中元二年（公元前148年），临江王刘荣因犯法被严审，不久便自杀。随后，梁王刘武暗地招兵买马，欲篡皇权。汉景帝发觉此事后立即采取了相应措施，刘武反叛失败。由于窦太后和其他外戚的关系，汉景帝赦免了刘武的死罪。刘武随后便心神不宁，不久便病入膏肓，离开人世。刘武死后，汉景帝顺势把梁地划分成五块，使刘武后嗣没有反叛的能力。

为了能够为刘彻扫清各种障碍，汉景帝竟然毫不留情地对付位高权重的忠臣周亚夫。周亚夫深感委屈，遂绝食自尽。

刘彻做了太子后，景帝请了学识渊博的卫绾做他的老师。他学习非常勤奋，先后学习了骑马、射箭、经学、文学等知识，为以后继承帝业打下了坚实的基础。

后元三年（公元前141年），景帝去世，16岁的刘彻即位，是为汉武帝。

■ 推崇儒术　大力改革

在"文景之治"时期，汉朝经济得到了恢复和发展。但是，在老子思想的影响下，"无为而治"严重阻碍了君权的集中，造成了人心涣散、一味向入侵匈奴妥协的局面。要想管理好国民，首先要改造国民的思想，让国民自觉地遵守法制、听命君主、为保国土而仇视匈奴。为此，从小就受到儒家思想影响的汉武帝在全国范围内推行了儒术。

为了顺利推行儒术，汉武帝罢免了年事已高的宰相卫绾，任魏其侯窦婴为宰相，任母舅田蚡为掌握军权的太尉。窦婴和田蚡都喜欢儒术，他们又向汉武帝推荐了儒生出身的赵绾和王臧。汉武帝任赵绾为御史大夫，王臧为郎中令。

汉武帝与儒臣合作，决心推行一场政治改革。一方面，他整顿法规，严格执法，要求臣子相互检举违法乱纪的官员，特别是皇亲国戚，罪行一旦被核实就对其贬谪；另一方面，为了削弱王侯的权力，他令住在京城的王侯迁回各自的封地。

但是，当时朝中的大权仍操纵在"好黄帝、老子言"的窦太皇太后手里。窦太皇太后从被立为皇后始，到汉武帝时已有四十年之久。她位高权重，其家族以她为靠山，飞扬跋扈，为非作歹。汉武帝的改革得罪了皇亲国戚，因为他们中的很多人遭到检举和贬谪。另外，王侯并不愿意迁回封地。在这种情况下，他们到窦太皇太后那里去告状，诽谤当时推行的新政，再加上窦太皇太后本人并不喜欢儒家思想，从而形成了一个以她为核心的反对改革的集团。

窦太皇太后的权势直接阻碍了改革的顺利进行，御史大夫赵绾在建元二年（公元前139年）上书汉武帝，提议不要让窦太皇太后干预国政，实际上是建议汉武帝取消窦太皇太后的特权。窦太皇太后听闻大怒，逼迫武帝废除了刚刚推行的一系列改革措施，罢免丞相窦婴和太尉田蚡的职务，囚禁御史大夫赵绾和郎中令王臧。

不久，赵绾和王臧在狱中被迫自杀，汉武帝的改革措施由此中断。随后，许昌任丞相，庄青翟任御史大夫，石建任郎中令，这些人都是窦太皇太后的亲信。

汉武帝并没有因为大权旁落而消沉下去，而是在养精蓄锐，等待振臂而起的时机。

建元六年（公元前135年），窦太皇太后病死，汉武帝摆脱了束缚。他立即下令罢免丞相许昌和御史大夫庄青翟，清除了窦太皇太后在朝内的所有亲信党羽，重新任命田蚡为丞相，韩安国为御史大夫。

元光元年（公元前134年），汉武帝召见大儒董仲舒，向其探询治国良策。董仲舒将自己的一整套儒家治国思想说给汉武帝听，提出了颇有见地的治国安邦之策，深得汉武帝之心，史称"贤良对策"。

儒者的典型特征是：踱着方步，捻着胡须，慈眉善目，面带微笑。儒学博大精深，内容丰富，包罗万象，在政治、哲学、教育、文学、伦理等各方面都有极高的借鉴价值。

"仁政"是儒学核心的政治观和道德观，更适用于统治阶级控制人民。董仲舒应运而生，在孔子的儒家思想中融进了法家和阴阳家等其他学派的思想，适应了汉武帝的需求。他提出了"罢黜百家，独尊儒术"的主张，宣扬君主权力来自上天的赐予，给皇权披上了神化的外衣；实施仁政的同时也加强法制，对待百姓要先进行教育，教育无效后再用刑罚来镇压。

为了达到独尊儒术的目的，汉武帝在全国范围内推行了儒学教育体制，用儒家思想来培养接班人。元朔五年（公元前124年），汉武帝接受董仲舒的建议，兴办了完全把儒家五经作为教学课程的太学，聘请儒学博士担任老师。由于国家的大力提倡，太学生数逐年增加，到西汉末已多达上万人，这些人成了封建专制主义中央集权的最有力的维护者。另外，汉武帝还号召在郡国兴办地方学校，使儒学成为士人进身入仕的阶梯，将国家体制与儒家思想有效地结合起来。

汉武帝之所以要推崇儒家思想，主要是为了大力加强中央集权。为了加强君主集权，他采取了一些行之有效的措施。

汉武帝即位时，丞相大多为开国功臣，位高权重，往往牵制了皇权的效力，汉武帝对这种丞相分权的局面极为不满。好在这些丞相基本上都已年老或者去世，汉武帝便趁机不拘一格地选拔人才，让众多的儒生代替元老们掌握国家政权。同时，他一面通过打击丞相来加强自己的权力，一面进行官制改革，取消军功贵族的特权。

汉高祖在位时曾封了很多刘姓的王，被称为同姓王。后来，这些同姓王的后裔横行乡里，对抗中央。为此，汉武帝采取"强干弱枝"的政策，着手削弱地方的割据势力。汉武帝从"大一统"理论中找到了加强中央集权、打击地方势力的理论依据。为了彻底削弱诸侯王的势力，他在元朔二年（公元前127年）采纳了主父偃的建议，通过颁布"推恩令"来清除分封制。推恩令规定，诸侯王的王位除了由嫡长子继承以外，还可以用"推恩"的形式让其他的儿子在本侯国内分封。新的侯国可脱离原来王国的限制，有独立的地域，且不再受原国王管辖，而直接由各地的郡县来管理。"推恩令"名义上是皇帝施以恩德，但实际上却剥夺了诸侯王的政治军事权力，削弱了他们的势力。

汉武帝在打击地方势力的同时，还着手打击地主豪强势力，并且加强了对地方官吏的控制。西汉初年，由于政策的宽松，刑罚被减轻，地方豪强势力得到很大发展。随着时间的推移，各地出现了一批以强凌弱、以众暴寡的豪强地主。为了实施对他们的有效控制，汉武帝除了继续推行汉初以来将豪强迁至关中、直接监管的策略外，还任用酷吏来诛杀豪强。

为了加强和完善对全国各地的监察，汉武帝改革了汉初的监察制度。他把全国分成了十三个监察区，每个区叫做部，每部派出一名刺史，仅中央的刺史叫做司隶校尉。刺史不处理行政事务，专门检查各地豪强的违法行为和地方长官郡守、国相等人的营私舞弊行为，防止郡守和地方豪强们相互勾结、对抗中央，避免以前同姓王犯上作乱局面的再次出现。同时，刺史要负责向中央推荐优秀官吏或罢免政绩不好的官吏。这一措施的施行，使地方豪强势力受到遏制，社会趋于安定。

除此之外，汉武帝还设置了御史中丞、司隶校尉和丞相司直三大监察系统。这样一来，朝内外的绝大部分官员都处于被监察的范围内。

从西汉初到汉武帝时，基本上都是军人当权。为了改变政治官员的构成，汉武帝听从董仲舒的建议，通过一系列法令、措施，建立了以选拔文官为主的用人制度。

汉武帝在继续推行汉初察举制的同时，扩大了察举的范围。在汉朝初期，只有贤良和孝廉两科，汉武帝在此基础上增加了儒学、明法（即明习、通晓法令）、德行、学术等科。汉武帝命令郡守向中央推荐德才兼备的人，否则就要受罚。

汉武帝在完善察举制的同时，还建立了征召制。征召制、察举制与公车上书制互相配合，使汉武帝网罗了大批优秀人才，壮大了他的统治基础。

■ 狠击匈奴　扩大疆土

由于社会经济条件的局限，汉初实行了黄老的"无为"政治。这种治国思想虽然在一定程度上加强了汉族和少数民族之间经济文化上的联系，但同时也助长了西北边疆和蒙古高原匈奴贵族的嚣张气势。他们经常侵扰西汉边境，给边疆吏民带来了灾难，也对西汉政权的稳固造成了威胁。

文景时期，西汉朝廷在对待匈奴方面基本上以和亲为主，以此换取短暂的和平。到了汉武帝时期，经历了前几代的发展后，西汉的国库逐渐充实起来，士兵素质也提高到了一定的水平，基本上具备了大规模反击匈奴的实力。正是在这种情况下，汉武帝决定对匈奴进行彻底的打击，洗刷数年来的耻辱。

元光五年（公元前130年），汉武帝封卫青为车骑将军，首次出击匈奴。卫青、太仆兼轻军将军公孙贺、大中大夫兼骑将军公孙敖、卫尉兼骁骑将军李广各领兵1万，分别从上谷（今河北省怀来县）、云中（今内蒙古托克托东北）、代郡（今河北蔚县东北），向雁门出发。

卫青率部队到龙城（位于今蒙古，当时为匈奴祭祀天地祖先的地方），斩杀、俘虏数百敌军，首战告捷；公孙敖伤亡7000兵士；李广被匈奴所俘，后逃脱；公孙贺无功而还。

元朔元年（公元前128年）秋，卫青领3万骑兵出雁门关攻打匈奴，歼敌数千。

元朔二年（公元前127年），匈奴入侵，杀辽西太守，掳掠渔阳民众2000余人，大败将军韩安国的大军。汉武帝见形势不妙，立即派令匈奴人敬畏的飞将军李广镇守右北平（今辽宁省凌源西南），匈奴兵避开李广，转而从雁门关入塞，进攻汉朝北部的边郡。汉武帝又令将军李息出代地，令车骑将军卫青出云中以西至高阙（今内蒙古杭锦后旗），收复了河南（今内蒙古河套之河南地区）至陇西之地。为了巩固这一地区，汉武帝设置朔方郡、五原郡，迁徙内地人到那里定居，还修建了防御工事。经过这次战役，西汉不但解除了匈奴骑兵对长安的直接威胁，还建立起了进一步反击匈奴的前方基地。

元朔五年（公元前124年）春，汉武帝令卫青率3万骑兵出高阙，击退匈奴左贤王王延，俘虏左贤王属下副将十余人，男女一万五千余人，牲畜上百万头。汉武帝为鼓励前线将士，派使者捧大将军印赶往军中，任命车骑将军卫青为大将军。

元朔六年（公元前123年）春，大将军卫青出定襄（今内蒙古和林格尔），歼灭匈奴几千人。

据史书记载，这次战役中，霍去病率800精骑首次参战，歼敌2000余人。

元狩二年（公元前121年）春，汉武帝任命霍去病为骠骑将军，率领精兵1万，从陇西（今甘肃省临洮县）出发进攻匈奴。这时的汉军战斗力极强，所向披靡，穿过五个匈奴王国，斩匈奴折兰王、卢侯王，活捉了匈奴浑邪王的儿子及相国、都尉等。

同年夏天，河西之战开始，霍去病以车骑将军的身份指挥作战，大败匈奴。汉朝完全控制了河西地区（今甘肃武威、张掖、酒泉等地，人们常说的"河西走廊"），切断了匈奴与羌人的联系，打通了通往西域的道路。

元狩四年（公元前119年），汉武帝命大将军卫青、骠骑将军霍去病各率精锐骑兵5万人，分作东西两路，远征漠北。为了解决粮草供应问题，汉武帝征用私人马匹，拨出步兵十余万人运输粮草辎重。

汉武帝命霍去病从东方的代郡（约居河北蔚县一带）出塞，卫青从定襄（今山西右玉县以北）出塞。卫青依旨行事，命李广与右将军赵食其两军合并，从右翼包抄，他本人率左将军公孙贺、后将军曹襄从正面进攻，直插匈奴单于驻地。

卫青大军北行一千多里，穿越大沙漠，与以逸待劳的匈奴军遭遇。但卫青临危不惧，指挥若定，命令部队用武刚车（相当于今天的铁甲兵车）围住匈奴的圆形营栅，然后派5000骑兵前去冲击匈奴，匈奴派出1万人迎战。

当时已经是黄昏，并且风沙很大。单于只听见杀声四起，在辨不清形势的情况下引精兵数百向西北奔逃。汉兵虽没捉到单于，但俘杀匈奴1万多人。

霍去病率领的东路军北进两千多里后，与匈奴右贤王王延对战。激烈的战斗后，汉军俘获了匈奴三个小王以及将军、相国、当户、都尉等83人，消灭匈奴7万多人，彻底击溃了右贤王。

漠北之战后，汉军打垮了匈奴的主力，使得匈奴元气大伤。为了避开汉军的锋芒，匈奴逐渐向西北迁徙，产生了"漠南无王廷"的局面，汉朝的北疆威胁基本上解除了。

除了给予匈奴沉重的打击外，汉武帝还不断用武力来扩大西汉的疆土。当时，东南沿海一带有"三越"，西南一带有"西南夷"，东北有许多少数民族。在汉武帝时期，这些边境上的地盘都被划进了西汉王朝的版图。

"三越"包括东瓯（今浙江温州）、闽越（今福建闽侯）和在文帝时期已经归顺了汉朝的南越。其中，东瓯和闽越早在秦末时被合称为东越。建元六年（公元前135年），南越遭到闽越的攻打，遂向汉朝求援。汉武帝发兵讨伐闽越，闽越发生内乱，闽越王被杀。汉武帝将引发内乱的闽越王的弟弟徐善封为东越王，利用他来控制东越。不料，徐善在元鼎六年（公元前111年）不再向汉称臣，开始与汉朝对抗。汉武帝再次发兵讨伐，很快平定了再次发生内乱的闽越。为防再生事端，汉武帝索性将东越人迁徙，彻底废除了东越政权。元鼎四年（公元前113年），南越国丞相吕嘉因不满南越王婴齐过于亲汉的举措，待婴齐死后发动叛乱，并杀死汉朝使臣，公然与汉朝为敌。次年，汉武帝发兵征讨，一举消灭了南越政权，按照汉朝制度在当地设置郡县。

"西南夷"是汉朝西南地区少数民族的总称，它的范围比较广泛，包括四川南部、广西北部、贵州和云南一带。当时，西南夷主要包括两个国家，一个是云南西南部的滇国，另一个是除滇国领地外的夜郎国。夜郎国国王本以为他统治的国土幅员辽阔，繁荣昌盛，不料与汉朝使臣对汉朝的描述比起来竟显然是小巫见大巫，"夜郎自大"一词便来源于此。随后，夜郎国便归顺了汉朝。元封二年（公元前109年），滇国迫于汉武帝的武力，也归附了汉朝。

收服了这些地方后，汉武帝于元封三年（公元前108年）着手东北地区的开发。位于汉朝东北的乌桓、鲜卑、挹娄等少数民族虽然有些繁杂，但在汉初已被燕人卫满统一。卫满与汉朝约定，表示愿意做汉朝的藩属。为了能够进一步控制汉朝东北的这些地区，汉武帝在当地设置了郡县。

■ 功过参半　明昏交杂

评说一位君主的功过是非，需要从多方面来看，不仅要看到国家领土是否保存得完整、国民是否能够安居乐业，而且要看到这位君主的所作所为能够给后世造成什么样的影响。如果站在这个角度上来分析问题，汉武帝是一个十足的功过参半的帝王。

在经济发展上，汉武帝依然采取了重农抑商的措施。在汉武帝统治时期，汉朝的农业得到了进一步的发展。除了减轻赋税等一些政策上的优惠外，汉武帝还非常重视水利工程的兴建。水不仅是生命之源，而且是植物不可缺少的营养物之一。要想保证农作物的健康生长，没有足够的水分供应是不可能的。为此，汉武帝在全国范围内修筑了很多灌溉渠，如漕渠、白渠、洛水渠、六辅渠等等。有了这些灌溉渠道，不仅可以及时为干旱地区的农作物进行灌溉，而且可以及时地排除潮湿地区的过多水分。

此外，屯田制度的推广使得汉朝的农业有了更大的发展。汉武帝多次将各地的贫民迁徙到西北方的边郡，将边郡地区可以开发的土地都变成田地，大大增加了汉朝的耕种面积，增加了汉朝的农业收入。

在重视农业发展的同时，汉武帝并没有放松对商业的抑制。为了抑制商人个人经济的快速膨胀，汉武帝运用国家这个机器来干预国内的商业。元狩四年（公元前119年），汉武帝任用深谙"轻重之术"的"理财三杰"桑弘羊、东郭咸阳和孔仅三人，对国内经济进行宏观调控。

自元狩四年（公元前119年）始，至元封元年（公元前110年），汉武帝加紧对工商业者资产税的征收。由于征收资产税时主要依照个人资产的比例来征收，很多商人、富豪都虚报财产，于是汉武帝采用奖励措施鼓励人们告发。凡被告发属实者，个人财产一律被没收，被告发者本人也将沦为奴婢。汉武帝的这种做法给商人造成了汉朝有史以来最为沉重的打击，严重抑制了工商业的发展。

　　元狩五年（公元前118年），汉武帝采用了桑弘羊的建议，将汉朝以往的盐铁买卖由私营转变成官营，大大减少了民间商贾的盈利空间。

　　元鼎二年（公元前115年），汉武帝在地方上设置均输官，同时在京师设置平准官。均输官的主要任务是处理所在郡国的贡物，除了要将朝廷需要的贡物运往朝廷存储外，还要将朝中暂时不需要的贡物运往物价上涨的地区售出，以增加朝廷的收入。平准官则负责观察全国各地的各种物品的价格走向，通过低进高出的方式来实行商业垄断。

　　元鼎四年（公元前113年），汉武帝规定各郡国不准私自铸造货币，只有中央拥有铸币权。负责铸币的官员有三类：均输、钟官和辨铜。此三类官员统归上林苑水衡都尉管制，当时货币有多种名称，如三官钱、上林钱、五铢钱等。汉武帝时期铸造的这种货币对社会经济的发展有深远的影响，一直被沿用到隋朝。

　　汉武帝采取的这些发展经济的措施，虽然收到了重农抑商的效果，在增加农民收入和国家收入的同时抑制了商贾的发展，缩小了国内的贫富差距，但是，它同时存在着一些弊端，因为它造成了官僚的腐败和投机商的牟取暴利，为西汉王朝的衰落埋下了隐患。

　　一个政策的实施往往具有两面性，正如汉武帝的重农抑商，又如汉武帝的连年征战。由于不断地对外征伐，本可以安居乐业的民众在汉武帝后期不得不面对沉重的赋税徭役。虽然汉朝的疆土在不断扩大，但民众的生活却越来越穷困。

　　不仅如此，汉武帝的有些做法与秦始皇相似，比如大兴土木、封禅泰山、寻求长生不老药等。这些活动耗费了大量的人力、物力和财力，对治国安邦来说简直是有百害而无一利。

　　更为荒唐的是，汉武帝竟迷信"巫蛊"，戾太子冤案便是由此引发。

　　"巫蛊"是一种纯迷信活动，但在西汉时期却得到了人们的广泛认同。据说，如果恨一个人，就用桐木刻一个木偶人，然后把木偶人埋进土里，对着它诅咒自己恨的这个人，便可以借助鬼神的力量达到目的。自从有了巫蛊后，朝廷内外人人自危，生怕被有不轨意图的人陷害。

　　受汉武帝宠爱的卫子夫为汉武帝生下刘据后，汉武帝非常高兴，于元狩元年（公元前122年）立卫子夫为皇后，立长子刘据为太子。后来，刘据与汉武帝由于在治国方略上不能达成一致，遂产生了矛盾。这种矛盾经过不断的深化后，导致了他们两人之间的相互猜疑。

　　晚年的汉武帝常常感到精神恍惚，不知何故。朝中奸臣江充知道后，遂进谗言说是巫蛊所致。汉武帝对此深信不疑，立即令江充调查此事。一时间，上至皇亲国戚、文武百官，下至平民百姓、贩夫走卒，受牵连者不计其数，太子刘据同样遭到诬陷。刘据愤怒，砍了江充的脑袋。汉武帝知道此事后，更加怀疑刘据想夺皇权，于是发兵讨伐。刘据败逃后，四处藏匿，不久便死去。

　　征和三年（公元前90年），也就是发生巫蛊事件后的第二年，汉武帝知道太子刘据蒙冤致死后深感愧疚，令人建了思子宫，并追谥刘据为"戾太子"。

　　此后，汉武帝开始反思这些年他的所作所为给国家带来的灾难，并开始认真治理国家。虽然此时的他已经到了垂暮之年，但他的用人得当为西汉以后的发展起到了积极作用。

　　比如，丞相田千秋为农业发展作出了很大的贡献。首先，耧车、耧犁等铁制的农用工具得到了广泛的推广和使用，既加快了农业生产的速度，又减少了人力的耗费。除此之外，先进农具的运用还能够起到播种均匀的效果，能够使农作物的间距适当，保证所有的作物都能够更好地吸收土壤里的养分和外界的阳光、水分和温湿度。其次，代田法在此时出现并得到推广。代田法在当时是一种新型的耕作方式，通过更换垄沟的位置来充分利用土壤肥力，并能够保证土壤肥力的均匀。

另外，汉武帝在安排后事上也显得非常慎重。他将小儿子刘弗陵立为太子后，还做了两件事情：为了杜绝太后专权的再度发生，他赐死了刘弗陵生母钩弋夫人；为了能够治理好国家，他指派忠臣霍光辅政。

后元二年（公元前87年），汉武帝病逝。

 # 汉宣帝刘询——中兴汉室的开明天子

■ 流离于民间　偶然成帝王

征和二年（公元前91年），汉宣帝刘询出生，他的初名叫刘病已。

刘病已出生后不久，朝中便发生了巫蛊事件。在短短几个月的时间内，其祖父戾太子刘据、祖母史良娣、父亲刘进和母亲王夫人纷纷受到牵连并遇害。就这样，嗷嗷待哺的刘病已竟成了一个无人照顾的孤儿。不仅如此，刘病已也受到巫蛊事件的牵连，身陷京城狱中。

当时，身为典狱官的丙吉为人慈善，对刘病已的遭遇顿生恻隐之心。在丙吉的照顾下，小病已一天天长大。

后元元年（公元前88年），汉武帝身患重病。本想长生不老的他无法面对这个现实，对方士的话深信不疑，遂下令杀掉京城监狱中的所有犯人，以便冲散那里的"天子气"。在丙吉的保护下，年仅4岁的刘病已又逃过了一劫。

后元二年（公元前87年），汉武帝病逝，5岁的刘病已被赦免出狱。丙吉将刘病已送回其祖母史良娣的娘家，并把刘病已的情况告诉了张贺。张贺原是刘病列祖父的家吏，此时担任掖庭令。为了报答戾太子昔日对他的恩情，他通过关系将刘病已列进了宗室族谱。从此，身为皇族的刘病已得到了生活保障。张贺不仅帮助刘病已解决了生活问题，还让他受到了良好的教育。

元凤六年（公元前75年），在张贺的张罗下，刘病已娶了掖庭典狱长之女许平君为妻。

元平元年（公元前74年）四月，年轻的汉昭帝无故驾崩。就在这一年，许平君为刘病已生了一个儿子，名为刘奭。

昭帝死时年仅21岁，还没有子嗣。大司马兼大将军霍光奉皇后之诏命迎立汉武帝之孙昌邑王刘贺。刘贺为人骄横跋扈，行为不端，不久便被霍光废掉。废掉刘贺后，要想保证不生内乱，另立天子成了当务之急。

在西汉时期，除了巫蛊外，"谶语"也比较流行。"谶语"又称作"谶纬"，起源于秦末。谶语是指一些自然现象给人们带来的神秘启示，多为巫师、方士等人编造的附会之辞。在有些时候，有人会利用它来证明自己的所作所为是顺从天意的，从而来蒙蔽众人，达到自己的目的。

早在汉武帝病逝前后，民间就有许多奇怪现象的传言，比如巨石自立的现象。元凤三年（公元前78年），有人发现上林苑中的大柳树死而复活，并且有虫子在上面啃出了"公孙病已立"的字样。

霍光对这些传言也略有所闻，再加上有人提出刘病已仪表堂堂且有才华，于是于元平元年（公元前74年）七月迎立了刘病已。刘病已即位后，改名刘询，是为汉宣帝。

■ 铲除霍氏 掌权执政

汉宣帝即位后，不忘糟糠之妻许平君，否决了众臣提出的立霍光小女霍成君为皇后的建议后，遂将许平君立为皇后。

汉宣帝来自民间，在朝中没有势力。为了能够管理好国事，他把霍光作为靠山，继续让霍光辅政。霍光虽然对汉室忠心耿耿，但他的家人却不安分。

由于霍光位高权重，霍光的家人和亲戚都跟着沾光。再加上霍光的外甥女是昭帝皇后，霍家地位更加显赫，很少有人敢得罪他们，霍光之妻霍显更是蛮横凶狠。霍显听说汉宣帝不愿立她的女儿为皇后以后，顿时怒不可遏，欲找机会除掉许皇后。本始三年（公元前71年），霍显乘许皇后产后不适让女医毒死了许皇后。许皇后死后不久，霍成君被立为皇后。

地节二年（公元前68年），操劳一生的霍光踏上了黄泉路。然而，霍氏集团仿佛没有意识到形势的变化，根本没有把汉宣帝放在眼里。霍皇后听说汉宣帝要立刘奭为太子后，将此事告诉了母亲霍显。霍显竟再生歹心，把毒药交给霍皇后，要她找机会毒死刘奭。汉宣帝在许皇后死后便开始警觉起来，小心防范着霍氏集团，霍皇后自然难以得手。

汉宣帝知道，要想管理好朝政，必须要除掉掌握着军政大权的霍氏集团。为此，他采取了"骄而纵之"的计策，通过不断封赏来让霍氏集团放纵，待他们做出破坏朝纲的事情后再采取行动，逐渐收回军权。同时，汉宣帝开始在朝中培植自己的势力，丙吉、魏相二人先后被任命为御史大夫。

然而，被荣耀冲昏头脑的霍氏集团根本没有识破汉宣帝的计划，个个盛气凌人，越来越放肆。在这种情况下，很多人开始上书弹劾霍氏集团。汉宣帝见时机已到，于是顺应民心和时势，开始采取行动。他一面削去霍氏集团一些人手中的军权，一面加封另一些人。同时，他改变了以往的议事制度，允许外朝直接与皇帝议事，不必通过中朝。如此一来，霍氏集团中受到加封的人也渐渐失去了实权。

霍氏集团终于醒悟了，于是密谋造反，后由于消息走漏，只好作罢。汉宣帝并不急于剿灭他们，而是在等待最佳时机。此后，已经养成了猖狂本性的霍氏集团继续胡作非为，招摇过市，在朝内外都留下了坏名声。

地节四年（公元前66年），霍氏集团准备再次发动政变。汉宣帝闻讯后，立即将霍氏集团一网打尽。

■ 鞠躬尽瘁　死而后已

霍氏集团被铲除后，朝中大权终于掌握在汉宣帝的手中。早年生活在民间的汉宣帝非常了解百姓的疾苦，于是在各个方面都进行了调整和整顿。

自从汉武帝采取了国家干预经济的政策后，朝中的贪官污吏越来越多，腐败现象也越来越严重。尽管在霍光辅佐汉昭帝执政期间有所压制，但并没有从根本上解决问题。汉宣帝针对这一情况，首先调整了中朝和外朝的关系。

西汉初年，汉高祖沿用了秦朝的官僚体制，用丞相来辅佐朝政。如此一来，丞相的权力越来越大，逐渐威胁到皇权。汉武帝即位后，对这种情况大为不满，于是设置了中朝和外朝。外朝以丞相为首，主要负责各种政务；内朝以大将军、尚书为首，主要负责制定各种重大决策。汉武帝之所以要这样做，就是为了削弱相权。汉宣帝即位后，霍氏集团控制了中朝。为了能够直接了解到各种政务情况，汉宣帝索性跳过中朝这个环节，直接参与管理各种政务。

调整了中朝和外朝的关系后，汉宣帝开始严格选拔官吏，大力任用有能力的人。魏相是一个有能力的人，遂被提拔为丞相。在郡国守相的选拔上，汉宣帝也相当重视。当时的行政划分总共只有中央、郡国和县三个级别，掌管郡国政务的郡国守相自然显得非常重要。一个合格的郡国守相向上可以如实汇报郡内各县的具体情况，向下可以传达中央的各种策略和方针，但一个不合格的郡国守相则有可能欺上瞒下。为了选用可以胜任的郡国守相，汉宣帝亲自接见被举荐的人，考察他们的实际能力。

汉宣帝一方面选任有能力的人，一方面采用汉武帝时的刺史制度对各郡进行监察。另外，汉宣帝推行了有功必赏、有罪必课的政策。通过种种配套措施的实施，官吏中的腐败现象得到明显改善。而且，在这种正气之风的感召下，官吏们不再相互攀比财富，而是以出色的政绩、深厚的学问为荣。

在整顿吏治的同时，汉宣帝根据国情开始对国内各种政策进行完善和改革。在他的努力下，西汉王朝除了有"文景之治"外，又出现了"昭宣中兴"。

在思想方面，汉宣帝改变了汉武帝时独尊儒术的局面，满足了其他学派的需求，同时为中国文化遗产的保留作出了贡献；在农业方面，汉宣帝一方面依照惯例减少赋税徭役，一方面根据当年灾情的轻重再减免一些租税；在工商业方面，汉宣帝在依然推行汉武帝以后的官营政策的同时针对这种政策的弊端作了一些修改，有效地抑制了由此导致的官吏腐败现象。

汉宣帝以前，由于土地的买卖不受控制，官僚、地主、豪强、富商等纷纷大量购进土地，严重导致了国内的贫富分化。为了改变这种现象，汉宣帝把巨富者迁徙，把他们的土地充公或分配给贫者。另外，汉宣帝还颁布诏令，把公田借给贫者耕种。

黄龙元年（公元前49年）十二月，43岁的汉宣帝病逝。

汉元帝刘奭——尊崇儒学，以儒治国

■ 生于乱世　深爱儒学

汉昭帝元平元年（公元前74年），汉元帝刘奭出生。他的父亲刘病已当时只是一个流落民间的皇族，但几个月后便奇迹般地成为了皇帝，这就是汉宣帝刘询。刘询做了皇帝后，刘奭的生母、刘询的嫡妻许平君被立为皇后。

当时，身为辅政大臣之首的大将军、大司马霍光官高权重，霍氏集团早在汉昭帝时已经控制了汉廷的军政大权，因此霍家上下都显得异常骄横。霍光续妻霍显因汉宣帝没有立她的小女为皇后心生怨恨，于是在本始三年（公元前71年）乘许皇后产后不适毒死了许皇后。就这样，4岁的刘奭虽然身为皇族，却过早地失去了母爱。

许皇后死后，霍显的小女被立为皇后。霍皇后见汉宣帝有立刘奭为太子之意，在其母霍显的怂恿下欲毒死刘奭。此后，刘奭虽然时时面临着死亡的危险，但在其父亲汉宣帝的小心防范下还是活了下来。

地节二年（公元前68年），霍光死。地节三年（公元前67年），通过采用各种手段收回了霍氏集团手中实权的汉宣帝摆脱了霍氏集团的控制，果断地将嫡子刘奭立为太子。这一年，刘奭8岁。

小时候的刘奭是一个乖巧而又懂事的孩子，也许正是因为这个原因，长大后的他才变得柔弱和优柔寡断。汉宣帝时，汉武帝统治时期给以后造成的各种负面影响仍然存在，如"富者田连阡陌，贫者亡立锥之地"、官吏腐败等等。这些负面影响直接引起了处于下层的人们的愤怒，各种自然灾害又使他们原本贫困的生活变得更加艰辛，于是，各种武装斗争纷纷发生。尽管汉宣帝在积极采取各种措施缓和当时存在的社会矛盾，但措施的推行和生效之间往往存在着一个时间段。在这个难以估测的时间段内，矛盾随时都有可能激化。

在这种社会环境下成长起来的刘奭看到更多的是农民的疾苦和愤怒，认为要想真正缓解社会矛盾，缓和当时的严峻形势，只有通过推行儒术才能实现。身为太子的刘奭不仅有这样的想法，还在认真地学习各种儒术，以便能够在即位后治理好国家。通过不断地学习和研究，刘奭对《诗》、《书》、《礼》、《经》等各种儒学经典皆熟谙于心。

刘奭不仅本人尊崇儒术，而且还建议父皇汉宣帝也用儒术治国。做太子期间，他与汉宣帝讨论治国方略时曾说："陛下持刑太深，宜用儒生。"汉宣帝听后大怒，对他说汉家治国一向是采用王道和霸道结合的方式，单凭儒术是行不通的。然而，早对儒学痴迷的刘奭是不会耐心听取父亲的教导的，继续我行我素。

黄龙元年（公元前49年），汉宣帝死，26岁的太子刘奭即位，西汉王朝的衰落也由此开始。"文景之治"、"昭宣中兴"那样的局面对极力推崇儒术的刘奭来讲，是永远不可实现的梦想。

■ 平庸无为 汉室难兴

刚即位的汉元帝信心十足，欲用儒术为西汉开创一个辉煌时期。

汉元帝是一个有"心计"的人，知道要想推行儒术，首先要让西汉子民尊崇儒术，于是采用各种措施宣传儒术，比如奉祀儒学先师孔子，赏赐、吊祭或厚葬儒士等。不仅如此，汉元帝还扩大太学规模，大力培养儒学博士。元帝以前，儒学在西汉一直占有比较重要的地位，而且在汉武帝时期得到大力推行，因此儒学的发展极为迅速。汉元帝此时又如此推崇儒学，儒学之风自然更加旺盛。

汉元帝推崇儒学只是一种手段，他的最终目的是为了治国安邦。于是，在推行儒学的同时，汉宣帝一边选用优秀的儒生为官，一边用以儒学为中心的"王道"治国。由于汉元帝采取的措施之间有着层层递进和相互促进的关系，"王道"在执行过程中颇为顺利。通过一番整顿后，汉廷上下皆是儒生。

不同的国情需要不同的治国思想，统治阶级选用符合国情的治国思想，然后能够强有力地贯彻执行下去，总是能够起到一定的作用。但是，治国思想的作用是有限的，它不能够及时消除社会中已经存在的各种弊端和化解已经激化的社会矛盾。另外，在不同治国思想的影响下，往往会衍生出不同形式的社会问题。因此，在某种意义上来讲，西汉的衰亡是必然的，责任并不完全在于汉元帝本人。

由于儒学的推广和儒官的任用，当时民间流传着这样一句话："遗子黄金满籯，不如一经。"只要能够通晓儒经，就能够入仕。于是，为了光耀门楣、为了拿到俸禄，越来越多的人加入到研究儒学的队伍中来。在这种情况下，许多"读死书、死读书"的无能之辈也纷纷穿上了官服。这些人即使不会做出伤天害理的事情，对促进国家昌盛也起不到什么作用。

除此之外，汉宣帝在临终前为汉元帝安排的辅政大臣逐渐丧失了作用，朝纲日趋腐败。

汉元帝身旁的辅政大臣有三位：大司马兼车骑将军史高、前将军兼光禄勋萧望之和光禄大夫周堪。其中，史高为戾太子之妻、宣帝祖母史良娣的侄孙，属于外戚，汉宣帝时被封为乐陵侯，任侍中一职；萧望之和周堪是当时的名儒，汉宣帝时分别任太子太傅和太子少傅。他们在汉元帝时所任的这些官职，是汉宣帝临终前临晋升的。

史高、萧望之、周堪三人原本按照汉宣帝遗嘱共同辅政，而且并领尚书事，然而，在辅政不到一年的时间内，史高将萧望之和周堪排挤出去，凭着外戚的尊贵独领尚书事。不过，由于汉元帝当时以儒术治国，萧、周二人自然受到信任和重用，在朝中的声望都很高。于是，史高心生嫉恨，与他们之间的成见越来越深。

汉元帝注意到了辅政大臣间的明争暗斗，决定重用没有家室的宦官，以便维护自己的皇权。然而，汉元帝的如意算盘打错了。正是从这个时候起，出现了宦官专权、朝纲日趋腐败的现象。

宦官虽然没有家室，但同样可以通过一定的手段达到专权的目的，比如拉拢朝中重臣、在民间私结死党等。宦官石显的做法便印证了这一点，他不仅拉拢了一些唯利是图的儒臣、外戚，还在长安城内结党营私，逐渐形成了一个庞大的势力集团。然而，早被甜言蜜语充塞双耳的汉元帝已经无法分清黑白是非，对宦官宠爱有加。随着这种局面的出现，萧望之、周堪等一些正直儒臣的地位与日俱下。最后，萧望之、周堪的结局分别是自杀和被贬为庶民。

汉宣帝在位时，汉朝虽然在经济发展上没有大的改观，但在边事上有值得称道的地方。

汉武帝时，匈奴迫于汉武帝的强大武力，不得不向西北迁徙。然而，匈奴人的野心随时都有可能复发，"漠南无王廷"的局面不会一直维持下去。

汉宣帝神爵二年（公元前60年），匈奴内部出现"五单于争立"一事。经过一系列的内部斗争后，呼韩邪单于和郅支单于成为了匈奴中两股并存的势力。这两股势力实力均衡，尽管经过了数次的争斗，仍然不能够吞并对方，一直延续到汉元帝时期。汉元帝即位后，野心勃勃的郅支单于开始向西域扩展自己的势力。

早在汉武帝时，汉武帝攻破了姑师和楼兰两国，打通了汉朝通往西域的道路。后来，汉武帝又攻破了大宛。面对汉朝的强大力量，西域各国纷纷向汉朝称臣上贡，西域遂被划为了汉朝的疆土。通西域后，西域和中原地区得到广泛的交流，促进了两地经济的繁荣。

建昭三年（公元前36年），甘延寿被任命为西域都护，前往西域任职。不久，副校尉陈汤发现了郅支单于的野心，建议甘延寿铲除郅支单于的势力。甘延寿奉诏行事，按兵不动。正在陈汤心忧如焚时，甘延寿身患疾病，令陈汤暂时代办公务。陈汤接手后立即矫诏，调兵击败了郅支单于。虽然陈汤犯下了欺君之罪，但他的做法换来了西域的安定和中原地区与西域的继续交往。

郅支单于被杀，呼韩邪单于有喜有忧，喜的是汉廷为他除掉了竞争对手，忧的是汉朝会不会对付他。迫于汉朝的威力，呼韩邪单于竟宁元年（公元前33年）初再次入汉，表示愿意与汉朝和亲。汉元帝求之不得，遂将王昭君嫁给呼韩邪单于。

王昭君是一位身份卑微的宫女，她名叫嫱，昭君是她的字。深居后宫中的她虽然颇有姿色，但始终没有见过汉元帝，任容颜随岁月失色。听说匈奴要和亲后，愁肠百结的王嫱下定了决心，主动要求外嫁匈奴。于是，"昭君出塞"的故事被世人代代相传，感染了无数的中华儿女。

王昭君牺牲了自己，但却换来了汉朝与匈奴的团结友好。至此以后，汉朝与匈奴在很长的一段时间内互不侵犯，汉朝的西北边境得到了安定，"竟宁"这个年号就包含着这个期望。

就在这一年的五月，42岁的汉元帝被病魔夺去了生命。

 汉成帝刘骜——死在温柔乡的昏君

■ 少而无德 险中即位

甘露二年（公元前52年），刘骜出生。与其他的皇族相比，刘骜的出生前后显得比较特殊。

汉宣帝五凤元年（公元前57年），太子刘奭已经年满18岁。举行了标志着成年的冠礼后，情窦已开的刘奭渐渐有了好几个姬妾。在诸姬妾中，刘奭最为宠爱司马良娣。然而好景不长，司马良娣于五凤四年（公元前54年）病死。刘奭痛失爱姬后忧郁万分，对其他姬妾毫无兴趣，遂将她们统统拒之门外。

太子刘奭的做法让急于得到皇孙的汉宣帝十分为难，索性令人从后宫选出五位宫女，让刘奭从中选择一个作为姬妾。刘奭本无心选择姬妾，但又不能忤逆汉宣帝，随便指了一下。王皇后误以为刘奭看中了离他最近的名为王政君的宫女，遂将王政君送入太子宫。不料，一夜之后，王政君竟然在以后有了身孕。

甘露二年（公元前52年），王政君为刘奭生下一子。汉宣帝高兴之余，为这个皇孙起名为"骜"，希望他能够像千里马一样任意驰骋。

黄龙元年（公元前49年），汉宣帝死，汉元帝即位。汉元帝即位后，王政君被立为皇后，其父王禁被封为阳平侯。初元元年（公元前48年），5岁的刘骜被立为太子。

王政君做了皇后以后，王氏家族转眼成为了正宗的皇亲国戚，顿时满门富贵。除了其父王禁受封外，其叔父王弘也得到提升，被任命为长乐卫尉。

虽然刘骜身为太子，但要想成为皇位继承人并不容易，因为随着年龄的增长，他的恶劣品行逐渐暴露。

刘骜长大后迷恋酒色，汉元帝对他极为不满，数次欲行废太子之事。与他交好的外戚史丹是汉元帝的宠臣，处处为他说情，他才没有被汉元帝废掉。与此同时，傅昭仪之子定陶王刘康和冯昭仪之子信都王刘兴（后改封为中山王）却深得汉元帝的喜爱。尤其是刘康，汉元帝与他"坐则侧席，行则同辇"，关系甚为亲密。

竟宁元年（公元前33年），汉元帝因病在后宫调养，傅昭仪母子二人悉心侍奉。王皇后见汉元帝行将就木，担心汉元帝另立刘康为太子，但苦于难以见汉元帝一面，遂心急如焚。史丹深知汉元帝为人柔弱，做起事来优柔寡断，于是乘探病之时恳请汉元帝不要废黜太子。汉元帝看在他苦苦为刘骜求情的份上只好同意，并要求史丹待他死后尽心辅佐刘骜。

竟宁元年（公元前33年）五月，汉元帝死，20岁的刘骜即位，是为汉成帝。

■ 无视外戚专权　只愿沉迷酒色

王皇后做了17年的皇后，竟成为了皇太后。汉成帝即位后，在其生母王太后的影响下，开始巩固皇权。

汉元帝时，为了防止外戚和儒臣专权，于是重用了宦官，宦官石显逐渐坐大。针对这种情况，汉成帝将石显由中书令升为长信中太仆。这种明升暗降的调任方式使得石显脱离了汉廷决策中心，石显集团中的同流合污者，如丞相匡衡、御史大夫张谭等人见石显失势，为求自保纷纷出卖石显。石显被罢官后，死于还乡途中。

在这个过程中，王氏家族渐渐权倾朝野。汉元帝时，王太后的长兄王凤在父亲王禁死后承袭了平阳侯的爵号。不仅如此，汉元帝还任命他为卫尉、侍中。到了汉成帝即位后，王凤在朝中已经培植了自己的势力。此时，他一边排挤另一派外戚，如冯昭仪之弟冯野王、许皇后之父许嘉等，一边与史丹合作，铲除丞相王商在朝中的势力。随后，王凤被封为大司马、大将军，独领尚书事，掌握了朝中军政大权。

王氏上台后，其家族成员纷纷被封官授爵。其中，王凤的四个兄弟皆被封为侯，其堂弟王音被任命为御史大夫，其他成员各有封赏。

此时的汉成帝对王氏集团的权力膨胀视而不见，好像并不担心刘氏天下会落入王氏之手，放心地让各位国舅处理政务。如此一来，汉成帝成了一个闲人，其好色的欲望得到了大大的满足。

鸿嘉三年（公元前18年），35岁的汉成帝仿佛厌倦了朝中的生活，于是要去民间看一看。不料，汉成帝竟在阳阿公主的府中遇到了舞伎赵飞燕，被她的姿色迷得神魂颠倒。不久，赵飞燕便带着她的妹妹住进了她们连做梦都没有去过的皇宫。

随后，一场后宫争宠的大战拉开了帷幕。在这场没有硝烟但处处暗藏杀机的战争中，许皇后被废，赵飞燕被立为皇后，其妹赵合德被立为昭仪。赵氏姐妹入宫后，一直没有后嗣，为了维护自己在宫中的地位，不断迫害皇孙，残忍不堪。汉成帝被她们的美色所迷惑，不但不制止她们，而且还助纣为虐。由此看来，汉成帝真有些不在乎刘氏天下要不要改姓或者会不会改姓。

绥和二年（公元前7年），汉成帝因多年沉迷于酒色而憔悴不堪，于同年三月毙命。

 汉哀帝刘欣——荒淫无能终其一生

■ 有皇位之缘　无皇帝之能

汉成帝河平四年（公元前25年），刘欣出生。刘欣的父亲是汉成帝刘骜同父异母的弟弟定陶王刘康，按照常理来讲，身为皇侄的刘欣是没有继承皇位的资格的。然而汉成帝没有后嗣，这就为刘欣创造了机会。

刘欣生于定陶国（今山东定陶），父亲刘康死后，他在祖母傅昭仪的扶持下承袭了父亲的封号，成为了定陶王。冯昭仪很注意培养刘欣的能力，从小就教他读书习文，以便能够有大的作为。就这样，刘欣在定陶国度过了16年。

汉成帝时，先立的许皇后和后立的赵皇后都没有子嗣，宫中其他妃子生下的孩子又先后被赵皇后姐妹害死，以至于汉成帝始终没有后嗣，更不用说立皇储。元延四年（公元前9年），44岁的汉成帝自知体力不支，此生生子无望，于是打算从皇族旁系中选择一位继承人。就这样，傅昭仪之孙定陶王刘欣和冯昭仪之子中山王刘兴成为了候选人。

收到令刘欣进京面上的诏令后，富有心计的傅昭仪立即猜出了汉成帝的用意。为了能够使刘欣成为皇储，她先是让刘欣学习诸侯王面见圣上的各种礼仪，后又随刘欣入京，用重金贿赂赵皇后姐妹和朝中大臣，颇费了一些心思。不过，她的目的达到了。刘欣在汉成帝面前的出色表现和她在朝中的打理让刘欣成为了将来的皇帝。

绥和元年（公元前8年），刘欣被汉成帝收为养子，并被立为皇储，有了继承皇位的资格；绥和二年（公元前7年），汉成帝死，19岁的刘欣即位，是为汉哀帝。

汉哀帝对外戚王氏家族专权的事情早有耳闻，即位后便将赵皇后尊为皇太后，公然与王氏家族对立起来。另外，按照西汉的传统，汉哀帝不应该再与母亲丁氏和祖母傅氏继续来往，然而他却毫不顾忌地打破了传统。他先将在定陶居住的祖母傅氏接入宫中，后又将傅氏和丁氏尊为太后。

不仅如此，汉哀帝还欲削弱王氏家族的权势。当时，王太后之侄王莽是王氏家族的核心人物，官居大司马，在朝中颇有影响。汉哀帝考虑到要想搬倒王氏家族，首先要搬倒王莽，于是乘王莽第二次用辞职来要挟他时撤除了王莽的官职。随后，汉哀帝大刀阔斧地削减王氏家族的势力，王莽的几位叔伯及其推荐的官员纷纷被罢免。

经过一番整顿后，王氏家族在朝中的势力基本上被铲除。然而，善于通过各种伎俩博得美誉的王莽虽然赋闲在家，但他的名声却越来越大。迫于社会舆论的压力，汉哀帝只得将王莽再次请回长安城，但并没有恢复王莽的职位。

汉哀帝铲除了王氏家族的势力后，也曾采取过一些措施来治理国家，但由于他不能以身作则和丁氏及傅氏家族的反对，有些措施后来成为了一纸空文。比如，代任大司马师丹提出了限制王公贵族的田地和奴婢的建议，汉哀帝采纳其议，令丞相孔光、大司空何武等人制定了一系列具体规定。按规定，凡田地、奴婢数量超过既定数额者，多出的田地和奴婢一律被朝廷没收。对于朝中官僚来说，这种措施并没有威胁到他们的利益，所以他们没有什么异议。然而，对于丁氏、傅氏这些外戚来讲，这种措施严重威胁到他们的利益，遭到了他们的强烈反对。汉哀帝不待这项措施顺利推行竟明知故犯，进行超额的赏赐。当时，太子舍人董贤深受汉哀帝宠爱，得到汉哀帝2000余顷田地的赏赐，而王公贵族最多只能拥有30顷田地！

汉哀帝虽有心治理国家，但却没有治理国家的决心，只能空有遗憾。随着这种遗憾的发展和深化，汉哀帝彻底放弃了，随之而来的便是腐化和堕落。

太子舍人董贤虽为男儿身，却生得一副女子般的好面容。一日，汉哀帝在宫殿中偶尔看到了他，喜爱之情顿然而生。董贤不仅面容酷似女子，而且言行举止中也处处显得柔弱娇气。汉哀帝在与其交往的过程中，愈来愈喜欢他，甚至达到了形影不离的地步。虽然董贤贱为太子舍人，汉哀帝对他却丝毫没有嫌弃之意，反而对他宠爱有加，两人常常食同案、卧同床。不仅如此，董贤的妹妹和妻子也常常入宫服侍汉哀帝。也正是由于汉哀帝对董贤的宠爱，董贤一家人在当时被加官晋爵，荣耀万里。

汉哀帝对董贤的宠爱远不止如此，"哀帝断袖"的故事更是让人拍案叫绝。据说，一天中午，与往常一样，汉哀帝和董贤又在一起休息。汉哀帝醒后，正准备起身，却发现董贤压住了他的衣袖。看见董贤睡得如此香甜，汉哀帝不忍心将其叫醒，索性让人拿来刀子将自己的衣袖割断，然后才悄悄起身。

在汉哀帝的宠爱下，董贤在仕途上平步青云，先后被提拔为随身侍从、驸马都尉、侍中。

元寿元年（公元前2年），董贤再次被提拔，担任卫将军一职。汉哀帝的做法引起了朝中众大臣的不满，但当尚书仆射因反对此事被汉哀帝折磨致死后，其他有异议的大臣纷纷息事宁人，不再言及此事。

元寿二年（公元前1年）五月，汉哀帝病重，于是开始安排后事。在他的安排下，卫将军董贤、丞相孔光、御史大夫彭宣分别担任大司马、大司徒、大司空之职。次月，24岁的汉哀帝病卒于未央宫，他荒淫而无能的一生宣告结束。

 # 汉平帝刘衍——西汉王朝的末代君王

■ 不谙世事原是福　初明事理遭杀身

汉成帝元延四年（公元前9年），汉平帝刘衍出生。就在这一年，其父中山王刘兴与后来的汉哀帝刘欣同时入京朝见汉成帝，结果因表现愚笨而被汉成帝淘汰，没有成为皇位继承人。此后，刘兴变得垂头丧气，就在这时，刘衍出生了，在一定程度上慰藉了他那颗受伤的心灵。

刘衍出生后，刘兴为他起名"箕子"。殷末时，纣王身边有三位贤臣：微子、比干和箕子。这三位贤臣虽然忠心耿耿辅佐纣王，但残暴无道的纣王不仅毫不重视他们，反而还刻意迫害他们。他们见纣王冥顽不灵，意识到了殷商王朝不久将走上灭亡之路。结果，历史验证了他们的预料。在这三位贤臣中，箕子与纣王是叔侄关系，而他与刘欣也是叔侄关系，于是以"箕子"自比，一方面是为了借物抒情，以排解心中的苦闷，另一方面也是对西汉王朝和刘欣的诅咒。

绥和元年（公元前8年），刘兴在抑郁中离开人世，在其母冯昭仪的料理下，刘箕子承袭了父亲中山王的封号。然而不幸的是，刚刚失去父亲的他不久就患上肝厥病，常常出现眩晕、抽搐等症状。尽管冯昭仪为治好他的病费尽了心思，然而终不见好转。不仅如此，冯昭仪还因此事受到诬陷，结果被逼自尽。

元寿二年（公元前1年）六月，在位不满6年的汉哀帝死。汉哀帝刚死，年过七十的王太后抓住时机从大司马董贤手中收回印玺，并将赋闲在家的侄子王莽召回宫中。董贤被罢免后自杀，王莽重任大司马一职，独领尚书事。此后，朝中大权再次被王氏家族掌握。由于汉哀帝同样没有子嗣，王太后与王莽商量后，立即派人迎9岁的刘箕子入京。

同年九月，身体赢弱的刘箕子即皇帝位，是为汉平帝。汉平帝即位后，成为了一个名副其实的傀儡皇帝。在王氏家族的控制下，汉平帝的生母卫氏和祖母冯氏的家人都无法与他接近。汉平帝虽然身为皇帝，却享受不到常人应该得到的亲情。

元始二年（2年），由于"箕子"之名与皇帝身份不符，在王莽等朝中大臣的商议下，汉平帝改名为象征着安定的"衍"。次年春，汉平帝立王莽之女为皇后。

汉平帝即位后，在全国范围内采取了一系列改革措施，如选拔人才、封赏皇室和功臣后裔、兴建学校等等。不过，这些措施都是在王莽的操纵下进行的，成为了王莽培植自身势力和沽名钓誉的工具。

随着年龄的增长，汉平帝渐渐开始明白事理。与此同时，已被加封为"安汉公"的王莽更加飞扬跋扈。汉平帝虽然极力想除掉王莽，但手中却无丝毫权力，空有怨恨和不满。令他想不到的是，他的不满举动为他招来了杀身之祸。

元始五年（5年），汉平帝病情恶化，王莽乘机将其毒死。

新帝王莽——一生真伪谁复知

■ 察言观色　步步高升

汉元帝初元三年（公元前46年），王莽出生。其姑姑是当时的王皇后，因此王莽一出生就成了皇亲国戚。有了这样的家庭背景，王莽童年的时候比较幸福。

公元前33年，汉元帝病死，其子刘骜即位，是为汉成帝。汉成帝即位后，尊生母王皇后为皇太后。

此后，王氏家族更加显赫。王莽的伯父王凤担任大司马、大将军之职，并兼领尚书事，成为了名副其实的朝中第一权臣。王莽的其他伯叔们都沾了光，先后被封侯，唯独其父王曼早死，没能赶上封侯的机会。

王莽的父亲和哥哥死后，家中就剩下母亲、嫂子、哥哥的孩子和他。他家虽然身为贵族兼皇亲国戚，但与其他堂兄弟比起来，家中显得寒酸许多。然而，王莽并没有自卑，而是下定决心要出人头地。

王莽既聪明又懂事，主动承担起了照顾母亲和嫂子的责任，并将自己学到的知识传授给哥哥的孩子。虽然年龄尚浅，但由于家庭环境的影响，他已经养成了勤俭节约、勤奋学习的好习惯。更重要的是，他在为人处事上比同龄人更优秀。他知道他的叔伯在朝中很有权势，于是尽力在他们面前好好表现，以此博得他们的喜爱。另外，在与外人交往时，他的谦虚有礼为他赢得了很多朋友。这些关系成为了他强有力的潜资源，为他以后的发展奠定了坚实的基础。

阳朔三年（公元前22年），王凤因病在家休养。王莽知道伯父生病后，立即赶去照顾。在照顾伯父的几个月里，王莽无微不至，亲自为伯父煎药、尝药，常常衣不解带，寸步不离伯父左右，极尽孝道。王凤见王莽照顾自己比自己的儿子还要殷切和细致，在感动之余还有所感激。

不久，王凤病死。他死前没有什么遗愿，只是恳求皇太后和汉成帝好好对待王莽。不久，汉成帝任命王莽为黄门郎，在皇帝的身边做事。王莽早就练就了察言观色的本领，在官场上初露锋芒，很快就讨得汉成帝的欢心，并被提拔为射声校尉。

王莽做官后，仍然保持以往的作风，在朝中团结了一批人，并与自己的叔伯们相处得非常融洽。

永始元年（公元前16年），成都侯王商上奏，要求将户邑转封给自己的侄子王莽。当时，很多有地位的人也纷纷褒扬王莽，赞美他的德行和学识。汉成帝见众人如此推举王莽，索性封王莽为新都侯，以顺民意。同时，王莽被擢升为骑都尉、光禄大夫兼侍中。此时，王莽既握有一定的军权，又可以参与国事，还可以留在汉成帝身边。

王莽虽然官居要职，但仍然小心谨慎，从不张狂和骄横。因为他知道，他在朝中的地位并不稳固，官职和威望居其上者为数众多。于是，他继续保持低调作风，不轻易得罪别人，而且在找机会搬掉自己仕途中的绊脚石。

绥和元年（公元前8年），王莽的叔叔大司马兼大将军王根将他推荐给汉成帝，愿意将大司马一职奉让给他，得到汉成帝的许可。就这样，38岁的王莽平步青云，成为可以摄政的大司马。

王莽做了大司马后，更加注重形象工程的建设，举手投足间都在沽名钓誉。在官场，他保持廉洁清正的形象，选拔贤士为官，而且将自己得到的赏赐散发给他人；在家时，他力求克俭，对自己和家人都是如此。

一次，朝中官员听说王莽的母亲生病，纷纷派自己的夫人去王莽府上探视其母。这些夫人皆穿金戴银，透着珠光宝气，一派贵妇人的样子。她们来到王莽府上后，见到一位身穿粗布衣服、裙不过膝、衣不拖地的妇女在门口迎接她们。起初她们以为这个妇女是府上的仆妇，后来私下打听才知道是王莽的夫人。王莽精心筹划，巧做安排，使他在朝野上下的名誉更加响亮。

■ 静待时机　重掌朝政

汉成帝死后，汉哀帝即位。汉哀帝即位后，对王氏家族深感不满，很快与其对立起来。王莽意识到汉哀帝要压制王氏家族后，索性辞职，让汉哀帝体会一下朝中没有他将会变成什么样子。汉哀帝虽然心中愤怒，但还是不敢贸然行事，于是假意派人好言相劝，希望王莽能够回朝任职。这是王氏家族与汉哀帝交手的第一回合，以王氏家族的胜利而告终。

不久，王莽的姑姑王太后邀请赵太后、哀帝生母丁皇后、哀帝祖母傅太后等人赴宴。王莽见主事官将两把椅子并列摆在中间、其他椅子摆在两边，便询问他为何如此摆放。得知中间的两把椅子是王太后和傅太后的尊位后，王莽大怒，当众说傅太后是藩妾，没有资格与王太后平起平坐，并令主事官撤掉中间的一把椅子。王莽得知汉哀帝因此事大怒后故伎重演，再次辞职归家。不料，汉哀帝果断地撤掉了他的大司马之职。不过，王莽虽然因此事被撤职，但他的做法却赢得了朝内外的美誉。

王莽虽然不在朝中，但他在朝中的势力已经根深蒂固，尽管汉哀帝罢免了与王氏家族有关的众多官员，但仍然难以将王莽搬倒。元寿元年（公元前2年），王莽余党借助日蚀这种自然现象制造舆论，暗示朝中无贤臣必将导致国家衰亡。随后，汉哀帝在舆论的压力下又将王莽请回。王莽虽然回到了长安城，但由于汉哀帝不恢复其官职，所以手中没有实权。不过，宫廷是权力的核心，在这里发展的机会要比他在家多。

元寿二年（公元前1年）六月，汉哀帝死。王莽、王太后等人乘机迎立了中山王刘衎。从此，王莽官复原职并领尚书事，控制了朝政大权。为了避免其他外戚专权的现象再次发生，王莽在汉平帝刘衎即位后就采取了措施。他派人前往中山国给汉平帝生母卫氏的家人加封侯爵，但不准他们与汉平帝有来往。尽管王莽稳定了局势，但一向谨慎的他并不安心。为了能够长久把持朝政，他没有完全依靠姑姑王太后，而是将自己的女儿许配给汉平帝。

此后，王莽利用汉平帝这个傀儡皇帝做自己想做的事情。一方面，他以为国选才的名义选用了很多既有才能又讨王太后喜欢的人，更好地培植了自己的势力；另一方面，汉平帝虽然下诏封赏了几乎所有的朝内外皇族和功臣的子孙，但功劳却被他占有，使他又一次被天下人称道。

不仅如此，由于自己是个书生，王莽非常重视教育。于是，他又以汉平帝的名义调整教育机构。经过调整后，太学在汉元帝时的规模上再次得到扩充，能够容纳万余名学生。除了朝中有太学外，地方上也兴办了很多学府。按照规模的大小，郡上设立的学府称作学，县里设立的学府称作校。另外，王莽在教学内容上也有了补充，在汉元帝时"五经"的基础上增加《乐经》，具备了儒学的"六经"。

随着权势和威望的增长，王莽越来越不安分，篡权的野心也日益凸显。不过，他不仅为人谨慎，而且是一个读书人，干什么事情都比较讲究，尽量做到名正言顺，哪怕他的所作所为本身名不正、言不顺。

王莽从书中学到了周公辅佐周成王的故事，于是便以周公自比，以得到更为响亮的封号。周成王时，西南的蛮夷越裳氏仰慕周朝仪德，不远千里带着白雉入朝晋见，于是王莽在汉廷中也演了这一出戏。王莽的朝中同党对此心知肚明，纷纷赞誉其功德，把他比作汉朝的周公，奏请汉平帝赐其"安汉公"的封号。王太后直接绕过汉平帝这个摆设，封其为"安汉公"，并任命他为太傅，位居四辅（太傅、太师、太保和少傅）之首。

眼看着汉平帝一天天长大而七十多岁的王太后仍在干涉朝政，王莽渐渐有些急躁，于是派人说服了王太后。此后，王太后仅仅掌握着封爵权，其他事务一律由王莽代理。王莽心花怒放，继续以买通少数民族献瑞的方式来向世人显示自己的威仪天下，使自己成为了路人皆知的人物。

元始五年（5年），在王莽同党的策动下，朝中上下九百余位官员为他请愿，要求汉平帝为其举办九锡封典，汉平帝只得照做。就在这一年，王莽从汉平帝的言行上感觉到了汉平帝的不满，遂动了谋杀汉平帝的念头。不久，汉平帝的肝厥病病情加重，王莽佯作悲痛状，求天地保佑汉平帝平安。不料，汉平帝的病情开始有好转的迹象。王莽顿生歹心，用毒药毒死了他。

■ 篡汉称帝　复古改制

汉平帝死后，王莽认为称帝的条件还不成熟，于是一边立宣帝玄孙之一、广戚侯刘显之子、年仅2岁的刘婴为皇太子，一边令人在民间编造谶语来达到其称帝的目的。由于刘婴即位时尚幼，史称"孺子婴"。孺子婴即位后，某县有人在挖井时挖出一块写有"安汉公莽为皇帝"的石头；不久，高祖庙中的守庙官从一位方士那里得到一个匣子，里面不仅写了王莽是真命天子，而且还列举了十一位辅命大臣。有了这些谶语后，王莽立即要做皇帝。王太后此时虽然知道了王莽前后的险恶用心，但已经无力阻止他，只得下诏令其"居摄践祚"，以假皇帝的身份治理朝政。

朝中许多大臣这时才感觉到以往受到了王莽的愚弄，虽然此时看清了他夺权篡汉的意图，但根本惹不起他，遂纷纷归隐，以此来表示他们对刘氏汉室的忠诚。

居摄元年（6年），刘姓宗室安众（今河南平县）侯刘崇为匡扶汉室举兵反叛，被王莽派兵镇压住。次年，东郡（今河南濮阳）太守翟义在全国传播王莽毒害平帝的消息，打着匡扶汉室的旗号号召各郡诛灭王莽。王莽见起义军发展迅速，在害怕的同时派兵镇压，结果再次获胜。

此时的王莽有些飘飘然，以为有天神在保佑他，于是想做真皇帝。首先，他就将黄帝、虞禹分别尊为初祖、始祖。为了不显得刻意，他将姚、田、陈、王等姓氏划为同宗，皆是黄帝和虞舜的后裔。如此一来，他便可以名正言顺地做真命天子了。随后他故伎重施，再次制造谶语来向天下人表示自己做皇帝是顺从天意。初始元年（8年），王莽借助谶语称帝。

王莽称帝后，将国号定为新，建元始建国。随后，他便向王太后索要象征着皇权的玉玺。王太后无可奈何，一气之下将玉玺狠掷于地。后来的传国玉玺之所以缺了一角，就是由此而来。

王莽终于将自己的梦想变成了现实，接下来开始大力治理国家。在治理国家的过程中，王莽多以古书为重，仿照古制进行了各个方面的变革。然而，不切合实际而一味模仿的后果只能是造成各种各样矛盾的产生。比如，他一面规定不予官吏俸禄，一面又命令下级、仆人揭发其上级、主人的贪污行为。这只能是他的一相情愿，导致的是贪污风气盛行。再如，他规定所有田地皆归中央所有，不允许私人买卖田地。他这种做法无疑威胁到众多封建地主阶级的利益，为他自己树立起了强大的敌人，尽管他的出发点是好的。

称帝后，王莽继续利用谶语来愚弄百姓，然而百姓在受了几年的愚弄后终于醒悟了，对他的所作所为极度愤怒。王莽一意孤行，不待解决各种改革措施导致的矛盾又开始引发其他矛盾。比如，他不顾百姓反对，花费巨额财物为黄帝建造了一座高达17丈的庙宇，因繁重劳役致死者无数。另外，由于当时各种自然灾害纷纷发生，百姓更是苦不堪言，对王莽恨之入骨。

随着种种矛盾的产生、发展和激化，各地的武装斗争纷纷兴起。自天凤四年（17年）起，起义军先后揭竿而起，讨伐图谋篡汉的王莽。地皇四年（23年）九月，赤眉军攻入长安城，王莽在混乱中被杀。

 汉光武帝刘秀——东汉的开国帝王

■ 稳抓机遇　揭竿而起

西汉哀帝建平元年（公元前6年），刘秀出生于陈留郡济阳县（今河南省兰考县东北）。其父是济阳县令刘钦，他在家排行第三，哥哥叫刘縯。

　　刘秀9岁时丧父，由权父刘良把他带大。他在叔父任职的萧县读书，完成启蒙教育。23岁的时候，他去长安太学游学，专攻儒家经典。后来，他回乡操持家业，从事农业生产。由于"长于民间，颇达情伪"，他深知百姓稼穑的艰难和民情的好恶，为他以后安抚百姓奠定了基础。

　　书生皇帝王莽称帝后，把整个国家治理得一团糟，再加上各种自然灾害，原本混乱的社会更加混乱，反莽斗争如雨后春笋般大量涌现。公元17年，王匡、王凤在荆州一带（今湖北省境内）发起绿林军起义；次年，樊崇领导青州饥民发起赤眉军起义。

　　时势造英雄，刘秀与其哥哥没有放弃成就大业的良机，迅速揭竿而起。地皇三年（22年）十月，刘縯和刘秀兄弟二人分别在春陵（今湖北枣阳县）和宛城同时起兵。由于刘氏为西汉皇族，当时的人们把他们领导的起义军叫做汉军。不久，汉军与绿林军结为联军，共同打击王莽军。

　　随着起义军的不断壮大，将领们都主张拥立一个刘姓的皇帝，以便统一号令，顺应人心。然而在确定人选时，起义军内产生了分歧。南阳一带的豪杰人物都认为刘縯治军严明，很有威望，是最佳人选，而新市、平林军的将领们大都习惯于散漫放纵，担心立了刘縯以后没有自由，因而策划拥立懦弱的刘玄。

　　23年1月，刘玄被起义军拥立为皇帝，改元更始。紧接着，刘玄封了一大批官员。其中，刘縯被封为大司徒，刘秀被封为太常偏将军。

　　2月，刘秀与诸将分兵而进，攻下了昆阳（今河南叶县）、定陵（今河南舞阳县）、郾城（今河南郾城县），包围了宛城（今河南南阳市）。

　　绿林军的不断胜利引起王莽的极大恐慌，他立即从全国征调了42万兵马，交由王邑、王寻两员大将率领。此二人率军向宛城进发，将昆阳围困住。

　　刘秀部下将领见敌多势盛而不敢应战，皆跑回昆阳城自保。在外有敌军压境、内部军心浮动的危急形势下，刘秀表现出了大智大勇的军事才能。他经过冷静分析后，主张集中兵力坚守昆阳，待外援赶来后再夹击敌军。

　　当时昆阳城中只有八九千人，刘秀留下王凤、王常守城，趁敌军尚未合围时仅带了13名骑兵从南门突围，到郾城和定陵去调集援军。

　　6月，刘秀将郾城、定陵一带的军队移至昆阳城外。他亲率步兵、骑兵1千余人，在距敌军四五里的地方摆下阵来，王邑、王寻派数千人前来交战。刘秀身先士卒，率军冲入敌阵，大败敌军。首战告捷，士气为之稍振。将领们顿时振奋，准备继续前进。这时，绿林军已攻下宛城，但消息还没有传到昆阳。

　　为了瓦解敌军，刘秀派人拿着他亲笔写的"宛下兵到"的书信送往昆阳城中，故意让敌军发现。王寻、王邑见信后，以为宛城增兵已到，心中十分恐惧。

　　刘秀继续率军前进，歼敌近千人，士气大振。接着，刘秀率领三千敢死队从城西直冲敌军的中军地带，与昆阳内外的起义军形成夹击之势。王邑、王寻轻敌落败，仓皇而逃。

　　9月，起义军攻入长安，王莽被杀，"新"政权被推翻。在与王莽军的战争中，刘秀有勇有谋，指挥若定，表现出智勇双全、凛然不可侵犯的大将风度，大大提高了自己在起义军中的威望。

■ 韬光养晦 一飞冲天

随着刘縯、刘秀兄弟的威名日益扩大，新市、平林军的将领们心中不安，劝刘玄除掉他们。刘縯手下的人对刘玄当皇帝一事一直不服，公开拒绝刘玄的任命。刘玄心虚，设计除掉了刘縯及其核心部将。

刘縯的死，对刘秀来说无疑是一个沉重的打击。为避免落得哥哥的下场，刘秀赶紧回到宛城请罪。刘秀到宛城后，不与他人私谈，不提昆阳的战功，不为哥哥服丧。刘玄见刘秀没有反对自己的意思，遂拜他为破虏大将军，封武信侯。

刘秀明白，尽管暂时消除了刘玄等人对自己的猜忌与疑虑，却无法从根本上解决问题。只有摆脱刘玄的控制，才能够消除危险。

23年10月，刘秀奉更始帝刘玄的命令，以破虏将军兼大司马的名义出使河北，稳定那里的局势。这时的河北形势十分复杂并且不稳定，刘秀虽然希望早日摆脱更始政权的控制，但对发展河北信心不足。后来在冯异、邓禹等人的劝解下，他才坚定了信心。

为了拉拢人心，刘秀在河北做了许多符合民意的事情。他每到一处，便考察官吏，然后按照他们的能力升降职位。他还平反了很多冤案，将无罪的囚徒释放。另外，他废除了王莽苛政，恢复了汉朝的官吏名称。

此时，王郎在河北的势力很大。他谎称自己是汉成帝的儿子刘子舆，利用当地豪强地主为确保自身利益而排挤刘秀的心理发展自己的势力，在邯郸建立了一个新的割据政权，随后便悬赏通缉刘秀。刘秀几经磨难，最终在河北站稳脚跟。

更始二年（24年）四月，刘秀率领大军攻打王郎。他原打算先攻下巨鹿，然后再去攻打邯郸，但由于巨鹿有重兵把守，大军久攻不下，于是采纳了谋士的建议，仅留部分兵马牵制住巨鹿的敌军，亲自率军攻打邯郸。刘秀大军势如破竹，连连获胜，顺利攻破邯郸，除掉了王郎。不久，巨鹿失去支援，不久便被刘秀大军攻破。这样一来，黄河以北的广大地区基本上为刘秀所有，河北成为他脱离更始政权、创建统一大业的重要基地。

铲除王郎后，刘秀驻军邯郸。他一刻不忘收买人心，以便发展自己的势力。在查阅王郎朝中公文的时候，他的手下发现了很多和他有关的公文。这些公文的作者要么辱骂他，要么痛斥他，要么为王郎献计除掉他。当手下将这些文书拿给他看时，他立即派人将这些文书拿到空旷处，然后准备当着众将士的面将其烧毁。

这时，一名武将忍不住说道："将军，如果将这些公文烧掉，那些对你不怀好意的人不就可以逃脱我们的惩处了吗？即使以后我们能查出一二个人来，也没有证据治他们的罪啊。"

刘秀知道手下有很多人都是这么想的，于是便对众人解释道："我根本没有考虑如何惩罚这些人，我这样做的目的正是为了放过这些人，因为他们之所以会反对我，也是迫于形势。以前发生的事情就此告一段落，不要再提了。否则，真心愿意投奔我们的人不就少了许多吗？"

刘秀在河北的扩张引起了更始帝的不安，他派使节赶到河北，封刘秀为萧王，并命令刘秀停止一切军事行动，与立功将领一起赶到长安受赏。刘秀自然明白更始帝的意图，以"河北未平"为由拒绝应召。从此，刘秀与更始帝的矛盾便公开化了。

更始三年（25年），刘秀为了进一步加强军事实力，调集各郡兵马，先后在馆陶（今山东馆陶县）、薄阳（今河北省满城县）等地击败并收编了铜马（今河北钜鹿县北）、高湖（今江苏靖安县西）等地的农民起义军。

这个时候，以樊崇、逄安、徐宣等人为首的赤眉军，正迅猛地向长安进兵。刘秀见争夺天下的时机已到，一面派将军邓禹率精兵2万向关中一带进发，一面以北据太行山、南临黄河、地势险要、财物富实的河内郡（今河南武涉县）为进取中原的立足点，巩固实力。他任文武兼备的寇恂为河内太守，冠以"行大将军事"的名号，让他保障军粮供应、训练士兵和战马，以阻挡外面的军队。同时，他又在孟津（今孟县以南）部署重兵，时时窥视洛阳。

一切准备就绪后，刘秀带领一支军队回到冀中、冀北一带。当时，许多将领纷纷给他上尊号，要他称帝，他一律拒绝。当得知众将领要他当皇帝并非出于个人利益时，他才决定称帝。

6月，刘秀在皓城（今河北柏乡县北）举行登基大典，改元为建武。

刘秀称帝时，地方割据势力遍布大江南北。要想统一天下，必须将这些割据势力统统消灭掉。于是，刘秀率领汉军继续征战，逐步兼并各方。

建武元年（25年）十月，汉军围攻绿林军坚守的洛阳。绿林军统帅朱鲔无奈投降，刘秀迁都洛阳。随后，从建武二年（26年）至建武十二年（36年），汉军先后灭掉或收复了豫西地区（洛阳以东和洛阳至长安沿线）、赤眉军占领的长安、东方的刘永、河北的彭宠、河西的窦融、淮南的李宪、关东地区、西北的隗嚣、西南的公孙述等地方势力，统一了全国。

■ 以德服人　彰显风范

建武十七年（41年），刘秀还乡宴请父老故人。席间，长辈们都说他少时温柔，缺少凌厉之气，即帝位后依然如此。刘秀大笑说："吾治天下亦欲以柔道行之。"的确如此，他果真把"柔"作为治国之道。

建武四年（28年），割据陇右的隗嚣正徘徊于公孙述和刘秀之间，不知该归服哪一方。于是，他派爱将马援先后去成都和洛阳探察双方的详情。

刘秀接见马援时没有升堂坐殿，穿着便衣独自一人坐在洛阳宫宣德殿下。见到马援后，他微笑着说："贵客穿梭于两个皇帝之间，想必经多见广。如今见到贵客，深感惭愧。"马援被他的谦和打动，叩头说："今天，不只是君主在选择臣下，臣下也在选择君主。我从远方来，陛下接见我时竟不带卫士，不怕我是刺客吗？"刘秀笑着说："你只是个说客罢了。"

马援认为刘秀是帝王之材，回去后就劝隗嚣归服刘秀。隗嚣不听，马援竟独自归服了刘秀。

刘秀恢弘大度，在对待"逸民"、"隐士"等不驯的人物时同样如此。太原郡广武县（今山西代县南）有个叫周党的人，在当地很有名望，朝廷几次征他去做官都被他拒绝。

后来，周党迫于无奈，只好动身前往洛阳。按礼节，士人被尊贵者召见，必须自报姓名，否则便是不尊。周党见了刘秀，仅仅说做官不是他的志趣。大臣范升认为周党在皇帝面前骄悍无礼，应治"大不敬"罪。刘秀下诏说："自古明王圣主都遇到过不愿为他做臣的人，如伯夷、叔齐就不食周粟。周党不接受我的俸禄，那是他的志愿，赐给他40匹绸子。"

刘秀时时都能保持清醒的头脑，能够辨明是非，分清忠奸，既不会被小人的歌功颂德、阿谀奉承所迷惑，也不会冤枉刚正不阿的官吏。

刘秀并不好田猎，偶尔会乘兴出猎。一次，他狩猎回城时已是深夜，东门侯郅恽拒关不开。刘秀没办法，只好转到东城门进了城。第二天，郅恽上书说："陛下远猎山林，夜以继日，如社稷、宗庙何？"刘秀看了后，不但没责备郅恽，反而赐了郅恽100匹布，并贬了放他进城的官。

刘秀为人比较谦虚，能够从谏如流。一次，宋弘奉召赴宴，见宫室内屏风上画着漂亮的仕女，便说："未见好德如好色者。"刘秀听后立即派人撤去屏风。

刘秀对臣下以诚信相待，用人不疑。冯异原来在王莽处任官，为人正直，办事沉稳，不邀战功，诸将论功时"独屏树下"，人称"大树将军"。后来冯异被拜为征西大将军，长期率兵镇守关中，权高位重，使一些人产生了嫉妒心理，谣传他要当"咸阳王"。冯异知道后，马上请求辞职。刘秀不信谗言，下诏抚慰冯异说："将军之于国家，义为君臣，恩犹父子，何嫌何疑，而有惧意？"他的话彻底打消了冯异的疑虑，使其深为感动。

刘秀常常告诫皇亲国戚不要仗势欺人，飞扬跋扈。一旦他们犯下罪行，他能够做到公事公办，从不徇私情。

司隶校尉鲍永、都事从官鲍恢不避豪强，曾弹劾刘秀叔父赵王刘良仗势呵斥京官"大不敬"，刘秀借此告诫贵戚们应当约束自己，"以避二鲍"。

刘良临终前，刘秀去看他，问他有何遗愿。刘良说他只有一件事需要刘秀做主，即他的朋友李子春犯了罪，怀县县令赵熹要判他死刑，希望能保住他的命。刘秀正色说："官吏执行法律，我不能徇情枉法。"

刘秀大姐湖阳公主的奴仆大白天行凶杀人，躲在公主家中，官吏无法前往捉捕。洛阳县令董宣乘公主外出，在半路上抓住行凶奴仆并杀掉了他。公主向刘秀告状，刘秀要处死董宣。董宣大声说："陛下圣德中兴，而纵奴杀人，将何以治天下？"刘秀听后便赦免了他，但要他向公主赔礼道歉。董宣坚持己见，固不答应。刘秀让武士们将董宣按倒在地，董宣双手撑地，拒不磕头。刘秀笑着称董宣为"强项令"，并赐钱30万，以示对他的奖励。

■ 体恤军民 励精图治

东汉王朝建立后，刘秀面临的是一副满目疮痍、百废待兴的残破局面。为了顺应民心、恢复经济、巩固政权，他实行了宽松的统治。

第一，减轻赋税。刘秀长于民间，知道稼穑的艰难和百姓的疾苦。建武六年（30年），为了恢复被破坏的广大农村经济，刘秀下令继续实行西汉时设立的"三十税一"的田赋制度。如果遇到突发性的自然灾害，他就下令减免徭役。对于不能自给的鳏、寡、孤、独、贫等人家，官府经常发放粮食，从而缓和了社会矛盾。

第二，解放奴婢。自秦汉以来，奴婢问题一直是不容忽视的社会问题。西汉末期，许多豪强地主霸占了大量土地。失去土地的百姓沦为奴婢，在王莽的残酷统治下，这种现象日益加剧。刘秀即位后，为了缓和阶级矛盾，多次下令释放奴婢。建武二年（26年），他下令"民有嫁妻卖子欲归父母者，恣听之"，规定凡为生活所迫沦为奴婢而又愿意回家者，准许回家为自由民，不得强行干涉。建武七年（31年），他又下令在战乱和饥荒中沦为奴婢而要求解除奴婢身份的，允许他们离开主人，主人不得阻拦，否则予以严厉的处罚。为了更好地保护奴婢权益，刘秀还曾下令，不许主人任意杀害奴婢，更不能残忍地在奴婢面部打烙印记，特别强调"地之性人为贵，其杀奴婢，不得减罪"。

第三，简化机构。官府机构设置在汉武帝时开始膨胀，这是造成汉武帝时期及以后民用匮乏的重要原因。刘秀称帝后大刀阔斧地合并官府，减少吏员。建武六年（30年），他对县及相当于县的封国进行调整，"并省四百余县，吏职减损，十置其一"。这不仅节省了国家财政开支，而且加强了中央对地方的控制。另外，他又恢复了汉武帝时期开始实行的"刺史"制度，除首都和京畿地区外，在其他十二州各设一刺史。刺史遵照皇帝的命令，代表中央巡行郡国，从而强化了中央对地方的监督与控制。与此同时，刘秀取消了三种地方军队——步兵、骑兵、水兵，并撤销了地方军长官郡都尉，让地方士兵一律退伍还乡，从事农业生产，大大节省了政府开支，减轻了人民的负担。

第四，免去上贡。东汉政权建立后，各郡国仍按以往的习俗向朝廷贡奉地方特产和珍奇美味。虽然刘秀一再劝阻，但一些地方官吏就是不听。建武三年（27年）正月，刘秀下了一道特别诏书，明确规定：太官府对各郡国送来的异味，一律不许接收，敢于违犯禁令者予以严惩。此举既改变了一些官员的作风，又减轻了百姓的负担。

汉光武帝能够统一天下，离不开众多部将的支持和帮助。其中，最有名的是"云台二十八将"，即邓禹、吴汉、贾复、耿弇、寇恂、岑彭、冯异、朱佑、祭遵、景丹、盖延、铫期、臧宫、马武、马成、王梁、陈俊、杜茂、傅俊、坚镡、王霸、任光、李忠、万修、邳彤、刘植、耿纯、刘隆等28位将领。光武帝没有忘记他们的功劳，把他们安置得非常妥当，既能够消除他们对皇权的威胁，又能够使他们感到满意。一方面，他继续重用有较高政治才能的功臣，让他们参预国事，如任命邓禹为大司徒，封丰臣侯，食邑万户。另一方面，他重赏虽屡建军功却无治国才干的功臣，让他们永享富贵，但不授以实职实权，如草莽英雄马武作战勇猛、屡建战功，刘秀称帝后，拜他为侍中、骑都尉，封山都侯，不授予实权。

光武帝认为，夺取天下需要勇猛善战的武将，治理天下则需要有远见卓识的文史。东汉政权初建时，刘秀在继续用武力平定天下、巩固政权的同时，已开始致力于复兴儒学，从意识形态上来统一和稳定人心。他下令广泛搜集、整理古代典籍，并在洛阳城门外兴建起太学，设立五经博士，恢复西汉时期的十四博士之学。有了这些硬件措施后，他亲自巡视太学，赏赐优秀的儒生，并提拔或重用他们。如《易》学者刘昆、《尚书》学者欧阳歙、《春秋》学者丁恭、《诗》和《论语》学者包咸等都先后被任命为都尉、大司徒、侍中等重要官职。

刘秀的这些措施，使儒生有了更多的机会进入政界，不仅有利于辅助朝廷制定和落实政策，而且对后世的经学传播也起到了积极作用。

为了能够治理好国家，光武帝一生勤俭朴素，为朝野官员做了一个很好的典范。他从不恣意放纵自己，不求奢华，"身衣大练，色无重彩，耳不听郑卫之音，手不持珠玉之玩"。

光武帝在写诏书时，都是"一札十行"，即一片木简上写十行字，字又细又小，字与字之间不留空隙。

光武帝做了十几年皇帝后，宫中仍旧没有专职乐人，也没有御用仪仗，直到打败了成都的割据势力公孙述，汉蜀郡太守张堪把成套皇帝的旗幡、乐器送到洛阳，东汉宫廷才算健全了礼仪设施，光武帝这个皇帝才算真正有点像样了。

群臣虽然数次建议光武帝"封禅泰山"，都被他拒绝，直到去世的前一年才实行，为国家节约了大量的财力物力。

光武帝倡导改变自秦始皇以来日益风行的"厚葬"风气，数次颁诏宣扬"薄葬"。建武中元二年（57年）二月，63岁的光武帝在洛阳南宫逝世。他在遗诏中说："我无益百姓。丧葬，一切都要像孝文帝那样，务从约省。"

汉明帝刘庄——一心治国，英年早逝

■ 少有伟才　中年即位

汉光武帝建武四年（28年）正月，光武帝刘秀第四子出生。光武帝见其出生时面带赤色，为其取名为阳。刘阳虽然为光武帝嫡妻阴丽华所出，但由于出生较晚，没能成为皇太子。不过，光武帝废长立幼的做法让他成为了皇太子，并最终登上了皇帝的宝座。

刘阳在母亲阴氏的教导下，知书达礼，深受光武帝喜爱。10岁时，刘阳已经熟读《春秋》，对其颇有领悟。光武帝好几次向他询问政议，他皆能够"应对敏达"。刘秀见皇子有如此奇才，将其比作季札。季札何许人也？春秋吴国贵公子也。他是吴王诸樊的弟弟，为人处处谦虚礼让，数次对君位推辞不就。不仅如此，他饱学多识，与晏婴、子产等各国著名相国皆有交往，是个治国之材。光武帝将刘阳比作季札，可见对他的期望之高！

建武十五年（39年），12岁的刘阳得到东海公的封号。此时的他更加明白事理，能够看清表面现象背后的本质。当年，光武帝在全国颁布了"度田令"，要求各州郡长官详细清查登记各地人口数量和各户所占有的土地面积。由于此令直接威胁到豪强地主的根本利益，在执行过程中遭到了强烈抵制。各地官员只得"优饶豪右，侵刻羸弱"，向朝廷虚报调查结果。一次，光武帝在理政时看到了陈留郡官吏递上的一封特殊信件，里面写着"颍川、弘农可问，河南、南阳不可问"这样一句话。光武帝追问缘由，此官吏闪烁其辞。当时，站在光武帝身后帷帐内的刘阳见该官吏不敢吐露实情，于是向光武帝陈述了缘由。他说这封信是上级官吏对该官吏的训诫，河南、南阳分别是朝中大臣和外戚的集中居住地，而这两部分人所占有的土地面积肯定超过了规定，于是没有人敢于过问。

建武十七年（41年），刘阳被封为东海王，从此有了爵号。同年，光武帝废了心胸狭窄且难以与后宫妃妾相处的郭皇后，转而立刘阳生母阴氏为后。

建武十九年（43年），有人利用巫术聚众造反，并占据了原武城（今河南原阳）。消息传到京城后，光武帝立即发兵攻城，见久攻不下，于是召集朝中诸臣商议。当时有人提议诛灭叛党，刘阳则不这样认为。他对光武帝说城中很多官吏和百姓都是一时糊涂才被妖人欺骗，一旦醒悟后肯定不会助纣为虐，而会想方设法逃出城外。如果不围攻城池，他们就有逃脱的机会。到最后，少数的谋反者自然不足畏惧了。光武帝采纳其建议，在没有滥杀无辜的情况下攻下了城池。

同年，皇太子刘强恳请光武帝废掉他的皇太子身份，光武帝允许后，另立16岁的东海王刘阳为皇太子。刘阳做了皇太子后，改名为"庄"。

建武中元二年（57年），光武帝死，30岁的刘庄即位，是为汉明帝。

■ 平定四方　传播佛教

汉明帝即位后，在对外方面采取了讨伐策略。东汉边境的少数民族如东北的乌桓族和鲜卑族、北方的匈奴、西北羌人、西南夷等经过西汉衰落期的蓄势后渐渐强大起来，其中有些民族已经蠢蠢欲动，对东汉边境的安定构成了威胁。

建武中元二年（57年），光武帝刚刚去世，西北羌人见东汉刚立新主，遂以为东汉局势不稳，立即举兵反叛。汉明帝见汉军初败，立即令开国功臣马武引兵四万赴陇西讨伐。从这年十一月至次年七月，汉军用了半年多的时间才击溃西北羌人。不久，乌桓人也开始叛乱，汉明帝又发兵镇压。此后，其他少数民族也有叛乱，先后被汉军平定。

王莽在位时认为边国既然向汉臣服，就不应该称王，于是将汉朝颁给各边国的印玺收回，然后颁给各边国臣子使用的章，曾因昭君出塞与西汉交好的南匈奴对汉朝开始心生不满。同时，北匈奴在王莽时期向西扩张的过程中，阻截了汉朝与西域的通道，影响了中原地区与西域各国的交往。永平八年（65年），汉使郑众奉命出使常侵扰汉朝边境的北匈奴，其单于竟令郑众朝拜，公然向汉朝挑衅。永平十六年（73年），汉明帝调集大军，兵分四路北击北匈奴，把北匈奴逼退至蒲类海（今新疆巴里坤湖），南匈奴此后不敢轻举妄动。北匈奴大败后，汉朝与西域的交往通道再次畅通无阻。班超奉命出使西域，西域各国纷纷遣王子入汉，以此表示对汉朝的臣服。永平十七年（74年），汉朝再次在西域设置西域都护，班超前去赴任。

在外交上，汉明帝除了安抚了汉朝边境上的少数民族外，在佛教的传播上也作出了突出的贡献，促进了中外文化的交流。西汉哀帝元寿元年（公元前2年），佛教虽然传至汉朝，但并没有得到广泛传播。汉明帝在此基础上大力引进佛经，开创了佛教在汉朝传播的新纪元。

永平八年（65年），汉明帝派汉臣十余人不远万里出使大月氏国。永平十年（67年），汉使臣不仅带回了佛经和释迦牟尼佛像，而且带着在大月氏国遇到的摄摩腾和竺法兰两位印度高僧回国。

汉明帝以隆重的礼节接待印度高僧，并安排他们暂住于外交官署鸿胪寺，然后于次年在京师洛阳城西雍门外建造僧院。由于佛经是由白马驮回，而印度高僧又暂住于鸿胪寺，遂将此僧院命名为"白马寺"。经过不断的演变后，"寺"字逐渐成为了寺院的泛称。

此后，白马寺成为了佛教在中国的发源地，中国也因此有了和尚。

■ 严猛治国　实现"永平"

汉明帝即位前，常常与光武帝讨论国事，帮助光武帝处理政务，对当时的社会形势和发展动向非常熟悉。他见光武帝采取的一系列措施对治国安邦都起到了积极的作用，于是决定不再进行改革，按照光武帝时的政策和方针把已经安定繁荣的社会变得更加安定和繁荣。从这一点来说，汉明帝这种难能可贵的精神值得钦佩。要知道，每个人都有自己的观点和主张，更何况是一国之君。然而，为了顾全大局，他愿意活在光武帝的光环下，没有独树一帜来显示自己如何的英明神武。

不过，他在治理国家的过程中没有采取光武帝的怀柔政策，而是处处显得严猛，在对待外戚、皇族宗室和官吏上显得尤为突出。他的这种手段与光武帝比起来，是有过之而无不及。

光武帝时对外戚不得干政有明文规定，如"后宫之家，不得封侯与政"。汉明帝严格按照此规定行事，毫不怠慢。永平三年（60年），汉明帝令人图画了"云台二十八将"，以此来表彰开国功臣的丰功伟绩和激励后人。马援虽然堪居首功，但由于其女身为皇后而未被列入其中；李通和邓晨同样是疆场勇将、开国功臣，汉明帝考虑到他们是自己的姑父，遂将他们排除。不仅如此，虎贲中郎将马廖和黄门侍郎马防、马光，皆因是马皇后兄弟而未被提升；尚书闫章博学多识，但因其二妹被封为贵人，一直没有晋升。

除了杜绝外戚干政外，汉明帝还密切注意着外戚的势力扩展。一旦发现外戚动机不纯，立即采取间接或直接的应对措施。比如，少府阴就身为国舅，因贵而骄，经常呼朋唤友，以致门庭若市，热闹非凡。然而，朱晖并不趋炎附势，对阴就的邀请置之不理，阴就对其怀恨在心。一次，东平王刘苍入朝拜贺，此时在刘苍手下做事的朱晖跟随主人进京。按当时规定，凡入朝拜贺者，必须要持有专用玉璧。负责发放玉璧的主簿是阴就的一个属下，他在朱晖来领取玉璧时，故意拖延时间，迟迟不给朱晖玉璧。朱晖见状，立即从其手中夺来玉璧，然后入宫朝贺。汉明帝闻听此事后对朱晖大加赞赏，并提拔他为卫士令。汉明帝的这种做法从侧面打击了外戚的权势，同时也起到了为其他正直官吏壮胆助威的作用。对于一些明显的叛乱，汉明帝决不姑息放纵。舞阴公主的丈夫虎贲中郎将梁松因得宠而生异心，欲与山阳王刘荆图谋造反。汉明帝得到密报后，立即将其处死，然后迁徙其家人。

除了对待外戚严厉外，汉明帝对待皇子同样苛刻。永平十五年（72年），在汉明帝的调整下，被封为诸侯王的皇子的待遇只能与光武帝时被封为侯的功臣相提并论，以至于马皇后发出"于制不亦俭乎"的慨叹。

为了防止光武帝时受封的诸侯王作乱，汉明帝采取的手段近乎残酷。光武帝共有11个儿子，除汉明帝本人和早逝的临淮公刘衡外，还有九人：前太子刘强、沛献王刘辅、山阳王刘荆、楚王刘英、淮阳王刘延、济南王刘康、中山简王刘焉、东平宪王刘苍和琅琊孝王刘京。在这九人中，有郁郁而终者，有"谋反"被诛者，有犯法坐罪者，也有自甘堕落者。这些皇兄皇弟在汉明帝的抑制下，能保住性命都难，更何况犯上作乱。不仅如此，汉明帝同样没有放过这些皇兄皇弟的后裔。稍有"行为不端"者，要么被治罪，要么被削藩。

对于朝中官吏，汉明帝要求更为严格。三公九卿虽是朝中重臣，但在汉明帝掌朝期间皆被责罚过。当时，有位尚书郎不知因何事使得龙颜大怒，遂被汉明帝杖打。这位尚书郎承受不了汉明帝的责罚，情急之下躲到床下。汉明帝气急败坏，以杖击床，令其立即从床下爬出来。该尚书郎死活也不愿意爬出来，在床底诵道："天子穆穆，诸侯皇皇。未闻人君，以杖撞郎。"汉明帝听了他的这段话后，不好意思再拿他出气，遂不再责罚他。为了让官员尽忠职守和保证清廉的官场风气，汉明帝极尽苛刻之能事，甚至会因片面之言而定夺生杀。

在汉明帝的控制下，开国功臣们的后裔也不敢放肆。因为一旦有飞扬跋扈、作威作福之处，就有可能遭到汉明帝的打击。

汉明帝采取的这些严猛措施在当时起到了积极的作用，促进了整个社会的发展。然而，他的这些措施导致的矛盾也将在以后暴露出来。

永平十八年（75年）八月，48岁的汉明帝病逝。

 汉章帝刘炟——有德无能，埋下祸根

■ 宽厚治国　长者风范

汉光武帝建武中元二年（57年），汉明帝第五子刘炟出生。同年，光武帝死，汉明帝即位，于第二年改元永平。永平三年（60年），4岁的刘炟被立为皇储。

永平十八年（75年），汉明帝病逝，19岁的刘炟即位，是为汉章帝。刘炟的即位，成为了东汉王朝由盛而衰的分水岭。物极必反、盛久必衰虽然是一个无法改变的历史规律，但一个朝代由盛而衰所经历的时间长短则与帝王本身有关。

无论是后来的帝王还是史学家，在评价汉章帝时，几乎不约而同地认可他是一位宽厚仁慈的"长者"。的确如此，汉章帝的治国手法能充分证明这一点。

在减轻赋税徭役方面，汉章帝比在他之前的光武帝和明帝都要做得突出。之所以会出现这种情况，与当时连连发生的地震、干旱、瘟疫等自然灾害有一定的关系。为了减轻农民负担，汉章帝先后二十余次颁布有关减免租税、减少劳役的诏令。每逢自然灾害发生后，他又主动赈济受灾比较严重的百姓和安置流民。至于鳏寡孤独者，汉章帝更是表现出了无限的仁慈和宽厚，使百姓纷纷感到皇恩浩荡。

为了保证长期推行轻徭薄赋的惠民政策，汉章帝削除各种繁文缛节，力求简约行事，而且下令在出巡时不允许扰民。

在司法方面，汉章帝一改汉明帝时的严切刚猛，慎重运用刑罚，尽量用德行来感化子民。为此，汉章帝多次颁布了改革法制的诏令，先后进行了禁施酷刑、减刑、取消诛连刑罚等法制改革。

在选拔官吏上，汉章帝选拔了一批能够体察民情、敢于直言进谏的贤士，如蜀郡太守廉范、兰台令吏孔僖、司空第五伦等。

在思想教育上，汉章帝推崇儒学。他不仅祭拜了孔子和孔子的七十二位弟子，而且还亲自接见了孔子的后代，并为他们封侯。建初四年（79年），汉章帝采纳了校书郎杨终的建议，仿效汉宣帝召开儒学经学会议的做法，在白虎观召开儒学会议，通过群儒的辩论来"正经义"。后来，班固等人奉命将辩论记录加以整理和编撰，起名为《白虎通义》。通过这次会议，儒学思想得到了进一步的剖析，从而变得更加完善。

在对待诸侯王方面，汉章帝的做法与光武帝和明帝背道而驰。汉章帝认为，光武帝、明帝对诸侯王的抑制不利于维护皇族宗室的利益，于是对诸侯王显得极为宽厚。他将诸侯王的食俸由明帝时的两千万改成八千万，各诸侯王立即变得显贵起来。汉章帝并不担心皇兄皇弟会作乱犯上，为他们分封后竟不忍与他们分别，后来索性将他们留在京师。尽管尚书宋意、奏记宋由等人数次上谏，汉章帝始终充耳不闻，没有令他的皇兄皇弟各回封地。

另外，汉章帝还积极安抚曾被明帝欺压的诸侯王及其子孙后代，将明帝削去的封地复封给他们。其中，汉章帝对东平王刘苍的安抚更是令人惊叹。

刘苍是汉明帝的胞弟，光武帝阴皇后的第二胎。大概是由于遗传的缘故，刘苍"少好经书，雅有智思"。明帝在位时，刘苍曾尽心辅佐明帝治理天下，后担心引起明帝猜疑而主动要求退回藩国。汉章帝对刘苍的才德极为敬重，于是格外恩宠他。另外，对于刘苍提出的建议，汉章帝会果断采纳。一旦朝中有未决之事，汉章帝则派人去询问刘苍。为了报答汉章帝的知遇之恩，刘苍尽管年老体弱，但仍然竭尽全力为汉章帝出谋划策。他的这种做法令原本感情就比较丰富的汉章帝更加感动，使得汉章帝更舍不得失去他这个"老古董"。

建初七年（82年），汉章帝听说刘苍要入京朝拜，担心他经受不住风寒，于是派人送去了貂裘。刘苍入京后，他又亲自检查刘苍的住宿条件，称得上无微不至。与刘苍相处一段时间后，汉章帝竟舍不得刘苍离去，将其留在京师长达半年。

刘苍返回藩国后，不久便身患重病，经久不治。汉章帝一边派御医为其治病，一边连连派人前去探视。一时间，刘苍府上门庭若市，气派十足。刘苍死后，汉章帝将他生前所写的文字全部搜集起来，以便阅览。后来，汉章帝在巡视刘苍的封地时睹物思人，以"思其人，至其乡；其处在，其人亡"表达了对刘苍的思念和失去刘苍的惋惜和哀伤。

■ 物极必反　过柔则靡

过刚则折，过柔则靡。汉明帝将刚发挥到了极致，而汉章帝又将柔发挥到了极致。而过刚、过柔的危害却都在汉章帝执政时表现了出来，于是便有了东汉王朝的衰退和没落。

无论是官吏、功臣及其后裔，还是皇族宗室和外戚，在经受了长时间的压抑后，他们那颗充满着欲望的心灵终于得到了舒展。一时间，贪污腐败现象层出不穷。与汉章帝提出的惠民政策相比，由他导致的不良后果反而显得更加突出。占有欲的不断膨胀常常会让人变得放肆，当这些放肆行为没有得到及时的遏制时，更大的野心将滋生蔓延。正是因为这个原因，光武帝和明帝都不愿意看到的现象发生了。外戚在汉章帝的宽厚政策和对他们的恩宠下，变得飞扬跋扈，而且渐渐开始干政。

建初二年（77年），窦氏姐妹、宋氏姐妹和梁氏姐妹在同年被选入后宫。建初三年（78年），大窦氏被册封为皇后，小窦氏、宋氏和梁氏姐妹都被封为贵人。同年，大宋贵人为汉章帝生下一子，起名为庆。建初四年（79年），汉章帝将刘庆立为皇储。同年，汉章帝喜得第四子刘肇，为小梁贵人所出。

窦皇后心胸狭窄，收刘肇为养子后，屡屡在汉章帝耳边造谣生事，先后陷害了宋贵人和梁贵人姐妹。结果，皇太子刘庆被废为清河王，梁贵人姐妹郁郁而终。

汉明帝时，马皇后的父亲和兄弟虽然没有得到提拔，但马氏家族的权势并没有受到影响。汉章帝即位后，马氏家族子弟变得放肆无度，遂遭到汉章帝的压制。虎贲中郎将马廖、黄门侍郎马防等人纷纷被罢免，马氏家族开始败落。与此同时，窦氏家族开始显贵起来。窦皇后的哥哥窦宪被封为虎贲中郎将，弟弟窦笃被封为黄门侍郎。

窦宪有窦皇后为其撑腰，于是日益骄横傲慢，竟敢强行以低价购进汉明帝之女沁水公主的封地。更令人惊讶的是，沁水公主竟不了了之，不敢得罪窦宪。窦氏家族的气焰有多么嚣张，由此可见一斑。汉章帝对此也有耳闻，得知传闻是真后，虽然认为窦宪的所作所为比赵高的指鹿为马更加可恶，但只是吓唬了窦宪一番，并没有治其欺君罔上之罪。

宽厚固然重要，但不讲原则的宽厚便失去了宽厚的本质，其外在的表现更接近于软弱和妥协。于是，在汉章帝的治理下，安分的人因被放纵而变得不安分，不安分的人变得更加放肆。

章和二年（88年），32岁的汉章帝病故。汉章帝虽然长眠于地下，但东汉王朝的继承人还需要面对他造成的社会危机。

汉和帝刘肇——有心无力、回天乏术的软弱之君

■ 和帝即位　窦氏专权

建初四年（79年），汉章帝第四子刘肇出生，其生母为梁贵人，养母为窦皇后。后来，窦皇后逼死其生母，而且劝章帝废掉皇储刘庆。在窦皇后的一手操办下，刘肇于建初七年（82年）被立为皇储。章和二年（88年），章帝病死，10岁的刘肇即位，窦皇后被尊为太后。由于刘肇尚幼，窦太后代为执政。刘肇即位后，是为汉和帝。

窦太后执政后，继续增强窦氏家族在朝中的势力。其哥窦宪被晋升为侍中，其弟窦笃接任窦宪的虎贲中郎将之职，窦景、窦环二人被任命为中常将。有了这样的安排后，发布和传达诏令、整理文书、宫廷护卫等重要事宜皆由窦氏家族处理。

固权后，窦太后在朝中开起了"一言堂"，处理政务时屡屡刚愎自用，独断专行，对朝

中诸臣的上谏置若罔闻。虽然受到"奈何以一人之计，弃万人之命"的指责和诘问，窦太后仍然一意孤行，令窦宪领兵配合南匈奴攻打正遭受自然灾害的北匈奴。窦宪凯旋后，窦太后对其刺死来京吊唁章帝的都乡侯刘畅避而不谈，不仅没有向朝臣言及以功抵过，反而提升他为大将军，封他为侯。按照东汉官制，大将军之职居于三公之下。窦宪做了大将军后，大将军之职便位于三公之上，而且仅低于太傅一职。不久，窦笃被提拔为卫尉，位居九卿之列。窦景、窦瓌则接任窦宪的侍中之职。不仅如此，窦氏家族的子弟和亲朋好友皆过了一把官瘾。

此后，窦氏家族更加放肆。他们飞横跋扈，无视法纪，为非作歹，弄得地方和朝廷鸡犬不宁；豢养刺客来暗杀仇人和异己分子；不惜财力、人力和物力，大建豪宅楼阁等等。

就在窦氏家族作威作福的同时，汉和帝也一天天长大。

■ 铲除外戚　整顿朝纲

永元四年（92年），14岁的汉和帝已经成为了窦氏家族专权的障碍。于是，窦氏家族开始谋划弑帝篡汉。汉和帝虽然对窦氏权倾朝野耳闻目睹，但没料到他们竟会对自己下手，待闻讯后立即开始思考对策。

当时，窦氏控制着朝政，监视着汉和帝的饮食起居。汉和帝见根本无法与朝臣接触，于是打算从服侍自己的宦官中搜寻可用之人。也许是天意，窦氏家族虽然严密控制着汉和帝，但却是百密一疏，忽视了中常侍钩盾令郑众的作用。郑众早在汉明帝时已在朝中为官，不仅对汉室忠心耿耿，而且颇有谋略，曾奉命出使北匈奴。在郑众的辅助下，汉和帝将在凉州驻守的窦宪召回朝中并收其军权，然后将窦氏余党罢免或处死。

汉和帝剿灭窦氏的朝野势力后，开始整顿朝纲。然而，令汉和帝感到凄凉的是，在他亲政不到五年的时间内，司徒袁安、司空任隗、千乘王刘伉、太傅邓彪、广宗王刘万岁、太尉尹睦、司徒丁鸿、城阳王刘淑、乐成王刘党等重臣贤王先后离世。面对朝野空虚的这种局面，汉和帝求才若渴，先后四次为此下诏。正是在这种形势下，以郑众为首的宦官得到了汉和帝的提拔和重用。东汉王朝灭亡的直接原因是宦官当权，而汉和帝成为了罪魁祸首。

看到东汉王朝的黑暗和衰败，汉和帝痛心疾首，大有力挽狂澜之决心。不过，强弩之末未能穿缟，汉和帝虽然体恤百姓、以德化民、平定边疆，整日忙碌于政务之间，还是没能做出明显的业绩。

元兴元年（105年）冬，体弱多病的汉和帝病逝，结束了他呕心沥血的一生。

 汉桓帝刘志——有志无为、真假莫辨的糊涂君

■ 外戚刚除　宦官当道

汉顺帝阳嘉元年（132年），刘志出生于蠡吾（今河北博野），其父为蠡吾侯刘翼，其祖父

河间王是章帝之子。刘翼早逝，刘志很小时就承袭了他的爵位。

建康元年（144年），顺帝驾崩，刚被立为太子的刘炳即位，是为汉冲帝；永嘉元年（145年），3岁的冲帝夭折，8岁的刘缵被顺帝梁皇后和国舅梁翼立为皇帝，是为汉质帝。本初元年（146年），质帝一次在群臣面前指着身为大将军的梁翼说了"此跋扈将军也"这样一句话。梁翼把"童言无忌"抛诸脑后，竟将质帝毒死。

汉质帝被毒死前，刘志正好在宫中。当时，梁太后欲把其妹梁莹嫁与刘志，遂宣他入朝。质帝死后，朝中大臣、宦官以及梁氏家族各有打算。其中，太尉李固、司徒胡广等朝中大臣建议拥立清河王刘蒜，遭到以中常侍曹腾为首的宦官的反对。以梁翼和梁太后为首的梁氏家族考虑到刘志在朝中没有势力，遂提出立其为皇帝，得到宦官的支持。于是，刘志即皇帝位，是为汉桓帝。

汉桓帝在成长的过程中，对宫中外戚、宦官间的争权夺势已有耳闻，再加上后来的亲眼目睹，更觉得皇宫乃是是非之地。有了这样的经历，汉桓帝没有奢望有多高的权势，只求能够保身。刚刚即位的他"不急忠贤之礼而先左右之封"，封赏了梁氏家族、朝中重臣和宦官。

自建和元年（147年始），梁太后临朝听政。在梁太后执政期间，梁氏家族为了巩固自己的地位，竭力党同伐异。太尉李固为人耿直，自从在立君问题上与梁翼发生分歧后，一直和梁翼不和。梁翼担心李固以后会对他造成威胁，遂将其打入大牢。在梁翼的打击和威胁下，几乎没有人敢与梁氏家族作对。

和平元年（150年），梁太后在临死前颁布了"归政于帝"的诏令。然而，此诏令不过是一纸空文，朝政大权被梁翼稳稳握在手中。在梁翼的威慑下，汉桓帝成为了一个傀儡皇帝。

与汉和帝时的窦宪相比，梁翼有过之而无不及。他身为大将军，同样位居三公之上。不仅如此，在梁太后死的这一年里，梁翼一次性得到一万户食邑的分封。次年，汉桓帝召开公卿会议，专门讨论褒奖梁翼的礼仪规格。经过一番讨论后，梁翼同时享有萧何、邓禹和霍光的封赏礼仪，上朝时可以带剑，不用脱鞋，拥有数不胜数的食邑、财物、奴婢、车马等。

梁翼虽然不是皇帝，但却过着皇帝般的生活。他根本无视君臣之礼，欺君罔上对他来说已经是家常便饭。比如，每当有贡品入朝时，他先从中挑选，然后再令人送给汉桓帝。至于大兴土木、骄横奢靡、巧取豪夺等现象，梁氏家族一贯如此表现。面对梁氏家族的强大权势，汉桓帝只是一忍再忍。

延熹元年（158年）夏，天上出现日蚀，汉桓帝近臣太史令陈授将其归因于梁翼。梁翼得知后立即将其下狱并处死。汉桓帝大怒，再也忍受不了梁翼的飞扬跋扈，遂有了除掉梁翼的心思。与和帝被窦氏家族监管时的处境相比，汉桓帝此时显得更为窘迫。他的做法与和帝无异，同样是利用宦官来剿灭外戚。不过，他是在厕所里与宦官唐衡商量此事的。

宦官集团为了维护自己的利益，立誓铲除梁氏势力。在唐衡、小黄门史左悺、黄门令具瑗、中常侍徐璜和单超的协助下，汉桓帝收回了梁翼的兵权。梁翼自杀后，梁氏余党皆被罢免或处死，宦官开始专权。

对于治国安邦来说，汉桓帝的做法无异于引狼入室；但对于汉桓帝本人来说，他得到了更多的享受。梁氏专权后，汉桓帝处处受限。宦官专权后，则处处迎合他，让他感受到了从未有过的尊贵。为了能够让汉桓帝享尽美色，宦官集团从民间挑选了大量女子入宫。随后，沉浸在美色中的汉桓帝对宦官听之任之。

梁氏势力被铲除后，汉朝再次出现了五侯并存的局面。不过，五侯由汉成帝时的外戚演变成了汉桓帝时的宦官。尽管这些宦官无恶不作，但汉桓帝对他们百般维护。在这段时期，民怨四起，"党锢之祸"也由此而生。

梁氏势力被诛除后，天下人原以为东汉的黑暗政治将会结束，可谁知宦官当道使得原本黑暗的社会变得更加黑暗。于是，有着正义思想的官僚、太学生和忠义之士几乎在同时公然与宦官势力抗争。尽管他们没有拉帮结派，但在宦官看来，他们就是一个有组织的群体。为了能够名正言顺地镇压和打击他们，宦官将他们称之为"党人"。何谓党人？小人也。孔子曾说过："君子群而不党"。

延熹八年（165年），李膺因多受赞誉被复职。复职后的李膺没有辜负天下人所托，大力打击宦官势力和目无法纪者，先后处决了宦官张让之弟和方士张成之子。为了除去李膺、陈蕃等正直官僚，宦官令人上书诬陷他们与太学生结党营私，扰乱社会，败坏朝纲。汉桓帝不分是非，立即要求抓捕各地党人。

宦官集团立即在全国范围内进行搜捕，共监禁了200余人，其中包括一部分朝中重臣。被捕的党人大多屈打成招，李膺故意供出了一些宦官子弟，令宦官很无奈。适逢有人为党人申冤，宦官为了免受牵连，遂找借口请汉桓帝大赦天下。汉桓帝大赦天下后，被逮捕的党人全部被释放。不过，他们仍被禁锢终身，在有生之年不能做官。

同年，汉桓帝改元永康。这年年底，36岁的汉桓帝去世。

汉灵帝刘宏——荒淫之帝，无德之君

 ### ■ 祸国殃民 敲响亡钟

汉桓帝永寿二年（156年），刘宏出生，其父刘苌是桓帝的堂兄弟。桓帝先后立了梁皇后、邓皇后和窦皇后，然而却始终没有子嗣。永康元年（167年），桓帝死，12岁的刘宏被推上了皇位，是为汉灵帝。

汉灵帝即位后，与汉桓帝有着类似的经历，先是外戚专权，后是宦官当道。

窦皇后在汉灵帝即位后被尊为皇太后，接着便开始临朝听政。窦氏家族顿时满门富贵：窦太后之父窦武被封为闻喜侯，其兄弟窦机被封为渭阳侯，官拜侍中；其堂兄弟窦绍和窦靖分别被封为鄠侯和西乡侯，分领步兵校尉、侍中之职。

与以往的众多外戚相比，窦氏家族的做法更为明智。他们重新起用了在桓帝时受梁氏和宦官压制的正直之臣，朝野上下为之欢呼。然而，正当人们翘首盼望天下太平时，宦官曹节竟偷偷取得了窦太后的信任。

陈蕃、李膺等官僚和窦武本欲诛杀作恶多端的宦官，却因窦太后的优柔寡断而耽误了时机。宦官势力闻风而动，迅速做好了准备，将窦氏家族和刚刚扬眉吐气的正直官僚镇压了下去。此后，宦官再次执掌朝政。汉灵帝看着眼前发生的一切，显得无可奈何。

宦官当权后，"党锢之祸"又起。无数的忠义之士纷纷被诬陷入狱。随着异己分子的清除，宦官的权势达到了极端，随之而来的则是社会的极度黑暗和腐败。

当时，中常侍是宦官官职中最高的职位。按照惯例，朝中常设中常侍4人。汉灵帝即位后，在宦官的引导下，竟一下设置了张让、韩悝、孙璋、粟嵩、宋典、郭胜、赵忠、高望、段珪、毕岚、夏恽、张恭等12位中常侍，被人们称作"十常侍"。

虽然汉灵帝在不断长大，但对宦官当权的现象并没有丝毫怨言，反倒觉得有了更多的空闲时间。汉灵帝没有清除宦官、清理朝政的能力，但做起腐败的事情时却显得得心应手、花样百出。

俗话说"饱暖思淫欲"，身为皇帝的汉灵帝早已没有了饱暖之虑，于是一头钻进了粉黛之中。为了供自己淫乐，汉灵帝在宫中修建了裸游馆和流香渠，整日与赤裸的宫女们嬉戏玩耍，饮酒作乐。

为了增添宫中的生活情趣，汉灵帝还令人在宫中建成了一个集市。集市中，妃嫔宫女们扮演着街市上各种各样的角色，叫卖者、购物者、搭台唱戏者、舞枪弄棒者一应俱全。集市上的货物都是各地官僚在民间搜刮后贡奉的珍奇异宝。宫女妃嫔们在演戏的过程中早已经盯上了这些价值不菲的贡品，一旦有机会便会偷上些许。

更为荒诞的是，汉灵帝竟把官位当成了货物，通过卖官来赚钱。上至三公九卿，下至地方县吏，一律被公开标价。对于比较抢手的官位，往往要通过投标的方式来卖出。公开标价的官位，价格也居高不下。一般而言，官位的价格与年俸是成比例的。比如，年俸一千石的官位会以一千万钱的价格出售。如此一来，在位的清官因为出不起价而不得不辞官，买得起官位的人上任后会千方百计地搜刮财产，以便能够弥补买官时付出的巨大代价。当朝野上下皆充斥着唯利是图的官员时，国家的衰落也将近在眼前。

在宦官当道、皇帝昏聩、朝纲腐败的社会里，处于社会最底层而又为数最多的百姓无法忍受东汉统治阶级的层层盘剥，遂纷纷要通过斗争来推翻东汉政权。自建宁元年（168年）始，农民起义此起彼伏，没有间断。中平元年（184年），张角领导的黄巾起义爆发，全国各地的农民争先恐后地加入了起义大军。

面对国乱，汉灵帝不知所措。中平六年（189年），34岁的汉灵帝去世。

 汉献帝刘协——汉室难兴遗恨终生

■ 生于动荡之世　立于零落之时

光和四年（181年）三月，刘协出生。刘协能成为皇帝，颇费了一番周折。

刘协的生母王美人生于将相之家，不仅才貌双全，而且温文尔雅，深受汉灵帝的宠爱。何皇后虽然身为后宫之主，但为人骄横，失宠后便嫉恨王美人，总想迫害。王美人怀孕后，何皇后在嫉恨她的同时也感到了威胁，更想除掉她。王美人早就知道了何皇后的险恶用心，为了免遭迫害，曾试图打掉腹中胎儿，不过没能如愿。就这样，刘协终于降临在世上。

刘协出生后，何皇后变得更加疯狂，不假思索地毒死了王美人。汉灵帝异常愤怒，本打算废掉这个心狠手辣的女人，但迫于宦官权势，遂不了了之。

汉灵帝死后，14岁的少帝刘辩即位，其母何皇后被尊为太后。少帝即位后，何太后临朝听政。灵帝在临终前将刘协托付给母亲董太后，并希望上军校尉蹇硕能辅佐他成就大业。蹇硕本想铲除以何太后和其兄大将军何进为首的何氏势力，却因事泄而招致杀身之祸。蹇硕死后，董太后因欲干政得罪了何太后。在大将军何进的策划下，外戚骠骑将军董重被杀，董太后由此失去了凭借，不久忧惧而死。从此，刘协变得无依无靠。然而在有些时候，一个皇子的无依无靠、无权无势却会成为一种登上皇位的资本。正是因为有了这种资本，刘协成为了皇帝。不过，这样的皇帝要么是个傀儡，要么是个摆设。对于刘协本人来说，更重要的是保住性命。

为了巩固何氏家族的朝中势力，大将军何进打着匡扶正义的旗号召集各地豪强义士诛灭宦官。拥兵自重的河东太守董卓见朝中有变，立即率大军赶往洛阳城。宦官早已讨得何太后的宠信，从何太后口中打听到何进的动向后，立即刺杀了何进。中军校尉袁绍、虎贲中郎将袁术以及何进的部将得知何进被杀后，果断杀入宫中。宦官头目张让挟持着少帝刘辩和陈留王刘协从宫中逃出。途中，刘辩和刘协乘乱摆脱了宦官的挟持，在荒野中躲了起来。随后，董卓前来迎驾，将他们二人接回宫中。

董卓入宫后，先是虚张声势，令士兵晚上悄悄出城，翌日凌晨再大张旗鼓地进城。暂时驻守洛阳的中军校尉袁绍、虎贲中郎将袁术和执金吾丁原虽然握有重兵，但见董卓日日添兵，不知如何是好。演完这场戏后，董卓便强行废少帝为弘农王，立陈留王刘协为天子。

189年，刘协即位，是为汉献帝。汉献帝是东汉第十三代皇帝，也是东汉的末代皇帝。

■ 傀儡数次　汉祚不兴

汉献帝即位后，董卓根本没有把他放在眼里。与此同时，董卓的奸诈凶残也逐渐显露出来。他除掉了丁原，并设法将袁绍、袁术请出了洛阳，然后开始胡作非为。洛阳城内顿时遭到了一场洗劫，城内百姓哭天天不应，叫地地不灵，只能任凭董卓士卒欺凌掳掠。

东汉末年，地方官员见朝廷腐败，遂纷纷屯兵蓄势，以便能够在乱世中立足。董卓的坐大直接威胁着各地太守、刺史的利益，于是很快组成了一支以袁绍为首的讨伐联军。

初平元年（190年），董卓军队难以抵挡联军的凶猛攻势，遂毁掉洛阳城，然后迁往长安，汉献帝与弘农王随行。董卓大军到了长安后，又开始烧杀掳掠，长安城内外顿时生灵涂炭。另外，董卓还毒死了弘农王刘辩。生活在董卓身边的汉献帝更为惊恐，整日诚惶诚恐地活着，煎熬着度过一个又一个漫长的日子。

董卓嗜杀成性，朝中官员受尽其侮辱，但畏于其权势，只能仰天长叹。后来，司徒王允终于用离间计引发内讧，董卓在内讧中被杀。董卓死后，汉献帝以功论赏，令王允独领尚书事，提拔原执金吾丁原骁将、董卓义子吕布为奋威将军。汉献帝本以为有王、吕二人辅政，能够着手治理国家，谁知祸乱又起。

初平三年（192年）五月，董卓旧部李傕、郭汜等人在董卓被杀数月后卷土重来。吕布见寡不敌众，遂逃出城外。乱军入城后，朝中重臣被杀殆尽，王允也在其中。朝中政权几经易手，又落入李、郭手中。时势变化如此之快，令汉献帝感到手足无措。

兴平二年（195年），李、郭二人同室操戈，将矛头指向了对方。在他们争斗的过程中，汉献帝成了一颗棋子，被他们随意摆弄。李傕劫持了汉献帝后，将董卓在长安新建的宫殿付之一炬，汉献帝失去了安身之处。几经辗转后，饱尝颠簸流离之苦的汉献帝在朝臣的护送下回到了洛阳。汉献帝回到洛阳后，洛阳城内只剩下断壁残垣，曹操乘机将汉献帝迎入许昌。此后，曹操"挟天子以令诸侯"，不断进行势力扩张。东汉政权就这样随着汉献帝飘来飘去并最终脱离了汉献帝，东汉灭亡的同时也永远消逝在历史的长河中。

曹操专权后，大力打击异党，巩固自己在朝中的势力。同时，曹操也在不断征讨各地军阀。经过一系列的吞并后，曹操占领了中原的大部分土地，成为了当时的霸主。在这期间，汉献帝虽然采取过一些抗争措施，但皆逃不过曹操的眼睛，皆以失败而告终。

曹操死后，曹丕仿效王莽的做法，制造谶语来逼迫汉献帝退位。汉献帝无奈，只得应允。曹丕即皇帝位后，汉献帝被废为山阳公，此后一直在宫外居住。

234年，54岁的汉献帝离开了这个让他不敢回想、不愿回想的世界。

 魏文帝曹丕——东汉王朝的终结者

■ 文武双全　篡汉称帝

汉灵帝中平四年（187年），曹操次子曹丕出生。曹丕从小读书习文，并努力学习骑射。稍大一点后，他便跟随父亲曹操开始了戎马生涯。

东汉末年，群雄四起。被称为"治世之能臣，乱世之奸雄"的曹操以其出色的军事才能和政治才能逐渐形成了一股势力，并最终成为了诸军阀势力中的霸主。他"挟天子以令诸侯"，打着汉献帝的旗号党同伐异，一步步篡夺了东汉政权。

建安十三年（208年），曹操废掉了三公制，在朝中设置了丞相和御史大夫，并自领丞相事。在曹操的培养下，再加上与生俱来的资质，曹丕很快成为了一个具有文韬武略的人才。建安十五年（210年），赵温因赏识曹丕而向曹操举荐他。曹操认为赵温有私心，不仅没有让曹丕做官，而且罢免了赵温；建安十六年（211年），曹丕被任命为五官中郎将，兼任副丞相之职。

尽管"汉祚已终"，曹操并没有称帝，最多做了一个位居各诸侯王之上的魏王。他之所以这么做，是因为他想做第二个周文王。于是，曹操的众多儿子为做第二个周武王而相互间展开了一场暗战。

曹操共有25个儿子，在他做魏王时，长子曹昂和他最宠爱的曹冲已死。曹丕成为了长兄，再加上他为曹操嫡妻卞王后所出，按道理来讲是最有资格成为魏世子的。然而，曹操为人多疑，而且希望能找到一个合格的继承人。在这种情况下，曹丕的优势显得不再那么明显。当时，曹丕最有力的竞争对手是曹植。与曹丕一样，曹植同样为卞王后所出，而且有文有武。另外，曹植身边有杨修、丁仪等人辅佐，在朝中有一定的实力。为了争夺世子的位置，曹丕使出了浑身解数。他一边拉拢朝中有实权的官僚，一边在曹操面前极力表现自己的修养和学识。同时，他还经常给曹植使绊儿，使曹植受到曹操的排斥。在他的苦心经营下，曹植在曹操心中的印象越来越不好。在确立世子时，曹操虽然犹豫不决，但在贾诩、王朗、华歆等人的竭力推荐下，终于选择了曹丕。

建安二十二年（217年），31岁的曹丕被立为魏世子。建安二十五年（220年）正月，曹操病逝。曹操死后，曹丕顺理成章地承袭了魏王的爵位，并担任丞相、领冀州牧。

曹丕即魏王位后，将卞王后尊为王太后，改元延康。随后，他恢复了三公制，将心腹贾诩、华歆、王朗分别提拔为太尉、相国和御史大夫，统揽了朝政大权。他还明文规定，宦官不能在朝中担任要职。

随后，曹丕开始筹划令汉献帝禅位之事。他一边派人买通东汉边境的少数民族来汉献瑞，一边令人捏造种种魏将代汉的谶语。朝中大臣自然心知肚明，待时机成熟后立即逼汉献帝让位。至此，汉献帝的傀儡生涯结束，东汉至此灭亡。

延康元年（220年）十月，曹丕即皇帝位，正式建魏，改元黄初，定都许县；冬，迁都洛阳。黄初二年（221年），曹丕将许县改为许昌，将其与长安、洛阳、邺县、谯县并设为五都。

■ 业绩平平 文采出众

曹丕称帝后，担心自家兄弟会威胁到自己的皇位，于是采取了一些措施。黄初三年（222年），他开始分封自己的兄弟，然后再将他们赶出国都，以便消除这些兄弟对他皇位的威胁。对于同胞兄弟，曹丕显得更加无情。他见曹彰骁勇善战而且手握重兵，对曹彰非常顾忌。曹彰知道曹丕猜忌他后甚为不满，索性回到封地不理战事。然而，曹丕对他仍然放心不下，后来乘其入京时将其毒死。曹熊因为头脑简单、四肢发达逃过了一劫，并且成为了曹丕的得力战将。对于曾威胁到他地位的曹植，他更想除掉他。尽管曹植回到了自己的封地，曹丕仍然派人去监视他的一举一动。后来，曹植有"胆大妄为"之处，曹丕本想除掉他，但由于曹植的《七步诗》和母亲的劝阻，才没有杀掉曹植。不过，他将曹植由临淄侯贬到了更为偏远的地方。

在战事方面，曹丕并没有打破三国鼎立的局面，在对外战事上几乎没有什么业绩。曹丕即位之初，太尉贾诩认为"攻取者先兵权，建本者尚德化"，再加上蜀地"刘备有雄才，诸葛亮善治国"，以山为凭，而吴地"孙权识虚实，陆逊见兵势"，以江为屏，都是难以攻取之地，于是建议曹丕不要急于出征，先做好国内的安抚工作。然而，曹丕并未采纳。

黄初二年（221年），刘备称帝后便率军讨伐孙权。孙权担心腹背受敌，遂向曹丕称臣。曹丕仍不听众谋士劝阻，反而任孙权为大将军，封他为吴王，然后隔岸观火。在此期间，他曾想让孙权的儿子入朝为质，但遭到了孙权的婉言拒绝。他明知孙权没有诚意，却按兵不动，白白浪费了进攻东吴的好时机。等到孙权大败刘备后，他竟然发兵南下，结果被孙权所败。

曹丕虽然政绩平平，但在文学方面却达到了一定的造诣，为后人留下了诸多值得鉴赏和考究的诗文。

《燕歌行》二首：

"秋风萧瑟天气凉。草木摇落露为霜。群燕辞归雁南翔。念君客游多思肠。慊慊思归恋故乡。君何淹留寄他方。贱妾茕茕守空房。忧来思君不敢忘。不觉泪下沾衣裳。援琴鸣弦发清商。短歌微吟不能长。明月皎皎照我床。星汉西流夜未央。牵牛织女遥相望。尔独何辜限河梁。

"别日何易会日难。山川悠远路漫漫。郁陶思君未敢言。寄声浮云往不还。涕零雨面毁容颜。谁能怀忧独不叹。展诗清歌聊自宽。乐往哀来摧肺肝。耿耿伏枕不能眠。披衣出户步东西。仰看星月观云间。飞鸽晨鸣声可怜。留连顾怀不能存。"

在保存完整的七言诗中，曹丕的这两首七言乐府诗的年代最为久远。尽管七言诗在后来得到了很大的发展，但这两首诗的文学价值不可否认。它们的曲调沉重凄凉，但赏阅起来却别有一番风味，能够动人心扉，让人浮想联翩。

除了抒情达意外，曹丕对文学本身也有所研究，堪称文学批评家。在中国文学批评史上，《典论·论文》独领风骚，是现存最早的文学理论专论。

《典论·论文》：

"文人相轻，自古而然。傅毅之于班固，伯仲之间耳，而固小之，与弟超书曰：'武仲以能属文为兰台令史，下笔不能自休。'夫人善于自见，而文非一体，鲜能备善。是以各以所长，相轻所短。里语曰：'家有弊帚，享之千金。'斯不自见之患也。

"今之文人，鲁国孔融文举，广陵陈琳孔璋，山阳王粲仲宣，北海徐干伟长，陈留阮瑀元瑜，汝南应玚德琏，东平刘桢公干：斯七子者，于学无所遗，于辞无所假，咸自以骋骥騄于千里，仰齐足而并驰。以此相服，亦良难矣。盖君子审己以度人，故能免于斯累，而作论文。

"王粲长于辞赋；徐干时有齐气，然粲之匹也。如粲之初征、登楼、槐赋、征思，干之玄猿、漏卮、圆扇、橘赋，虽张、蔡不过也。然于他文未能称是。琳、瑀之章表书记，今之隽也。应玚和而不壮。刘桢壮而不密。孔融体气高妙，有过人者，然不能持论，理不胜辞，至于杂以嘲戏，及其所善，杨、班俦也。

"常人贵远贱近，向声背实，又患暗于自见，谓己为贤。夫文本同而末异。盖奏议宜雅，书论宜理，铭诔尚实，诗赋欲丽。此四科不同，故能之者偏也；唯通才能备其体。

"文以气为主；气之清浊有体，不可力强而致。譬诸音乐，曲度虽均，节奏同检；至于引气不齐，巧拙有素，虽在父兄，不能以移子弟。

"盖文章，经国之大业，不朽之盛事。年寿有时而尽，荣乐止乎其身。二者必至之常期，未若文章之无穷。是以古之作者，寄身于翰墨，见意于篇籍，不假良史之辞，不托飞驰之势，而声名自传于后。故西伯幽而演易，周旦显而制礼，不以隐约而弗务，不以康乐而加思。夫然，则古人贱尺璧而重寸阴，惧乎时之过已。而人多不强力，贫贱则慑于饥寒，富贵则流于逸乐，遂营目前之务，而遗千载之功。日月逝于上，体貌衰于下，忽然与万物迁化，斯志士之大痛也！融等已逝，唯干著论，成一家言。"

此文不仅评论了他人的文学成就，而且在他人文学成就的基础上提出了自己的观点，为中国的文学批评史开创了一个良好的开端。

除了以上的七言诗和文学理论外，曹丕的很多作品也被广泛流传，为中国文学史作出了一定的贡献。

黄初七年（226年）五月，40岁的魏文帝病逝于洛阳嘉福殿。

 ## 蜀昭烈帝刘备——一世英名付东流

■ 历经坎坷　见机行事

东汉桓帝延熹四年（161年），刘备出生于涿郡涿县（今河北涿县）。刘备本是皇族后裔，其祖辈涿县陆城亭侯被削爵位后在涿县安家，以致他流落民间。

刘备年少的时候就失去了父亲，为了维持生计，只得和母亲一起卖鞋织席。他长相特殊，臂长过膝，能自视其耳。其同族刘元起认为他必有奇才，遂待他如子。15岁时，刘备外出游学，结识了公孙瓒，后与其同在前九江太守卢植处做事。刘备为人沉着稳重，擅长交际，结交了很多仗义之士。

汉灵帝中平元年（184年），爆发了黄巾起义。各州郡纷纷征兵，以便讨伐黄巾军。刘备得到大商人张世平的资助后，与结为兄弟的关羽、张飞二人迅速拉起了一支队伍，并立即投入到镇压黄巾军的战争中。刘备屡次立下战功，先后担任过安喜县尉、密县丞、高唐县尉、高唐县令等职。后来，高唐县遭到盗贼袭击，刘备投靠了已经成为中郎将的公孙瓒。

当时，群雄并起，各地军阀纷纷拥兵自重，形成了弱肉强食的局面。冀州牧袁绍不时侵扰公孙瓒的地盘，公孙瓒令刘备和青州刺史田楷共同抵御袁绍。刘备屡立战功，被公孙瓒任命为平原县令后不久又被提拔为平原国相。刘备待人宽厚，深得民心，以致美名远扬。

汉献帝兴平元年（194年），曹操率兵攻打徐州（今山东郯城县西南）。田楷收到徐州牧陶谦的告急文书后，立即与刘备前去救援。吕布乘曹操南下之际袭取曹操后方，曹操引兵而还。此后，刘备转而依附陶谦，不久便接任徐州牧之职。

兴平二年（195年），吕布被曹操逼得走投无路，遂投靠刘备。刘备为人仁义，收留吕布后令其驻守下邳（今江苏邳县东）。次年，袁术攻打徐州，刘备奋力抵抗。曹操乘机拉拢刘备，让汉献帝为其加官晋爵。汉献帝应允曹操的上表，任命刘备为镇东将军，赐予宜城亭侯的封号。在与袁术对峙期间，吕布袭取了徐州。刘备考虑到妻儿在吕布手中，遂向吕布求和。吕布将他的妻儿还给他，并把下邳让给他。刘备令关羽驻守下邳，自己去小沛集结军队，欲夺回徐州，结果被吕布击溃。刘备狼狈逃脱后，投靠了曹操。在曹操的援助下，刘备除掉了吕布。随后，刘备带着妻儿，与关羽、张飞二人跟随曹操来到许都（今河南许昌县西南）。

■ 韬光养晦　立地称王

到了许都后，曹操再次上表，汉献帝封刘备为左将军。当时，车骑将军董承受汉献帝衣带诏与刘备密谋诛杀曹操。曹操为人狡猾奸诈，刘备处处显得谨慎，不敢有丝毫放纵之处。

一次，曹操与刘备在喝酒的时候谈起了天下英雄。曹操问刘备谁可称得上是英雄，刘备小心应答。他说："淮南的袁术，兵多粮丰，可以称得上英雄吗？"曹操笑着说："我视他如冢中枯骨，早晚一定将他擒住！"刘备又问道："河北的袁绍，四世三公，门多故吏。如今他虎踞冀州，而且部下有很多能人，能称得上英雄吗？"曹操依然笑着说："袁绍色厉内荏，优柔寡断；干大事而惜身，见小利而忘命。也不是英雄。"刘备见曹操否认了袁术和袁绍，又提到名称八俊、威镇九州的刘表，曹操说他有名无实，也不是英雄。刘备无法，只得继续将当时稍有名气的人一一列举。他提到血气方刚、可称为江东领袖的孙策，曹操说他凭藉其父之名；提到益州的刘璋时，曹操说他虽是宗室，但不过是一只看家狗而已。

曹操不再为难他，开口说道："能够称得上英雄的人，胸中必有大志，腹中必有良谋；既有包藏宇宙的心机，又有吞吐天地的志向。"刘备故作不知地问曹操谁是当世英雄。曹操先用手指了指他，然后指着自己说道："如今，唯有你和我可以称得上天下英雄！"刘备听后，大吃一惊，手中握着的筷子落在了地上。当时大雨刚到，雷声大作，刘备边拾筷子边找借口说道："一震之威，乃至于此。"曹操笑着说："大丈夫也害怕打雷吗？"刘备答道："圣人遇到迅雷烈风也会失色，我怎么可能不害怕呢？"刘备的这一句话巧妙地将自己跌落筷子的缘故掩饰过去了。此后，曹操对刘备的戒心有所减轻。不过，刘备深知曹操如猛虎，不能够长期待在他身边。

建安四年（199年）冬，曹操听说袁术要北上投靠袁绍后，于是令刘备、朱灵等人前去阻截。袁术还未赶到徐州就病死途中，刘备乘机驻守下邳，不再回许都。待朱灵撤兵后，刘备将曹操安置的徐州刺史车胄除掉，再次令关羽守下邳，自己赶往小沛。

建安五年（200年）春，曹操率兵攻打刘备。刘备大败，其妻儿和关羽皆被曹操俘获，后在青州刺史袁谭的引荐下投靠了袁绍。不久，袁绍亲率大军攻打曹操，双方在官渡形成了对峙局面。在这期间，刘备见旧部逐渐聚集，遂找借口离开了袁绍。曹操打败袁绍后，便开始攻打刘备。刘备无奈，投靠了荆州太守刘表。刘表大喜，让他驻守新野（今河南新野）。在这期间，刘备得到谋士徐庶，顿时如虎添翼。后来，夏侯惇、于禁奉曹操之命来攻，刘备采用徐庶的计谋大破曹军。不久，曹操挟持徐庶老母。徐庶向刘备推荐了诸葛亮后，便前往曹营。刘备三顾茅庐后，诸葛亮被他的诚意感动，遂出山辅佐他争夺天下。在诸葛亮的辅佐下，刘备又打了几场胜仗，后驻守樊城。

建安十二年（207年），曹操挥师北上，直逼乌桓。刘备建议刘表乘许都空虚之际立即发兵袭击，未被刘表采纳，结果错失良机。曹操平定乌桓后，立即攻打荆州（今湖南、湖北及四川一带）。此时刘表已死，其子刘琮向曹操求和。诸葛亮建议刘备攻取荆州，以荆州为据点对抗曹操。刘备担心这样做会背上不仁不义的骂名，遂不同意，于是向江陵进发。途中，刘备被曹军追上，只得转而逃向夏口。

建安十三年（208年），刘备联合孙权攻打曹操。赤壁鏖战后，曹操损失惨重。在刘备的扶助下，刘表长子刘琦做了荆州刺史。随后，刘备乘曹操恢复元气之际，先后夺得了武陵、长沙、桂阳和零陵四郡。

建安十四年（209年），刘备在刘琦死后被众人推举为荆州牧。孙权担心刘备会图谋江东，遂将其妹嫁给他。建安十六年（211年），益州牧刘璋请刘备西入蜀地。刘备令关羽守荆州，带着谋士庞统、老将黄忠和骁将魏延前往蜀地，帮助刘璋对付汉中的张鲁。建安十七年（212年），孙权遭到曹操的攻打，遂向刘备求救。刘备与刘璋二人此时发生了矛盾，遂倒戈相向，赵云、张飞、诸葛亮等人纷纷前来助阵。由于蜀地易守难攻，刘备只得苦战。建安十九年（214年）夏，刘备终于攻破了蜀地瓶颈，逼近成都。刘璋被围困数日后投降言和，刘备做了益州牧。

建安二十年（215年），孙权见刘备已经占有了益州，于是派人前去让刘备履行以前的约定，将荆州还给东吴。刘备不肯，将东吴使者打发走了。孙权大怒，立即发兵攻打刘备在中原夺取的数郡。正当他们对战时，曹操攻取了汉中。刘备见蜀地有危险，于是与孙权和好，将长沙、桂阳、江夏三郡划给了东吴。孙权履行约定，派兵前往合肥攻打曹军。曹操见后方有难，于是留下一些将士驻守汉中，自己率兵返回，蜀地之危化解。刘备见曹操大军已经离去，遂派兵攻打经常侵扰巴蜀边境的汉中曹军。建安二十四年（219年），刘备攻下汉中，然后在汉中称王。同年，孙权奇袭荆州，关羽遇害。

221年，刘备部将见曹丕已经称帝，于是将刘备推上了帝位。刘备即位后，是为蜀昭烈帝。他设国号为"蜀"，建元章武，以成都为国都。

刘备即皇帝位后便率军东征，讨伐孙权，结果被孙权打败。章武三年（223年），刘备病死于白帝城。

蜀汉后主刘禅——"乐不思蜀"的二世帝王

■ 子承父业　无所作为

东汉献帝建安十年（205年），甘夫人生下了刘禅。当时，刘备还没有成势，被曹操逼得到处奔逃。于是，幼小的刘禅开始跟着父亲过起了辗转流离的生活。建安十二年（207年），曹操平定乌桓后率领大军南下，驻守樊城的刘备边战边退。混乱中，甘夫人与刘备失散，遂抱着刘禅逃往暂无战事的汉中。

甘夫人和刘禅在汉中无依无靠，衣食都成为问题。为了能够维持生存，甘夫人找人收养了刘禅。随着刘禅的长大，甘夫人离开了人世。刘备做了汉中王后，刘禅带着甘夫人的遗物与其相见，终于找到了依靠。刘备称帝后，刘禅被立为皇太子。

在与东吴作战的过程中，刘备大败后逃至白帝城（今重庆市奉节县东）。不久，他因病卧床。随后，便有了白帝城托孤的故事。蜀汉章武三年（223年）四月，刘禅登临帝位，是为蜀汉后主。

刘备死后，曹丕认为新主即位，蜀汉政局不稳，于是在建兴元年（223年）八月举兵伐蜀。丞相诸葛亮临危不乱，灵活应对各路来犯之兵，使得魏军无功而返。此后的几年里，魏、蜀、吴三国之间没有发生大规模的战事，诸葛亮乘机大力发展蜀汉的农业。在这一时期，诸葛亮安定了蜀汉西方和南方。经过数年的休养生息后，诸葛亮于建兴五年（227年）上书北伐。此后，诸葛亮先后六次出祁山讨伐魏国，结果"出师未捷身先死"，在最后一次北伐时病逝。

诸葛亮死后，刘禅正式掌管朝政。诸葛亮在最后一次北伐时曾给刘禅上表，说"臣若不幸，后事宜以付琬"，刘禅听从了他的嘱咐，遂为其加官晋爵。当时，参军主要负责军事，长史主要负责政务。经过诸葛亮的提拔，蒋琬先担任参军一职，后又担任长史兼抚军将军。此时的蒋琬虽然没有丞相之名，但已经有了丞相之实。诸葛亮死后，蒋琬正式辅政。

蒋琬辅政后没有继续北伐，而是退兵驻守。魏军本想乘机伐蜀，结果被蜀汉大将军费祎击退。延熙九年（246年），蒋琬退居二线，费祎接任丞相之职。费祎辅政时继续采取蒋琬转攻为守的策略，在派兵固守汉中的同时，团结军民发展国内经济，取得了一定的成效。不幸的是，费祎在延熙十六年（253年）被魏国派出的刺客刺杀，辅政不满八年。费祎死后，卫将军姜维辅政。姜维文武双全，辅政后大举进攻魏国。虽然他有杰出的军事才能，但没有魏国那样的雄厚国力作为支撑，最终使蜀汉国力消耗殆尽。

不过，蜀汉的灭亡不是姜维一个人的过错。从另一个方面来讲，如果没有姜维，蜀汉或许会更快走向衰亡。早在姜维执政前，魏国已经名存实亡。自魏齐王曹芳即位后，魏国很快成为了司马氏的天下。景耀五年（262年），魏司隶校尉钟会被司马昭封为镇西将军后奉命都督关中，此举引起了姜维的注意。姜维立即上表，建议刘禅派遣张翼、廖化二人分别驻守阳安关和阴平桥（今甘肃文县东南），以便抵御魏军。当时，姜维屡屡出兵征战，朝中宦官专权。在宦官的影响下，刘禅将军事视为儿戏，竟用问卜算卦来确定魏军是否来攻。刘禅通过迷信得知魏国不会发兵后，对姜维的建议置之不理，在宫中继续享受醉生梦死的生活。殊不知，一场灭顶之灾已悄然降临。

炎兴元年（263年），钟会引兵近二十万、兵分三路讨伐蜀汉。除钟会一路外，另两路首领为征西将军邓艾和雍州刺史诸葛绪。驻守沓中的姜维见汉中已被攻破、钟会欲取蜀都成都，立即出兵阻截，廖化、张翼从成都引兵来援。后来，双方在剑阁（今四川剑阁县西）相持。姜维、廖化、张翼先赶到剑阁，于是凭险据守。钟会虽有十余万大军，但始终难以有所进展。

这时候，邓艾与钟会产生了分歧。姜维退至剑阁前，邓艾曾与诸葛绪谋划击江油（今四川江油东）、入成都。不料，诸葛绪不听其议，率军与钟会会合。钟会乘机诬陷诸葛绪，夺去了他的兵权。邓艾无奈，只好也去会合。剑阁久攻不下，钟会下令休整后再战。邓艾则认为不能给蜀军喘息的机会，建议取道直逼成都。分歧产生后，邓艾不听钟会号令，引兵绕过剑阁，从险山恶岭中开辟了一条通往江油的小道。驻守江油的蜀军毫无防备，只得举手投降。随后，邓艾又攻破了绵阳，一步步向成都靠近。

刘禅见魏军逼近成都，立即聚众商议。经过一番商讨后，刘禅决定降魏。刘禅投降，标志着蜀汉的灭亡。邓艾率军入成都后，尽量安抚降众。在未得到司马昭许可之前，他先将刘禅封为行骠骑将军，后又上书请封其为扶风王。在这期间，坚守剑阁的姜维接到了后主的投降诏令。姜维顿生一计，先是伪降，接着劝钟会立地称王，不料正合其心意。钟会见邓艾已入成都，立即上告其有谋反之心。司马昭本来就对邓艾先斩后奏的行为不满，再加上钟会的控告，顺势令钟会将其押解回京。押解途中，邓艾先是被其部将劫走，后被钟会军杀死。

邓艾死后，钟会和姜维本想秘密进军洛阳，不料被老谋深算的司马昭识破，遂公开反叛。姜维乘机建议钟会杀掉入蜀的魏将，以免他们惑乱军心。钟会本欲行事，却招致入蜀魏军的不满，结果被杀。姜维本想利用钟会除掉入蜀魏将，然后再亲手除掉钟会，再兴蜀国，不料也死于乱军之中。

司马昭将刘禅接入洛阳后，封其为安乐公。在洛阳生活期间，刘禅只是一味地忍耐。当司马昭问及他是否思念蜀土时，他不敢如实回答，以"此间乐，不思蜀"为掩护，保住了性命。然而，刘禅既没有韬光养晦的本领，也没有卧薪尝胆的机会，只是为活着而活着。

西晋武帝泰始七年（271年），刘禅死于异国他乡。

吴大帝孙权——早年英明晚年浊

■ 中年称帝 老年昏聩

汉灵帝光和五年（182年），孙权出生于吴郡富春（今浙江富阳）。其父孙坚和其兄孙策都是沙场勇将，能征善战，在当时颇有名气。由于父亲孙坚死得早，孙权在孙策的呵护下长大。

生活在这样的家庭环境中，孙权早早练就了魁梧的身材和非凡的武艺。不仅如此，孙权从小就读书习文，有较深的文化修养。建安元年（196年），15岁的孙权因才华出众被选为阳羡县长，后来又被举为孝廉和秀才。

建安五年（200年），孙策遇刺，生命垂危。临死前，他将自己辛苦打下来的江东各郡交给了孙权，并耐心嘱咐道："若举江东之众，决机于两阵之间，与天下争衡，卿不如我；举贤任能，使各尽力以保江东，我不如卿。卿宜念父兄创业之艰难，善自图之！"孙权不负长兄所托，对长兄留给他的部将量才而用，而且处处显得谦虚有礼，深受部将的拥戴。随后，孙权在张昭、周瑜、鲁肃、太史慈、程普等文臣武将的辅助下，进一步扩大了地盘。

自建安八年（203年）始，至建安十三年（208年）春，孙权没有大的扩张，值得一述的是打败了江夏太守黄祖，占领了夏口。不久，曹操大军南下，孙权的众多谋士惧怕曹军，建议孙权投降，唯有鲁肃提议和刘备同抗曹操。面对危机，孙权力排众议，果断采纳了鲁肃的建议。赤壁一战，孙刘联军采用火攻大败曹军，曹军损失惨重，士气大落。此次战役后，孙权实力大增。后来，周瑜攻占了南郡，被孙权任命为南郡太守。

建安十六年（211年），孙权将治所迁至秣陵（今南京市江宁县），并于次年将秣陵改名为建业。建安十八年（213年），曹操卷土重来，攻打江东。孙权早已做好准备，在建好的濡须坞抵御曹军，曹操无功而返。建安十九年（214年）夏，孙权发兵攻打合肥以南的皖城，并将其攻克。同年，孙权向已经占领蜀地的刘备讨要荆州，刘备许诺平定凉州后再归还。孙权知道刘备故意拖延，遂调兵攻打长沙、桂阳、零陵三郡。刘备率军东进，不久就收到曹操占领汉中的消息，遂与孙权讲和。孙权见刘备答应将荆州东边的桂阳、江夏、长沙三个郡划给他，遂同意与刘备再次结盟，袭击合肥。不过，孙权在合肥之战中并没有讨到便宜，在与曹将张辽对阵的过程中险些丧命。

建安二十一年（216年）冬，曹操再次南下，与孙权在濡须坞对阵。孙权见曹操势大，为保实力暂时向曹操妥协，得到了曹操的同意。

建安二十四年（219年），刘备在汉中称王，并令镇守荆州的关羽攻打樊城。关羽奉命行事，很快打败了驻守樊城的曹军守将曹仁。曹仁退守襄阳后，又遭关羽围困。孙权一直想夺回荆州，见时机已到，于是派人攻打关羽后方。在吕蒙和陆逊的指挥下，公安、南郡、江陵、宜都、秭归、枝江、荆州等地先后被吴军占领。关羽听说荆州失陷后，立即引兵返回，不料中了吴军埋伏，遂败退麦城。不久，关羽部将溃散，关羽被吴军擒获。孙权捉住关羽后，立即将其杀掉。

建安二十五年（220年）春，曹操死。冬，曹丕篡汉称帝，建立魏国。次年，刘备在蜀地称帝。孙权见曹丕、刘备都已称帝后并未急于效仿，而是安顿地盘，并派人去祝贺曹丕，并表示臣服。魏文帝曹丕封他为吴王，赏赐给他众多物品。

222年春，刘备兴兵伐吴，孙权派陆逊迎击蜀军。陆逊不负所托，大败蜀军，刘备落荒而逃。先前，曹丕为了控制孙权，曾令孙权送长子孙登入魏接受封号。孙权知道曹丕想拿自己的儿子做人质，遂婉言拒绝了曹丕。曹丕见孙权推辞，认为孙权并不是真心向魏称臣，遂于这年秋天发兵攻吴。当时，孙权考虑到吴地周围的少数民族还未归附于他，为避免这些少数民族乘虚而入，再次向曹丕妥协。曹丕以遣孙登入魏为条件，遭到孙权的拒绝后，开始攻打孙权。孙权见曹丕不退兵，遂正式与魏对立。随后，孙权派人与退守白帝城的刘备讲和，征得了刘备的同意。

黄武二年（223年），魏军被孙权部将朱桓打败后撤退。同年，吴军攻取了蕲春，活捉了投靠曹操的晋宗。

229年，孙权正式称帝，改元黄龙，建都武昌，后又迁都建业。然而，孙权在称帝前后的举动判若两人。

称帝前，他是"聪明、仁智、雄略之主"。正如赵咨所说，"纳鲁肃于凡品"是"聪"的表现；"拔吕蒙于行阵"是"明"的表现；"获于禁而不害"是"仁"的表现；"取荆州兵不血刃"是"智"的表现；"据三州虎视于天下"是"雄"的表现；"屈身于陛下（指魏文帝曹丕）"是"略"的表现。不仅如此，孙权还"浮江万艘，带甲百万"，"志存经略，博览书传"，兼备文韬武略。

称帝后，孙权不再唯才是举、体恤将士，反而处处提防文臣武将，担心他们谋反。不仅如此，他还专门设置了一个监督机构来监视朝臣的举动。在对待平民上，孙权称帝后不仅没有减轻赋税徭役，反而加重了民众的负担，以至于国内不断出现起义事件。在立嗣上，孙权竟然独断专行，同时犯下了废长立幼、废嫡立庶的错误，引起了皇储之争。

神凤元年（252年），孙权病死。

 # 吴末帝孙皓——残暴之徒，亡国之君

■ 残暴昏庸　败家亡国

吴大帝赤乌五年（242年），孙皓出生。其父孙和曾被孙权立为皇太子，后又被孙权所废。孙皓并不是皇子，之所以能即皇帝位，得力于朝中大臣的支持。

景帝死时，他的几个儿子年龄尚幼，而他的侄子孙皓此时已有23岁。朝中大臣以蜀汉灭亡为鉴，主张立长者为帝。在这种情况下，孙皓几乎没有经过任何竞争就成为了皇位继承人。

即位之初，孙皓开仓廪、救贫民，释宫女、促婚配、驱禽兽、禁声乐，处处显得勤政爱民，并以此博得了"明主"的美誉。然而，孙皓并没有经受住时间的考验，很快暴露了残暴、奢靡的无道本性。

按照传统，孙皓即位之后本该与家人断绝关系，尊景帝皇后为太后，但他却倒行逆施，追谥已死的父亲，为活着的生母上太后尊号，而只给景帝皇后朱氏一个景皇后的贬称，后又将其逼死。朱氏死后，孙皓草草为其治丧，其仪式与平民无异。景帝的几个儿子同样受到迫害，或被暗杀，或被驱出朝廷。

为了满足自己的淫欲，孙皓在国内大选宫女，尽藏于后宫之中。入宫的美女都持有皇后印绶，以至于后宫中没有了尊卑之分。如此一来，后宫美女多以皇后身份自居，处处摆出皇后的架势，极尽浪费奢侈之能事。特别是受到孙皓宠爱的美女，更加肆无忌惮。她们目无法纪，教唆奴才肆意妄为，强抢民财。孙皓对此毫不在意，为了博美人一笑，反而将严格执法的司市中郎将陈声处以极刑。此后，为非作歹者只要打着后宫美女的旗号，便能够抢个尽兴。

丞相濮阳兴和左将军张布见孙皓如此昏庸无道，后悔当初有眼无珠，在没有看清孙皓真面目的情况下推举他为吴主，有愧于先主和天下苍生。不料隔墙有耳，孙皓从他人口中得知这两位重臣的怨言后，丝毫不念及昔日恩情，将他们诛杀。为了能够彻底铲除对自己不满的人，孙皓经常宴请群臣，待群臣醉酒后令其相互揭发，然后不辨是非立即杀掉被揭发者。同时，为了保证群臣都能醉酒，他特意在酒桌旁设置黄门郎监督群臣进酒，并规定了饮酒数量。另外，席中醉酒失礼者也要遭到处罚。比如，常侍王蕃醉卧大殿，孙皓不待他醒来便了结了他的性命。孙皓天天摆"鸿门宴"，弄得群臣不得不经常与妻儿做生死之别。如果不善饮酒者得罪了孙皓，孙皓便会"名正言顺"地借宴请之机杀掉他。

孙皓不仅会杀害对他不满或威胁到他皇位的人，而且变得嗜杀如命。伺候孙皓的人对"伴君如伴虎"这句话可谓感触良深，因为血淋淋的场面令他们触目惊心，而后心有余悸。一旦有人惹得孙皓不高兴，就会受到残酷的惩罚，或被漂尸，或被剥皮，或被挖眼。

孙皓残暴无能，导致了朝纲腐败、生灵涂炭，却对不切实际的"天命"俯首帖耳。听到"黄旗紫盖见于东南，终有天下者，荆、扬之君乎"后，孙皓便认为自己将会成为一统天下的霸主。听到"吴天子当北上"后，他要顺从天命，遂丝毫不顾忌强晋，举兵向晋国国都洛阳进发，后因众士卒抱怨才作罢。

面对灾民，孙皓不再开仓救济，反而找借口将为民请命的清官诛杀。在无视贫民疾苦的同时，孙皓大肆建造楼阁宫苑，搜集珍禽异兽，使平民士卒饱受劳役之苦。

孙皓的残暴导致了众叛亲离，加速了吴国灭亡的步伐。天纪四年（280年），西晋举兵南下，攻打吴国。晋军逼近石头城时，恶贯满盈的孙皓只得投降，经历了59个年头的吴国宣告灭亡。

西晋武帝太康五年（284年），被西晋封为归命侯的孙皓病死于异国他乡。

 晋武帝司马炎——西晋的开国之君

■ 坐享其成　篡位称帝

魏明帝青龙三年（235年），司马昭长子司马炎出生。司马炎是西晋的第一位皇帝，但开国的功劳与他没有关系。西晋之所以会出现，还在于司马炎祖辈们的努力。

魏文帝曹丕在做魏王世子时，司马炎的祖父司马懿和吴质、朱铄、陈群并称为"世子四友"。虽然其父曹操曾以司马懿"非安分守己久为人臣者，终会干预汝事"来告诫他，但他非但没有疏远司马懿，反而还重用此人。临终前安排辅政大臣时，他又将身为抚军大将军的司马懿列入其中。

魏明帝曹叡即位后，司马懿在与蜀相诸葛亮交战的过程中立下了赫赫战功，增加了他在魏国的权势。魏明帝在位13年后死去，9岁的魏齐王曹芳即位。

曹芳即位后，司马懿与曹爽共同辅政。此时，司马懿身兼侍中、持节等职，并且领尚书事，还握有兵权。曹爽亦非等闲之辈，欲独理朝政。他见曹芳年幼，于是在曹芳面前夸耀司马懿的功德，恳请提拔司马懿为太傅。曹芳根本不知道曹爽想用明升暗降的方法夺走司马懿手中的兵权，爽快地同意了他的请求。

曹爽掌握了兵权后，使其诸兄弟担任中领军、武卫将军、散骑常侍等职，控制了朝廷；又封幕僚何晏、邓飏、丁谧为尚书，为其出谋划策。司马懿见此情形，心中已有定数，于是称病在家休养。

不久，曹芳病重。曹爽本想乘机篡位，但还是担心司马懿，于是想摸摸司马懿的底细。当时正赶上曹芳调任他的幕僚河南尹李胜为荆州刺史，于是令李胜假托辞别借口去试探司马懿。

李胜刚赶到太傅府，门吏立刻上报了司马懿。司马懿佯装病重，抱着被子坐在床上，二个婢女在左右扶着他。侍婢把药汤端上来，他直接把嘴伸了过去，结果喝得满襟都是。李胜来到床前行礼后说道："这段日子没有见到太傅，没想到太傅竟病得如此严重。如今天子命我为荆州刺史。"司马懿假装听不清楚："并州接近北方，匈奴较为凶猛，一定要好好防备才是。"李胜见司马懿听错了，重复说道："天子让我担任荆州刺史，不是并州刺史。"司马懿笑着说："你刚从并州来？"李胜说道："我不是从并州来，我要到荆州上任。" 李胜辞别司马懿后径直去见曹爽，将所见所闻详细告诉了他。曹爽听后非常高兴，不再以司马懿为患。

数月后，曹芳去高平陵祭祀先帝，曹爽的兄弟带着御林军护驾，朝中的大小官吏及曹爽的心腹一并随行。司马懿见时机已到，立即控制了朝廷，然后率兵讨伐曹爽。不久，曹爽的兄弟党羽皆被捕杀。

曹爽被除掉后，司马懿在朝中可以只手遮天。魏嘉平三年（251年），司马懿死。司马懿死后，其子司马师、司马昭和司马昭之子司马炎先后掌权。曹芳在嘉平六年（254年）被司马师废掉，14岁的魏高贵乡公曹髦即位。甘露五年（260年），掌权的司马昭杀死曹髦，15岁的魏元帝曹奂即位。咸熙二年（265年），司马炎废曹奂为陈留王，建立了西晋王朝。

■ 安抚民心　功灭东吴

晋武帝不仅有学识，而且颇有政治头脑。称帝后，他并没有安于享乐，而是看到了东吴对西晋的威胁。为了能够灭掉东吴、一统天下，他决定由内而外，待安抚好内部后再举兵伐吴。

晋武帝一改祖辈们奉行的杀戮手段，用仁义来安抚人心，包括亡国的皇室成员。安乐公刘禅死后，晋武帝对其子弟尽量照顾；陈留王曹奂虽不再为帝，但可以享受皇帝仪仗，上书时不用向晋武帝称臣。

要想安抚民众，最重要的是使民众摆脱苛政，可以安居乐业。晋武帝深知这一点，通过鼓励耕种、安抚孤寡、裁减冗员、抑制商业、躬行节俭等措施逐渐获得了原蜀汉、曹魏两国人民的支持和拥戴。

在东晋壮大的同时，昏庸的吴主孙皓把国家治理得狼藉不堪。不过，孙皓虽然无能，但也有吞并东晋的野心。泰始六年（270年），孙皓令镇东将军陆抗部屯兵于江口，以图襄阳。晋主司马炎闻讯后，立即与众官商议。贾充建议派都督羊祜率兵拒之，待吴国有变时乘势攻取。司马炎采纳了他的建议，立即宣谕羊祜，羊祜奉诏行事。

镇守襄阳期间，羊祜征求东吴降卒的意见，去留由他们决定；削减戍守士卒，垦田种地。在他几年的治理下，军中粮食充足，足够十年之用。为了能够大获全胜，羊祜采用了攻心术。一次，部将禀告他说："吴兵懈怠无备，我军可乘机偷袭，必能大胜。"羊祜笑道："你们不要小看了陆抗，他足智多谋，前几日奉吴主命攻打西陵时，斩了步阐及其将士数十人，我没能及时援救。陆抗为将，我们只能自守，等待机会。如果不审时度势、贸然轻进，就会自取败亡。"

羊祜与陆抗虽各为其主，但却能融洽相处。陆抗有酒时，会派人送些给羊祜；陆抗生病时，羊祜会派人送去良药。不久，吴主遣使令陆抗立即进兵。陆抗打发走来使后上奏吴主，劝其修德慎罚，安抚国内，不要穷兵黩武。吴主孙皓认为陆抗与敌勾结，遂罢其兵权，降其为司马，令左将军孙冀代领江口军事。

羊祜得知陆抗被罢兵权，于是上表请求伐吴。在贾充等人的劝阻下，晋武帝没有准奏，羊祜深感可惜。咸宁四年（278年），羊祜以养病为由，入朝奏请辞官。晋武帝向其询问安邦之策，羊祜答道："孙皓久施暴虐，如今可以不战而克。一旦他不幸而殁、更立贤君，吴国将难以图取。"不久，羊祜病逝。

羊祜死后，晋武帝依其言拜杜预为镇南大将军，举兵伐吴。结果，晋军一路摧枯拉朽，很快攻破东吴都城建业。至此，吴国灭亡，东晋独存。

■ 不思进取　荒诞不经

晋武帝统一天下后，开始集中精力整顿国内。为了加快农业发展，晋武帝废除屯田制，在全国颁布占田制。占田制的推行更加刺激了民众的劳动积极性，各地民众争先恐后地上报户名。随着民众的安居乐业，社会治安也逐渐好转。

然而，晋武帝并没有将治国安邦作为毕生志向，在国家实力强盛之时开始安享其成。他不仅生活奢侈，而且淫欲有增无减。吴主孙皓投降后，其后宫数千宫女皆被晋武帝安置在洛阳。面对万余美女，晋武帝起初竟不知如何应付，一番冥思苦想后终于有了主意。他令人制作了一辆"羊车"，然后坐在车中任羊随意游走。一旦羊在哪个宫女的门前停步不前，他就于当晚临幸此宫女。

为了得到更多用以享乐的钱物，晋武帝竟开始卖官"挣钱"，加速了朝野上下的腐败。当有人直谏、将他的行为与昏庸的东汉桓帝相比时，他对卖官行为闭口不提，而向大臣夸耀自己的容人度量！

除了自己贪图享受外，晋武帝还荒谬地认为奢侈象征着一个国家的繁荣富强，进而在国内倡导奢侈。在他的示范下，各地官员将横征暴敛得到的财富拿出来大肆挥霍，极尽攀比之能事。当时，渤海南皮（今河北南皮）人石崇和晋武帝女婿王恺互不服输，展开了高潮迭起的斗富竞赛。石崇用缎带和翠玉装饰屋子，王恺用紫丝布制出长达四十里的帷帐；当石崇拿出五十里长的紫丝帷帐后，晋武帝竟"路见不平，拔刀相助"，赏赐王恺一棵高二尺的珊瑚树！当王恺以此向石崇炫耀时，石崇毫不惊讶，并将其砸碎，随后拿出了数十棵高约三四尺的珊瑚树。在石崇的家中，厕所华丽宽阔，上方有绫罗绸缎缠绕，被装饰得如同闺房，令去他家做客的大臣汗颜。

太熙元年（290年）四月，56岁的晋武帝病逝。

晋惠帝司马衷——白痴也可为帝，只因生在帝王家

■ 白痴即位　国焉不亡

魏高贵乡公甘露三年（258年），司马炎长子司马衷出生。司马衷原本是司马炎的第二个儿子，由于其兄早逝，才使他成为了长子。在他8岁的时候，司马炎废了魏主曹奂，建立了东晋。从此，司马衷成为了皇族后裔，而且被立为皇储。尽管他身份尊贵，但这并不能补救他的痴呆

症。

一次，司马衷在御花园中玩耍，突然听到青蛙的叫声。青蛙叫本是自然现象，而司马衷非要弄清青蛙是为官家还是为私家而叫。左右侍从说青蛙呆在谁的地里就为谁而叫，司马衷很满意他们的回答，于是赏赐了他们。

又一次，晋武帝司马炎与朝臣商议赈灾之事。当谈到某地闹饥荒时，站在一旁的司马衷竟笑了起来，然后故作聪明地说道："没想到天底下竟有这么傻的百姓。庄稼淹死后的确没有馒头吃，但可以用肉来充饥嘛！"此言一出，四座皆惊。

武帝也曾考虑过重立皇储之事，但却遭到了司马衷生母杨皇后的反对。为了让自己的儿子继承皇位，杨皇后屡次以"立嫡以长不以贤"来劝导武帝，武帝只好作罢。为了让司马衷能够变得聪明一些，武帝想尽了办法。然而朽木不可雕，司马衷仍然一无是处。

司马衷成年后，武帝为其选妃，并派才人授其男女之事。才人虽然怀孕了，但司马衷却毫无长进。见到才人生下的小孩后，他竟不知道小孩来自何处！

290年，武帝死，32岁的司马衷即位，是为晋惠帝。惠帝即位后，册封太子妃贾氏为皇后。惠帝的无能成为了国内权势之争的导火索，而点燃这根导火索的人便是贾皇后。

贾皇后与惠帝相处多年，早已取得了惠帝的信任。惠帝刚即位，她就开始结党营私，诛杀异己。除了诛杀朝中重臣外，她还向太子举起了屠刀。赵王司马伦见贾皇后如此嚣张歹毒，遂用假诏对其先废后诛，随后自封为相国，"八王之乱"由此开始。

永康元年（300年）八月，淮南王司马允被司马伦所杀。永康二年（301年）初，司马伦废惠帝后自立，齐王司马冏、河间王司马颙、常山王司马乂、成都王司马颖合力讨伐他。司马伦兵败后，淮陵王司马漼也参与其中，痛打司马伦这个"落水狗"。不久，惠帝再次登上了皇位。然而，"八王之乱"并没有到此结束。在以后的日子里，惠帝既经历了傀儡皇帝的无奈，又经历了被挟持后的艰苦奔波，甚至还经历了战场的残酷。

永兴二年（305年），"八王之乱"终于平息。这场长达七年的内乱造成了百姓流离失所、士兵死伤无数、国力耗费巨大、国土分崩离析的局面，给西晋王朝带来了难以估量的损失和沉重的打击，并最终导致了西晋王朝的灭亡。

光熙元年（306年），惠帝死，死因不详。

 晋元帝司马睿——建立东晋，无为短命

■ 乱中保身 偏安一隅

西晋武帝咸宁二年（276年），琅琊王司马觐之子司马睿出生于洛阳。15岁时，司马睿承袭父亲的爵位。由于其祖父及父亲都没有建立什么功业，他的家族在皇室中的地位并不显赫。

"八王之乱"爆发后，东海王司马越开始培植势力。由于琅琊与东海毗邻，司马越遂与司

马睿交好。此后，司马睿跟随司马越南征北战，深受司马越赏识。司马睿终非池中之物，不愿长期居人篱下，于是开始培植党羽。在此期间，司马睿结识了司马越的参军王导，并与其交好。

司马越首战不利，被成都王司马颖击败。经过休整后，司马越再次发兵。他这次没有令司马睿随军出征，而是封他为平东将军，令其负责徐州各地军事。司马睿欣然领命，并乘机将王导纳入麾下。后来，"八王之乱"以司马越的胜利而告终。司马越恢复了惠帝的帝位后，开始执掌朝政。

尽管西晋政权暂且稳固，但内部激化的矛盾和外部边境少数民族的侵扰必将使其倾覆。王导认为司马睿是可造之材，遂劝他远离战乱，到江南发展势力。司马睿正有此意，于是征求司马越的意见。司马越见时局动乱，也想给自己留条退路，遂任命司马睿为安东将军，督扬州、江南诸军事，镇守建业。

司马睿上任之初，当地的世家豪族没有把他放在眼里，都不去拜见他。司马睿虽然非常恼火，但却束手无策。不过，王导自有妙计。时值三月，王导利用当地"三月初三禊水节"的习俗导演了一幕闹剧。当天，司马睿坐在华丽的轿子中，前有长长的士兵队伍开路，后有王导、扬州刺史王敦以及一些名门世家子弟紧紧相随。江南的名门望族都为眼前声势浩大的势头震惊，认为司马睿来头不小，遂纷纷拥戴司马睿。就这样，司马睿终于在江南站稳了脚跟。

西晋愍帝建兴五年（317年），匈奴攻破洛阳城，俘虏了愍帝司马邺，消灭了西晋王朝。同年三月，42岁的司马睿即晋王位，建立东晋，建元建武，定都建康，史称晋元帝。

元帝念及王导的恩情，在登基大典上拉着王导的手，要与他同享百官朝贺。王导再三推辞，元帝才不再坚持。元帝即位后，王导被任命为宰辅，掌握中央行政大权。他的从兄王敦手握军权，镇守荆州。如此一来，在东晋王朝中，王家有军权，司马家有显赫的地位，从而形成了司马氏和王氏家族共同执掌天下的局面。

元帝认为，东晋之所以建立，得力于门阀势力的支持，于是对江南的名门望族十分纵容。正因为如此，门阀制度在东晋时期几乎达到了历史的鼎盛期。在这一时期，贵族官僚可以按官品的高低来庇荫佃客。这些佃客可以不用隶属政府户籍，只登记他们的家籍。除此之外，东晋时期继续推行"九品中正制"，并进一步确立"举贤不出世族，用法不及权贵"的政治标准，以至于名门望族子弟可以直接做大官。这些制度的推行助长了名门望族的嚣张气焰，严重影响了东晋的社会稳定。

正所谓"上梁不正下梁歪"，元帝的做法导致了吏治的腐败和混乱。王导在扬州任刺史时，曾派人到各郡县去考察。当被派出的人向他汇报郡太守的失职时，在场官员纷纷建议王导罢免失职郡守之职。王导沉思不语，然后征求顾和的意见。顾和说："推舟的大鱼都能够漏网，您身为国家的首辅，何必计较地方小官的好坏功过呢？"王导听后，竟连连称赞顾和，夸他通晓为官之术。官员们这时才知道，王导的考察只是一种形式而已。

糊涂求安的元帝深知王导的处世哲学，非但没有表示出任何的不满，相反却赞赏他。但当他看到王氏的权势越来越大时，心中不免失去原有的偏安想法，于是开始启用心腹排挤王氏家族。王导非常愤怒，马上整兵攻入建康，杀了元帝的心腹刁协等人。元帝见此情况，气得病倒在床，此后一病而亡，时年47岁。

晋孝武帝司马曜——酒囊之君，死于妇人之手

■ 忠臣满堂　占尽人和

升平五年（361年），会稽王司马昱之子司马曜出生。太和六年（371年）冬，权臣桓温废东晋国主司马奕为海西公，迎立司马昱。司马昱即位后，司马曜被立为皇太子，其胞弟司马道子被封为琅琊王，以会稽国为封地。

咸安二年（372年），身为傀儡皇帝的简文帝司马昱在临死前留下"大司马温依周公居摄故事"的遗诏。简文帝之所以要如此做，是因为他担心野心勃勃的大司马桓温会图谋篡位。为了能够彻底打消桓温的野心，他在遗诏中还写道："少子可辅者辅之，如不可，君自取之。"负责处理后事的侍中王坦之读完遗诏后甚为不满，带着遗诏去见简文帝，然后当着简文帝的面将遗诏撕毁，并力谏简文帝不要将司马氏辛苦创建的国家拱手相让给桓温。后来，王坦之征求了简文帝的意见后，将遗诏改为："家国事一禀大司马，如诸葛武侯、王丞相故事。"

简文帝死后，群臣碍于桓温的权势，或不敢立嗣，或提出由桓温处理此事。尚书仆射王彪之声色俱厉地说道："天子崩，太子代立，本是合情合理之事，大司马怎么会有异议呢？如果先去咨询大司马，反而会受到指责。"群臣无话可说，遂迎立司马曜。

早在司马曜即位之前，简文帝曾数次下令驻扎外地的桓温入朝辅政，桓温屡次推辞。桓温这样做的目的是希望简文帝在临终前禅位于他，或者让他做个能居摄的假皇帝。见司马曜"捷足先登"后，桓温顿时大怒，仍然不接受辅政诏令。

宁康元年（373年）二月，桓温入朝，吏部尚书谢安、侍中王坦之前去迎接。有人说，桓温此次入朝是为了诛杀迎立孝武帝司马曜的谢安、王坦之等人，然后篡位夺权。王坦之听到这样的议论后非常害怕，但谢安却泰然若定，神色不变。桓温入朝时带了很多侍卫，令朝中一些素有威望的官员"战慄失色"，王坦之更是"流汗沾衣，倒执手版"。谢安从容就座，与桓温巧妙周旋，使得桓温找不到借口动兵。不久，桓温因病返回姑孰。同年七月，桓温病死。

桓温的死使孝武帝彻底摆脱了傀儡皇帝的命运，使他不用像穆帝、哀帝和父亲司马昱那样过着有名无实的皇帝生活。

桓温死时，谢安、王坦之等朝中辅臣担心仍握有兵权的桓氏家族起兵反叛，遂为其加官晋爵。右将军兼荆州刺史桓豁被加封为征西将军，督管荆、扬、雍、交、广五州军事；江州刺史桓冲被封为中军将军，都督扬、豫、江三州军事，并兼任扬、豫二州刺史，镇守姑孰；竟陵太守桓石秀被封为宁远将军，兼任江州刺史，镇守浔阳。不仅如此，桓冲还接任其兄桓温之职。

虽然桓冲对东晋忠贞不二，但谢安对其并不放心，不愿意委任他为辅政大臣。于是，他不顾朝中大臣反对，请出崇德太后临朝摄政。崇德太后摄政后，任命王彪之为尚书令，谢安为仆射、兼领吏部。

除了王彪之和谢安外，侍中王坦之对东晋也是忠心耿耿，不久被封为中书令。两年后，王

坦之去世。他在死前仍不忘国事，写信给谢安和桓冲，希望他们能够处处以国家为重。桓冲认为谢安在朝中素孚众望，于是自请外出，将扬州让给谢安。尽管桓氏族党"扼腕苦谏"，但桓冲毫不动摇。随后，桓冲奉命都督徐、豫、兖、青、扬五州军事，兼任徐州刺史，镇守京口，扬州刺史、侍中之职都落入谢安手中。

376年正月，16岁的孝武帝开始亲政，改元太元。孝武帝亲政后，封会稽内史郗愔为镇军大将军，都督浙江东五郡军事；封徐州刺史桓冲为车骑将军，都督豫、江二州的六郡军事，令其复镇姑孰；加任谢安为中书监，令其领尚书事。

当时，前秦国势强盛，给东晋造成了很大威胁。孝武帝在国内征召良臣武将镇守北方，谢安的侄子谢玄应诏。谢玄不负厚望，招募了很多骁勇之士。这些人屡立战功，被称为"北府兵"。

此时的东晋王朝，文臣武将济济一堂。尽管征西大将军兼荆州刺史桓豁、护军将军兼散骑常侍王彪之先后去世，但谢安、桓冲、桓嗣、王蕴、谢玄、谢琰、谢石、桓伊等皆是难得的人才。

太元八年（383年）七月，前秦国主苻坚大举进兵，以泰山压顶之势向东晋逼近。当时，除了苻坚率领的六十余万戎卒、二十七万骑兵外，凉州、蜀汉、幽冀两州的军队也蓄势待发。

孝武帝当即委任尚书仆射谢石为征虏将军兼征讨大都督，委任徐、兖二州刺史谢玄为前锋都督，令二人与辅国将军谢琰和西中郎将桓伊统率八万晋军迎击前秦军；令龙骧将军胡彬领五千水兵支援寿阳。

当时，前秦兵水陆并进、旌旗遍野，令东晋朝野上下惊恐不安。谢玄见人心动荡，于是向宰相谢安问计。谢安仍然表现得很平静，以"已别有旨"作答后不再言语。谢玄不敢多言，于是令张玄去问计。谢安见到张玄后，不待张玄提及战事就邀其出游。出游间，谢安与张玄下围棋。张玄的棋艺本优于谢安，当天却因心怀忧惧而败于他。谢安心情惬意，到天黑时才返朝。桓冲担心前秦兵攻入国都，于是派三千精兵去支援。谢安将桓冲派来的援军遣回，并告诉他们朝廷不缺兵甲。桓冲听说后长叹："谢安虽然能够治国，但并不懂如何用兵作战。如今大敌当前，他竟有心游玩，并派遣没有经验的少将去迎击前秦大军。再加上敌众我寡，东晋气数已尽！"

同年十月，寿阳（今安徽寿县）、郧城（今湖北安陆县）先后失陷。龙骧将军胡彬听说寿阳失陷后，立即退守硖石（今河南孟津县西）。谢石、谢玄等见前秦卫将军梁成屯兵五万于洛涧，不敢贸然进兵，在距离洛涧二十五里的地方驻军。在前秦阳平公苻融的围攻下，退守硖石的胡彬无法突围，眼看军粮殆尽，于是派人向谢石求援，不料被前秦兵拦截。阳平公苻融立即奏报苻坚，苻坚将大军驻扎于项城，亲率八千轻骑兵马不停蹄地赶往寿阳，欲歼灭被围晋军。同时，他还派东晋降臣尚书朱序去招降谢石、谢玄等人。朱序私下对谢石、谢玄等将领说："如果前秦百万大军汇合，晋军的确难以与之抗衡。你们应该乘前秦诸军还没有集合的时候果断出击。一旦击败敌军的先锋部队，就能够夺其士气，然后便可取胜。"十一月，谢玄令北府兵骁将刘牢之率五千精兵攻打洛涧，大败前秦卫将军梁成，并斩杀了梁成和弋阳太守王咏。前秦兵顿时崩溃，遂争渡淮水，淹死者多达一万五千人。谢石见初战告捷，于是令全军水陆并进。

符坚得知梁成兵败后，又见晋军排兵布阵严整有序，因担忧而将八公山上的草木全看成了晋兵。随后，符坚陈兵于淝水，晋军无法渡江。谢玄心生一计，派遣使者告诉阳平公符融说："你军孤军深入，并靠水而陈兵，这是打持久战的陈兵方式，与你军速战速决的本意不符。如果你们能够稍作移动，使得晋兵能够渡江，然后再一决胜负，不是更好吗？"前秦诸将都认为严守可以万无一失，但符坚却欲乘晋兵半渡而击，得到了阳平公符融的认可。不料，前秦兵听到后撤的号令后便无法止步，使得晋兵顺利渡江。阳平公符融指挥骑兵上前进攻，自己撤回后营，不料在后撤中因战马倒地而被晋军杀死。前秦兵见主将已亡，顿时溃逃，"自相蹈藉而死者，蔽野塞川"。逃生者一听到风声鹤唳就会认为晋兵追了上来，急忙赶路。由于昼夜不敢休息，再加上风餐露宿，冻死饿死者不计其数。

早在前秦兵撤退时，硃序在阵后高呼"秦兵败矣"，使得前秦兵后方大乱。东晋降将张天锡、徐元喜等人乘乱与硃序会合，然后将寿阳夺回。符坚被流矢射中，见唯有冠军将军兼京兆尹慕容垂部的三万军马没有溃散，遂单骑前去投奔。晋军以少胜多，取得全胜，这就是有名的"淝水之战"。

■ 听信谗言　难撑大局

淝水之战后，都督江、荆、梁、益、宁、交、广七州军事、领荆州刺史的桓冲病死。朝廷本想任命谢玄为荆、江二州刺史，但谢安既担心树大招风，又担心引起桓氏怨恨，遂固辞不受。经商议，孝武帝任梁郡太守桓石民、河东太守桓石虔、豫州刺史桓伊分别为荆州刺史、豫州刺史和江州刺史。

尽管如此，谢安仍然遭到了他人的排挤。他的女婿王国宝是王坦之的儿子，整日游手好闲，不务正业。谢安因此不提拔他，只让他担任尚书郎一职。王国宝见岳父谢安如此薄待自己，遂固辞不受，心生怨恨。他利用其从妹是会稽王司马道子的妃子这层关系勾结上了欲专权的司马道子。孝武帝喜好饮酒，司马道子乘与其饮酒之际大进谗言，诬陷谢安。渐渐地，孝武帝听信了谗言，开始疏远谢安。谢安察觉后，找借口离开了国都建康。

太元十年（385年），谢安病故。在以后两三年的时间里，谢石、谢玄先后而亡。随着谢氏的衰落，野心勃勃的司马道子受到了重用，并一步步掌握了朝政大权。此时的孝武帝已经不像以前那样亲临政事了，一心沉醉于酒色，将政事交由司马道子处理。

司马道子也是个酒徒，整日与孝武帝对饮。不仅如此，他还崇奢华，极其浪费。在君臣如此昏庸的情况下，吏治腐败不堪。尽管朝中忠臣多次劝谏，但孝武帝置若罔闻。不过，随着司马道子的权势不断膨胀，心中遂生不满。在司马道子的不断提拔下，王国宝晋升为侍中。后来，王国宝竟煽动朝臣奏请孝武帝为司马道子进位丞相、并领扬州牧，还要求为其假黄钺、加殊礼。孝武帝大怒，称疾不朝。

中书侍郎范宁虽为王国宝之舅，但对其阿谀奉承、助纣为虐甚为不满，恳请孝武帝将其废黜，不料被王国宝和司马道子反咬一口，被贬出朝廷。范宁被贬后，仍然关心国事，经常与中书侍郎徐邈通信。

司马道子恣意妄为，通过买卖官爵、收受贿赂等方式聚敛了大量财富。孝武帝虽然对其怨恨，但为了不惹太后生气，始终没有废黜他。为了能够控制住司马道子，孝武帝擢升了时望、王恭、郗恢、殷仲堪、王珣、王雅等人，令他们谨慎行事。司马道子也不甘示弱，继续培植自己的势力。每当双方有冲突时，太后总会从中调解。

太元二十一年（396年），孝武帝在一次醉酒后失言，以"汝以年亦当废矣，吾意更属少者"得罪了宠冠后宫的张贵人。张贵人一怒之下，乘其睡觉时令一个婢女用被子将其捂死。

 后赵高祖石勒——少年磨难，出身行伍

■ 不问出身 只重才能

西晋武帝泰始九年（273年），石勒出生于一个匈奴部落。由于其祖父和父亲都曾是部落里的将领，石勒在幼年时候过着比较宽裕的生活。

随着石勒的渐渐长大，他家的家境日趋衰落，生活变得日益艰难。为了维持生计，石勒在十四岁的时候就远离家乡去挣钱。后来，家乡发生饥荒，石勒经一番颠簸后来到阳曲。适逢山东兵源不足，负责此事的东瀛公司马腾无奈之下抓了一批胡人充军，石勒也在其中。在赶往山东的途中，石勒受尽官兵欺辱，硬撑着来到了冀州。到了冀州后，石勒兵没当成，反倒成为了一个地主的家奴。这位地主见石勒并非常人，索性赦免了他。

石勒形单影只，无依无靠，暂且做了田客。然而，他并不认命。在以后的生活中，他有意结识一些有志之士。晋惠帝即位后，朝纲腐败，社会矛盾日益尖锐，各地起义风起云涌。石勒见时机已到，立即拉起了一支十八人的队伍。

"八王之乱"爆发后，石勒先投靠公师藩，在其兵败阵亡后转而投奔在平阳占地称帝的前赵高祖刘渊。在投奔刘渊的途中，石勒先后说服了上党郡的割据势力和乐平（今山西昔阳县）的乌桓军，将两处的兵马带给了刘渊。刘渊喜出望外，立即封他为平晋王，并赐予辅汉将军的称号。不仅如此，他还将石勒带来的兵马全部编排在石勒部。

此后，石勒带着他的兵马南征北战，屡获战绩。在攻城略地的过程中，石勒的队伍得到了迅速膨胀。为了能够获得更大的战果，石勒特意成立了一个"君子营"，用以研究最为实用的作战方案，以众谋士的谋略来引导前线将士的行动，取得了显著的效果。

永嘉六年（312年）二月，石勒欲攻打建康。雨季的提前到来和瘟疫的大流行影响了战船的制造，并威胁到士兵的生命。面对这种情况，石勒暂时放弃了攻打建康的打算，转而北上取邺城。攻下邺城后，石勒乘势又攻克了襄国。随后，石勒以襄国为根据地，一边发展当地的经济，积极准备军用物资，一边厉兵秣马，整顿军队。

经过一段时期的休养生息后，石勒立即开始扩张领地。石勒军首战便攻克了数十里地外的苑乡（今河北任县东北），击溃了占据此地的游纶和张豺。幽州刺史王浚收到游纶的求救后，立即派兵攻打襄国。石勒见后方有难，立即引兵回城。敌军统帅段疾陆眷骁勇善战，先后打败石勒的数名将领。见此情景，石勒关闭城门，不再出兵，然后与谋士商量对策。右长史张宾献上了"突门巧战"计，石勒深表赞同。

接着，石勒军继续固守城池，显示出畏惧心态，以此来麻痹敌军。同时，石勒下令在北面城墙上打了数十个骑兵通道。每个骑兵通道都未被打通，与城外仅有半尺之隔，被称为"突门"。随后，石勒将大量骑兵精锐埋伏在突门后。

城外的段疾陆眷见石勒军坚守不出，于是引兵抵达城下。他没有立即下令攻城，而是招降城内士兵。然而，无论他们怎么喊叫，城内竟毫无动静。段疾陆眷的将士不知是计，索性解甲卸鞍，在原地休息起来。

石勒见敌军已经懈怠，立即下令打开城门全线进攻。骑兵纷纷从城门和突门中冲出城外，杀得敌军措手不及。尽管如此，石勒军仍然难以与段疾陆眷的军队抗衡。于是，石勒立即下令回城，然后关闭城门、堵住突门。敌军将领身先士卒，尾随石勒军入了城内，很快便做了俘虏。石勒见敌军没有了勇将，于是再次下令出击，结果大败段疾陆眷。

317年，西晋灭亡，东晋建立。东晋元帝大兴元年（318年），前赵国发生内乱。大司空靳准杀死了刚刚即位的少主刘粲。同年十月，新即位的赵主刘曜授予石勒大司空、大将军之职。石勒受职后尽忠职守，但却遭到了刘曜的猜疑。石勒见刘曜昏庸无能，遂于大兴二年（319年）自立为后赵王。

石勒称王后照顾孤寡、表彰孝子、鼓励耕作、论功行赏，大有君王之风范。在石勒的引导下，后赵渐渐国富民强，处处尽显祥和。

太宁三年（325年），石勒发兵攻打前赵，顺利攻克了石梁、并州等地。咸和三年（328年），石勒再次举兵攻伐前赵，结果在后赵境内的洛阳大败赵主刘曜，并占据了前赵国都长安。

后赵太和三年（330年），石勒在众臣拥戴下登临帝位，改元建平。后赵高祖石勒称帝后，还没有来得及住进在邺城新建的沣水宫便身患重病，于建平四年（333）病逝。

前秦宣昭帝世祖苻坚——少年英雄，壮年称帝，晚年独断

■ 弑兄即位　重用贤臣

前秦的建立要从一个名为洪的人说起。洪的祖先是扈国（今陕西户县）的后代，世代为西戎（西北少数民族的总称）酋长。洪出生前，天下大雨，百姓受尽苦难。当时有传言说，如果大雨不停，一定会发洪水，于是这个新生儿被起名为洪。西晋永嘉年间，天下大乱。洪散尽千金招纳天下英雄豪杰，成为一个实力雄厚的西部盟主，后来降晋。

东晋穆帝司马聃在位时，于永和六年封洪为征北大将军。当时有谶文说"草付应王"，再

加上洪的孙子坚生来背上就有"草付"的字样，洪于是改姓苻氏，并自称为大将军、大单于、三秦王。苻洪死后，他的三儿子苻健僭位。苻健去掉了父亲的秦王之号，自称为晋爵，表示归顺晋朝。

东晋穆帝永和七年（351年），苻健在长安修缮宗庙、设置百官，僭称为天王、大单于，建元皇始，立妻子强氏为天王皇后，立大儿子苻苌为天王皇太子。后来，苻苌战死，苻生被立为太子。永和十二年，苻生僭位，改年号为寿光。

前秦厉王苻生在位时，昏庸无道，荼毒生灵。其堂兄苻坚顺应民意，于寿光三年（355年）发动政变将其诛杀，然后自立为大秦天王，改年号为永坚。

苻坚即位时，前秦内部大乱。在王猛的辅佐下，苻坚才将前秦治理安稳。

王猛，字景略。他是北海剧人，出生于贫苦家庭，年少时曾以卖畚为生。王猛天资聪慧，博学多闻，对兵法有浓厚的兴趣，而且为人谨慎稳重，严肃刚毅，是一个难得的人才。他虽然有突出的才干和远大的抱负，却不被世人所识。后来，徐统发现他是一个奇才，打算召他为功曹。王猛并没有随徐统而去，而是隐居在华阴山继续修学。正如史书所说："怀佐世之志，希龙颜之主，敛翼待时，候风云而后动。"东晋桓温入关以后，曾得到过王猛的指点。桓温发现王猛才智过人，于是赏赐车马给他，并封他为高官督护，希望他能够和他一起去南方谋事。王猛征求老师的意见后，没有接受桓温的盛情邀约。

早在高祖苻健在位时，苻坚已经开始招兵买马。他听说王猛的大名后，立即派人前去华阴山邀请他相见。两人见面后，谈及国家的兴废大事时，王猛的观点处处符合苻坚的心意。苻坚大喜，心情与刘备遇到诸葛亮时相仿。苻坚僭位后，拜王猛为中书侍郎。

当时，始平这个地方治安很混乱，抢劫盗窃事件时有发生。不仅如此，该地的众多豪门望族无视法纪，横行霸道，令世祖苻坚难以安心。为了治理始平，苻坚转封王猛为始平令。王猛到任后，申明法纪，澄察事实，辨明善恶，用严酷的刑法来惩罚或警戒豪强。在治理始平的过程中，王猛曾用鞭刑处死了当地的一位官吏。于是，当地的百官贵族上书诉讼。上级官员经审查核实后上奏苻坚，苻坚下令用囚车将王猛囚禁，然后解往朝廷监狱。王猛入狱后，苻坚亲自问王猛："治理一个国家，首先应该用德来感化百姓。可如今，你到任没多久就大开杀戒，杀人无数，这是何等的残酷！"王猛正言道："我听说治理一个安稳的国家需要用礼仪道德，治理一个混乱的国家需要运用法纪。皇上没有认为臣没有才能，把治安急度混乱的地方交给臣治理，臣必须小心谨慎地替皇上蔀除这里的不法分子。如今刚杀了一个罪大恶极的犯人，还有很多不法分子需要惩治。如果臣不能够将该地的不法分子肃清并绳之以法，我不情愿受鼎镬之刑来向皇上表示歉意，辜负皇上所托。我岂敢滥用刑法进行残酷的统治！"听完王猛的话后，苻坚对群臣说道："王猛就是我的管仲（字夷吾）和公孙侨（字子产）！"随后，他赦免了王猛。

不久，王猛被提升为尚书左丞、咸阳内史、京兆尹。随后，他又被封为吏部尚书、太子詹事，接着又被提升为尚书左仆射、辅国将军、司隶校尉，兼骑都尉。就这样，王猛在一年之内连续升迁了五次，这一年他才三十六岁。王猛权倾朝野，他的受宠令当时的一些皇亲国戚及朝中老臣感到心惊胆战，以至于他们要联各弹劾他。尚书仇腾和丞相长史席宝几次在世祖面前说王猛的坏话，结果惹得苻坚大怒，把仇腾贬为甘松护军，把席宝贬为白衣领长史。从这以后，没有人再敢仿效仇、席二人。过了些时候，王猛再次升迁，官拜尚书令、太子太傅，外兼散骑常侍。王猛觉得自己官职太大，多次表示推让，但苻坚并不同意。后来，他又得到升迁，转任司徒、录尚书事。王猛以无功为由，不接受苻坚的授职。

王猛率领军队讨伐前燕时，军纪严明，军中无一人触犯军法。邺城盗贼横行，民不聊生，王猛到邺城后，邺城便安宁下来，前燕百姓终于能够过上安稳的日子。王猛凯旋归来，世祖认为他有功，于是封他为清河郡侯，赏赐王猛五个美妾、十二个女上妓、三十八个中妓、一百匹马、十乘车。王猛向苻坚呈上奏章，坚决不接受赏赐和分封。

此后，王猛受命在冀州镇守，苻坚让他管理六州事务。王猛在该地待了几个月后，上疏道："皇上应该在六州设官分职，然后划分管辖范围，而不应该只任用我一人。"苻坚没有同意，王猛仍然像以前那样认真做事。

很快，王猛又被提升为丞相、尚书令、太子太傅、中书监、司隶校尉，原来被封的持节、常侍、将军、侯等官职不做更改。王猛推让已久，苻坚仍然不同意。他对王猛说："当年，你还是个平民百姓，我也刚成人。令我感到惊奇的是，虽然我们刚刚见面，却显得如此默契。此后，我便认为你是我的诸葛亮。自从你辅政以来，在近二十四年的时间里，国家一直都比较安定。正是有了你的辅佐，我才能够如此安稳地坐在这个皇位上。希望你能够多费点心思，帮助我处理国家大事。除了你以外，谁还有这个能耐呢？"

在以后的几年里，王猛又被授予司徒的官职。王猛再次上疏，以"郑武翼周，仍世载咏；王叔昧宠，政替身亡"为由，希望苻坚不要授予自己过高的官职，否则会因为自己的不才而耽误了公事，给国家带来危害。苻坚还是不同意，仍旧任命他为司徒。王猛日理万机，尽忠尽职。无论大事小事，他都能处理得非常妥当。

王猛的治国方针开明公正，受到了前秦百姓的拥护。他鼓励百姓进行农业生产；剔除昏官，招纳贤人；加紧练兵，积极攘外；推崇儒学，教人廉耻；严明法纪，用刑不滥。在王猛的治理下，先秦迎来了一个兵强国富、歌舞升平的时代。苻坚曾经缓缓地对王猛说："你日夜勤劳，从不怠惰。有你辅佐朝政，就像周文王得到了姜太公，我可以安享晚年了。"王猛说："我只希望不会犯下过错，根本没资格与古人相提并论！"世祖说："在我看来，你这个姜太公怎么会犯错呢？"后来，苻坚常常嘱咐太子宏和长乐公丕说："你们以后要像侍奉我一样侍奉王公。"

后来，王猛病重，卧床不起。苻坚亲自到宗庙为他祈福，并分派侍臣去祭拜山神、水神。王猛病愈前，苻坚大赦，为他积德。不久，王猛病情加重，他上疏向世祖谢恩，而且不忘其职，仍言及时政，令苻坚痛哭流涕。王猛病入膏肓时，苻坚亲自来看望他。王猛临终前仍不忘国事，他向世祖进言："晋虽僻陋吴、越，乃正朔相承。亲仁善邻，国之宝也。臣殁之后，愿不以晋为图。鲜卑、羌虏，我之仇也，终为人患，宜渐除之，以便社稷。"永坚十九年（375年）七月，王猛死。

■ 忘却忠言　后悔已晚

　　王猛死后，苻坚开始繁忙起来。他在未央宫南设置了听讼观，每五天去一次，亲自处理百司未处理好的案件。同时，他还在国内推崇儒教，摈弃老庄和图谶之学，欲以德行来感召天下。

　　苻坚是一个有德明君，从他的言行中可以看出。永坚十七年（373年）冬，苻坚发兵攻打东晋，俘虏了东晋梓潼太守周虓。苻坚见其才华出众，欲任命他为尚书郎。不料，周虓却说道："我蒙受东晋厚恩，因家人被擒获才失节于此。如今，我和家人都没有被杀害，这是前秦对我的恩惠。不过，即使你把我封为公侯我也不会以此为荣，更何况是一个郎官！"在以后，周虓每次见到苻坚时，有时盘膝而坐，有时直呼苻坚为"氐贼"。当时正赶上前秦元会，朝野上下张灯结彩，热闹非凡。苻坚向站在一旁的周虓问道："晋朝元会与我朝相比，有什么区别呢？"周虓甩袖并厉声说道："犬羊相聚，何敢比拟天朝！"朝中官员见周虓如此不识抬举，屡次奏请苻坚杀掉他。苻坚不仅没有这样做，反而更加厚待他。

　　太史令张孟在永坚十七年（373年）曾经观察过天象，说燕国在十年之后会灭掉前秦；代国在二十年后会灭掉燕国，劝苻坚削减慕容氏在朝中的庞大势力。后来，阳平公苻融也上书言及此事，苻坚则认为"惟修德可以禳灾"，没有理睬他们。王猛在遗言中又提及此事，苻坚虽然应承，但并没有按照王猛的话去做。也正因为如此，结果招致了前秦国的分崩离析。

　　西晋末期至东晋末期，先后出现了众多地方割据势力。苻坚即位前，先后出现了汉（前赵）、成（成汉）、前凉、后赵、魏、代、前燕等七个小国。329年，后赵灭汉；347年，东晋灭成；351年，魏灭后赵；352年，前燕灭魏；370年，前秦灭前燕；376年，前秦灭代和前凉。至此，前秦发展极为迅猛，几乎占有了长江以北的所有地区。也正是因为如此，苻坚渐渐妄自尊大，大有一统山河之志。殊不知，朝内的鲜卑人和羌人已经成为了潜在的威胁。

　　西晋时期，鲜卑族首领莫护跋带领鲜卑人从塞外移居辽西棘城之北后，开始有了"慕容部"的称呼。莫护跋之孙涉归后又将鲜卑人迁往辽东之北。此后，鲜卑人归附中原大国，涉归因屡立战功而被授予大单于的称号。东晋成帝咸康三年（337年），鲜卑贵族慕容氏建立前燕，与东晋对立。

　　前秦世祖永坚四年（360年），苻坚第一次接受了乌桓独孤部和鲜卑族的数万降民。阳平公苻融当时对苻坚劝谏道："戎狄人都是人面兽心，根本不知道什么是仁义。他们之所以向前秦跪拜称臣，主要是贪图前秦的地理优势，并非是因为念及秦王您的厚德；他们之所以不敢侵犯前秦边境，主要是因为害怕前秦的兵威，而不是念及秦王您的恩情。如果把他们安置在关内和秦民杂居，一旦他们探得各郡县的虚实后，必定后患无穷。"苻坚采纳了他的建议，将这些降民迁往关外。

　　当时，前燕国吴王慕容垂德才兼备，有将相之风范。太宰太原桓王慕容恪极力向前燕主推荐此人，在临终前仍嘱咐道："臣闻报恩莫大于荐贤，贤者虽在板筑（民间），犹可为相，况至亲乎！吴王文武兼资，管（管仲）、萧（萧何）之亚。陛下若任以大政，国家可安。不然，秦、晋必有窥窬之计。"

符坚听说慕容恪死后，有了图谋前燕的念头，于是令匈奴曹毂派使者到前燕国朝贡，以此试探能否立即征讨前燕。当时前燕司空皇甫真的家兄皇甫腆及侄子皇甫奋、皇甫覆都在前秦为官，郭辩挨个拜访前燕公卿，拜访到他时说："我是前秦人，家人被诛杀后寄命于你的家兄曹王处，与你的侄子经常来往。"皇甫真大怒，说自己与他国人没有交往，请求前燕主大治其罪，被太傅评阻止。郭辩回到前秦后对符坚说："前燕朝纲混乱，可以图取，仅有皇甫真能鉴机识变。"符坚说道："前燕占有六州，有一个智士也是正常的。"

慕容垂返回邺都后威名日盛，使得太傅慕容评更加忌恨他，屡屡与其相左。太后可足浑氏一向讨厌慕容垂，不仅不在前燕主面前褒奖他的战功，反而处处诋毁他，并欲与慕容评合谋除掉他。慕容恪之子慕容楷和其舅兰建劝他先发制人，除掉慕容评和乐安王慕容臧。慕容垂说道："骨肉相残会导致国家大乱，我大不了一死，不忍心这样做。"

世子慕容令见父亲慕容垂面有忧色，于是向其询问。了解详情后，他劝慕容垂逃往龙城，如果事有转机，可以返回国都；否则，则可以凭借天险自保。慕容垂也有此打算，后因事泄导致左右纷纷离他而去。前燕主闻讯后立即派兵追击，慕容令挡住追兵后对慕容垂说："如今事已泄漏，难以保身。前秦主正在招延英杰，不如前去投奔。"见慕容垂主意未定，慕容令决定冒险潜入邺城，除掉忌贤疾能、诬陷造谣的慕容评，结果再次失败。慕容垂此时见无路可走，只得带着家室投奔前秦。

符坚当初听说前燕太宰慕容恪死后，因忌惮慕容垂的威名而没有发兵，如今见慕容垂及虎子慕容令、慕容楷等来降甚为高兴，赏赐颇丰。关中军民早就听说了慕容垂父子的大名，都很仰慕他们。王猛对符坚说："慕容垂父子，就像龙虎一样，是不能够驯服的。一旦得到天时，将难以控制，不如早些除掉他们。"符坚则说："我正在收揽各路英雄豪杰，欲统一四海，怎么能杀掉他们呢？何况我已经诚意接纳他们，匹夫都不失言，何况我一个万乘之君！"不久，慕容垂被符坚授为冠军将军，被封为宾徒侯，慕容楷被授为积弩将军。

不久，东晋大司马桓温率兵攻打前燕，前燕向前秦求救。符坚对群臣说："当年桓温攻打我国的时候，前燕见死不救。如今桓温攻打前燕，我为什么要救它呢？况且，前燕又不愿意做我的藩国！"王猛私下对符坚说前燕虽然强大，但慕容评不是桓温的对手，如果桓温举兵山东，屯兵洛邑，"收幽、冀之兵，引并、豫之粟，观兵崤、渑"，前秦必将灭亡；如果出兵攻打桓温、为其解围，前燕因受到攻击而国运不振，前秦就可以乘机吞并它。

前秦为前燕解围后，两国开始往来。在以后的几年里，前燕因国君昏庸、奸臣当道而逐渐衰弱。符坚静观其变，于永坚十四年（370年）灭掉前燕。灭前燕后，符坚将其朝中故臣皆纳入麾下。前燕故太史黄泓叹道："吴王（慕容垂）一定能使燕国中兴，遗憾的是我已经老了，无法等到那一天。"

永坚二十一年（377年）春，高丽、新罗、西南夷等小国纷纷遣使入前秦朝贡。后赵故将熊邈欲邀功，屡次向符坚描述后赵宫室的器玩盛况，结果被符坚任为尚方丞。随后，熊邈大修舟舰、兵器，并用金银来装饰。有人对慕容垂说："自从王猛死后，前秦法制日益颓靡，如今又崇尚奢侈，祸害将至。大王应结纳英杰、顺应天意，万万不可坐失良机！"慕容垂笑而不答。

除了鲜卑人外，羌人也不可小觑。步兵校尉姚苌乃羌族贵族，其父姚弋仲原是后赵宿将，临终前嘱咐他与兄长姚襄归附东晋。后来，姚襄被前秦所杀，姚苌率其部下羌人投靠了苻坚。姚苌屡立战功，深受苻坚器重，羌人在朝中逐渐占有席位。

在以后的几年里，苻坚开始攻打东晋。尚书左仆射权翼进谏说："往日商纣王昏聩无道，周武王考虑到其朝中有'三仁'，遂未立即发兵。如今东晋虽然微弱，但东晋国主并没有大恶，再加上谢安、桓冲等文臣武将都是江表人杰，此时的东晋君臣和睦、内外同心，不可以图取。"由于群臣持有异议，苻坚难以决断，遂与阳平公苻融单独商讨。苻融认为前秦讨伐东晋有"三难"，一是"天道不顺"，二是"晋国无衅"，三是前秦"数战兵疲，民有畏敌之心"。苻坚急于灭掉东晋，不听其劝。他说："前秦攻打东晋，如同疾风扫秋叶，然而朝廷内外都说不可，真不知是何原因。"太子苻宏又劝道："如今前秦不得天时，东晋国主又没有罪过。如果大举进攻而无功而返，将会使威名外挫、财力内竭，这就是群臣认为不可的原因。"苻坚反驳道："当年我灭前燕时，同样不得天时，最终还是凯旋而归。秦灭六国时，难道六国君主都是暴虐之主吗？"

冠军将军、京兆尹慕容垂对苻坚说弱并于强、小并于大合乎常理，称赞其"神武应期，威加海外，虎旅百万，韩、白满朝"，不应该将江南后患留给子孙，建议他果断决策，不要举棋不定。苻坚非常高兴，此后锐意图取东晋。

永坚二十七年（383年），苻坚下诏征兵备战，除了从百姓中征兵外，还赐封愿意参军的良家少年为官。朝臣都持反对意见，唯有慕容垂、姚苌和良家少年赞成。苻融对苻坚说鲜卑、羌虏是前秦的仇敌，"常思风尘之变以逞其志"，劝他不要接受他们的策略；而良家少年都是富饶子弟，对军旅毫不知晓，只会察言观色、附会迎合。然而，苻坚心意已决，遂派遣苻融督察张蚝、慕容垂等人率领的二十五万步骑前锋；封兖州刺史姚苌为龙骧将军，督察益、梁二州军事。

淝水之战后，前秦兵溃败，苻坚带伤独身而逃。途中，民众纷纷以衣食相赠，苻坚认为自己"厌苦安乐，自取危困"，再加上百姓皆为臣子，遂辞而不受。

■ 反叛四起　危机四伏

当时各路军马都已溃散，只有慕容垂部完好无损，苻坚带着沿路聚集的千余骑兵前去投奔。有人劝慕容垂乘机杀掉苻坚，以复燕祚。慕容垂则认为苻坚以赤心相投，不愿意此时加害于他，打算"保护其危以报德，徐俟其衅而图之，既不负宿心，且可以义取天下。"其亲党多劝他杀苻坚，始终不从，而且将兵权交给苻坚。苻坚一路收集残兵游勇，到了洛阳时已聚兵十余万。

慕容垂早有谋反之意，率兵行至渑池时以前往北方安定人心为由欲脱离前秦。苻坚不知是计，遂应允。权翼认为慕容垂如同笼中鹰，"饥则附人，每闻风飙之起，常有凌霄之志"，本该谨慎防范其逃出笼外，万不能为其"解纵，任其所欲"。苻坚又以"匹夫犹不食言，况万乘乎"回答，权翼只能长叹。

此时的前秦已经开始分裂，陇西已经与其对立。苻坚发兵时曾令前将军乞伏国仁前往陇西讨伐反叛的乞伏步颓，不料乞伏国仁竟生反意，与其叔父乞伏步颓吞并了陇西各部，聚兵自立，这便是西秦的雏形。同时，吕光穿过三百余里的沙漠地带远征西北，除龟兹外，焉耆等各国都已经投降。苻坚死后，吕光建立了后凉。

慕容垂行至安阳（今河北蔚县西北）时，派使者入邺劝长乐公苻丕起兵自立。苻丕见慕容垂心有异志，本欲除之，但考虑到慕容垂还未现形，遂待之如上宾，并严加监视。慕容垂正与安阳的前燕故臣密谋兴复燕祚时，收到了苻坚令其征讨在丁零叛乱的翟斌。石越对苻丕说："国主初败，民心未安。负罪亡匿之人见局势未稳，又见翟斌聚众迅速，离心四起。慕容垂是前燕宿望之人，又有兴复旧业之心，如果再增其兵力，必定会使其如虎添翼。"苻丕则说："慕容垂在邺时，如藉虎寝蛟，使我常常担心他引发内乱。如今把他摈弃于外，我求之不得。更何况翟斌为人凶悍，一定不会轻易服输。两虎相毙，我从中制之，这是卞庄子的谋略。"遂将羸兵二千和破旧铠仗交给慕容垂，并派亲信广武将军苻飞龙率氐骑一千跟随，令其伺机除掉慕容垂。

慕容垂在发兵前请求入邺城祭拜祖庙，被苻丕拒绝后潜服而入，又被亭吏阻拦，一怒之下斩吏烧亭而去。石越见慕容垂"反形已露"，劝苻丕立即除掉他。此时的苻丕却念及其昔日功劳，不忍心下手。石越退下后对他人说："国主父子皆好为小仁而不顾大计，终当被他人擒杀。"

慕容垂从奸细口中得知苻丕与苻飞龙欲谋害他后，在途中设计杀掉了苻飞龙及他所带的一千氐兵。不久，慕容垂率兵过河后将桥烧毁，令辽东鲜卑可足浑潭在沙城集兵，并派人入邺城密告慕容农、慕容楷等人起兵接应。

永坚二十八年（384年）春，慕容垂起兵反前秦，翟斌前来依附。不久，慕容垂便集结了二十余万军队。在众将士的恳请下，慕容垂自称大将军、大都督、燕王，后燕由此形成。慕容垂在一番分封之后，率军向邺城进发。前秦兵大败，有名的前秦骁将石越和毛当皆战死沙场。此后，前秦国内人心更加浮动，盗贼四起。东晋见前秦势弱，遂趁火打劫，先后攻下前秦的谯城（今河南夏邑县北）、魏兴（今陕西山阳县西北）、上庸（今湖北竹山县东南）等地。

前秦北地长史慕容泓听说后燕主慕容垂攻打邺城后，去关东收集了数千鲜卑人，然后还屯华阴，不久便自称都督陕西诸军事、大将军、雍州牧、济北王，西燕由此形成。不久，慕容泓听说前秦兵将至，于是率众奔往关东。

前秦巨鹿愍公睿准备发兵阻截慕容泓，龙骧将军姚苌则认为鲜卑都有思归之志，所以起兵作乱，应该将他们驱出关外，而不该前去阻截。他告诫睿"执鼷鼠之尾，犹能反噬于人"，建议他不要攻打，只要尾随其后鸣鼓即可。睿不听其言，兵败被杀。姚苌难脱其咎，见被派往长安谢罪的龙骧长史赵都、参军姜协被苻坚杀害后率众奔往北马牧。不久，天水尹纬、尹详、南庞演等人纠结羌人五万余家，推举姚苌为盟主。姚苌自称大将军、大单于、万年秦王，后秦由此形成。

同年六月，苻坚御驾亲征，率二万骑兵攻打后秦，屡屡获胜。后秦军中无井，苻坚本欲绝水以渴死后秦兵。不料天下大雨，后秦兵士气复振，苻坚引兵而还。不久，后秦主姚苌率兵七万打败前秦。此后，各地反将纷纷攻打前秦，前秦诸将纷纷投降。

尽管前秦平原公晖、益州刺史王广等人纷纷引兵救援长安，但仍然不敌叛军，被慕容冲所败。鄴城粮草已经耗尽，城中士兵只能砍削松木来饲养战马，苻丕走投无路。后秦王姚苌听说慕容冲攻长安后，认为燕人有思归之心，即使攻破长安也不会久留于关中，遂引兵攻城略地，广收资实，欲待秦亡燕去后入长安。

永坚二十九年（385年）八月，气数已尽的苻坚在新平佛寺被姚苌杀害。

 # 宋武帝刘裕——生于乱世的英雄

■ 不鸣则以 一鸣惊人

东晋哀帝兴宁元年（363年），刘裕出生于彭城。刘裕刚出生，其母便去世，其父带着他迁居于京口（今镇江）。由于家境窘迫，其父差点将其抛弃，幸亏有同郡刘怀敬之母杜氏为他哺乳。刘裕的小名为寄奴，大概由此而来。

年龄稍长后，刘裕生得勇健，胸怀大志。由于当时除了认识一些文字外别无他长，刘裕遂以卖履为业。空闲时，刘裕喜欢赌博，因此受到乡人的鄙视。

晋孝武帝在位时，北府兵兴起，正值壮年的刘裕被招入其中。刘裕先在刘牢之旧将手下做事，待刘牢之被提拔为都督兖、青、冀、幽、并、徐、扬州、晋陵诸军事后又在刘牢之手下做事。

隆安三年（399年），孙恩作乱，刘牢之率兵迎击。并任命刘裕为参军，令其带领数十人侦察敌情。途中，刘裕等人遇到了数千敌人。一番浴血奋战后，刘裕坠落河岸下，跟随他的人都战死。敌人临岸欲下，刘裕并不束手就擒，用长刀仰击岸上的敌人，杀了好几人。敌人非常震惊，不敢上前，刘裕乘机登岸，继续与敌作战，并最终把敌人赶走。刘敬宣见刘裕迟迟不返而有些不满，听说他独驱数千人后转而赞叹，并乘机攻打敌人，结果凯旋而归。

三月，孙恩北至海盐（今浙江平湖县东南），刘裕率兵在海盐附近筑城抗守。孙恩屡次派兵攻城，结果次次无功而返，而且折了几位猛将。刘裕并没有被这些小胜利冲昏头脑，而是考虑到敌众我寡、难以取得最终胜利，于是令将士在夜间偃旗息鼓，然后隐藏形迹。第二天早上，他又派人打开城门，令几个赢弱之兵登城。敌军见城池已空，遥问刘裕士卒何在，刘裕回答说夜里已经逃走了。敌军果然相信，争相入城。刘裕在敌军毫无防备下发起了猛烈进攻，大获全胜。孙恩见不能攻破城池，遂向沪渎进发。刘裕在追击过程中失利，遂引兵返回。

六月，孙恩重整旗鼓，率兵十余万、乘千余艘楼船向丹徒（今江苏丹徒县）进发。京师顿时震骇，安帝下令严密守备各处军事要地。刘裕奉刘牢之之命率兵入援海盐，一番日夜兼程后抵达丹徒。刘裕部众不满千人，再加上长途奔波而疲劳至极，本来难以抵抗丹徒守军，但当地民众的积极反抗激发了将士斗志，遂大败孙恩。孙恩并不甘心，整兵后向京师逼近。刘裕临危受命，被安帝任命为下邳太守后在郁洲（今江苏灌云县东北）讨伐孙恩，经过数次交战后，歼灭了敌军精锐，消除了叛军对京师的威胁。

孙恩兵败后，朝中出现了权势纷争。当时，最有实力的两个人是骠骑大将军元显和桓玄。桓玄凭借父亲、叔父留下的资本，占据了楚地和三分之二的晋地。刘牢之虽想除掉他，但担心无法控制元显。朝廷下诏征讨桓玄后，元显日夜昏醉，以刘牢之为前锋。刘牢之奉命驻军于溧州，参军刘裕请求出兵攻打桓玄，刘牢之不许。桓玄见刘牢之按兵不动，遂引兵打败元显，控制了朝政。

随后，桓玄采用明升暗降的手段封刘牢之为会稽内史，夺去了刘牢之的兵权。刘牢之想举兵征讨桓玄，于是与众人商议。参军刘袭说："事之不可者莫大于反。将军往年反王兖州，近日反司马郎君，今复反桓公；一人三反，何以自立！"说完便离去，其他官员也纷纷散走。刘牢之忐忑不安，于是令其子刘敬宣到京口迎接家人。见刘敬宣没有如期返回，刘牢之以为事泄，遂率兵北走，到了新洲后自缢而死。在这期间，刘裕没有跟随刘牢之，而是返回京口驻守。他看清了当前局势，认为刘牢之必败无疑，决定静观其变，如果桓玄严守臣节，就继续为他做事，否则就除掉他。

桓玄初到京师时，罢黜奸佞、擢升俊贤，使京师呈现出欣欣向荣的景象。然而，他不久便奢豪纵逸，无视朝纲，在朝中拉帮结派，并且凌侮朝廷，裁减安帝的乘舆供奉，使得安帝遭受饥寒之苦，弄得朝中人心惶惶。不仅如此，桓玄还将安帝迁往浔阳，然后称帝即位。

何无忌奉命秘密传诏于建武将军刘裕，劝刘裕在山阴起兵征讨桓玄。刘裕与土豪孔靖商议，孔靖认为山阴远离京师，举事难成，再加上桓玄还没有篡位，建议刘裕继续驻扎京口，待桓玄篡位时起兵讨伐，得到了刘裕的赞同。

一次，刘裕跟随徐、兖二州刺史、安成王桓修入朝。桓玄的妻子刘氏能识人，对桓玄说："刘裕龙行虎步，视瞻不凡，恐终不为人下，不如早除之。"桓玄则说："我刚刚平荡中原，除了刘裕外没有可用之人，等到关、河平定后再商议此事。"不待桓玄采取行动，刘裕召集刘毅、何无忌、王元德、王仲德、孟昶、任城的魏咏之、高平的檀凭之、琅琊人刁逵参军诸葛长民、河内太守随西辛扈兴、振威将军东莞童厚之及其弟桓弘中兵参军刘道规等人合谋起兵。刘裕统一指挥，令刘毅前往刘道规处，与昶在江北合力除掉弘，占据广陵（今江苏江都县东北）；令诸葛长民杀刁逵，占据历阳（今安徽和县）；令在建康的元德、辛扈兴、童厚之聚众攻打桓玄，作为内应。一切安排妥当后，刘裕开始采取行动。随后，刘裕以游猎为由，与无忌收众百余人。返回京口后，何无忌身穿诏服，自称敕使，率众人入城，将桓修斩杀。江北的孟昶劝桓弘出猎，然后与刘毅、刘道规率领数十名壮士在其出猎之际将其斩杀。

当初，刘裕派同谋周安穆入京师通报刘迈。刘迈虽然同意做内应，但心中甚为惶恐。周安穆担心事泄，很快返回。桓玄任命刘迈为竟陵太守，并于当晚写信给刘迈，向其询问北府人情，并问他刘裕最近有什么动静。刘迈以为桓玄知道了他们的计谋，遂于第二天早上将实情告诉了桓玄。桓玄大惊，封刘迈为重安侯，不久又怨恨刘迈没有抓捕周安穆，将其诛杀。元德、辛扈兴、童厚之等人皆因事泄被杀，刘裕没有了内应。

刘裕在众人推举下成为盟主，总督徐州事。他以孟昶为长史驻守京口（今江苏丹徒县），以檀凭之为司马。随后，他率徐、兖二州之众一千七百人驻军于竹里（今江苏名容县北），四处传播征讨文书，声称益州刺史毛璩已定荆楚，江州刺史郭昶之在浔阳（今江西九江县）奉迎安帝返回京师，镇北参军王元德等合兵据石头（今江苏江宁县石头城），扬武将军诸葛长民已据历阳。

桓玄移还上宫后，将所有侍官都召入王宫禁地，并加封扬州刺史新安王桓谦为征讨都督，以殷仲文代桓修之职，担任徐、兖二州刺史。桓谦等请求迅速发兵攻打刘裕，桓玄说："刘裕兵马锋锐，我军稍有差池便会一蹶不振。不如屯兵于覆舟山以静制动，敌军空行二百里毫无收获，锐气将会受挫，接着忽见我方大军，一定会感到惊愕。我军按兵不动，坚守阵地，不与敌军交锋，令敌军求战不得，敌军自然会散走，这是上上策。"桓谦等人力劝桓玄发兵，桓玄遂派遣顿丘太守吴甫之、右卫将军皇甫敷相继北上。桓玄非常忧惧，有人说："刘裕等人不过是乌合之众，一定不能成气候，陛下为何如此心忧！"桓玄说："刘裕足为一世之雄，刘毅家无担石之储，樗蒲（一种赌博方式，类似于掷骰子）一掷百万，何无忌酷似其舅。共举大事，何谓无成！"

刘裕先后击败吴甫之和皇甫敷，然后率军赶往覆舟山东攻打桓玄。他令羸弱士兵登山，然后在山中布满旗帜，以此迷惑敌军。桓玄派出的侦察兵回报说刘裕军漫山遍野，不计其数。桓玄更加忧恐，派遣武卫将军庾赜之率领精卒前去支援各军。桓谦部众多为北府人，一向对刘裕畏服，没有斗志。刘裕与刘毅等分为数队突击桓谦军，刘裕身先士卒，将士皆殊死应战，无不以一当百，呼声震动天地。当时东北风急，刘裕军采用火攻，击溃桓玄各军。诸葛长民至豫州后被刁逵擒获，在被押往桓玄处的途中被闻听桓玄兵败的刁逵部下放走，随后占据历阳。刁逵弃城逃走，结果被部下斩杀。

击败桓玄后，刘裕入京师建康，将桓温神主焚烧，并重建东晋新主，然后将其移入太庙供奉。接着，刘裕派遣诸将追击桓玄，令尚书王嘏率百官奉迎安帝返朝，并将桓玄在建康的宗族诛杀。

■ 内固权势 外灭南燕

王谧与众人商议推举刘裕领扬州事，刘裕辞让，而以王谧为侍中、领司徒、扬州刺史、录尚书事。王谧则推举刘裕为使持节、都督扬、徐、兖、豫、青、冀、幽、并八州诸军事、徐州刺史，刘毅为青州刺史，何无忌为琅琊内史，孟昶为丹阳尹，刘道规为义昌太守。

刘裕初至建康时，将朝中各事委托与刘穆之。当时东晋政局宽弛，纲纪不立，豪族骄纵放肆，小民则贫穷困窘。刘穆之竭心尽力，根据具体情况来斟酌制度。一旦确立制度，即使刘裕以身试法，也要遭到惩处。由此，内外百官皆各守其职。十日之内，风俗渐渐转好。

元兴三年（404年）春，刘裕迁镇东府。桓玄在浔阳得到郭昶的器用、兵力等资助，逼安帝西上。随后在不到一个月的时间内，桓玄收集了二万荆州兵，且楼船、器械都准备充分。一番调养后，桓玄再次兴兵，挟帝东下。

刘毅、何无忌、刘道规、下邳太守孟怀玉率众自浔阳西上，于同年五月与桓玄在峥嵘洲（今湖北鄂城县东，与黄冈县接壤）相遇。桓玄虽有数万兵马，部众却毫无斗志。刘毅锐意进取，以不满万人的兵力击溃桓玄大军，攻克浔阳。桓玄挟帝乘单舸而逃，部众先后背叛他。经过一番逃亡后，桓玄在汉中被杀。

义熙元年（405年）二月，刘毅、刘道规留屯夏口（今湖北武昌西），何无忌奉帝东还。安帝返回京师后，封刘裕为侍中、车骑将军、都督中外诸军事，并继续担任徐、兖二州刺史之职；封刘毅为左将军；封何无忌为右将军、督豫州、扬州五郡军事、豫州刺史；封刘道规为辅国将军、督淮北诸军事、并州刺史。刘裕固辞不受，安帝为其加录尚书事，又不受，并屡次请求还镇京口，最终得到安帝的许可。

四月，刘裕还镇京口，安帝令其都督荆、司等十六州诸军事，并加领兖州刺史。刘毅、孟昶、魏咏之等人虽然与刘裕同为布衣，但是为了求取富贵才一同起兵，并不甘心臣服于他，不想让刘裕入朝辅政，遂商议以中领军谢混为扬州刺史，或使刘裕在丹徒领扬州事，把内事交付给孟昶。尚书右丞皮沈奉刘毅等人之命前往刘裕处后，向刘裕记室录事参军刘穆之具言朝议。刘穆之假装如厕，然后派人告诉刘裕不要听从皮沈之言。刘裕见到皮沈后令他先出去，然后向刘穆之询问详情。刘穆之晓以利害，刘裕悉纳其议。不久，朝廷征刘裕为侍中、车骑将军、开府仪同三司、扬州刺史、录尚书事，继续做徐、兖二州刺史。此后，刘裕在朝中的权势得到巩固。

义熙五年（409年）三月，刘裕自建康发兵，率水军自淮水入泗水，于五月至下邳，然后留下船舰、辎重等负荷，步行至琅邪（今山东盐沂县东南），欲灭南燕。所过之处，刘裕皆令筑城，并留兵驻守。有人对刘裕说："如果燕人死守险山峻岭或坚壁清野，我军深入后不仅难以立功，甚至不能自归，那该怎么办呢？"刘裕成竹在胸："我已经考虑成熟。鲜卑人本性贪婪，探求近利而不知远谋，认为我军长途跋涉，再加上孤军深入而不能持久，一定会退守广固，而不会守险清野，我敢向诸君担保。"遂继续进兵。

南燕主慕容超听说晋军赶来，立即与群臣商议。征虏将军公孙五楼认为晋军利在速战，不可与其争锋，应当据守山险，使其不得入，以此挫伤其锐气，然后派精骑沿海南行，绝其粮道，最后前后夹击，将其歼灭，这是上策；命各地守将依险固守，芟除禾苗，使晋军无所依赖，等到晋军没有粮食而又求战不得时进攻，这是中策；放晋军入山险，然后引兵出城作战，这是下策。慕容超则认为他"据五州之地，拥富庶之民，铁骑万群，麦禾布野"，决定放晋军入山险，然后与其决一死战。尽管辅国将军广宁王贺赖卢、太尉桂林王镇苦谏，慕容超始终不从。

刘裕过了大岘（今山东沂县）后，见燕兵不出，遂"举手指天，喜形于色"。左右问他为何未见敌军而先喜，刘裕答道："兵已过险，士有必死之志；余粮栖亩，人无匮乏之忧。虏已入吾掌中矣。"

六月，刘裕率众至东莞。慕容超先派公孙五楼、贺赖卢及左将军段晖等人率领五万步骑屯于临朐（今山东掖县），听说晋兵入岘后，亲自率步骑四万前去迎击，并令公孙五楼据巨蔑水。前锋孟龙符击退公孙五楼后，刘裕以四千乘车骑为左右翼，慢慢向前推进，与燕兵在临朐南对战，直到太阳偏西时仍不分胜负。参军胡藩向刘裕建议道："燕国悉兵出战，临朐城中留守必寡，愿以奇兵从间道取其城，此韩信所以破赵也。"刘裕采纳其建议，成功攻下临朐，斩杀段晖等大将十余人，并获得燕国玉玺、辇、豹尾等物品，随后乘胜追慕容超至燕都广固（今山东益都）。每攻克燕国大城后，刘裕令高筑围墙、安抚降众、选拔才俊，基本上安定了华夷地区。次月，刘裕因功被加为北青、冀二州刺史。

刘裕围攻广固（今山东益都县西北）时，后秦高祖姚兴遣使对他说慕容氏与后秦邻近并相互交好，见晋军急攻南燕，后秦已派遣铁骑十万屯于洛阳，如果晋军不还，后秦兵将长驱直入，攻打建康。刘裕对后秦使者说："你回去告诉姚兴，我克燕之后息兵三年，然后取关中和洛阳。今天能够送上门来，速来便是！"刘穆之听说秦使到后立即去见刘裕，赶到时使者已离去。刘裕把对使者说的话告诉了刘穆之，刘穆之责怪刘裕没有与他商量，认为他的话"不足以威敌，适足以怒之"，担心没有攻下广固而羌寇又至，不知如何是好。刘裕笑着说："这是兵机，非卿所能理解，所以没有与你商量。正所谓'兵贵神速'，后秦如果能够赴救，一定担心被我军知道，又怎会先遣使者来示威呢！羌人见我军攻打南燕，自保都难，又有何能救人！"

当初，姚兴遣卫将军姚强率步骑一万随韩范前往洛阳与姚绍合兵救南燕。被刘裕打败后，韩范叹道："天灭燕矣！"南燕尚书张俊自长安还，降于刘裕，并对刘裕说："燕人所恃的是，韩范一定能引秦师来救。如果南燕知道韩范投降，定会来降。"刘裕遂任命韩范为散骑常侍，并以书招他赴任。长水校尉王蒲劝韩范逃奔后秦，韩范说："刘裕起布衣，灭桓玄，复晋室；今兴师伐燕，所向崩溃，此殆天授，非人力也。燕亡，则秦为之次矣，吾不可以再辱。"遂降于刘裕。刘裕带着韩范巡城，广固城中军民见后皆沮丧。

义熙六年（410年）二月，刘裕率众攻城。南燕军中有人开城门引晋军入城，慕容超率数十骑突围出走，结果被晋军追获，南燕由此灭亡。

■ 统一南方 建立刘宋

刘裕北伐返回建康后，平定了乘机作乱的卢循，被安帝封为太尉、中书监、加黄钺。刘裕仅受黄钺，对其他加封固辞不受。随后，刘裕又平定了数次战乱，结束了南方百年来分崩离析的局面。

义熙十二年（416年）八月，刘裕见后秦内乱不断，遂北上征讨，并于次年八月攻克长安，后秦灭亡。随后，刘裕得知心腹刘穆之的死讯，担心朝中有变，遂立即布置好留守事宜并匆忙返回建康。

义熙十四年（418年）六月，太尉刘裕受相国、宋公、九锡之命，并于同年十二月派人弑杀了安帝，迎立安帝皇弟司马德文，是为恭帝。恭帝不过是一个傀儡皇帝，是刘裕登上皇位的一块跳板。元熙二年（420年），恭帝禅位于刘裕。刘裕因被封为宋公，遂以宋为国号，定都建康，建元永初，是为宋武帝。

刘裕出生于民间，深知稼穑艰辛，即位后不仅减轻各种赋税徭役，而且以身作则，尽量节俭。也正是由于他出自民间，才有了一些帝王不该具有的举动。

当初，刘裕身份低微，为人轻浮狡猾，稍有名望的人都不愿意与他交往，唯有王谧认为他是奇才，曾对他说"卿当为一代英雄"。刘裕曾与刁逵樗蒲，经常赌输，因给不起钱被刁逵拴在马桩上。王谧见后，责斥刁逵并令其释放刘裕，然后代刘裕给钱。从此，刘裕对刁逵充满恨意，而对王谧则充满感激。

司徒王谧为桓玄旧臣，在桓玄受禅时助纣为虐，亲手解下了安帝的玺绶。桓玄兵败后，众人都认为王谧当诛，刘裕却将其保全。在一次朝会上，刘毅问王谧玺绶在什么地方，使得王谧内心不安，遂逃奔曲阿。不久，刘裕却令人将其迎还复位，继续担任司徒之职。

萧方等人说："蛟龙潜伏时，鱼虾也会亵渎它。是以汉高祖赦雍齿，魏武帝免梁鹄，怎能以布衣之嫌而成万乘之隙！如今王谧为公，刁逵族亡，这是多么地狭隘！"

攻克广固城后，刘裕忿恨广固久攻不克，欲将城中将士坑杀，把他们的妻女赏给晋军将士。韩范劝谏说："晋室南迁，中原鼎沸，士民无援，强则附之，既为君臣，必须为之尽力。彼皆衣冠旧族，先帝遗民；今王师吊伐而尽坑之，使安所归乎！窃恐西北之人无复来苏之望矣。"刘裕这才控制住了情绪，但仍然斩杀了王公以下三千人。

司马光评论说："晋自济江以来，威灵不竞，戎狄横骛，虎噬中原。刘裕始劝王师剪平东夏，不于此际旌礼贤俊，慰抚疲民，宣恺悌之风，涤残秽之政，使群士向风，遗黎企踵，而更恣行屠戮以快忿心……宜其不能荡壹四海，成美大之业，岂非虽有智勇而无仁义使之然哉！"

尽管如此，站在历史的角度上来看，刘裕仍然是一个了不起的人物，开创了一个持续了半个多世纪的新王朝。

永初三年（422年），60岁的刘裕做了两年多的皇帝后病逝。

宋文帝刘义隆——守成有余，难有作为的太平之君

■ 藉父之资　成己之事

东晋安帝义熙三年（407年），宋武帝刘裕第三子刘义隆出生。义熙六年（410年），刘裕灭掉南燕后奉命回朝平定卢循的叛乱。当时，刘义隆只有四岁，刘裕令刘毅族弟咨议参军刘粹辅佐他镇守京口。随着他的长大和其父刘裕权势的增长，刘义隆在11岁的时候就做了监徐、兖、青、冀四州诸军事和徐州刺史，12岁时被其父任命为都督荆、益、宁、雍、梁、秦六州诸军事、西中郎将、荆州刺史。虽然刘义隆年龄尚浅，但已经结识了不少上层将领，如张邵、王昙首、王华、沈林子等人，为他以后的发展积累了资本。

元熙二年（420年），彭城公刘义隆被即皇帝位的父亲封为宜都王。永初三年（422年）五月，刘裕病重，召太子刘义符告诫道："檀道济虽有干略，而无远志，非如兄韶有难御之气也。徐羡之、傅亮，当无异图。谢晦数从征伐，颇识机变，若有同异，必此人也。"随后又传手诏："后世若有幼主，朝事一委宰相，母后不烦临朝。"

同月，刘裕去世，司空徐羡之、中书令傅亮、领军将军谢晦、镇北将军檀道济同为顾命大臣，辅佐新主少帝刘义符。

少帝"居丧无礼，好与左右狎昵，游戏无度"，朝臣屡谏皆徒劳无功。南豫州刺史庐陵王刘义真"警悟爱文义"，与太子左卫率谢灵运、员外常侍颜延之、慧琳道人交往甚密。他曾说："得志之日，以灵运、延之为宰相，慧琳为西豫州都督。"谢灵运和颜延之虽然同为晋朝名臣之后，但一人"性褊傲，不遵法度"，另一人"嗜酒放纵"。几位辅政大臣不满谢、颜二人举动，进而疏远了刘义真，并将谢、颜二人贬出朝廷。

当时，先朝旧将南兖州刺史檀道济在殿省甚有威望，而且手握兵权。徐羡之、傅亮等人凭此密谋废帝之事，并将檀道济、江州刺史王弘召入朝中。当天，少帝在华林园设市买卖，晚上便在园中龙舟上就寝。檀道济引兵在前，徐羡之、傅亮等紧随其后，宿卫都不敢阻拦。他们将少帝扶出东阁，收取玺绶后将其送回太子宫。

徐羡之等人认为宜都王刘义隆素有威望，而且多有符瑞，于是称皇太后令将少帝废为营阳王，另立刘义隆。接着，傅亮率行台百官前去江陵恭迎刘义隆。途中，祠部尚书蔡廓因病不能前往，于是对傅告别道："营阳王到了吴地后，你们一定要小心供奉；一旦他有什么不幸，你们都会背上弑主的罪名，以后将难以立足！"当时，傅亮已经与徐羡之商议谋害营阳王，听了蔡廓的话后顿时惊醒，立即写信阻止，但已经来不及了。随后，徐羡之等人又派人杀了被软禁在新安的刘义真。接着，徐羡之让领军将军谢晦担任都督荆、湘等七州诸军事和荆州刺史，并以精兵旧将资助他，以防宫廷变故。

傅亮到了江陵后呈上玺绶，欲迎刘义隆去建康登基。此时的刘义隆已经18岁，为人稳重。他没有立即同意，而是聚集幕僚商议此事。诸将已得知刘义符、刘义真的死讯，担心这是个陷阱，劝刘义隆不要东下。司马王华认为先帝刘裕"有大功于天下，四海所服，虽嗣主不纲，人望未改"，徐羡之原是中才寒士，傅亮原是布衣诸生，先帝如此重用他们，他们不会突然背德，再加上几位顾命大臣同功并位，不会轻易相让，即使心怀不轨，也难成气候，建议刘义隆东下。于是，刘义隆令王华留镇荆州，总管一切事务，令南蛮校尉到彦之镇守襄阳。

随后，刘义隆引见傅亮。见到傅亮后，他立即"号泣，哀动左右"，接着又问及刘义真和少帝刘义符，"悲哭呜咽，侍侧都莫能仰视"。傅亮顿时被吓得汗流浃背，不能回答，随后派心腹与到彦之、王华等人交好，以防不测。途中，刘义隆以府州兵自卫，前来迎驾的百官都不得靠近。中兵参军朱容子抱刀守护在刘义隆所乘舟船外，数十天不解衣带。

刘义隆即位后改元元嘉，是为宋文帝。

宋文帝即位后，徐羡之、王弘分别被进位为司徒、司空，谢晦、檀道济分别被进号为卫将军、征北将军，傅亮被加任为开府仪同三司。除了安抚这些重臣外，宋文帝任命心腹王昙首、王华、朱容子分别为右卫将军、骁骑将军和右军将军，并令王昙首、王华二人兼任侍中一职。不久，宋文帝又征到彦之为中领军，将军政委托与他。谢晦乘到彦之自襄阳南下之际与其交好，到彦之以马匹、利剑、名刀等物赠与他，由此二人开始交往。

对于诸皇弟，宋文帝也加以安抚。其中，刘义恭被封为江夏王，刘义宣被封为竟陵王，刘义季被封为衡阳王，刘义宣仍然担任左将军之职，镇守石头。

元嘉二年（425年）正月，徐羡之、傅亮上表归政。从此，宋文帝踏上了他的治国之路。

■ 消除内乱　开创太平

元嘉三年（426年）春，宋文帝在心腹王华等人的鼓动下打算除掉徐羡之、傅亮、谢晦等人。他认为王弘、檀道济身为武将，一开始并没有参与废弑之谋，再加上王弘之弟王昙首又为其心腹，遂在举事之前召王弘、檀道济二人讨伐谢晦。

随后，宋文帝下诏揭发徐羡之、傅亮、谢晦谋杀营阳王刘义符、庐陵王刘义真之罪，令有司诛杀他们，并表示要亲率六师讨伐拥兵自立、不愿就罪的谢晦。当天，徐羡之及其二子被杀；傅亮被杀后，其妻子被迁徙至建安。

宋文帝在讨伐谢晦前，向檀道济问策。檀道济回答说："臣昔与晦同从北征，入关十策，晦有其九，才略明练，殆为少敌。然未尝孤军决胜，戎事恐非其长。臣悉晦智，晦悉臣勇。今奉王命以讨之，可未阵而擒也。"

谢晦曾随刘裕征讨，指挥若定，赏罚分明，甚得人心，很快收聚精兵三万。随后，谢晦上表为徐羡之、傅亮二人鸣冤，并以清君侧为由起兵。他以其弟谢遁为竟陵内史，率万人留守，然后亲率二万大军自江陵出发。谢晦见旌旗蔽日，叹道："恨不得以此为勤王之师！"尽管徐羡之、傅亮、谢晦皆是忠臣，但宋文帝为保江山社稷，还是将他们视为叛逆。孰是孰非，难以辨明！

当初，谢晦与徐羡之、傅亮共商保全之计，认为谢晦占据长江上游地区，而檀道济镇守广陵，各有强兵，足以控制朝廷；徐羡之、傅亮在朝中秉权，可以持久。不料，檀道济竟引兵来讨，而徐、傅二人已赴黄泉，谢晦由此惶惧。不久，部将斗志尽失，纷纷离去。谢晦见事已至此，于是携其弟谢遁等七骑北逃。谢遁肥壮，不能乘马，谢晦常常等他，后在安陆被捉。同年三月，宋文帝返回建康。

早期的宋文帝励精图治，忧国忧民。元嘉四年（427年），宋文帝在京陵拜谒先帝刘裕陵墓。先帝富贵后，曾令人将收藏的农具给子孙看。宋文帝在先帝故宫见到这些农具后，面露惭色。近侍有人进谏说："大舜躬耕历山，伯禹亲事水土。陛下不睹遗物，安知先帝之至德，稼穑之艰难乎！"此后，宋文帝更加关心民生。

元嘉六年（429年），宋文帝任命抚将军刘义恭为都督荆、湘等八州诸军事、荆州刺史。在刘义恭任职期间，他曾写信告诫说："天下艰难，家国事重，虽曰守成，实亦未易……汝性褊急，志之所滞，其欲必行，意所不存，从物回改。此最弊事，宜念裁抑……西门、安子，矫性齐美；关羽、张飞，任偏同弊。行己举事，深宜鉴此！"除此之外，宋文帝还要求他尽量节省，尽量择善而从，不要专意自决，并告诉他"以贵凌物，物不服；以威加人，人不厌；此易达事"、"宜数引见佐史。相见不数，则彼我不亲；不亲，无因得尽人情；人情不尽，复何由知众事"等道理。

宋文帝在位期间，"仁厚恭俭，勤于为政，守法而不峻……三十年间，四境之内，晏安无事，户口蕃息；出租供徭，止于岁赋，晨出暮归，自事而已。间阎之内，讲诵相闻；士敦操尚，乡耻轻薄。江左风俗，于斯为美。后之言政治者，皆称元嘉焉"。

除此之外，大诗人谢灵运、陶渊明、刘义庆、史学家范晔等人都在这一时期涌现出来，为后人留下了不朽的杰作。另外，宋文帝本人也雅好艺文，令丹阳尹何尚之立玄学，太子率更令何承天立史学，司徒参军谢元立文学，将这三学与雷次宗传授的儒学并称为四学。

■ 执意北伐　祸起萧墙

然而，随着国家的繁荣昌盛，宋文帝开始猜疑朝中重臣。司空、江州刺史、永修公檀道济在前朝已战功显赫，威名甚重，左右心腹皆身经百战，诸子又有才气，引起了朝廷的猜忌。元嘉十三年（436年），宋文帝久病不愈。领军刘湛对司徒刘义康说一旦皇帝驾崩，檀道济便不可控制。刘义康乘宋文帝病情加重之际上奏此事，宋文帝遂召其入朝。其妻向氏说："高世之勋，自古所忌。今无事相召，祸其至矣。" 檀道济到了建康后，宋文帝留他待了数月。宋文帝病情好转后，将他遣还。不待走远，宋文帝病情又加重，刘义康赶忙将其捉拿。同年三月，宋文帝下诏称檀道济"潜散金货，招诱剽猾，因朕寝疾，规肆祸心"，将其交由廷尉，同时诛杀其子、给事、黄门侍郎等十一人。司空参军薛彤、高进之二人都是檀道济心腹，勇猛无敌，被当时人比作关羽、张飞，也因牵连受诛。檀道济异常愤怒，目光如炬，脱冠掷地说道："乃坏汝万里长城！"魏人听说檀道济被收押后大喜道："道济死，吴子辈不足复惮！"

宋文帝见国内太平，遂有经略中原之意。群臣为了争宠，纷纷献策迎合，彭城太守王玄谟尤好进言。元嘉二十六年（449年），宋文帝开始为讨伐北魏做准备。不料，北魏太武帝拓跋焘于次年二月引十万步骑来攻。南顿太守郑琨、颍川太守郭道隐见北魏军势大，遂放弃抵御，弃城而逃。两军交战，各有损伤，北魏军于同年四月返回。

拓跋焘返还后，遗书于宋文帝，要宋文帝割江北之地给北魏，否则将兴兵攻取扬州，并且告诫宋文帝说宋朝旧臣虽然年老，但有智谋，如今皆被杀尽，这是天助北魏。

宋文帝气愤不过，要举兵攻打北魏。丹阳尹徐湛之、吏部尚书江湛、彭城太守王玄谟、左军将军刘康祖纷纷劝其来年举兵，皆无效。太子步兵校尉沈庆之进谏说："我步彼骑，其势不敌。檀道济再行无功，到彦之失利而返。今料王玄谟等，未逾两将，六军之盛，不过往时，恐重辱王师。"宋文帝固执己见，闭目塞听。沈庆之说道："治国譬如治家，耕当问奴，织当访婢。陛下今欲伐国，而与白面书生辈谋之，事何由济！"太子刘劭、护军将军萧思话也进谏，宋文帝皆不理会。

拓跋焘听说宋文帝要北伐，又写信说："……彼年五十，未尝出户，虽自力而来，如三岁婴儿，与我鲜卑生长马上者果如何哉！更无余物可以相与，今送猎马十二匹并毡、药等物。彼来道远，马力不足，可乘；或不服水土，药可自疗也。"

元嘉二十七年（450年）七月，宋文帝下诏起兵，以宁朔将军王玄谟率太子步兵校尉沈庆之、镇军咨议参军申坦水之兵渡河；令太子左卫率臧质、骁骑将军王方回直奔许昌、洛阳；徐、兖二州刺史武陵王骏、豫州刺史南平王铄各率其部，东西并举；梁、南、北秦三州刺史刘秀之震荡汧、陇；太尉刘义恭出至彭城，指挥众军。

当时军旅大起，上至王公、妃主、朝士、牧守，下至富民，纷纷捐献金帛、杂物等资助出征。另外，朝廷因兵力不足向各地征兵，因军用不充向富户借钱。尽管北伐之事甚得民心，但战争是残酷的，优胜劣汰是必然的，民心只能保证将士团结一心，但不能保证将士能以一当百。一旦此次失利，代价将会异常惨重。王玄谟不过是一介庸才，不仅没有指挥才能，而且为人贪婪嗜杀、刚愎自用，很快失去军心。北魏军后发制人，长驱直入，很快深入宋境七百余里。

十二月，拓跋焘已经抵达与建康隔江相对的瓜步山，声称要渡江。建康顿时惶恐，城内百姓皆挑着家什"荷担而立"，随时准备逃亡。宋文帝登上石头城，面带忧色，对身边的江湛说道："北伐之计，同议者少。今日士民劳怨，不得无惭。贻大夫之忧，予之过也。"又说，"檀道济若在，岂使胡马至此？"早知今日，何必当初！

随后，拓跋焘在瓜步山上开凿盘道，在山上建毡屋。拓跋焘还不打算灭掉刘宋，遂向宋文帝赠送骆驼、名马求和，并向其请婚。宋文帝召太子刘劭和群臣商议，唯有江湛认为不可。刘劭由此愤怒，声色俱厉地指责他，事后又对宋文帝说："北伐败辱，数州沦破，独有斩江湛、徐湛之可以谢天下。"宋文帝答道："北伐自是我意，江、徐二人只是没有异议而已。"

通婚不成，两军继续交战。魏军"凡破南兖、徐、兖、豫、青、冀六州，杀掠不可胜计，丁壮者即加斩截，婴儿贯于槊上，盘舞以为戏。所过郡县，赤地无馀，春燕归，巢于林木"。如此凄惨之景象，皆因宋文帝所致，元嘉之盛亦由此而衰。元嘉二十八年（451年）三月，拓跋焘班师北归。

元嘉二十九年（452年），拓跋焘死，宋文帝又生北伐之意，结果诸将无功而返。宋文帝在写给刘义恭的书信中说："早知诸将辈如此，恨不以白刃驱之。今者悔何所及！"

如果宋文帝能够及时反省，或许刘宋会有些起色。然而，太子刘劭并没有给他机会。元皇后生皇子刘劭后曾仔细端详，令人告诉宋文帝说："此儿形貌异常，必破国亡家，不可举。"随后，元皇后想杀掉他，宋文帝及时赶来制止，刘劭得以活命。令宋文帝没有想到的是，他竟被自己救下来的刘劭所杀。

始兴王刘濬是潘淑妃所生，元皇后因妒嫉潘淑妃受宠而死，太子刘劭因此厌恨潘淑妃、刘濬二人。刘濬担心以后会被刘劭迫害，于是曲意奉迎刘劭，得到刘劭的信任。

女巫严道育在东阳公主婢女王鹦鹉的介绍下结识了东阳公主、刘劭和刘濬。刘劭、刘濬二人屡受宋文帝诘责，遂与严道育、东阳公主、王鹦鹉、东阳公主男仆陈天与、黄门陈庆国一同用巫蛊术诅咒宋文帝早死。东阳公主死后，王鹦鹉应当出嫁。刘劭、刘濬担心其泄密，遂将其嫁与刘濬亲信沈怀远。王鹦鹉早已与陈天与私通，嫁给沈怀远后，担心此事泄露而让刘劭将陈天与秘密除掉。陈庆国知道陈天与被杀后十分害怕，担心自己也会被杀，遂将巫蛊之事告诉了宋文帝。宋文帝大惊，立即派人收押王鹦鹉，并在其家搜出了近百张刘劭、刘濬与严道育往来书信，并挖出了他们诅咒用的刻有宋文帝模样的玉人。

宋文帝惋叹不已，对潘淑妃说："太子图富贵，更是一理，虎头复如此，非复思虑所及。汝母子岂可一日无我邪！"遂派中使严厉斥责了刘劭和刘濬。

元嘉三十年（453年），宋文帝传令搜捕严道育，刘劭、刘濬二人却帮助她藏匿。宋文帝本以为他们二人已经疏远了严道育，听说他们仍在与其往来后惆怅惋骇，欲废刘劭、赐死刘濬。潘淑妃知道后担心儿子被杀，遂将此事告知刘濬。刘濬立即飞报刘劭，刘劭遂与心腹密谋造反。宋文帝不久被杀，终年47岁。

 齐高帝萧道成——善治天下的乱世雄杰

■ 静观时势 妥善保身

南朝宋文帝元嘉四年（427年），萧道成出生。其父萧承之在他出生前后屡立战功，先后被封为济南太守、横野司马、龙骧将军等。在父亲的庇护下，萧道成的仕途之路比较顺畅，在26岁以前已经官居左军中兵参军。后来，萧道成屡次带兵作战，逐渐成为了一名具有战略眼光和指挥才能的将领。

大明八年（464年），孝武帝死，前废帝刘子业即位。孝武帝死前留下遗诏：解除太宰刘义恭尚书令之职，加任中书监，令骠骑将军、南兖州刺史柳元景任尚书令；军旅之事交给始兴公沈庆之参决；尚书中事委托给仆射颜师伯。

前废帝年幼时就偏激暴戾，即位后碍于太后、大臣及孝武帝近臣戴法兴不敢放肆。太后死后，他大开杀戒。戴法兴、员外散骑侍郎巢显度等人皆被孝武帝宠信，先后被他所杀。

对于谋反者，刘子业毫不手软。尚书右仆射、卫尉卿、丹阳尹颜师伯位高权重，日益骄横。前废帝解除他的卫尉卿、丹阳尹之职，仅以他为尚书左仆射。戴法兴被杀后，朝中大臣心神不宁，柳元景、颜师伯密谋废帝，迎立刘义恭。沈庆之从柳元景口中得知此事后，因与刘义恭交往淡薄，再加上抱怨颜师伯做事专断不与他商议，遂将他们合谋作乱之事告诉了前废帝。前废帝大怒，亲自率羽林兵征讨刘义恭，并将其四子杀掉。随后，柳元景及其八子、六弟及诸侄，颜师伯及其六子都被杀掉。沈庆之虽然揭发有功，但并不受宠，遂有谋反之心。前废帝察觉后，令沈庆之继父兄子直阁将军沈攸之赐毒药给他。沈庆之不肯饮，沈攸之掩被将其杀掉。

前废帝还以朝外的各位叔父、伯父为患，遂将他们聚于建康，拘禁在殿内，随意殴打凌辱。湘东王刘彧、建安王刘休仁、山阳王刘休祐都长得肥壮，前废帝做了竹笼，把他们关进去。刘彧特别肥，被他称为"猪王"，刘休仁、刘休祐分别被称为"杀王"和"贼王"。由于这三王年长，前废帝最担心他们篡权，于是经常把他们带在身边。另外，东海王刘祎为人凡劣，被称为"驴王"；桂阳王刘休范、巴陵王刘休若尚幼，免受侮辱。前废帝还用木槽盛饭，并掘地为坑，在坑中注入泥水，然后让刘彧裸身入坑中，使其像猪一样吃槽食。

前废帝残暴无德，惹得天下人大怒。湘东王刘彧部众阮佃夫、王道隆等人与前废帝近臣谋划后杀掉了前废帝，迎立刘彧。刘彧即位后，是为明帝。明帝即位后，改元泰始，并厚赏拥立有功者。沈攸之虽为前废帝宠臣，但因揭发前废帝其他爪牙谋反有功没有受到处罚。

前废帝被杀前，认为文帝、孝武帝均排行第三，而其皇弟江州刺史晋安王刘子勋也排行第三，于是厌恨他，遂派人送药赐死。刘子勋不肯，遂起兵叛乱。不料，明帝抢占先机。刘子勋并不甘心就此作罢，于泰始二年（466年）正月在浔阳即皇帝位。随后，徐州刺史薛安都、冀州刺史崔道固、吴郡太守顾琛、吴兴太守王昙生、义兴太守刘延熙、晋陵太守袁标、益州刺史萧惠开、湘州行事何慧文、广州刺史袁昙远、梁州刺史柳元怙、山阳太守程天祚都纷纷响应刘子勋。面对这种局面，萧道成果断地站在明帝这一边，明帝任命他为辅国将军，令其率兵讨伐贼兵。萧道成因战功被封为征北司马行南徐州事，后又奉命率千人镇守淮阴。在此期间，萧道成广结宾客，扩张势力。不久，骁骑将军萧道成又被任命为南兖州刺史。

萧道成在军中日久，民间传说他有异相，会做天子。明帝闻讯后，征他为黄门侍郎、越骑校尉。萧道成见明帝怀疑他，不想内迁，于是派数十骑惊扰魏境以挑起事端，再以边疆不稳为由上奏明帝，遂未被调任。

明帝即位之初还算开明，后来变得"猜忌忍虐，好鬼神，多忌讳，言语、文书，有祸败、凶丧及疑似之言应回避者数百千品，有犯必加罪戮"。不仅如此，明帝生活奢靡，每造器用，必造正御、副御、次副各三十枚，内外百官皆因府藏空竭而断了俸禄。

不仅如此，明帝还将诸王有孕的姬子迁入内宫，凡生男者皆被杀。等到患病后，明帝又认为太子幼弱，担心诸皇弟有异心，遂将他们全部杀害，唯有桂阳王刘休范得以保全。除掉诸皇弟后，明帝又开始忌杀群臣。萧道成凭借智勇躲过此劫，且被任命为散骑常侍、太子左卫率。

■ 忠于宋室 权倾朝野

泰豫元年（472年）二月，明帝疾笃，为了防止江安懿侯王景文篡权，遂将其赐死。不久，明帝病情加重，任命江州刺史桂阳王刘休范为司空，尚书右仆射褚渊为护军将军，加任中领军刘勔为右仆射，并以褚渊、刘勔、尚书令袁粲、荆州刺史蔡兴宗、郢州刺史沈攸之为顾命大臣。

萧道成得到与其交好的褚渊的推荐，被明帝封为右卫将军，统领卫尉，与袁粲等人共同处理国家机要。明帝死后，年仅十岁的太子刘昱即位。刘昱即位后，袁粲、褚渊秉政，尽量抑制明帝时传下的奢侈之风，大力提倡节俭，但专权用事的中书通事舍人阮佃夫、右军将军王道隆等人却公然收受贿赂，难以禁止。

王道隆认为蔡兴宗过于刚直，于是把他调任为中书监，任命沈攸之为都督荆、襄等八州诸军事、荆州刺史。蔡兴宗固辞不受，对王道隆毫不理会，并于同年八月去世。

沈攸之自以为才略过人，自从到了夏口后，便心生异志。到荆州赴任后，他大备良马兵器，并打着征讨蛮人的旗号招兵买马、充实府库。路过荆州的士子、商旅等多被羁留，四方的亡命徒也前来归附。一旦有人从他的管辖区域逃走，定会将其擒回。沈攸之专权恣意，为政苛刻暴虐，但由于吏治清明，管辖区域内治安稳定，百姓夜不闭户。

同年，袁粲、褚渊碍于宗室清令，将懦弱无能的郢州刺史刘秉提升为尚书左仆射。阮佃夫被加封为给事中、辅国将军后权势更大，以诏令将吴郡张澹封为武陵郡，袁、褚等人无可奈何。

刘休范为人愚钝，诸位兄弟都瞧不起他。正由于这个原因，明帝不担心他会篡权，他才得以保全性命。如今，他认为自己身为皇亲却不能担任宰辅，于是心生反意，开始屯兵积粮。

朝廷知道了刘休范的意图后，以四岁的晋熙王刘燮为郢州刺史；以黄门郎王奂为长史，行府州事，使其镇守夏口。

元徽二年（474年）五月，桂阳王刘休范造反。护军褚渊、征北将军张永、领军刘勔、仆射刘秉、右卫将军萧道成、游击将军戴明宝、骁骑将军阮佃夫、右军将军王道隆、中书舍人孙千龄、员外郎杨运长在中书省商议对策，萧道成建议屯兵新亭、白下，然后坚守宫城、东府、石头等要地，令远道而来的孤军在后无军粮、求战不得的情况下瓦解，并请命屯兵新亭来抵挡贼军先锋，令张永屯兵白下，刘勔屯兵宣阳门，至于其他朝中重臣，都安坐殿中等待捷报，得到了大家的赞同。

萧道成到了新亭（今江苏江宁县南）后，不待城垒筑好，刘休范军前锋已经抵达新林（今江苏江宁县西南）。为了安定众心，萧道成解衣高卧，并令宁朔将军高道庆、羽林监陈显达、员外郎王敬则率领水军与刘休范交战，初得战果。刘休范率众上岸后，令大将丁文豪攻台城，自己率大军攻新亭。宋军见贼军越来越多，难以抵抗，遂心惊胆战，面无血色。萧道成却临危不惧，从容说道："贼兵虽多，但内部已乱，不久便会不攻自破。"随后，萧道成设计斩杀了刘休范。

然而，叛乱并没有平息。刘休范妃子之弟杜黑骡见刘休范已死，遂率兵赶往朱雀桥与丁文豪合兵。当时王道隆率领羽林精兵守在朱雀门内，急召屯兵石头的刘勔来援。刘勔下令拆掉浮桥上的横木，阻止贼兵过桥。王道隆大怒，令其进兵。刘勔率兵渡过浮桥，被贼兵杀死。贼兵乘胜追杀，王道隆弃台城而逃。宋朝内外大震，军民沿路大呼"台城已陷"，驻守白下、石头的宋军闻风而逃。

褚渊之弟抚军长史褚澄见贼兵大胜，开东府门迎接。杜黑骡径直进入杜姥宅，中书舍人孙千龄开承明门投降，宫中人皆恐惧忧虑。当时府藏已尽，皇太后、太妃只得拿出宫中的金银器物充赏，但众人皆无斗志。

丁文豪部众听说刘休范已死后，有退散之意。丁文豪厉声喝道："我独不能定天下邪！"贼兵本欲诈称桂阳王刘休范在新亭，以此惑乱士民之心。萧道成知道后立即登北城宣布刘休范父子已被戮的消息，希望士民不要忧惧。随后，他派人自石头渡过淮河，然后从承明门进入卫宫省，斩杀了杜黑骡和丁文豪，并复夺东府，平息了这场叛乱。萧道成凯旋而归时，建康百姓沿道聚观，并赞叹道："全国家者，此公也！"

随后，萧道成、袁粲、褚渊、刘秉皆上表引咎解职，不被批准。不久，萧道成被任命为中领军、南兖州刺史，留守建康，与袁粲、褚渊、刘秉轮流执政，人们把他们并称为"四贵"。由此，萧道成成为了朝中举足轻重的人物。萧道成虽然位高权重，但仍然时时谨慎。为了能够除掉沈攸之这个祸患，他任命骁骑将军张敬儿为都督雍、梁二州诸军事、雍州刺史，令其接近沈攸之。张敬儿不负所托，很快取得了沈攸之的信任。

太后为人聪慧精明，通晓政事，而刘昱又非常孝顺，因此朝中事无巨细，皆由太后专决，不再上奏刘昱。太后掌握执政大权后，受宠的宦者纷纷得势。其中，张祐官至尚书左仆射，被授予新平王的爵号；王琚官至征南将军，被授予高平王的爵号；杞嶷官至侍中、吏部尚书、刺史，不仅有公、侯等爵号，还受赏巨万，且有免死铁券。另外，太卜令姑臧王睿被太后宠信，被迁至侍中、吏部尚书，得到太原公的爵号；秘书令李冲虽然凭借才华晋升，但后来被太后私宠，受到的赏赐不计其数。太后虽然知道自己的行为有失准则，但又担心他人议论自己，猜忌之心顿生，滥杀了很多无辜者。受她宠信的人，即使犯下小过错，也会受到严惩。但是惩处过后，她又会厚待他们，以致受宠者并无异心。

南徐州刺史建平王刘景素为人清廉，爱好文学，对士大夫以礼相待，美誉远扬。当时，文帝诸子皆死，诸孙中只有刘景素成年，深受明帝的宠爱。明帝在晚期凶狂失德，朝野上下都希望刘景素能继承皇位。外戚陈氏和欲专权的杨运长、阮佃夫等人从个人利益出发，对刘景素非常憎恨。幕僚劝他举兵，他始终没有同意，后被朝廷夺去征北将军、开府仪同三司之职。

明帝即位后，得势的杨运长、阮佃夫等人对刘景素更加忌恨。刘景素为了自保，派人去建康结交了冠军将军黄回、游击将军高道庆、辅国将军曹欣之、前军将军韩道清、长水校尉郭兰之、羽林监桓祇祖等人，准备起兵作乱。当时刘昱喜欢独自出游，韩道清、郭兰之劝萧道成乘刘昱外出时将其捕捉，然后迎立王景素。此时的萧道成官居尚书左仆射，更懂保身之道，没有与他们同谋。后来，王景素兵败被杀，萧道成没有受到牵连。

■ 被逼篡位 励精图治

叛乱被平定后，刘昱更加骄恣，每天都外出游玩，"夕去晨返，晨出暮归"。随从皆执长刀长矛，无论是行人男女还是犬马牛驴，皆格杀勿论，以至于"民间扰惧，商贩皆息，门户昼闭，行人殆绝。"不仅如此，刘昱"针、椎、凿、锯，不离左右，小有忤意，即加屠剖，一日不杀，则惨然不乐；殿省忧惶，食息不保"。阮佃夫与直阁将军申伯宗等人想乘其游猎之际将其废掉，另立安成王刘准，结果被刘昱统统杀掉。后来，刘昱又听说散骑常侍杜幼文、司徒左长史沈勃、游击将军孙超之曾与阮佃夫同谋，于是将这三家全部诛灭并剁成肉块。太后屡次训戒刘昱，刘昱竟想毒死太后，被左右劝说后才作罢。

刘昱如此狂妄，萧道成也难免受辱。一次，刘昱直入领军府，见萧道成裸着上身躺卧室中，遂令他站起来，在他的肚腹上画上箭靶，欲拉弓射箭。萧道成顺手拿木板挡在胸前并说道："老臣无罪。"其左右王天恩也劝刘昱说："萧领军腹大，是个好箭靶，如果一箭把他射死，就不能再射了，不如用木箭射吧。"刘昱遂以木箭射萧道成，正中其脐后投弓大笑。

此后，萧道成内心忧惧，于是密与袁粲、褚渊商议废立之事。见袁、褚二人并不赞成，萧道成没有立即行动。越骑校尉王敬则私下与萧道成结交，并夜着黑衣为他探察刘昱的动向。萧道成令他暗结刘昱左右，在殿中等候时机。

元徽五年（477年）七月七日晚，刘昱外出醉酒后返回仁寿殿就寝，令近臣杨玉夫、杨万年等候织女渡河，并对他说："见当报我；不见，将杀汝！"杨玉夫与杨万年乘刘昱熟睡时将其杀掉，然后凭敕令出承明门，并将其首级交与宫外的王敬则。王敬则立即驰往领军府，叩门大呼，见萧道成不开门，遂将刘昱首级掷入府中。萧道成这才穿上戎装乘马而出，王敬则、桓康等人紧随其后。

萧道成一行到了承明门后，诈称皇上出行还宫，令守卫开门。王敬则担心被门内人发现，于是用刀环塞住门旁窒孔。由于刘昱出入无常，再加上凶狠残暴，守卫既不知皇帝已死，也不敢抬头仰视，萧道成顺利入殿。

萧道成入殿后，殿中惊恐，听说刘昱死后，都向萧道成高呼万岁。随后，萧道成控制了大局，迎立安成王刘準。顺帝刘準即位后，改元昇明。随后，萧道成被任命为司空、录尚书事、骠骑大将军，袁粲被迁为中书监，褚渊被加任开府仪同三司，刘秉被迁为尚书令，加任中领军。

萧道成一边在朝中不断培植势力，一边着手对付荆州刺史沈攸之。不料，沈攸之大军未至，欲维护皇权的刘秉和袁粲却欲谋杀萧道成，结果被萧道成、褚渊二人联手除掉。随后，萧道成移兵屯于阅武堂，将重兵交给右卫将军、郢州刺史黄回，并令其率兵西上，攻打沈攸之。早在建平王刘景素叛乱之时，黄回曾为同谋者，萧道成对其早有防范，遂派心腹随军监督。

沈攸之派中兵参军孙同等五将率三万兵马为前驱，令司马刘攘兵等五将率二万兵马紧随其后，又派中兵参军王灵秀等四将分兵出夏口，占据鲁山。萧道成见大军将至，出屯新亭。他向骠骑参军江淹问道："天下纷纷，君谓何如？"江淹认为"成败在德，不在众寡"，说萧道成有五胜，分别为雄武有奇略、宽容而仁恕、贤能毕力、民望所归、奉天子以伐叛逆；沈攸之有五败，分别为志锐而器小、有威而无恩、士卒解体、搢绅不怀、悬兵数千里而无同恶相济。他认为沈攸之即使有豺狼十万，也会被萧道成所获。南徐州行事刘善明对萧道成说："沈攸之收众聚骑，造舟治械，包藏祸心，至今已有十年……今六师齐奋，诸侯同举，他定是笼中之鸟！"正如江、刘二人所说，沈攸之与其子沈文和兵败后走投无路，遂自缢而死。

昇明三年（479年）三月，太傅萧道成被任命为相国，总领宰相事，得到十郡的封赏，而且被授予齐公爵号，加九锡，并继续担任骠骑大将军、扬州牧、南徐州刺史等职，后又被封为齐王。不久，顺帝为齐王萧道成加殊礼，然后下诏禅位。萧道成即皇帝位后，建国号齐，史称南齐。

齐高帝萧道成并没有贪图享受，而是励精图治。他曾经问政于前抚军行参军刘献，刘献回答说："政在《孝经》。凡宋氏所以亡，陛下所以得者，皆是也。陛下若戒前车之失，加之以宽厚，虽危可安；若循其覆辙，虽安必危矣！"齐高帝叹道："儒者之言，可宝万世！"

齐高帝重用贤臣，广开言路，尽纳忠谏。他废除苛政、推崇简易，褒奖朝士中约素清修者、贬退骄奢荒淫者，开文武二学、提拔才俊，取得了明显效果。

建元四年（482年）三月，56岁的齐高帝病逝。

梁武帝萧衍——马上得天下的一代长寿之君

■ 处变不惊　后来居上

南朝宋孝武帝大明八年（464年），萧衍出生于建康。479年，齐高帝萧道成建齐，萧氏家族顿时成为贵族。有了这样的便利条件，再加上自身的条件，萧衍在仕途上可以说是平步青云。

起初，萧衍在尚书右仆射王俭手下做事。建元四年（482年）三月，升为尚书左仆射的王俭与司徒褚渊受遗诏辅佐太子掌政。齐武帝即位后，王俭先被任命为侍中、尚书令，后又进号卫将军。萧衍聪慧机灵，渐渐受到王俭的器重，被升为卫军东阁祭酒。不仅如此，萧衍还比较有文采，与当时的记室参军范云、萧琛、任昉、法曹参军王融、镇西功曹谢朓、步兵校尉沈约、扬州秀才陆倕以文学并称为"八友"。王俭见他既有机谋，又备文武，曾对人说道："萧郎出三十，贵不可言。"

永明十一年（493年），齐武帝本想北伐，正遇上身体不适，遂令扬州刺史竟陵王萧子良率兵入朝护卫，萧衍被其任命为帐内军主之一。不久，齐武帝病危，一时没有了呼吸。颇受萧子良宠爱的中书郎王融想矫诏立萧子良为皇储，并且写好了诏书。萧衍对同为帐内军主的司徒参军范云说："道路籍籍，世人都说将有非常之举。王融不是济世之才，我认为他一定会失败。"王融身穿戎服红衫，在中书省阁口截住太孙南郡王萧昭业。不料，齐武帝又苏醒过来，将朝事委托于尚书左仆射西昌侯萧鸾。萧鸾迅速控制了局面，将南郡王萧昭业扶上皇位。

随后，宫廷发生了一系列权位之争。萧衍始终顺势而行，在很多人丧命的同时却能够稳步向前。

南郡王萧昭业"性辩慧，美容止，善应对，哀乐过人"，遂得到齐武帝的宠爱。但他"矫情饰诈，阴怀鄙慝"，在即位后充分显现，而且常与左右同食同睡，不成体统。专权的西昌侯萧鸾见他平庸无能，遂与镇西咨议参军萧衍同谋废立之事。萧衍尽心尽力，极力拥护萧鸾。

此后，萧昭业经常微服游走民间，嗜好赌博，而且随意赏赐左右，动不动就百数十万。齐武帝在位时，上库聚钱五亿万，斋库亦有三亿万，金银布帛更是不计其数，结果被萧昭业浪费殆尽。不仅如此，他还令妃姬相互投击宝器取乐。西昌侯萧鸾屡谏，萧昭业不仅不从，反而将其视为眼中钉。卫尉萧谌和征南咨议萧坦之为官三朝，起初并无异心，但见萧昭业日益狂纵，遂与萧鸾暗通，最终诛杀了萧昭业。

萧昭业死后，萧鸾以太后令追废萧昭业为郁林王，迎立15岁的新安王萧昭文。萧昭文即位后，萧鸾被封为骠骑大将军、录尚书事、扬州刺史、宣城郡公，不久又被封为太傅、领大将军、扬州牧、都督中外诸军事，并被加殊礼，晋爵为王。萧昭文在位时，起居饮食都要向宣城王萧鸾咨请。三个月后，萧鸾凭太后令即皇帝位，是为齐明帝。

齐明帝即位后，萧衍得到重用，先后任黄门侍郎、司州别驾、太子中庶子等职。永泰元年（498年），萧衍又被任命为雍州刺史。永泰二年（499年），齐明帝病逝，太子萧宝卷即位，扬州刺史始安王萧遥光、尚书令徐孝嗣、右仆射江祏、右将军萧坦之、侍中江祀、卫尉刘暄六人迅速控制了朝中大权。

萧宝卷在东宫时嬉戏无度，不好学习，且说话迟钝，常沉默寡言。即位后，他终日与亲信、宦官相处，不理朝政。萧衍听说后，向从舅录事参军张弘献策说："一国三公犹不堪，况六贵同朝，势必相图，乱将作矣。避祸图福，无如此州，但诸弟在都，恐罹世患，当更与益州图之耳。"张弘醒悟，遂与萧衍暗中蓄势。不久，萧衍兄萧懿被罢免益州刺史，仍行郢州事。

萧衍建议其用荆、湘之兵与他合力，"世治则竭诚本朝，世乱则足以匡济"，劝其早做准备。见萧懿不从，萧衍又与其弟骠骑外兵参军萧伟、西中郎外兵参军萧憺合谋。

江祏见萧宝卷无德无能，遂有废帝之意，欲立江夏王萧宝玄。刘暄曾在萧宝玄帐下做郢州行事，与萧宝玄有隙，于是与萧遥光商议立建安王萧宝寅。然而，萧遥光自以为年长，有自取之意。江祀认为萧宝玄年少难扶，劝其兄江祏迎立萧遥光。江祏犹豫不决，遂与萧坦之商量。萧坦之对他说："明帝立，已非次，天下至今不服。若复为此，恐四主瓦解，我期不敢言耳。"适逢母丧，萧坦之远离是非之地，回家行丧。萧遥光见江祏、江祀、徐孝嗣、刘暄四人中，仅有刘暄不愿拥立他，于是派人刺杀刘暄。刘暄发觉后，立即向萧宝卷揭发了江祏的阴谋。萧宝卷大怒，诛杀了江祏和江祀。萧遥光本欲与其弟荆州刺史萧遥欣举兵占据东府，闻听江祏被诛后遂按兵不动。不久，萧宝卷将其内迁为司徒。萧遥光担心被杀，遂以讨刘暄为名起兵，结果被斩杀。

萧遥光死后，萧宝卷论功行赏。徐孝嗣被升为司空，萧坦之被加任尚书右仆射、丹阳尹，刘暄被升为领军将军。然而未等就职，萧宝卷在茹法珍等嬖幸之人的劝说下将萧坦之、刘暄杀掉。随后，萧宝卷多次与茹法珍等人谋诛大臣，且"皆发于仓猝，决意无疑"，朝中大臣人人自危。徐孝嗣虽有废立之意，但优柔寡断，忍而不发。

江州刺史陈显达曾官至太尉，萧宝卷即位后对其不闻不问，在其有病时也未稍加关心。陈显达病愈后对萧宝卷更加愤恨，听说他滥杀朝臣后立即起兵叛乱，欲立建安王萧宝寅，结果在恶战中坠马被杀。

陈显达被诛后，萧宝卷更加骄恣。每次出游时，他都要令将路经之地的人家驱走。尉司击鼓后，凡鼓声所闻处，必须立即奔走，否则格杀勿论。在沈公城，他曾见一妇人临产没有离开，"因剖腹视其男女"；在定林寺，一老人因病不能动而藏于草间，他"命左右射之，百箭俱发"。

不久，豫州刺史裴叔业被逼无奈，向北魏称臣。此时朝中可用之人极少，卫尉萧懿由此得势，被封为豫州刺史。在平乱中，萧懿立下战功，被提升为都督豫、徐、司三州诸军事、豫州刺史，并被封为西丰公，后又被任命为尚书令。

然而，嬖臣当道，忠臣如果一味愚忠，将难以保身，萧懿便是其一。嬖臣茹法珍、等人忌惮萧懿威权，遂在萧宝卷面前诋毁他，萧宝卷遂以毒药赐死他。

在萧懿死之前，萧衍一直在隔岸观火，一边静观时势变化，一边厉兵秣马，为出击做准备。如今，其兄萧懿已被赐死，对他已有防范的萧宝卷自然不会放过他。萧衍当机立断，迅速集结兵马。萧衍颇有谋略，在作战中尽显指挥才能，屡次获胜。

永元三年（501年）三月，南康王在江陵即皇帝位，改元中兴。此后，萧衍彻底击败了萧宝卷的军队，以太后令废其为东昏侯。随后萧衍被任命为中书监、大司马、录尚书事、骠骑大将军、扬州刺史，并被封为建安郡公。此后，萧衍在朝中权势日盛。天监元年（502年）正月，萧衍进位相国，"总百揆，扬州牧，封十郡为梁公，备九锡之礼"，随后"增封十郡，晋爵为王"；四月，以太后令即皇帝位，以梁为国号，建元天监。

■ 前期勤政　晚年向佛

梁武帝萧衍即位后，大力整顿吏治，时时唯才是举。另外，梁武帝还鼓励耕种，提倡节俭。他本人身体力行，常常身穿粗布衣服，每顿都吃素菜。每次选拔长吏时，他也会以廉洁作为考核项目之一。尚书殿中郎到溉、左户侍郎刘顗以廉洁著称，分别被擢升为建安内史和晋安太守。

在法律制度上，梁武帝令人编纂《梁律》二十卷、《令》三十卷、《科》四十卷，使得官吏能依法治国，百姓能有法可依。在教育方面，梁武帝广开学舍，聘用《五经》博士，大力推行已经中断了的儒学，为儒学的继承和发展作出了很大的贡献。

除此之外，梁武帝还善于纳谏。梁武帝在位期间责罚不公，对贵族、朝士等多有偏袒，而对百姓却异常严格。百姓一旦有罪，连坐家中老幼；一人逃亡，全家都要为质。一次，梁武帝到郊外祭祀，秣陵的一位老人拦驾上谏说："陛下为法，急于庶民，缓于权贵，非长久之道。诚能反是，天下幸甚。"此后，梁武帝牢记于心，对百姓中犯罪者多有宽缓。

在梁武帝的治理下，齐朝时造成的社会弊端和遗留的矛盾得到消除或缓解，梁朝逐渐显现出了繁荣景象。然而，梁武帝虽然创造了齐朝的昌盛，但也导致了齐朝的衰落。

梁武帝为人有孝道，慈善而恭俭，且博学能文，对阴阳、卜筮、骑射、声律、草书、隶书、围棋等无不精通。他勤于政务，"冬月四更竟，即起视事，执笔触寒，手为皲裂"。到了晚年更加节俭，长期不食鱼肉，每天只吃一餐，且以贫民所吃的菜羹、粗饭为食，遇到繁忙时"日移中则嗽口以过"。他一冠戴三载，一衾盖二年，"后宫贵妃以下，衣不曳地"。梁武帝也不饮酒，不遇宗庙祭祀、大宴、法事等都不曾作乐，虽然居于暗室，但衣冠整齐，在盛暑时也不解衣。

然而，梁武帝对待小臣却以大宾之礼，且过于宠爱士人，以至于牧守经常渔肉百姓。另外，他宠信小人，且多造塔庙。由是，"江南久安，风俗奢靡"。不仅如此，梁武帝崇尚文雅，遂疏简刑法，公卿大臣都得以免罪。于是，奸吏玩权弄法，贿赂日盛；王侯子弟多骄淫不法。梁武帝年迈，开始厌烦各种政务，又一心向佛，每当审断重罪时都会整日不悦。即使发现反逆之事，他也只是哭着宽恕谋反者。王侯因此更加骄横，或于白昼在街市上杀人，或于暮夜公然剽掠。一些畏罪潜逃者匿于王侯之家，有司便不敢搜捕。梁武帝虽然深知社会弊端，但因沉溺于佛学慈爱，始终没有采取任何措施。

太清二年（548）八月，羯族人侯景发动叛乱，率兵攻入建康城。85岁的梁武帝萧衍临危不惧，问部下："还能战吗？"部下答曰："不能。"萧衍叹道："梁之天下，自我得之，自我失之！"于是，端坐太极东堂接见侯景。他从容问话："侯将军是哪一州人，因何兴兵犯阙？妻子儿女还在北方吗？"侯景见此情形，竟不敢仰视，以至于惶恐不知所对，最终诺诺而退，方敢喘口粗气："我鞍马征战，矢刃交加，并无所怕，今见萧衍，却有惧怕之意，果真天威难犯！"

此后，丞相侯景控制了梁朝朝政。但无论侯景奏请什么事，梁武帝总是反对。此后侯景以牙还牙，不仅不搭理梁武帝，而且还裁节其已够节俭的膳食，使得梁武帝忧愤成疾。

太清三年（549年）五月，梁武帝在净居殿休息，因口苦向左右要蜂蜜，随后口中念道"荷！荷"离开人世。

陈武帝陈霸先——勇谋兼备、善抓时机的乱世英雄

■ 人穷志高 稳打基础

南朝梁武帝天监二年（503年），陈霸先出生于吴兴长城（今浙江长兴）的一个贫寒之家。陈霸先没有因为家境不好而自暴自弃，反而一头扎进了兵书里面。随着年龄的增长，他逐渐成为了闻名乡里的人物，并在乡里做了个小官。

然而，陈霸先的志向远非如此。为了能够拥有更加广阔的发展空间，他只身来到京师建康。凭着自己的才智，他很快弄了个油库吏的官职。不久，他便在新渝侯萧映手下任职，渐渐被其器重。萧映奉诏南下担任广州刺史时，陈霸先在其举荐下担任武官中直兵参军，并随其前往。此后，陈霸先成为了萧映的得力助手，先后立下数次战功。陈霸先也因此受到提拔，先被任命为西江督护、高要太守，后又被梁武帝封为直阁将军。

平乱期间，陈霸先不仅有丰富的军事知识，而且时时透露出一种视死如归、凛然不可侵犯的豪气。大同十一年（545年），梁武帝令交州刺史杨瞟迅速镇压交州豪族李贲的叛乱，并令陈霸先以交州司马之职参战，令定州刺史萧勃在西江与杨瞟合兵。萧勃知道部将都忌惮远征，于是找借口恳请杨瞟不要令其部从征。杨瞟向诸将问计，陈霸先说："交趾叛涣，罪由宗室，遂使澜乱数州，逋诛累岁。定州欲偷安目前，不顾大计。节下奉辞伐罪，当死生以之。岂可逗挠不进，长寇沮众也！"随后，陈霸先为大军前锋，将李贲击败。次年，李贲又聚众二万屯于典澈湖。陈霸先见各军不敢进兵，遂对诸将说："我师已老，将士疲劳；且孤军无援，入人心腹，若一战不捷，岂望生全！今藉其屡奔，人情未固，夷、獠乌合，易为摧殄。正当共出百死，决力取之；无故停留，时事去矣！"诸将默然。当晚，江水暴涨。陈霸先心中大喜，首率本部兵顺水势进攻，各军紧随其后。一场恶战后，李贲被斩。陈霸先再立战功，被加任督七郡诸军事。至此，陈霸先成为了梁朝有名的将领，威名日盛。

■ 身为良禽 善择良木

太清二年（548年），逆贼侯景发动叛乱，控制了梁朝朝政；太清三年（549年），被软禁的梁武帝去世，侯景秘不发丧，并迎立皇太子萧纲。

简文帝萧纲即皇帝位后，侯景屯兵于朝堂，严密守卫京师，以防各地官员举兵讨伐。当时，湘东王萧绎实力较为雄厚，但难以与侯景抗衡，其世子在作战中阵亡。侯景听说陈霸先欲起兵讨伐他后，派人拉拢了广州刺史元景仲。陈霸先知道后，与成州刺史王怀明等在南海集兵，传檄征讨元景仲。元景仲见部众不战而散，遂自缢而死。随后，陈霸先迎定州刺史萧勃镇广州，并投靠其麾下。不久，陈霸先奉萧勃之命擒获攻打监衡州事欧阳頠的前高州刺史兰裕及

其诸弟，因功被萧勃任命为始兴太守。

随后，湘东王萧绎派竟陵太守王僧辩、信州刺史鲍泉共击湘州。王僧辩见竟陵各军还未聚全，想等聚齐后再发兵。萧绎怀疑他有观望之意，遂将其囚禁，令鲍泉独自率兵出击。河东王萧誉被鲍泉战败后退守长沙，并向岳阳王萧詧告急。萧詧率兵攻打江陵，萧绎在王僧辩的谋划下得以脱险。随后，萧绎以鲍泉久围不克长沙为由，令王僧辩代其为都督。

在这期间，各地王侯拥兵自重，梁朝处于割据状态。陈霸先不愿错失扩张权势的良机，遂广结郡中豪杰，郡人侯安都、张纂等各率千余人归附于他。广州刺史萧勃为人胆小懦弱，得知陈霸先要讨伐侯景后，派人告诉他说："侯景骁雄，天下无敌，前者援军十万，士马精强，犹不能克，君以区区之众，将何所之！如闻岭北王侯又皆鼎沸，亲寻干戈，以君疏外，讵可暗投！未若且留始兴，遥张声势，保太山之安也。"陈霸先大义凛然道："仆荷国恩，往闻侯景渡江，即欲赴援，遭值元、兰，梗我中道。今京都覆没，君辱臣死，谁敢爱命！君侯体则皇枝，任重方岳，遣仆一军，犹贤乎已，乃更止之乎！"随后弃暗投明，依附了萧绎。陈霸先能征善战，得到了萧绎的赏识。此后，萧绎在王僧辩和陈霸先的帮助下，实力不断增强。

大宝二年（551年）七月，侯景从巴陵败归，废简文帝为晋安王，迎立豫章王萧栋。随后，他杀了哀太子萧大器、浔阳王萧大心等皇子及建康王侯二十多人，而且派人在吴郡杀掉南海王萧大临，在姑孰杀掉南郡王萧大连，在会稽杀掉安陆王萧大春，在京口杀掉高唐王萧大壮。

萧绎怒不可遏，遂任命尚书令王僧辩为江州刺史，任命江州刺史陈霸先为东扬州刺史，令诸将加紧攻打侯景。不久，被软禁的简文帝去世。王僧辩、陈霸先等人数请萧绎上尊号，萧绎不同意，后仅自封为王，立其子萧方矩为王太子。次年，萧绎战胜侯景，开始称帝，是为梁元帝。

自侯景之乱后，梁朝"州郡太半入魏，自巴陵以下至建康，以长江为限，荆州界北尽武宁，西拒硖口，岭南复为萧勃所据，诏令所行，千里而近，民户著籍者，不盈三万而已"。此后，王僧辩、陈霸先等人继续为萧绎卖命，为梁朝领土完整作出了巨大贡献。王僧辩被封为太尉、车骑大将军，不久，陈霸先被封为司空。

■ 步步为营　把握良机

承圣三年（554年）十二月，西魏兵攻入建康，梁元帝被杀。当时，王僧辩、陈霸先等人正在四方征战，得知梁元帝被杀后欲迎立简文帝之子江州刺史晋安王萧方智。数日后，贞阳侯萧渊明被北齐立为梁主。二月，13岁的晋安王萧方智在建康即梁王位，以太尉王僧辩为中书监、录尚书、骠骑大将军、都督中外诸军事；加封陈霸先为征西大将军。

随后，齐主写信给王僧辩，建议其迎立萧渊明。王僧辩不从，齐主发兵攻克东关，斩杀散骑常侍裴之横，并俘虏数千人。王僧辩惊惧，无奈之下立萧渊明为帝。萧渊明即位后，立萧方智为皇太子，以王僧辩为大司马，以陈霸先为侍中。

此时，陈霸先与王僧辩产生了矛盾。起初，他们二人共灭侯景，感情甚好。王僧辩接纳贞阳侯渊明后，陈霸先数次遣使苦劝，王僧辩就是不从。陈霸先对亲信叹道："武帝子孙甚多，唯孝元能复仇雪耻，其子何罪，而忽废之！吾与王公并处托孤之地，而王公一旦改图，外依戎狄，援立非次，其志欲何所为乎！"

适逢有人上奏说齐师兴兵并抵达寿春，驻守石头的王僧辩遂派记室江旰去告诉陈霸先注意防备。陈霸先顺势将江旰留在京口，举兵袭击王僧辩。九月，陈霸先召集部将侯安都、周文育、徐度、杜稜等人商议。杜稜认为此事难成，陈霸先害怕他泄密，遂用手巾将其勒晕，关在偏房里。随后，他布置好京口事务，带着与其合谋的四将赶往石头城。外人都认为江旰在征兵抵御齐师，没有觉得奇怪。随后，陈霸先一行入石头城，杀死了王僧辩。

数日后，晋安王萧方智即皇帝位，并向北齐称臣。陈霸先拥立有功，被任命为尚书令、都督中外诸军事、车骑将军、扬、南徐二州刺史，成为大权臣。

然而，战争远没有结束。先有王僧辩近臣杜龛、外甥徐嗣先堂兄谯、秦二州刺史徐嗣徽起兵作乱，陈霸先发兵平定；后有王僧辩好友东扬州刺史张彪、素旧将江州刺史侯瑱不服，陈霸先发兵斩杀。不仅如此，北齐军也参与到内乱之中。陈霸先毫不避让，屡战告捷。

永定元年（557年）八月，身为丞相的陈霸先进位太傅，加黄钺、殊礼，于次月进位相国，"总百揆，封陈公，备九锡，陈国置百司"，位列三公之上；十月，晋爵为王，随后受禅即皇帝位。此后，梁朝灭亡，陈朝兴起。

陈武帝陈霸先即位后，先已抗上的湘、郢二州刺史王琳将其派去征讨他的开府仪同三司侯安都及其心腹周文育擒获。于是，陈武帝一边调兵遣将平定内乱，一边尽心尽力治理朝政。

陈武帝"为政务崇宽简，非军旅急务，不轻调发"，且"性俭素，常膳不过数品，私宴用瓦器、蚌盘，殽核充事而已；后宫无金翠之饰，不设女乐"。然而，就在内部安定之际，做了不到三年皇帝的陈武帝溘然长逝，终年57岁。

 陈后主陈叔宝——颓靡、荒淫的陈朝末代之君

■ 顺理成章做帝王　治国无方负众望

中国历史上有两大割据时期，一是春秋战国时期，二是南北朝时期。与春秋战国相比，南北朝时期的君主大都没有积极进取的斗志。南朝的宋、齐、梁、陈四朝均建都于建康（今江苏南京）。在这短短169年的历史中，先后产生了33位帝王。除了宋武帝刘裕、梁武帝萧衍、陈武帝陈霸先等几位开国君主外，其余皆不成器。这些人或忙于争权夺势，或趁机享乐，醉心于莺歌燕舞。其中，以陈后主陈叔宝为最。

陈叔宝（553—604），字元秀，陈朝末代皇帝，在位7年，史称陈后主。

569年，陈宣帝陈顼即位，改年号为太建。陈叔宝为嫡长子，被立为皇太子。陈太建十五年（583年），陈宣帝陈顼病死，陈叔宝即位，改年号为至德。陈宣帝有40多个儿子，始兴王陈叔陵是他的次子。此人凶横野蛮，觊觎皇位已久。不过，尽管他费尽百般心思，陈宣帝始终没有

废掉太子陈叔宝。陈宣帝刚死，陈叔陵就有了除陈叔宝之心。他趁陈叔宝为父亲小殓之时，用刀猛砍陈叔宝。站在一旁的皇太后柳敬言、太子乳母吴媪、四弟陈叔坚扑上前去抱住陈叔陵，陈叔宝才免于一死。

陈叔宝先有丧父之痛苦，后有被刺之惊险，以致即位后在很长一段时间内"不能视事，政无大小，悉委叔坚决之"。在他休养期间，皇太后柳敬言和陈叔坚二人功不可没。他们不仅平定了陈叔陵叛乱，为宣帝主持了国葬，而且还将朝野政务处理得有条不紊。

不仅如此，为了能够保证陈叔宝的顺利亲政，柳太后和陈叔坚还有意帮他树立明君风范。在他们的帮助下，陈叔宝下诏说："朕以寡薄，嗣膺景祚，虽哀疚在躬，情感愍舛，而宗社任重，黎庶务殷，无由自安拱默，敢忘康济。"这段话的意思是：我有幸登基继位，虽然内心悲痛，神情昏乱，可国家大事和百姓疾苦使我无法贪图安逸，不敢有丝毫懈怠。另外，他还表示要广开言路、广纳良策、杜绝奢华腐化等等。

然而，陈叔宝胸无大志，辜负了柳太后和陈叔坚的心血，将陈朝一步步推向腐败和衰落。

陈至德三年（585年），陈叔宝休养好后，开始处理政务。刚刚执政，他就嫌内廷陈设简朴、居处简陋，迫不及待地在光照殿前修建临春、结绮、望仙三阁，极尽豪华奢侈之能事。据史书记载，"阁高数丈并数十间，其窗牖、壁带、悬楣、栏槛之类，并以沉香木为之，又饰以金玉，间以珠翠，外施珠帘，内有宝床、宝帐，其服玩之属，瑰奇珍丽，近古未有。每微风暂至，香闻数里；朝日初照，光映后庭。其下积石为山、引水为池，植以奇树，杂以花药。"建造如此豪华的宫殿，自然要搜刮民脂民膏，以至于"刑罚酷滥，牢狱常满。"

陈叔宝不仅讲究排场，而且非常好色。他有众多妃妾，如张贵妃、龚贵嫔、孔贵嫔、王美人、李美人、张淑媛、薛淑媛、袁昭仪、何婕妤、江修容等。在这些妃妾中，他最宠爱的要数张贵妃张丽华。

张丽华初入宫时，年仅10岁，是孔妃的侍女。陈叔宝偶然遇见她，端视良久后对孔妃说："此国色也。"张丽华聪明伶俐，吹弹歌舞、诗词歌赋无所不能。随着年龄的增长，她越发出落得轻盈婀娜，姿容艳丽。如此绝色，陈叔宝岂能不爱。后来，张丽华被封为贵妃，为陈叔宝生了一位皇子——陈深。

陈叔宝是一个贪图享受的皇帝，他的音乐天赋为他原本奢华的生活更添情趣。他每天都要约请他的"内阁重臣"，如宰辅江总、都官尚书孔范、散骑常侍王瑳等人，与嫔妃们共同饮酒、作词。随后，陈叔宝为这些艳丽浮华的靡靡之辞配上曲子，再招来成百的宫女演奏。

《玉树后庭花》、《临春乐》、《黄鹂留》、《金钗两臂垂》等本是清商乐中的吴音和西曲歌调，经陈叔宝谱曲"改造"后，便成了夸耀后妃容颜的淫词。

如今，陈叔宝的"大作"多已失传，不过还留下些许，如《玉树后庭花》：

丽宇芳林对高阁，

新妆艳质本倾城。

映户凝娇乍不进，

出帷含态笑相迎。

娇姬脸似花含露，

玉树流光照后庭。

这首《玉树后庭花》被后人称为"亡国之音"。

陈叔宝整日沉湎于酒色之中，不理朝政。殊不知后庭花开，庭前生乱，他在灯红酒绿、燕语莺歌之间无意中已埋下了亡国的种子。

张贵妃得到陈叔宝的宠爱后，便开始干预军国大事，并且胆子越来越大。她援引宗戚，勾结宦官，卖官鬻爵，而对她言听计从的陈叔宝却毫不在意，故作不知。

陈叔宝的所作所为引起了正直朝臣的不满，秘书监傅縡因看不惯淫侈之风得罪了陈叔宝的宠臣施文庆，被陷入狱。傅縡悲痛不已，见陈叔宝沉溺酒色、不思朝政，在狱中冒死上书谏诤："陛下顷来酒色过度，不虔郊庙之神，专媚淫昏之鬼，小人在侧，宦官弄权，恶忠直若仇雠，视生民如草芥，后宫曳绮绣，厩马余菽粟，百姓流离，殭尸蔽野；货贿公行，帑藏损耗，神怒民怨，众叛亲离，恐东南王气，自斯而尽。"

傅縡言辞犀利，惹怒了陈叔宝。不过，傅縡所言皆为事实，陈叔宝无从反驳，于是便派人转告傅縡，这次赦他无罪，不过他必须悔过，而且以后不准再上书妄言。傅縡素来刚正不阿，听了陈叔宝的话后，朗声大笑道："陛下不改，则臣心难改！"陈叔宝又惊又怕，在宠臣的唆使下，将傅縡赐死于狱中。

傅縡之死并没有彻底改变正直之臣对陈朝的忠心，大市令章华见陈后主宠信奸佞、乱杀忠良，又冒死上书，痛斥陈叔宝："陛下即位如今五年，不思先帝之艰难，不知天命之可畏，溺于嬖宠，惑于酒色，祠七庙而不出，拜妃嫔而临轩，老臣宿将，弃之草莽，谄佞谗邪，升之朝廷。今疆场日蹙，隋军压境，陛下如不更弦易张，臣见麋鹿复游于姑苏台矣。"

章华的上书虽然言辞不恭，但其情切切，足可使任何一个有点头脑的君王猛醒三分，然而却唤不醒鬼迷心窍的陈叔宝。最终，章华步了傅縡的后尘，同样走上了断头台。自此，朝中"遂无骨鲠之臣。"

■ 向隋称臣　客死异国

陈祯明元年（587年），隋文帝基本平定了突厥的叛乱，做好了消灭陈朝的准备。

次年，隋文帝下诏历数陈叔宝20大罪状，散写诏书20万纸，遍谕大江内外，随后引51万大军兵分八路直取江南。隋军战舰东接沧海，西拒巴蜀，旌旗舟楫，横亘数千里。陈朝沿江镇戍连连上奏告急，但这些告急文书却被施文庆秘密扣下。

此时，陈叔宝正在办理一件大事：废掉太子陈胤，另立张贵妃之子陈深为太子。立陈深为太子后，陈叔宝还有一件事要做，就是准备第二年的元会。于是，他召沿江镇守的南平王陈嶷和永嘉王陈彦入京。为了粉饰太平，陈叔宝竟然要求沿江舰船全部跟随入朝，以至于隋军入境时江中竟无一艘战船可用。

不仅如此，陈叔宝还下令建大皇寺，内造七级浮屠，尚未竣工就被焚毁。面对长驱直入的隋军，只有仆射袁宪请兵抵御。陈叔宝视若罔闻，依旧奏乐侑酒，赋曲不辍，而且还笑着对侍从说："齐兵三来，周师再至，无不摧败而去，彼何为者耶？"孔范在一旁附和说："长江天堑，古以为限，隔断南北，今日隋军，岂能飞渡？边将欲作功劳，妄言事急。臣每患官卑，虏若渡江，臣定做太尉公矣。"

骠骑将军萧摩诃是一位十分有才能的将军，他三番五次要求出兵，施文庆等人却每每阻挠排斥。几天工夫，隋军就打到了钟山。此时，建康尚有十几万精兵强将，如果能将其有效组织起来，尚有回旋的机会。国难当头，施文庆仍嫉贤妒能，怕诸将有功，便向陈叔宝进谗言："这些人平时就不听话，现在是危难时刻，怎么能轻易相信呢！"于是，凡是有人奏请战事，君臣二人都置之不理，战机一次次失去。

当战机丧失殆尽时，万般无奈的陈叔宝才命萧摩诃出战。更为可气的是，萧摩诃在前线浴血奋战，陈叔宝却看中了他年轻貌美的妻子，生生将其霸占了去。原来，萧摩诃丧偶，续娶任氏。任氏年轻美貌，与张丽华交好，并结为姊妹。陈叔宝见任氏生得容颜俏丽，便想据为己有，并最终得逞。萧摩诃知妻子与陈叔宝有奸，不胜大怒道："我为国家在外征战，立下功劳无数。而今皇上不顾纲常名分，奸污我妻子，玷辱我门风，是何道理！"战意遂失，不几日，这位曾经护驾有功的前朝老将便被隋军俘虏。

前线战事不利，大将任忠疾驰入京，向陈叔宝报告败状。跪在陈叔宝面前泣不成声道："陛下保重，臣无能为力了。"陈叔宝顿时慌了手脚，连忙将许多金银细软塞给任忠，要他出去招募兵马。任忠踌躇片刻，建议陈叔宝前去投奔城外作战的军队，得到陈叔宝的同意后便去准备船只。后来，他见大势已去，索性投降了隋军，并引导隋军直奔朱雀门。守城陈军见隋军杀过来，连忙准备战斗，任忠高喊："老夫已降，诸君何必多事！"守城将士见忠心耿耿的任忠已经投降，作鸟兽散，隋军兵不血刃，轻而易举地占领了建康。

此时，陈叔宝身边只剩袁宪一人。他不禁悲从心起："朕从来待卿不薄，今众人皆弃我去，唯卿独留，不遇岁寒，焉知松柏？非惟朕无德，亦是江东衣冠道尽。"说完后便魂不守舍地找地方藏匿。袁宪说道："今北兵入都，必无所犯。事已至此，陛下又能躲到哪里去呢？不如正衣冠，御正殿，效仿梁武帝见侯景之事。"

陈叔宝不依袁宪之言，并道："锋刃之下，未可儿戏，朕自有计。"令袁宪无法想到的是，他的"妙计"竟是拉上心爱的张贵妃、孔贵嫔，出后堂景阳殿，三人并作一束同投井中。

隋军入宫，向执内侍询问陈叔宝的下落，内侍指着枯井说："这里。"隋军见枯井里漆黑一团，呼之不应，扬言要往下扔石头，这才听到求饶声。接着，隋军用绳子将三人拉上来。据说三人被提上来时，贵妃张丽华的胭脂蹭在井口，后人就把这口井叫"胭脂井"。

隋开皇九年（589）二月，也就是被俘的第二个月，陈叔宝被押解进京朝见隋文帝。隋文帝赦免其罪，并厚待之。隋仁寿四年（604），陈叔宝死于隋大兴城，时年52岁。

北魏道武帝拓跋珪——乱世中建立北魏的一代雄杰

■ 数次脱险 得以立足

东晋简文帝咸安元年（371年）八月，拓跋珪出生于参合陂（今内蒙古凉城东北）。拓跋是鲜卑族拓跋部人，其祖父拓跋什翼犍创建了代国。据《资治通鉴》记载，当时的代国具有比较强的实力，"东自濊貊，西及破落那，南距阴山，北尽沙漠，率皆归服，有众数十万人"。出生在强大国家和尊贵皇族中的拓跋珪本应该有着幸福的生活，然而命运偏偏捉弄了他。

代国是在各部联盟的基础上产生的，联盟中的各部都会自觉维护本部的利益。拓跋什翼犍要想治理好国家，必须要进行一番改革，比如加强中央集权、削弱地方势力等等。在改革的过程中，一部分贵族势力因自我利益受到损害而感到不满，国内开始出现叛乱事件。拓跋珪还在娘胎的时候，他的祖父拓跋什翼犍遇刺，幸好没有大碍。随后，他的父亲拓跋寔跟随拓跋什翼犍前去平乱，虽然除掉了凶手，平息了叛乱，但拓跋寔却在战斗中丧生，以至于拓跋珪刚出生就成了孤儿。

拓跋珪出生的年代是多方势力割据的年代，战事不断。在北方的众多国家中，前秦的实力最为强大。前秦世祖苻坚欲统一北方，先后在北方诸国燃起战火。至东晋孝武帝太元元年（376年）八月，除代国外，苻坚已经吞并了北方所有的小国。代国独木难支，几个月后便被前秦所灭，拓跋珪的祖父拓跋什翼犍被杀。

同年，6岁的拓跋珪背井离乡，跟随着母亲贺氏过起了逃难生活。贺氏先带着拓跋珪在她的娘家贺兰部住了一段时间，随后又投靠了与拓跋部世代通婚的独孤部。独孤部此时已依附前秦，该部首领刘库仁奉命管理黄河以东的地区。刘库仁对拓跋珪非常照顾，并且常在自己的儿子们面前提起拓跋珪，说他"有高天下之志，必能恢隆祖业"，要他们好好对待他。独孤部的实力原本就比较雄厚，刘库仁平定统管黄河以西的刘卫辰的叛乱后，独孤部迅速成为了代北各部中地域面积最广、实力最为雄厚的部族。

太元八年（383年），苻坚举兵讨伐东晋，结果在淝水大败，兵力损失严重。归附于前秦的各方势力见前秦势弱，纷纷摆脱前秦的控制，各自独立。后秦主姚苌乘前秦政权瓦解之时杀死了苻坚。很快，中国整个北方地区再次形成多方割据的局面。同年，刘库仁因拥护苻坚而遭杀害。

刘库仁被杀后，其弟刘眷成为独孤部首领；两年后，刘库仁的儿子刘显除掉刘眷并取而代之。刘显凭借着独孤部的强大实力，有统一代北的打算。拓跋珪为代国国主的后代，刘显担心他的威望会高出自己，遂想除掉他。

商人王霸知道刘显的意图后，没有办法私下接近拓跋珪，遂在人多的时候踩了他的脚。拓跋珪生性聪明，对王霸的提示心领神会，遂偷偷逃到母亲贺氏身边。由于独孤部和拓跋部世代通亲，独孤部中的一些人还是站在拓跋珪一边。比如，刘显的弟媳是拓跋珪的姑姑，刘显的幕僚梁六眷是拓跋珪祖父的外甥。他们知道刘显要杀拓跋珪后，先后告诉了贺氏。为了能够让拓跋珪安全脱险，贺氏于当晚前往刘显处与其饮酒，以便将他牵制住。同时，拓跋珪带着长孙犍、元他等拓跋部旧臣前往贺兰部投靠舅舅贺讷。

贺讷见外甥拓跋珪来投，非常惊喜。他对拓跋珪说："复国之后，当念老臣！"拓跋珪回答他说，如果真有那么一天，一定不会忘了他的大恩大德。随后，拓跋珪便在贺兰部安住了下来。

刘显知道拓跋珪逃到贺兰部后非常气愤，怀疑梁六眷走漏了消息，遂不再重用他。随后，贺氏从弟贺悦带领部属归附拓跋珪，使得刘显更加愤怒，欲杀贺氏以解恨。贺氏逃到刘显的弟弟刘亢泥的家中，刘亢泥碍于她是其妻的姐妹，将她藏好，并替她向刘显求情，贺氏这才保住了性命。不久，内乱又一次发生。贺氏乘机说服独孤部中原代国的一些旧臣，让他们跟随她投奔了拓跋珪。

拓跋珪善结人缘，很快就与贺兰部中的贵族混熟，很得人心。贺讷的弟弟贺染干见外甥如此有威望，顿时心生妒嫉，派人暗杀拓跋珪。代人尉古真得到消息后及时通知了拓跋珪，拓跋珪立即做了防范准备，令刺客无从下手。贺染干见计划失败，索性将拓跋珪的住处包围。此时，贺氏再次出面，以"汝等今安所置我，而欲杀吾子也"问得贺染干自觉惭愧，打消了除掉拓跋珪的念头，并率部下人马离开了贺兰部。

太元十一年（386年）正月，拓跋珪在众人的支持下，于牛川（今内蒙古乌兰察布盟内塔布河，又称锡拉木林河）即代王位。此时的代国仍然是在联盟的基础上形成，权力核心是宗族八姓。早在拓跋邻时期，宗族八姓已经形成，它包括拓跋氏和与拓跋氏有血缘关系的七个部族。代国的构成有三部分：一是宗族八姓；二是其他部族，其中以贺兰部、丘穆陵部实力较强；三是汉人，其中张衮为左长史，许谦为右司马。

拓跋珪即位后，依照汉人建国后建元的习俗，建元登国。拓跋珪虽为一国之王，但并不能掌控一国之权。当时，宗族八姓中的其他七个部族都握有一部分权力，共同参与国事管理。因此，拓跋珪在行使权力时必须征求他们的意见。建国后，代国体制仍然采用拓跋什翼犍时期的体制，四部大人和南北部大人位高权重。其中，四部大人负责联盟日常事务，南部大人长孙嵩和北部大人叔孙普洛负责管理前来投靠的外族人。

■ 以战养国 扩充势力

登国元年（386年）四月，拓跋珪改代为魏，自封为魏王。七月，拓跋珪将都城迁至盛乐（今内蒙古和林格尔西北）。

刘显见北代落入拓跋珪之手，心中甚为不平，于八月拥立拓跋窟咄为王，欲将拓跋珪拉下王位。拓跋窟咄是前代王拓跋什翼犍的少子，拓跋珪的叔叔。前秦统一北方后，他投奔了已归附前秦的慕容永。前秦世祖苻坚兵败淝水后，慕容永乘前秦国势衰弱之际脱离前秦并东迁，自立为西燕主，任拓跋窟咄为新兴太守。刘显担心拓跋珪偷袭独孤部，一面将部族由善无（今山西右玉县）移至马邑（今山西朔县），一面联合拓跋窟咄夺取拓跋珪的王位。

拓跋窟咄的出现，在联盟内部引起骚动，一些部族首领暗通拓跋窟咄，欲立其为王。拓跋珪处变不惊，立即诛杀了欲叛乱的主谋。平息内乱后，拓跋珪准备对付独孤部。为避免与独孤部直接交锋，他带领联盟部族绕道而行，在贺兰部落脚。同时，他派人前往后燕求援。

西燕主慕容永原是前燕王的部属，本与后燕主慕容垂没有冤仇，但自称西燕主后便要与后燕分道扬镳，并下令诛杀仍居住在长治的慕容垂宗室，从而与慕容垂结下仇怨。慕容垂一方面鉴于和拓跋部的联姻关系，一方面鉴于拓跋窟咄依附的是自己的仇人，从而心甘情愿地援助拓跋珪。

在后燕的援助下，拓跋珪在高柳（今山西阳高）大败拓跋窟咄，拓跋窟咄在逃亡过程中被刘卫辰所杀。在这期间，贺染干与拓跋窟咄相勾结，乘拓跋珪率兵攻打拓跋窟咄时袭击魏国，魏国国内包括北部大人叔孙普洛在内的十三人临危变节，归附刘卫辰。拓跋珪将拓跋窟咄的残部收服后回师，令代人库狄干接任北部大人一职。

刘显计划失败后并不甘心，以马邑（今山西朔县东北）为根据地，不断地扩张地盘、招兵买马，成为北方实力颇为雄厚的一个霸主。登国二年（387年）三月，王敏、许谦二人先后背叛魏国，投奔刘显。无疑，刘显已经成为了北魏的劲敌。五月，魏国左长史张衮认为刘显"志大意高，希冀非望，乃有参天贰地，笼罩宇宙之规"，以"吴不并越，将为后患"来劝诫拓跋珪，建议他乘刘显兄弟二人此时正处于纷争之时与后燕主慕容垂联手，从东西两面夹击刘显。拓跋珪欣然赞同，不久便与后燕合力进攻刘显，刘显兵败后逃亡。

至此，拓跋珪既解除了王位的威胁，又解除了魏国受到的威胁。同时，在击败拓跋窟咄和刘显的过程中，拓跋珪不仅扩展了魏国的疆土，增强了魏国的实力，而且通过战争增强了他手中掌握的权利。

在多方政权割据的时代，要想使自己手中的政权不被他人夺去或消灭，必须要使自己手中的政权最具实力。而要想做到这点，就必须不断地扩张和进取。虽然年轻但饱受磨难的拓跋珪深谙此理，继续扩大疆域，先后吞并了库莫奚、高车、吐突邻等部族，并与后燕一同收服了纥突邻、纥奚两部。

在以后的几年里，拓跋珪继续向后燕主慕容垂称臣，这种局面一直维持到登国六年（391年）。那一年，拓跋珪派遣其弟拓跋觚向后燕上贡。当时慕容垂年已衰老，其子弟专权用事，以拓跋觚为质向魏国索要良马。拓跋珪不给，两国从此断绝关系。

起初，柔然部人世代依附代国。前秦王苻坚灭代后，柔然部依附于刘卫辰。等到拓跋珪建立魏国后，原代国各部先后前来依附，唯有柔然部不从。登国六年（391年）十月，拓跋珪引兵攻打柔然部。柔然部只得逃走，拓跋珪一直尾随六百里。诸将认为柔然部已经远去，军中已无粮食，不愿意再追下去。拓跋珪向诸将问道："若杀副马，为三日食，足乎？"诸将都回答说"足"。于是，拓跋珪下令日夜兼程，在不到三日之内追上了柔然部，虏获了半部人马，并令部将继续追击。随后他对佐将说："卿曹知吾前问三日意乎？"皆说不知。拓跋珪解释道："柔然驱畜产奔走数日，至水必留；我以轻骑追之，计期道里，不过三日及之矣。"最后，除了柔然部数位将领投奔了刘卫辰外，其他人皆被拓跋珪收服。

数日后，刘卫辰派遣其子直力鞮率兵数万攻打魏国南部。十一月，拓跋珪仅引兵数千人迎击，结果大败直力鞮。随后，拓跋珪乘胜追击，一直攻打到刘卫辰的居所。刘卫辰兵败后在逃亡中被部众所杀。十二月，拓跋珪诛杀了刘卫辰宗党五千多人，将尸体皆投入河中。自此，黄河以南的各部都归附了魏国。魏国获得马匹三十余万，牛羊四百余万，国用自此丰足。

在拓跋珪锐意扩张的同时，后燕也在积蓄力量。登国九年（394年），后燕灭掉了前燕，实力得到增强。同年，前秦灭亡。此时，北方存在的国家有后燕、后秦、西秦、后凉和魏国。其中魏国和后燕相近，拓跋珪决定先灭掉后燕。

登国十年（395年），拓跋珪开始侵扰后燕边境各部。同年五月，后燕主慕容垂发兵攻打魏国。张衮听说燕军将至后，对拓跋珪说："燕狃于滑台、长子之捷，竭国之资力以来。有轻我之心。宜羸形以骄之，乃可克也。"拓跋珪赞成其议，将魏国各部迁徙千余里躲避，并向后秦求救。不久，慕容垂病笃，后燕太子慕容宝无心恋战。拓跋珪乘机与后秦兵合击后燕兵，慕容宝大败而归。

登国十一年（396年）三月，病情好转的燕主慕容垂亲率大军讨伐魏国，初战告捷。然而好景不长，慕容垂见到前场战争中后燕将士堆积如山的尸骸后因惭愧忧愤而吐血，自此旧病复发，后燕军转攻为守。四月，慕容垂在返国途中病逝，太子慕容宝班师而还。拓跋珪见后燕实力如此雄厚，暂且放弃了消灭后燕的计划。同年，拓跋珪改元皇始。

■ 不善守成 中年被杀

皇始三年（398年）六月，魏王拓跋珪命群臣商议国号。群臣都说："周、秦以前，皆自诸侯升为天子，因以其国为天下号。汉代以来，皆无尺土之资。我国家百世相承，开基代北，遂抚有方夏，今宜以代为号。"黄门侍郎崔宏则说："昔商人不常厥居，故而称殷、商；代虽旧邦，其命惟新，登国之岁，已更曰魏。夫魏者，大名，神州之上国民，宜称魏如故。"此后，魏王拓跋珪迁都平城（今山西大同），开始仿照东晋修筑宫室，并建宗庙、立社稷。

在治国方面，魏王拓跋珪命令有司"正封畿，标道里，平权衡，审度量"，并遣使前往郡国考核各地官员政绩，举奏不法者。通过这些措施的实行，魏国出现了其祖父在位时未曾有过的安定局面。

然而，这种局面并没有维持多久。拓跋珪虽然正值中年，却开始服用有毒的寒食散以期来延长寿命。待药性发作后，他开始变得焦躁不安，喜怒无常，而且这种症状日益加剧。再加上国内数次出现灾异，拓跋珪更是坐卧不宁，"或数日不食，或达旦不寐，追计平生成败得失，独语不止"。他开始猜疑群臣和左右，每当百官奏事时，只要他想起某人以前有什么旧恶就会将其诛杀。另外，颜色变动、鼻息不调、步趋失节、言辞差谬者皆被他看作是"怀恶在心，发形于外"，常常"以手击杀之"。自此，"朝廷人不自保，百官苟免，莫相督摄；盗贼公行，里巷之间，人为希少"。拓跋珪知道这种社会现象后竟冠冕堂皇地说："朕故纵之使然，待过灾年，当更清治之耳。"

起初，拓跋珪到贺兰部后，见贺太后之妹貌美，于是向贺太后索求。贺太后说："不可。是过美，必有不善。且已有夫，不可夺也。"拓跋珪秘密令人杀其夫而纳之，并生下清河王拓跋绍。拓跋绍为人凶狠无赖，喜欢游走乡里，并以抢劫、剥削行人为乐。拓跋珪见他如此无德，曾将其倒悬井中，待其快死时才放了他。此后，拓跋绍对拓跋珪便有些恨意。

　　天赐六年（409年），拓跋珪谴责贺夫人后将她囚禁，并要杀她。贺夫人派人向拓跋绍求救。当时拓跋绍已经有十六岁，与帐下及宦者、宫人等通谋后越墙入宫。当时，拓跋珪左右呼到有贼，拓跋珪被惊起后不及拿到弓刀就被拓跋绍弑杀。

北魏太武帝拓跋焘——文采不足、武功有余的枭雄

■ 众望所归　沿承父业

　　北魏道武帝天赐五年（408年），道武帝拓跋珪之孙拓跋焘出生。次年，拓跋珪被杀，拓跋焘之父拓跋嗣继皇帝位，是为明元帝。

　　泰常七年（422年）四月，15岁的拓跋焘被封为太平王，进号大将军，并担任相国之职。此时的明元帝与其父道武帝末年有着同样的境况，比如服用寒食散、灾异屡现等。不同的是，明元帝没有因此而滥杀无辜，而是处处担忧北魏社稷。他遣使密问白马公崔浩："……朕疾弥年不愈，恐一旦不讳，诸子并少，将若之何……"崔浩回话说："……今宜早建东宫。选贤公卿以为师傅，左右信臣以为宾友；入总万机，出抚戎政。如此，则陛下可以优游无为，颐神养寿。万岁之后。国有成主，民有所归，奸宄息望，祸无自生矣。皇子焘年将周星，明睿温和，立子以长，礼之大经，若必待成人然后择之，倒错天伦，则召乱之道也。"明元帝又以此事问于南平公长孙嵩。孙嵩回答说："立长则顺，置贤则人服，焘长且贤，天所命也。"明元帝见拓跋焘较得人心，遂立其为皇太子，使其居正殿临朝，为北魏副主。同时，明元帝以长孙嵩、山阳公奚斤、北新公安同为左辅，以崔浩、太尉穆观、散骑常侍丘堆为右弼，同辅朝政。此后，明元帝避居西宫，经常探听拓跋焘决断事务，颇为欣慰。他赞扬长孙嵩"宿德旧臣，历事四世，功存社稷"，奚斤"辩捷智谋，名闻遐迩"，安同"晓解俗情，明练于事"，穆观"达于政要，识吾旨趣"，崔浩"博闻强识，精察天人"，丘堆"虽无大用，然在公专谨"，认为以此六人辅佐拓跋焘，他便能与群臣"巡行四境，伐叛柔服，足以得志于天下矣"。拓跋焘为人聪明，而且宽宏大度，明元帝非常器重他。每当群臣上奏疑事时，他便说道："此非我所知，当决之汝曹国主也。"数月后，拓跋焘已经在群臣中树立起威望。

　　泰常八年（423年）春，明元帝病逝，拓跋焘即皇帝位，是为太武帝。

■ 统一北方　武功显著

　　太武帝即位时，北方的后凉、后燕、南凉、后秦、西凉虽然已经不复存在，但西秦仍然未灭，且北凉、夏、北燕又先后兴起。另外，未被道武帝彻底剿灭的柔然部又兴盛起来。面对这样的局势，太武帝表现出了霸王之气，以武力征讨四方，使得北魏愈加强盛。

泰常八年（423年）二月，柔然部首领纥升盖可汗听说明元帝死后，立即率领6万骑兵攻入云中（今内蒙古托克托县），杀掠当地吏民，并攻拔了盛乐宫。太武帝御驾亲征，率轻骑于三日二夜之后抵达云中。纥升盖令部将将太武帝及其部将团团围住，太武帝一时难以脱身。顿时北魏将士大惧，见太武帝安然若定后也不再紧张。纥升盖以其侄於陟斤为大将，前去取太武帝首级，结果被北魏兵射杀，纥升盖遂引兵离去。

始光二年（425年），太武帝兴兵讨伐柔然，五道并进。诸军抵达漠南后舍去辎重，仅带足十五天的粮食以轻骑北度沙漠攻击柔然部。柔然部大惊，遂向北逃走，不敢暴露踪迹。太武帝回师后，向朝中公卿问道："今当用兵，赫连（夏）、蠕蠕（柔然部），二国何先？"长孙嵩、奚斤等都说："赫连土著，未能为患。不如先伐蠕蠕，若追而及之，可以大获；不及则猎于阴山，取其禽兽皮角以充军实。"太常崔浩则说："蠕蠕鸟集兽逃，举大众追之则不能及，轻兵追之又不足以制敌。赫连氏土地不过千里，政刑残虐，人神所弃，宜先伐之。"除上述两种建议外，尚书刘絜、武京候安原主张先讨伐北燕。太武帝分析利弊后，没有立即讨伐，而是西巡至阴山狩猎。

始光三年（426年），夏世祖赫连勃勃去世，诸子都有图取皇位之心。太武帝见夏国人心浮动，有攻伐夏国之意。长孙嵩等人劝道："彼若城守，以逸待劳，大檀（纥升盖可汗）闻之，乘虚入寇，此危道也。"崔浩以秦因天道不济伐晋而亡来告诫太武帝，认为当年"五星并出东方，利于西伐。天人相应，不可失也"。太武帝遂发兵袭击夏地蒲阪。同年十月，太武帝从平城（今山西大同县东）发兵。

大军行至君子津（今内蒙古清水河县西北）时，气温骤降，河水冻结，太武帝率轻骑二万渡河袭击夏国国都统万（今陕西横山县西）。冬至时，太武帝驻军于距离统万三十余里地的黑水。夏主出战不利，退回城中。不待城门关闭，北魏内三郎豆代田率众乘胜攻入西宫，焚烧西门。宫门关闭后，豆代田逾过宫墙而出。太武帝见其如此勇猛，封其为勇武将军。随后，魏军夜宿于城北，白天则分兵四处抢掠，得牛马十余万头。太武帝对诸将说："统万未可得也，它年当与卿等取之。"通过这次战争，夏国的蒲阪、长安等地皆被北魏收复，河西王蒙逊、氐王杨玄也遣使向北魏称臣。

始光四年（427年）正月，夏国新主赫连昌发兵攻长安。太武帝认为统万内虚，想乘司空奚斤与夏军相持之机占领统万城，遂发骑兵、步兵九万向统万靠近。抵达拔邻山后，太武帝在此筑城，然后令三万轻骑倍道而行。群臣都劝道："统万城坚，非朝夕可拔。今轻骑讨之，进不可克，退无所资，不若与步兵、攻具一时俱往。"太武帝胸有成竹地解释道："用兵之术，攻城最下。必不得已，然后用之。今以步兵、攻具皆进，彼必惧而坚守。若攻不时拔，食尽兵疲，外无所掠，进退无地。不如以轻骑直抵其城，彼见步兵未至，意必宽弛；吾赢形以诱之，彼或出战，则成擒矣。所以然者，吾之军士去家二千余里，又隔大河，所谓'置之死地而后生'者也。故以之攻城则不足，决战则有余矣。"诸将皆暗服。

六月，太武帝赶到统万，伏军于深谷之中，仅以少数兵力置于城下。夏降将狄子玉对太武帝说，夏主听说魏师抵达后遣使与奉命攻打长安的平原公定商议对策，定以"统万坚峻，未易攻拔。待我擒奚斤，然后徐往。内外击之，蔑不济矣"劝夏主坚守以待。太武帝听说后立即退军以向夏军示弱，并派人向西掠夺夏国居民。

北魏军士中因罪亡奔夏国者说魏军粮草已尽，且辎重在后，步兵还未到达，劝夏主进攻。几日后，夏主遂率领步骑兵三万出城应战，长孙翰等人建议太武帝避其锋芒。太武帝唯恐夏军不出，见夏军已出，遂收众假装逃跑，以此来消耗夏军体力。夏军兵分两路，击鼓而追。在与夏军搏斗的过程中，太武帝因战马跌到坠落数次，差点被夏军擒获，好在有勇将奋勇保护才得以脱身。北魏骑兵殊死搏斗，夏军退回。太武帝上马后又掩杀夏军将领及骑兵十余人，虽身中流矢但仍然奋击不止，夏军顿时大溃。 数日后，北魏军攻破统万城，获得马匹三十余万、牛羊数千万，至于珍宝、车旗、器物等不计其数。此后，夏国衰落，并于神麚四年（431年）被北魏所灭。

神麚二年（429年）五月，北魏开始进攻柔然部。太武帝率兵到漠南后丢弃辎重，在柔然部首领纥升盖可汗毫无防范的情况下进行袭击。柔然人顿时惊慌失措，四处逃散，纥升盖也只好逃走。随后，太武帝下令分军搜讨柔然部，"东西五千里，南北三千里，俘斩甚众。" 以前投靠柔然的高车族人乘机帮助北魏攻打柔然，后依附于北魏。纥升盖虽然没有被北魏捕获，但因忧愤过度而死。

为了巩固北魏防线，太武帝返还京师后将柔然、高车的降民迁徙到漠南，让他们在濡源至五原阴山约三千里的边线耕种放牧，并令他们上交赋税。同时，太武帝令长孙翰、刘麚等朝中重臣前去镇抚。此后，太武帝先后两次发兵攻打远在千里之外的柔然部，使得柔然人对北魏兵十分畏惧，不敢侵犯北魏边境。

正在太武帝忙于统一北伐之际，南朝宋文帝蠢蠢欲动，想收复被北魏占领的黄河以南地区。神麚三年（430年）春，宋文帝遣使告诉太武帝说："河南旧是宋土，中为彼所侵，今当修复旧境，不关河北。"太武帝大怒道："我生发未燥，已闻河南是我地。此岂可得！必若进军，今当权敛戍相避，须冬寒地净，河冰坚合，自更取之。"

宋文帝见和谈不成，于三月令宋右将军到彦之统兵五万渡江北伐。北魏南的边将上表说："宋人大严，将入寇。请兵三万，先其未发，逆击之，足以挫其锐气，使不敢深入。"同时，他们恳求将黄河以北的边境流民全部诛杀，防止有人给宋军引路。太武帝与公卿商议，公卿中大多数人表示同意边将的奏请。崔浩说："不可。南方下湿，入夏之后，水潦方降，草木蒙密，地气郁蒸，易生疾疠，不可行师。且彼既严备，则城守必固，留屯久攻，则粮运不继；分军四掠，则众力单寡，无以应敌。以今击之，未见其利。彼若果能北来，宜待其劳倦，秋凉马肥，因敌取食，徐往击之，此万全之计也。朝廷群臣及西北守将，从陛下征伐，西平赫连，北破蠕蠕，多获美女、珍宝，牛马成群。南边诸将闻而慕之，亦欲南钞以取资财，皆营私计，为国生事，不可从也。"太武帝同意崔浩的看法，驳回了南边边将的奏请。

诸将复上表说："南寇已至，所少，乞简幽州以南劲兵助己戍守，乃就漳水造船严备以拒之。"朝中公卿再次赞成，并请以司马楚之、鲁轨等人为将帅。崔浩再次反对："非长策也。楚之等皆彼所畏忌，今闻国家悉发幽州以南精兵，大造舟舰，随以轻骑，谓国家欲存立司马氏，诛除刘宗，必举国震骇，惧于灭亡，当悉发精锐，并心竭力，以死争之，则我南边诸将无以御之。今公卿欲以威力却敌，乃所以速之也。张虚声而召实害，此之谓矣。故楚之之徒，往则彼来，止则彼息，其势然也。且楚之等皆纤利小才，止能招合轻薄无赖而不能成大功，徒使国家兵连祸结而已。昔鲁轨说姚兴以取荆州，至则败散，为蛮人掠卖为奴，终于祸及姚泓（后秦后主），此已然之效也。"太武帝没有同意，崔浩继续以天时来说明举兵不利。太武帝采取了折衷的办法，下诏令冀、定、相三州造船三千艘，令乞简在幽州以南屯兵备战，随后又在河上、颍川备战。

太武帝认为镇守黄河以南地区的兵力不足，遂令诸军北渡黄河，宋军顺势占据了滑台、虎牢等地。次年春，北魏兵乘黄河结冰之际南下，夺回黄河以南地区。太平真君十年（449年），宋文帝再次举兵北伐，太武帝再次将其击败。

延和元年（432年），太武帝开始对付北燕。北魏军势如破竹，以迅雷不及掩耳之势攻克北燕近二十郡。同年九月，太武帝凯旋而归，将北燕营丘、成周、辽东、乐浪、带方、玄菟六郡的三万民众迁至北魏的幽州。太延二年（436年）二月，太武帝再次发兵伐燕。北燕国主冯弘弃城逃往高丽，于太延四年（438年）被高丽人所杀，北燕由此灭亡。

太延五年（439年），太武帝得知北凉哀王沮渠牧犍有与北魏对抗之心，遂举兵讨伐。沮渠牧犍向北魏称臣，北凉灭亡。至此，太武帝基本统一了北方。

在以后的几年里，太武帝始终没有停止征战，成为历史上有名的武功皇帝。

■ 尽心治国 中年被弑

太武帝身体健壮，为人鸷勇，临城对阵时尽管左右死伤相继或被流矢射中也神色自若，将士对他十分畏服，都愿意随他奋力杀敌。除了勇猛外，太武帝还比较节俭，不仅对衣食没有什么讲究，而且不愿意耗费国力大兴土木。群臣曾以《易》中所说的"王公设险，以守其国"和汉初丞相萧何所说的"天子以四海为家，不壮不丽，无以重威"来奏请加固京城和修建宫室。太武帝却说："……今天下未平，方须民力，土功之事，朕所未为。萧何之对，非雅言也。"太武帝一向把资财作为军国之根本，不轻易耗费。在考核官吏和实施赏罚方面，太武帝"听察精敏，下无遁情，赏不遗贱，罚不避贵，虽所甚爱之人，终无宽假。"他常说："法者，朕与天下共之，何敢轻也。"

在用人方面，太武帝非常善于发现人才，并且能够忽视人才的身份地位，做到唯才是举。在众多人才中，崔浩更为出众。太武帝曾私下对崔浩说："卿才智渊博，事朕祖考，著忠三世，故朕引卿以自近。卿宜尽忠规谏，勿有所隐。朕虽或时忿恚，不从卿言，然终久深思卿言也。"另外，太武帝曾指着崔浩对一位武将说："汝曹视此人 纤懦弱，不能弯弓持矛，然其胸中所怀，乃过于兵甲。朕虽有征伐之志而不能自决，前后有功，皆此人所教也。"又敕令尚书说："凡军国大计，汝曹所不能决者，皆当咨浩，然后施行。"

崔浩也不负太武帝所托，以其才智力助太武帝。太武帝之所以能够率军决胜于千里之外，与运筹帷幄之中的他是分不开的。在攻打北凉时，太武帝曾与崔浩商讨。崔浩说："牧犍逆心已露，不可不诛。官军往年北伐，虽不克获，实无所损。战马三十万匹，计在道死伤不满八千，常岁赢死亦不减万匹。而远方乘虚，遽谓衰耗不能复振。今出其不意，大军猝至，彼必骇扰，不知所为，擒之必矣。"太武帝非常高兴，然后与朝中公卿商议。公卿中有三十多人都说："牧犍，西垂下国，虽心不纯臣，然继父位以来，职贡不乏。朝廷待以藩臣，妻以公主；今其罪恶未彰，宜加恕宥。国家新征蠕蠕，士马疲弊，未可大举。且闻其土地卤瘠，难得水草，大军既至，彼必婴城固守。攻之不拔，野无所掠，此危道也。"尚书李顺曾出使北凉十二年，与北凉关系甚好。为了阻止太武帝讨伐北凉，他与尚书古弼都说："自温圉水以西至姑臧，地皆枯石，绝无水草。彼人言，姑臧城南天梯山上，冬有积雪，深至丈馀，春夏消释，下流成川，居民引以溉灌。彼闻军至，决此渠口，水必乏绝。环城百里之内，地不生草，人马饥渴，难以久留。"希望太武帝采纳众公卿的建议。崔浩力驳道："《汉书 地理志》称'凉州之畜为天下饶'，若无水草，畜何以蕃？又，汉人终不于无水草之地筑城郭，建郡县也。且雪之消释，仅能敛尘，何得通渠溉灌乎！此言大为欺诬矣。"李顺却说："耳闻不如目见，吾尝目见，何可共辩！"崔浩声色俱厉地说："汝受人金钱，欲为之游说，谓我目不见便可欺邪！"太武帝也曾听说此事，遂令群臣退朝。随后，振威将军伊馺对太武帝说："凉州若果无水草，彼何以为国？众议皆不可用，宜从浩言。"

不过，人非完人，太武帝也有缺点。他本性残忍，时常杀戮，往往杀后又感到后悔。崔浩虽然处处为其出谋划策，但在罪不至死的情况下被其诛杀。崔浩被诛不久，北部尚书宣城公李孝伯病笃，有人传言说此人已死，太武帝悲伤地说："李宣城可惜！"随后又说："朕失言，崔司徒可惜，李宣城可哀！"

当时，太武帝已经让太子拓跋晃监国。拓跋晃为政精察，对本性险暴、多有不法的中常侍宗爱深恶痛绝。给事中仇尼道盛、侍郎任平城都受宠于拓跋晃，常常专权用事，与宗爱不和。宗爱担心自己的罪行被他们揭发，于是先揭发了他们。太武帝一怒之下斩杀了仇尼道盛等众多东宫官属，并对拓跋晃横加指责。不久，拓跋晃因忧愁过度而死。

太武帝知道拓跋晃无罪后对其追悼不已，宗爱害怕自己会被诛杀，遂于正平二年（452年）二月弑杀了45岁的太武帝。

北魏孝文帝元宏——南北朝时的人中之杰

■ 幼有灵性 极尽孝道

北魏献文帝皇兴元年（467年），献文帝拓跋弘长子拓跋宏出生。皇兴三年（469年），3岁的拓跋宏便早早地被立为太子；皇兴五年（471年），5岁的拓跋宏即皇帝位，是为孝文帝。孝文帝之所以会如此迅速地继承皇位，与其父献文帝有着密切的关系。

文成帝和平六年（465年）夏，文成帝去世，12岁的献文帝即位。当时，侍中、车骑大将军乙浑在朝中专权，处心积虑地扩张权势，杀害了很多忠臣。做了丞相后，他更是肆无忌惮。在这种情况下，冯太后力挽狂澜，乘有人告发乙浑谋反的机会诛杀了乙浑。此后，冯太后临朝称制。

拓跋宏出生后，冯太后亲自抚养他。为了能够给予拓跋宏更好的照顾，她将执政大权交给了献文帝。献文帝亲政后，"勤于为治，赏罚严明，拔清节、黜贪污"，为北魏的安定作出了一定的贡献。然而献文帝虽然聪明睿智、刚毅果断，但却偏好黄老、浮屠之学，视富贵如云烟，常有遗世孤立之心。他见叔父京兆王拓跋子推沉稳雅致、仁爱宽厚，在当时素有美誉，打算禅帝位于他。为此，他令人将在漠南督军的太尉源贺召回商议。在公卿大会上，没有人敢率先发言。拓跋子推之弟拓跋王云先开口说："陛下方隆太平，临抚四海，岂得上违宗庙，下弃兆民。且父子相传，其来久矣。陛下必欲委弃尘务，则皇太子宜承正统。夫天下者，祖宗之天下。陛下若更授旁支，恐非先圣之意。启奸乱之心，斯乃祸福之源，不可不惧也。"源贺随后进谏道："陛下今欲禅位皇叔，臣恐紊乱昭穆，后世必有逆祀之讥。愿深思任城之言。"东阳公拓跋丕等人说："皇太子虽圣德早彰，然实冲幼。陛下富于春秋，始览万机，奈何欲隆独善，不以天下为心，其若宗庙何！其若亿兆何！"尚书陆馛说："陛下若舍皇太子，更方诸王，臣请刎颈殿庭，不敢奉诏！"献文帝大怒，询问宦官选部尚书赵黑的意见。赵黑回答说："臣以死奉戴皇太子，不知其他！"献文帝顿时默然，遂禅位给太子拓跋宏，诏令源贺、陆馛等人辅政。随后，献文帝在群臣的建议下以太上皇的身份总理万机。

孝文帝自幼便有灵性，3岁时便在献文帝病时为其吸脓。受禅后，他悲泣不止。献文帝问他为何如此，他回答说："代亲之感，内切于心。"

承明元年（476年）二月，冯太后因内行不正而怨恨献文帝诛杀了她的宠臣，于是将献文帝毒死。献文帝死后，冯太后被尊为太皇太后，重新临朝称制。直到太和十四年（490年），24岁的孝文帝在太皇太后死后才开始亲政。孝文帝自幼受其精心抚养和教育，遂将其视为母亲，极尽孝道。尽管太皇太后曾对他反感甚至有废他之心，但孝文帝却从来没有抱怨过。在她死后，孝文帝"勺饮不入口者五日，哀毁过礼"。中部曹杨椿进谏说："陛下荷祖宗之业，临万国之重，岂可同匹夫之节以取僵仆！群下惶灼，莫知所言。且圣人之礼，毁不灭性；纵陛下欲自贤于万代，其若宗庙何！"孝文帝这才开始饮食。

■ 勤于政务 英年早逝

孝文帝亲政后立即更定律令，亲自审决疑案，并令尚书李冲议定刑法轻重。李冲为人忠诚勤奋，明察善断，深为朝中旧臣、贵戚等佩服。随后，孝文帝力排众议，于太和十七年（493年）将国都由平城迁往洛阳。迁都不仅能够避免平城六月下雪和大风沙的恶劣气候，而且有利于北魏的汉化和发展，可以称得上是明智之举。定都洛阳后，孝文帝开始治理国家。

太和十八年（494年），孝文帝开始整顿吏治。他规定，对朝野上下的官吏三年考核一次，考核完毕后立即进行罢黜或升迁，使得"愚滞无妨于贤者，才能不壅于下位"；令有司将考核结果分为上中下三等，上下二等依照旧制继续各分为三等。考核的时候，六品以下的官员由尚书严格考核，五品以上的官员则由他亲自考核。按照考核规定，"上上者迁之，下下者黜之，中者守其本任。"

数日后，孝文帝亲临朝堂黜陟百官。他认为录尚书事王羽"居机衡之右，无勤恪之声，有阿党之迹"，贬他为特进、太子太保；认为尚书令陆睿任职之初恪尽职守，后来却偏颇懈怠，"虽无大责，宜有小罚"，削去其一期的俸禄；认为左仆射拓跋赞执法不公，罢黜他的少师一职，削去一期的俸禄。除了这些人外，左丞公孙良、右丞乞伏义处于试用期，在三年内被削去冠服和所有俸禄抚恤，以素衣守官；尚书王澄因"神志骄傲"被解除少保之职。长兼尚书于果、守尚书尉羽、卢渊等人纷纷受到了不职、解任、黜官或夺禄的处理。尽管孝文帝此次整顿以贬为主，但能够实事求是，因此朝中官员没有什么怨言。他曾对群臣说："国家从来有一事可叹：臣下莫肯公言得失是也。夫人君患不能纳谏，人臣患不能尽忠。自今朕举一人，如有不可，卿等直言其失；若有才能而朕所不识，卿等亦当举之。如是，得人者有赏，不言者有罪，卿等当知之。"

治书侍御史薛聪为人耿直，弹劾不避强权贵戚。每当孝文帝想要宽缓处理有罪者时，他总是力争，直到孝文帝打消念头为止。朝中有了这样的官员，贵戚们收敛了许多。孝文帝对其异常器重，数次提拔他。自从迁为直阁将军后，他便一直担任此职，统管孝文帝的亲卫禁兵。群臣罢朝后，薛聪总是陪侍孝文帝，与孝文帝探讨时政。再加上他本人稳重、在外人面前不露声色，更受孝文帝宠信。当孝文帝要为他进名位时，他固辞不受。孝文帝深感其忠心，对他说："卿天爵自高，固非人爵之所能荣也。"

孝文帝用法虽然严苛，即使是大臣犯错也要受到处罚，但当臣子犯有小过时多能原谅。一次，他在饭菜中发现了虫子；又一次，左右侍者在进羹时误伤了他的手。孝文帝没有大怒，而是笑着赦免了犯错者。

在教育方面，孝文帝在洛阳设立了国子监、太学和四门小学。孝文帝本人也非常喜欢读书，常常手不释卷，无论是坐车还是乘马都不忘讲道；而且善于撰写文章。自太和十年（486年）以后，所有的诏策都由他本人撰写。

孝文帝为人节俭，不尚浮华。黄门侍郎郭祚曾以"山水者，仁智之所乐"为由建议重修华林园，孝文帝说："魏明帝以奢失之于前，朕岂可袭之于后乎！"

孝文帝不仅对父亲和祖母甚有孝道，而且十分友爱诸弟，一直与他们亲密无间。他曾对咸阳王元禧等人说："我后子孙傥逅不肖，汝等观望，可辅则辅之，不可辅则取之，勿为他人有也。"

为了能够更好地进行汉化，孝文帝不仅令北魏人从服饰、语言、礼仪上仿效汉人，而且通过改革姓氏来拉近与汉人的距离。太和二十年（496年）春，孝文帝改拓跋氏为元氏、拔拔氏为长孙氏、达奚氏为奚氏、乙旃氏为叔孙氏、丘穆陵氏为穆氏、步六孤氏为陆氏、贺赖氏为贺氏、独孤氏为刘氏、贺楼氏为楼氏、勿忸于氏为于氏、尉迟氏为尉氏等等。

另外，孝文帝还能够大义灭亲，实为难能可贵。太子元恂厌恶学习、身体臃肥，苦于河南的炎热气候，常思北归。私下时，他不穿孝文帝赐给他的汉人衣冠，而常常身着胡服。中庶子高道悦数次深切劝谏，元恂不仅不虚心接受，反而因此厌恨他，遂派人将其杀死。

孝文帝知道后大怒，与群臣商议废太子之事，太子太傅穆亮、少保李冲摘下帽子顿首致谢。孝文帝说："卿所谢者私也，我所议者国也！'大义灭亲'，古人所贵。今恂欲违父逃叛，跨据恒、朔，天下之恶孰大焉！若不去之，乃社稷之忧也。"随后将元恂废为庶人并派兵看守他，生活方面仅使他免受饥寒而已。

不过，孝文帝也有缺点。比如，他注重门第，选拔人才时先门第而后贤才。另外，他不能以身作则，有意偏袒皇族。北魏迁都洛阳时，元隆、穆泰等人想把元恂留下，举兵截断关塞后拥立元恂，一直不愿意汉化的并州刺史元丕也与他们合谋。事泄后，有司上奏说元业、元隆、元超等人当诛，元丕应该坐罪受死。孝文帝则以曾下诏许其不死为由免其死罪，贬其为民。司马光曾有感而发："夫爵禄废置，杀生予夺，人君所以驭臣之大柄也。是故先王之制，虽有亲、故、贤、能、功、贵、勤、宾，苟有其罪，不直赦也，必议于槐棘之下，可赦则赦，可宥则宥，可刑则刑，可杀则杀。轻重视情，宽猛随时。故君得以施恩而不失其威，臣得以免罪而不敢自恃。及魏则不然，勋贵之臣，往往预许之以不死；使彼骄而触罪，又从而杀之。是以不信之令诱之使陷于死地也。刑政之失，无此为大焉！"

太和二十三年（499年），年仅34岁的孝文帝病逝。孝文帝一生"亲贤任能，从善如流，精勤庶务，朝夕不倦"，常说："人主患不能处心公平，推诚于物。能是二者，则胡、越之人皆可使如兄弟矣。"

北魏宣武帝元恪——无德无能的亡国之君

■ 重用嬖臣 自取灭亡

北魏孝文帝太和七年（483年），元恪出生；太和二十一年（497年）正月，15岁的元恪被立为太子；太和二十三年（499年），孝文帝病逝，元恪即皇帝位，是为宣武帝。

孝文帝死后，彭城王元勰等人依照其遗诏赐死了用事专权的冯后，并尽力辅佐宣武帝执政。如此一来，宣武帝既不用担心太后惑乱朝纲，也不用担心朝中无可用之人。有了如此优越的条件，宣武帝如果能够加以运用，自然能够让北魏的江山社稷更加繁盛，但北魏却偏偏毁在了他的手上！

宣武帝即位之初，王肃完全依照江南之制为北魏制定官品百司，共有九品，每品又分为二种。侍中兼吏部尚书郭祚为人清谨，重惜官位，每次授官时，即使得到人选也会考虑很久，然后才下笔确定，因此受到很多人的抱怨。但是，在他选拔的人才中，没有一个是不称职的。

然而，宣武帝放着贤臣不用，偏偏重用近臣。茹皓、王仲兴、寇猛、赵修、外戚高肇等人开始专权用事。其中，赵修尤被宠信，在一个月的时间内数次升迁，直至光禄卿。每次升官时，宣武帝都会去他的府邸设宴，王公百官都随宣武帝前去祝贺。

咸阳王元禧见宣武帝刚亲政便重用嬖臣，感到不安，后又听说这些嬖臣进言诛杀他，遂与给事黄门侍郎李伯尚、氏王杨集始、杨灵祐、乞伏马居等人谋反。当时，宣武帝在北邙游猎。元禧与他的党羽在城西小屋中埋伏，准备袭击宣武帝，并令其长子元通在河内举兵策应。事泄后，元禧等人皆被杀。

　　散骑常侍赵修出身卑微，恃宠骄恣，常常欺凌王公。太傅、领司徒、录尚书北海王元祥骄横奢靡，喜好声色，贪得无厌，广建第舍，夺人居室，嬖昵左右。宣武帝却对他恩礼有加，与其参决军国大事。冠军将军茹皓"以巧思有宠于帝"，经常在宣武帝左右陪伴，于是肆意弄权，收受贿赂，朝野上下都非常害怕他，就连元祥也怕他三分。尚书令高肇的从妹是元祥从父安定王元燮妃子的妹妹，嫁给了茹皓。元祥与元燮的妃子淫乱，因此与茹皓勾结得更为紧密。直阁将军刘胄、殿中将军常季贤也与茹皓狼狈为奸，盗卖官爵。

　　宣武帝罢黜六位辅佐大臣、诛杀咸阳王元禧后，委事于高丽人高肇。高肇认为自己在朝中没有什么亲族，遂在朝中拉帮结派，"附之者旬月超擢，不附者陷以大罪"。为了能够独执朝政，他决定除掉位居其上的元祥。于是，他在宣武帝面前诬陷元祥、茹皓、李胄、季贤等人合谋造反。宣武帝听信其言，将他们统统诛杀。在这之前，他已经将赵修除掉。

　　正始三年（506年）二月，宣武帝诏令王公以上的大臣直言忠谏。治书侍御史阳固上表说："当今之务，宜亲宗室，勤庶政，贵农桑，贱工贾，绝谈虚穷微之论，简桑门无用之费，以救饥寒之苦。"当时宣武帝委任高肇，疏薄宗室，好桑门之法而不亲政事，所以阳固如此进谏。

　　起初，宣武帝为其弟京兆王元愉纳于后妹妹为妃子，但元愉独宠爱妾李氏，并与其生下一子。于后非常生气，遂召李氏入宫，对其施以杖刑。元愉本人骄奢贪纵，多有违法行为。宣武帝追究他的责任后杖打五十，然后贬为冀州刺史。随后，元愉举兵造反，彭城王元勰受到牵连。

　　当初，宣武帝要立高后，元勰极力劝阻，高肇由此对其产生怨恨，屡次在宣武帝面前诬陷元勰。长乐太守潘僧固是元勰的舅舅，元愉造反时曾胁迫他同行。高肇借此诬陷元勰与元愉勾结。彭城郎中令魏偃等高官也都被高肇收买，诬陷元勰。数日后，宣武帝召元勰、高阳王元雍、广阳王元嘉、清河王元怿、广平王元怀、高肇等入宴。元勰因其妃李氏刚刚生产而固辞不赴，后不得已而登车入宫。当晚，元勰被毒死。元勰死后，路人皆流涕说："高令公枉杀贤王！"不久，元愉之乱被平定。群臣奏请诛杀元愉，宣武帝不许，令人将其押往洛阳，结果途中被高肇所杀。

　　由于政治黑暗，各地民众纷纷揭竿而起。此后，宣武帝投入了无休止的平乱中。熙平二年（517年），35岁的宣武帝病逝。

 ## 北齐文宣帝高洋——不能抓住机遇成事的武夫

■ 权臣之后　声望日重

　　北朝北魏永安二年（529年），高洋出生。在他5岁的时候（534年），北魏灭亡，东魏兴起。由于其父高欢在东魏担任丞相，他在6岁时就被东魏孝静帝封为骠骑大将军、开府仪同三司，得到太原公的爵号。

高洋"内明决而外如不慧"，他的兄弟和众人都嘲笑和鄙视他，唯有其父高欢认为他是个奇才，曾对长史薛琡说过"此儿识虑过吾"这句话。在诸子年幼的时候，高欢曾令他们将乱丝理好。当时唯有高洋抽刀斩断乱丝并说道："乱者必斩！"高欢又令都督彭乐率领甲骑佯装攻打诸子，高洋的兄弟高澄等人都惊慌失色，唯有他率领部众与彭乐抗拒。

随着年龄的增长，高洋的职权也越来越重。兴和五年（543年）十一月，身为并州刺史的高洋取代了其兄高澄的侍中之职。兴和六年（544年）三月，其兄高澄被封为大将军，领中书监之职，他被任命为左仆射。

当时，高欢时常在晋阳，其亲信旧将孙腾、司马子如、高岳、高隆之四人在京师邺都（今河南安阳北）把持朝政，被邺人称为"四贵"。高欢见他们的权势熏灼中外，又多有专恣骄贪的行为，遂以其长子高澄为大将军、领中书监，并将门下省的要务总归中书省，夺去了他们手中的职权。高澄心狠手辣，群臣无不畏惧。

武定五年（547年），高欢去世。孝静帝因其对社稷有功，遂任命其子高澄为使持节、大丞相、都督中外诸军事、录尚书事、大行台，并授予他勃海王的爵号。高洋也因此被提拔，负责摄理军国之事。

由于高洋在家中排行第二，仅次于高澄，遂招致了高澄的嫉恨。为了保身，高洋韬光养晦，常常沉默不语并自我贬退，对高澄言听计从。高澄常常讽刺他说："这样的人也能够得到富贵，不知道相书该如何解说！"每次退朝后，高洋便在家中闭门静坐，有时候在一天之内竟不与妻子言语。有时，他又光着脚在家中跑来跑去。妻子问他为何如此，他答道："我在为夫人演戏。"

不久，高澄的死让高洋看到了曙光。兰京是高澄的膳奴，其父徐州刺史兰钦想把他赎回。高澄不仅不答应，而且杖打兰钦，说要是再来诉请的话，就要杀掉他。兰京义愤填膺，遂与其党羽密谋除掉高澄。高澄在北城东柏堂居住，因与琅琊公主关系暧昧，常常将侍卫遣出以便作乐，这为兰京等人创造了好机会。一日，高澄将散骑常侍陈元康、吏部尚书侍中杨愔等人招入家中商议逼迫孝静帝禅位一事。兰京端上食物，高澄急忙退却，并对众人说："昨晚我梦见这个奴才要杀我，赶紧把他杀掉。"兰京迅速抽出藏在盘下的刀刃，并向高澄砍去。兰京同党一拥而出，顿时房中大乱。结果，高澄及其党羽多被杀，唯有杨愔狼狈逃出。由于事发突然，朝中震骇。城东双堂的高洋听说后神色不变，镇定自若地率兵前去讨贼，很快平息了事端。随后，他声称高澄只是受了点伤、没有大碍，接着秘不发丧，将高澄就地埋葬，然后对外诈称高澄已经出使外地。

考虑到并州有重兵驻守，高洋布置好镇守邺都的事务后立即赶往晋阳。数日后，高洋领着八千余名挽着袖子、手持兵刃的甲士入朝拜见孝静帝。接着，他大会文武百官，"神采英畅，言辞敏洽"，令以往轻视他的晋阳旧臣宿将大吃一惊。此后，高洋开始把持朝政，将高澄专权时不合适的政令统统改掉。

武定八年（550年）正月，高洋进位丞相，担任都督中外诸军事、录尚书事、大行台数职，并进爵号为齐郡王；三月，进爵为齐王；五月，进位相国，总百揆、受九锡之礼。数日后，高洋即皇帝位，改元天保。东魏由此灭亡，北齐由此兴起。

■ 穷兵黩武 凶残暴虐

北齐文宣帝高洋即位后便开始励精图治，如组建"百保鲜卑"和"勇士"、修筑长城、扩大地域等。同时，他的残忍也开始表现出来。他毒死了被废为中山王的孝静帝，并杀死了孝静帝的三个儿子。接着，他又谋害了开府仪同三司美阳公元晖业。彭城公元韶因与高氏通婚而格外受宠。元晖业地位显赫、声望隆盛，文宣帝对他有所猜忌，遂将其带在身边。一日，元晖业在宫门外大骂元韶："你连老妇都不如，将玉玺交与他人，何不击碎！我说出这句话后，就知道马上会死，你又能活多久！"文宣帝大怒，将他杀死。不久，临淮公元孝友也被诛杀。文宣帝令人凿开汾河上的冰面，将他们的尸体沉入河中。

不过，文宣帝的武略是值得肯定的。在即位的前几年里，文宣帝与库莫奚、契丹、突厥、柔然、梁朝都交战过，打了无数次胜仗。然而，强中自有强中手。在梁朝局势动荡不安的情况下，朝臣陈霸先一步步掌握了梁朝的政权，并于天保八年（557年）建立陈朝。陈霸先身经百战，多谋善断，屡次击败文宣帝的进攻。以往霸道的文宣帝吃了几次大的败仗后，打消了吞并陈朝的念头。

即位之初，文宣帝时常留心政务，一切从简；任人以才，使得朝野上下官僚皆恪尽职守；以法治国，不偏袒元勋或外戚，使得内外无不肃然。数年后，文宣帝渐渐居功自矜，开始嗜酒如命、荒淫放纵，有时"身自歌舞，尽日通宵"，有时"散发胡服，杂衣锦彩"，有时"祖露形体，涂傅粉黛"，有时"乘牛、驴、橐驼（骆驼）、白象，不施鞍勒"，有时令崔季舒、刘桃枝等朝臣背着他到处跑。除此之外，文宣帝还经常去元勋或外戚的府邸游玩，并经常不回宫。更有甚者，他会在盛夏酷日下暴晒身体，也会在隆冬腊月脱衣行走，并令随从照做。随从都难以忍受，而他却安然自若。宫中有高达二十七丈的高台，工匠在构筑时都用绳子系在身上，但文宣帝却能在上面跑来跑去。由此可见，文宣帝可以称得上是个疯子了，但文宣帝并不认同。他曾经在路上问一位妇人："天子何如？"这位妇人答道："癫癫痴痴，成何天子！"文宣帝恼怒，将其杀死。天保七年（556年）十月，文宣帝又将山东的2600名寡妇配军。但在这些寡妇中，有百分之二三十的是有夫之妇。随后，文宣帝所做的荒唐事一件接一件，层出不穷。

天保八年（557年）七月，黄河两岸都发生了严重的蝗灾。文宣帝问崔叔瓒为什么会发生这种灾难，崔叔瓒答道："《五行志》上说'土功不时，蝗虫为灾'，如今我国外筑长城，内兴三台，这大概是招致灾难的原因吧！"文宣帝大怒，令左右殴打崔叔瓒，并拔掉他的头发，然后将粪便涂在他的头上，最后拽着他的腿将他拖出。

以前，北齐有个术士曾预言说："亡高者黑衣"。文宣帝遂问左右："何物最黑？"左右说是漆。上党王高涣在兄弟中排行第七（与"漆"同音），文宣帝将其除掉。

天保九年（558年）十一月，文宣帝到了鄴都后大赦天下。在巡游三台的途中，文宣帝与臣子嬉闹，竟以长矛刺向都督尉子辉。尉子辉不敢躲闪，遂被他一下刺死。

天保十年（559年）春，尚书右仆射崔暹去世。文宣帝前去抚慰家属，哭了一会儿后对崔暹的妻子李氏说："是不是很思念崔暹？"李氏回答说"是"。文宣帝竟然说道："既然这样，你就去看望他吧。"话音刚落便将李氏斩杀，并将其头颅扔到墙外。

文宣帝因嗜酒生疾而不能进食，于同年八月去世，终年31岁。

 北齐后主高纬——昏庸无能的乱世亡君

■ 宠信小人 滥杀无辜

北齐天保八年（557年），武成帝高湛第三子高纬出生。河清元年（562年）正月，其生母被册封为皇后，6岁的他得以被立为皇太子。

河清四年（565年），武成帝在宠臣和士开的鼓动下禅位给皇太子高纬。高纬即皇帝位后，是为后主。不过，朝中事务仍然由退位为太上皇的高湛决断。

天统三年（567年）六月，80岁的左丞相咸阳王斛律金去世，其长子斛律光被封为大将军，次子斛律羡及孙子斛律武同任开府仪同三司之职，出镇各地，其余的子孙都得到封赏。由是斛律门中"一皇后，二太子妃，三公主，事齐三世，贵宠无比"。斛律光并不以此为喜，因为其父斛律金曾对他说："我虽然没有读过书，但知道从古到今很少有外戚能够保全宗族。女儿如果受宠，就会被朝中显贵嫉恨；不受宠，又会被天子憎恶。我家因建功立业得到富贵即可，何求女宠！"同年八月，斛律光又被封为太保。

当时，高纬的胞弟高俨被太上皇和胡太后宠爱，身兼京畿大都督、领军大将军、御史中丞数职。高俨为人聪明伶俐，善于讨好太上皇和胡太后。太上皇自然高兴，无论器玩还是服饰，都令人使他与后主同等。高俨为人刚毅果断，曾对太上皇说："尊兄懦弱，如何能统率左右！"太上皇见他的确有才能，遂生废立之意，后因胡太后的劝阻才作罢。

天统四年（568年）十一月，太上皇突然发病，将后事托付给侍中、尚书右仆射和士开。在和士开的周旋下，后主顺利接管朝中事务。此后，后主与和士开沆瀣一气，把整个朝纲弄得乌烟瘴气。

武成帝在位时曾精选了二十名都督侍卫东宫，韩长鸾是其中之一。在这么多都督中，后主独宠爱他一人，即位后便不断提拔他，直至侍中、领军兼总知内省机密。

陆令萱因丈夫违法而遭连坐，被送入宫中做宫婢，其子骆提婆也被收入宫中做奴才。后主还在襁褓的时候，陆令萱照料过他。陆令萱为人巧黠，擅长取媚，得到胡太后的宠爱，遂在宫掖中独擅威福，和士开、高阿那肱都是她的养子。被后主封为女侍中后，陆令萱将其子骆提婆引入侍奉后主。在其母的庇护下，骆提婆累迁至开府仪同三司、虎卫大将军。斛律皇后的从婢穆舍利被齐王宠信，陆令萱想依附她，遂以她为养母，并令其子骆提婆改姓为穆。不过，和士开在宫中用事最久，各幸臣为了巩固自己的受宠地位，纷纷依附他。

当初，和士开与太上皇关系甚为亲密，经常出入其卧室，并由此得到胡太后的宠信。太上皇死后，他又得到后主的信任，权势大增。当时，他与司空娄定远、录尚书事赵彦深、侍中尚书左仆射元文遥、开府仪同三司唐邕、领军綦连猛、高阿那肱、度支尚书胡长粲被人们称为"八贵"。太尉王睿、大司马王润、娄定远、元文遥等人皆上奏，请求后主令和士开外任。不久，胡太后在前殿与朝中显贵饮酒。王睿当面陈述和士开罪状："和士开在先帝时就开始为非作歹，结交狐朋狗友，收受贿赂，扰乱宫廷。臣等有责任揭发，故冒死陈述。"胡太后辩驳道："先帝在的时候，你们为何不说？如今是不是想欺负我们孤寡？只管饮酒，不要多言！"王睿、仪同三司安吐根等人力谏，胡太后毫不理会，并草草结束了宴席。王睿等人或"投冠于地"，或"拂衣而起"。第二天，王睿等人继续上奏，左丞相段韶、胡太后兄长找借口推托。

在和士开的谋划下，后主削去了王睿等朝臣的权势，和士开顿时权倾朝野。随后，和士开有恃无恐，在朝中横行霸道，几乎无人敢与其作对。不过，和士开心中并不安稳，因为琅琊王高俨正在用敌对的眼光看着他。和士开曾对穆提婆说："琅琊王眼光奕奕，数步射人，稍作对视，不觉汗出……"天统七年（571年），在和士开等人的唆使下，后主令高俨出居北宫，每五日上朝一次，使其不能常见胡太后。

高俨虽然被解除了数职，但仍然身负京畿大都督、御史中丞之职，握有兵权。和士开等人又想将其排挤出宫外，然后夺其兵权。治书侍御史王子宜、开府仪同三司高舍洛、中常侍刘辟强一起劝说高俨："殿下被疏远，正是因为和士开从中离间，万万不可出北宫、入民间！"高俨闻后，私下问侍中冯子琮："和士开罪恶滔天，我想杀掉他，如何？"冯子琮一心想废帝而立高俨，遂劝其果断行事。

随后，高俨令王子宜上表弹劾和士开。冯子琮在呈表时夹杂了其他文书，以致后主不待过目便草草准奏。接着，高俨声称奉皇命令领军库狄伏连收押和士开。库狄伏连将此事告知冯子琮，并表示要复奏，冯子琮说："琅琊受敕，何必更奏。" 库狄伏连不再犹豫，令京畿军士埋伏在神虎门外，并告诫守门者不得让其入内。当天，和士开被杀。

高俨原本只想杀和士开一人，但其党羽却逼他图谋篡位。高俨无奈，遂率领三千多名京畿军士屯于千秋门。适逢刘桃枝奉命率领八十名禁兵前去召他入朝，他顺势将其斩杀，禁兵散走。后主又派冯子琮去召他入宫，他推辞说："和士开的确犯下了万死之罪，臣因此矫诏诛杀他。尊兄如果要杀臣，臣不敢逃罪。如果要赦免臣，希望令姊姊（陆令萱）来迎，臣立即入见。"高俨之所以如此，是想诱杀陆令萱。后主不许，又派韩长鸾召高俨入朝。高俨将行时，刘辟强拉着他的衣服劝道："如果不斩穆提婆母子二人，殿下千万别入朝。"这时广宁王高孝珩、安德王高延宗正从西边赶来，问道："何不入？"刘辟强回答说"兵少"。高延宗环视众人后说："孝昭帝（北齐第三帝高演）杀杨遵彦时只有八十人，今有数千人，何谓少？"

后主见众人要造反，哭着对胡太后说："有缘，复见家家；无缘，永别！"遂急召斛律光，高俨也召之甚急。斛律光听说高俨杀了和士开后，抚掌大笑道："龙子所为，固自不似凡人！"遂入朝见后主。后主率领宿卫步骑四百人，准备出战。斛律光说："小儿辈们兴风作浪，成不了什么气候。'奴见大家心死。'……"随后，斛律光不费一兵一卒将高俨党羽惊散，并将高俨带到后主马前。随后，斛律光为其向后主求情："琅琊王年少，肠肥脑满，轻为举措，稍长自不复然，愿宽其罪。"后主用刀环在其头上乱捣一通后才罢休。不久，库狄伏连、王子宜、刘辟强等人纷纷被肢解，惨不忍睹。

后主本无意杀高俨，但陆令萱劝说道："人称琅琊王聪明雄勇，当今无敌；观其相表，殆非人臣。自专杀以来，常怀恐惧，宜早为之计。"何洪珍等宠臣也请求杀高俨。后主犹豫不决，又问计于侍中祖珽，祖珽无耻说道："周公诛管叔，季友鸩庆父。"随后，后主将高俨带到晋阳，密令右卫大将军赵元侃诱捕他。赵元侃说："臣昔事先帝，见先帝爱王。今宁就死，不忍行此。"后主怒，贬其为豫州刺史。接着，后主以邀高俨出猎为借口将其骗出宫外斩杀，当时高俨只有14岁。

武平三年（572年），左丞相咸阳王斛律光因弹劾势倾朝野、只会趋炎附势的尚书右仆射祖珽而失宠于后主，斛律皇后在宫中的地位也遭到了动摇。祖珽乘机大进谗言，使得斛律氏在朝中的权势渐渐衰弱。斛律氏的衰落是北齐军事力量衰落的标志，也是北齐即将灭亡的标志。都督、幽州刺史、行台尚书令斛律羡与其兄斛律光相仿，也非常擅长治兵，突厥人对其非常畏怕，称其为"南可汗"；斛律光长子开府仪同三司兼梁、兖二州刺史斛律武都年轻有为，也是不可多得的人才。然而，后主却不知道以大局为重，后来竟听信谣言将斛律光诛杀。北周国主听到斛律光的死讯后心花怒放，竟大赦天下来祝贺。

■ 不理朝政　无愁天子

后主说话常吞吞吐吐，不喜欢朝见百官，而且本性懦弱，害怕面对别人，即使是三公、令、录向他奏事，他也不敢仰视。当朝事大略陈述完毕后，后主便急忙退出朝堂。武成帝在位时崇尚奢靡，后主遂认为帝王本该如此，于是大肆挥霍。后宫享受着锦衣玉食，一件裙子的费用竟价值万匹丝帛；宫苑林立，壮丽无比，建了又毁，毁了又建。另外，后主喜欢自弹琵琶，作《无愁》之曲，并令百余近侍在旁边和曲，民间称其为"无愁天子"。后主还别出心裁，在华林园建立了贫儿村，自己常常身穿破旧的衣服在其间游走，以乞讨为乐。称其为"无愁天子"，的确是名副其实！

在后主无心执掌朝政的情况下，朝纲日益混乱。宠臣陆令萱、穆提婆、高阿那肱、韩长鸾等宰制朝政，而宦官邓长颙、陈德信、胡儿何洪珍等人参预机权，并各立亲党，扩张权势超居显位。随后，朝野上下贿赂成风，百姓负担日益繁重。

北周国主见北齐朝政腐败、国势日衰，遂于隆化元年（576年）开始对北齐发动大规模的进攻。当晋州告急时，后主正与冯淑妃在天池狩猎。右丞相高阿那肱说道："大家正为乐，边鄙小小交兵，乃是常事，何急奏闻！"到了黄昏时，有人来报"平阳已陷"，后主将要还朝。冯淑妃意犹未尽，请后主再陪她杀一围，后主竟欣然听从。

为了抵御北周的进攻，后主命令用重赏来招募战士，然而竟不兑现。广宁王孝珩请求取出宫人的珍宝来赏给将士，后主不高兴。斛律孝卿又请后主亲自慰问将士，并为其撰辞，同时嘱咐道："宜慷慨流涕，以感激人心。"后主面对将士时，不仅没有哭，反而大笑不止，其左右也跟着大笑。众将士大怒道："身尚如此，吾辈何急！"战心尽失。

隆化二年（577年），北齐灭亡，后主沦为亡国奴，同年被杀。

隋文帝杨坚——少年得志，中年称帝

收买人心，奠定基础

西魏大统七年（541年），杨坚出生。根据传说，他出生时有祥云出现。

杨坚身出名门，是东汉太尉杨震的后代。西魏大统三年（537年），其父杨忠随独孤信一起投靠了西魏专权的宇文泰，深受宇文泰赏识。有了这样的家族关系，杨坚的起点自然比很多同龄人要高出许多。他在专门为贵族子弟设立的学校里读过书，虽因成绩不好而被讽刺为不学无术，但在14岁就开始了做官生涯。

杨坚的仕途一帆风顺，14岁时被授予车骑大将军的荣誉职衔，15岁时被授予散骑常侍、骠骑大将军、仪同三司的荣誉职衔。557年，北周取代西魏。杨忠在此期间立下显赫战功，杨坚因父亲的关系又得到晋升，被升为骠骑将军兼开府。同年，明帝即位，又封他为大兴郡公。

保定元年（561年），武帝即位，21岁的杨坚被任命为随州刺史。天和元年（566年），鲜卑大贵族、柱国大将军独孤信认为杨坚前途无量，便把自己14岁的七女儿嫁给了他，进一步提高了他的地位。

天和四年（569年），杨忠去世，杨坚继承了随国公的爵号。在灭北齐的过程中，杨坚立下战功，晋封柱国；次年，出任定州总管，随后转亳州总管。

杨坚并无突出的功绩，地位却扶摇直上，引起了其他人的嫉妒。有人蓄意除掉他，但杨氏家族以及独孤氏家族的势力对他起了保护作用，加上杨坚的长女又是武帝太子的王妃，根本没有实力和机会来对付他。

同时，杨坚意识到了潜在的危险和威胁，在积极地做着准备。他利用已有的社会影响广泛拉拢关系，不断扩大自己的势力。比如，他在做随州刺史时，已经与骠骑将军庞晃结为了莫逆之交。杨坚在将要转任亳州总管时，庞晃劝他就地起兵，建立帝王之业。杨坚很激动，表示时机未到。杨坚费尽心机，网罗到了一批得力干将，如高颎、郭荣、宇文庆、李谔、窦荣定、李礼成、元孝矩、宇文忻等。

不过，杨坚是一个有耐性和韧性的人，一直保持着低调的作风。

齐王宇文宪对杨坚早有防范，曾对哥哥周武帝讲："普六茹坚（其父杨忠被宇文泰赐姓普六茹氏）相貌非常，臣每见之，不觉自失。此人终非久居人下之辈，请早除为上，以免后患。"周武帝对杨坚多有庇护，不相信宇文宪的话。后来，武帝亲近大臣王轨也密奏："普六茹坚貌有反相。"武帝当时很不高兴，沉默良久后表示："假若天命有在，又能拿他奈何！"

杨坚得到消息后，非常害怕。他尽力收敛自己的行为，做事更加毕恭毕敬。

大成元年（579年），宣帝宇文赟即位。即位后，宣帝马上下诏封杨坚这位国丈为大司马，拜上柱国。刚做皇帝时，他对杨坚非常信任，每当自己出游玩乐时要么让杨坚担当心腹护卫，要么令其镇守京师。

当时，宣帝有很多美人。这些美人因争宠而经常诋毁，想把杨丽华从皇后的位子上赶下去。为此，这些美人及其家属纷纷进言说杨坚有"图谋不轨的不臣之心"，以至于周宣帝多次骂杨皇后："一定要族灭你们杨家！"

杨坚在积极为代周做准备，也曾引起周宣帝的警觉。一次，周宣帝忽然想起杨坚有"反嫌"，立即派人召其入宫，并对左右卫士讲："如果杨坚入宫后神色惊惶，马上就杀掉他。"

不料，杨坚入宫后行礼趋拜，一如平日，神色自若。周宣帝没发现什么异样，就不了了之了。

杨坚对周宣帝的猜疑时时感到不安，认为长此下去，对自己必然不利。于是，为了逃避宣帝的猜疑，也为了在北周动乱时握有实力，杨坚准备暂时离开朝廷，掌握地方实权。

就在这时，周宣帝病重，杨坚诈自己"暴得足疾"，在京城伺察形势。

刘昉、郑译（周宣帝的两个宠臣）见周宣帝命不久矣，商议后共同拟定了一份假诏书，声称宣帝遗嘱，让杨坚以皇太后父亲的身份总揽朝政，辅佐静帝。当天，周宣帝一命归天。刘、郑二人没有公开此事，矫诏以杨坚总领中外兵马事。杨坚以诏书的名义控制了京师卫戍军队，基本控制了朝廷。

三天后，杨坚等人才宣布宣帝已死的消息，八岁的周静帝即位。杨坚被任命为假黄钺、左大丞相，掌握军事、政治全权。

静帝即位后，其叔父汉王宇文赞以皇叔身份入居禁中，常与杨坚同帐列坐，听览政事。杨坚觉得这个宗室很碍事，就指使刘昉让他离开。刘昉送上几个绝色美女，趁机对宇文赞说："大王乃先帝之弟，众望所归。少帝年幼，岂堪大事。您不如先回私第，等候佳音。待事宁之后，我们会迎您入宫做天子。"宇文赞当时只是个十五六岁的好色少年，性识庸下，觉得刘昉好人好语，就相信了他的话，马上携美女、属官出宫回府。这样，杨坚排除了最近的潜在干扰。

其实，真正威胁杨坚的是已经成年并各居藩国的宇文泰的五个儿子：

宇文招，宇文泰第七子。西魏恭帝三年（556年），封郡公，三年后封赵国公。北周建德三年（574年）晋爵为王，接着参加了武帝的伐齐战争，官拜太师。

宇文纯，宇文泰第九子。封陈国公，被任命为岐州刺史，加开府仪同三司。建德三年晋爵为王，接着参加了周武帝的伐齐战争，是第一次伐齐战争的前三军总管之一，也是第二次伐齐即灭齐战争的先锋官，官拜太傅。

宇文盛，宇文泰第十子。封越国公，北周天和中期晋爵为王，也参加了伐齐、灭齐战争。平北齐后，武帝在齐都城设相州，他为首任相州总管。

宇文达，宇文泰第十一子。封代国公，建德初任荆州刺史，建德三年晋爵为王，出为益州总管。他是宇文泰诸子中不可多得的人才，性果决，善骑射，在州（荆州）有政绩。

宇文逌，宇文泰第十三子。封滕国公。建德三年晋爵为王。曾任北征稽胡、南代陈国的行军元帅。

这五人既有实力，又有影响，一旦起兵，杨坚将很难控制局面，但杨坚的高明之处在于他能先人一步。在周宣帝刚死的时候，杨坚就矫诏征在外拥兵自重的宗室五王入京朝见，找借口收缴了他们的兵权印符。五王无奈，只得回各自的京城王府。

这个时候，外间拥兵的周朝重臣纷纷起兵，其中相州总管尉迟迥、青州总管尉迟勤、郧州总管司马消难以及益州总管王谦等数十万大军影响颇大，他们此起彼伏，遥相呼应。

危急时刻，杨坚本想派心腹刘昉、郑译出外监军平叛，但此二人以各种理由推托。这时，府司录高颎自告奋勇出战，李德林表示愿意坚持岗位，杨坚大喜，定下心神后派遣韦孝宽、梁士彦、宇文忻、崔弘度等名将到各处策划、征讨。

与此同时，在京师的周室诸王也积极行动起来。其中，赵王宇文招设宴邀请杨坚，欲伺机杀掉他。杨坚安全应付了这次鸿门宴，诬告宇文招谋反，假借静帝的名义诛杀了宇文招及其他同谋者。其后，杨坚将五王一一除灭。

紧接着，杨坚宣布废除宣帝时的严刑峻法，停止洛阳宫的修建，以此取得了军民的广泛支持。这时，杨坚在京师的统治已基本稳固。

接下来，杨坚着手巩固自己在朝外的权力。他一方面利用自己已经取得的政治优势拉拢地方将领，对敌对势力进一步分化瓦解；另一方面继续征战，在半年的时间内平定了所有的地方武装反抗。

杨坚见北周政局已经被自己所掌握，宣布自己由左丞相改任大丞相，废左、右丞相设置，很快又改称相国。同时，他让自己的长子杨勇出任洛阳总管、东京小冢宰，监督东部地方势力。不久，他由随国公改称为位在诸侯王之上的随王，封独孤氏为王后，杨勇为世子。他废除了所有对汉人的赐姓，令其各复本姓，这一措施得到汉人的普遍拥护，对他的统治起到了进一步巩固的作用。

大象三年（581年）正月，杨坚见时机已到，派人为静帝写退位诏书，内容主要是叙述他的功德，希望他按照舜代尧、曹丕代汉献帝的故事，接受皇帝称号，代周自立。

诏书做好后，由朝廷大臣到随王府送给杨坚。杨坚假意推辞，在朝廷百官的再三恳求下才同意接受。杨坚穿戴上早已准备好的龙袍，在百官簇拥下坐上皇帝的宝座。杨坚把爵位"随"设为国号，变"随"为"隋"，改元开皇，以长安为首都。

■ 打击突厥　收复江南

杨坚称帝后，面临着两个问题：突厥势力和南朝势力。权衡轻重后，他决定先对付突厥。

大臣长孙晟上书说："玷厥和沙钵略的力量不相上下，但前者的地位不及后者，他们之间存在着矛盾。只要稍稍鼓动一下达头可汗，他俩就会打起来。"沙钵略可汗的弟弟处罗侯（后称叶护可汗）在当时因势力小没有当上可汗，于是与沙钵略面和心不和。另外，阿波可汗也不是真心拥护沙钵略可汗。

长孙晟建议采取远交近攻的策略，首先派使者与达头结交，联络阿波可汗和处罗侯。如此一来，沙钵略为了巩固自己的地位，势必左右分兵防守，隋朝便可伺机把他们一举消灭。

长孙晟，河南洛阳人。自幼聪明，武艺出众，十八岁时做了北周司卫上士。北周宣帝大成元年（579年），他护送千金公主入突厥成亲，因精于骑射而深受沙钵略可汗的赏识。长孙晟在突厥住了一年之久，沙钵略可汗让子侄跟他学习骑射。

长孙晟是个有心人，他利用与突厥子弟外出狩猎的机会仔细观察突厥的地形，并默记于心。同时，在与突厥子弟交往的过程中，他又详细了解了突厥各部落的具体情况。所以，他的上书引起了杨坚的重视。

杨坚看完奏疏后非常高兴，马上召来长孙晟。长孙晟来到后，一边给杨坚解释当地的风土人情，一边随手画出了突厥的地形图。杨坚采纳了长孙晟的建议，决定派太仆元晖联络达头可汗。

元晖，字叔平，河南洛阳人，与长孙晟是同乡。北周武帝娶突厥女为皇后时，元晖多次来往于北周与突厥之间，与突厥人交好，后官至仪同大夫、太仆。

元晖一到达头可汗的驻地伊吾道（今新疆哈密），就代表隋朝赠送礼品。达头可汗随即派使臣到长安与隋结盟，双方开始保持联系。沙钵略可汗得到这个消息后，立即派使臣前往长安探听虚实。

当时，达头可汗和沙钵略的使臣一同上殿拜见杨坚。为了离间达头可汗和沙钵略的关系，杨坚故意让达头可汗使者坐在上位。沙钵略可汗遂对达头可汗起了疑心，分遣军队攻打达头可汗。

紧接着，杨坚又派长孙晟联络处罗侯，实施离间处罗侯与沙钵略可汗的计划，这一行动又取得了成效。

早在长孙晟送千金公主入突厥时，处罗侯非常钦佩长孙晟的才干，与长孙晟建立起了密切的关系，并有了密约。长孙晟到达处罗侯的地盘后，表示隋朝会支持他争夺汗位，也希望他实践从前的誓言，与隋朝同心合力，攻打沙钵略。

杨坚称帝后，就有统一江南的意向。但由于隋朝政权刚刚建立，并不稳固，他只有集中力量先对付突厥。杨坚虽然对陈朝采取了守势，但并没有放松对陈朝的渗透。每次抓获陈朝派来的奸细后，他皆给以衣服马匹，以礼遣回。

在此期间，陈宣帝不断派军队蚕食隋朝西起江汉、东至许墅的广大地区。这个地区的地理位置十分重要，在南北朝时期曾是周、齐、陈争夺的主要区域。换句话说，这里是兵家必争之地，曾几易其主。

北周大象二年（580年），陈宣帝亦欲乘中原大乱之机收复失地——淮南，任命大将任忠攻历阳（今安徽和县），由东路向北进犯。

苏北淮南地区背靠长江天险，又以南岸陈本土为依托。一旦被陈朝攻破，陈兵便可以随时图谋隋朝的中原地区。另外，如果突厥北起，陈军南犯，杨坚就会腹背受敌。

为了解除后顾之忧，杨坚决定趁陈立足未稳而先发制人，把陈军赶回长江南岸。

开皇元年（581年）九月，杨坚遣将调兵，命上柱国长孙览、元景山准备伐陈，讨伐大军由内尚书左仆射高颍节制。次年二月，元景山领西路军，长孙览领东路军，开往淮南。元景山占领了甑山、沈阳（今湖北汉阳附近）；长孙览出寿阳，水陆齐进，陈朝守军弃城而逃，东路军多不战而胜。

两路隋军大获全胜，夺回江北淮南地区，杨坚的初步战略目标已经达到。开皇元年（581年）十二月，突厥大军南犯隋朝边境。为避免两线作战，杨坚决意中止对陈战争，尽快把主力调回，集中力量对付突厥。

杨坚虽然想撤军，但却没有一个合适的理由来向陈朝掩饰自己的战略意图和稳定隋军军心。恰在此时，陈宣帝病死，陈朝遣使言和。开皇二年（582年）二月十五日，杨坚顺水推舟，以"礼不伐丧"的理由撤军北移。

隋炀帝杨广——荒淫无度，残暴丧国

■ 圆滑处世 弑父篡位

北周武帝天和四年（569年），隋文帝杨坚第二子杨广出生。杨广出生当年，其父杨坚承袭了其祖父杨忠随国公的爵号。随后，杨坚屡立战功，再加上显赫家世，在朝中的势力越来越大。尽管有人忌恨他，但也奈何不了他。因此，杨广小时候的生活还是非常幸福的。

开皇元年（581年），杨坚建隋称帝后，封13岁的杨广为晋王，并任命他为并州总管。开皇八年（588年），杨坚以杨广为统帅，以贺若弼、韩擒虎等将领为主将，发兵南征陈朝。虽然当时的杨广只有20岁，但在处理事务上显得成熟老练。隋军攻破陈朝都城建康后，杨广诛奸臣、封府库，然后便将陈后主及皇室后宫中的人押回隋都大兴。在此期间，杨广对陈朝的钱财、珍玩、美女等视若无睹，没有流露出半点留恋的表情，从而得到了随征战将的认可。不久，杨广晋升为太尉。

随后，杨广平叛乱、击突厥，为隋朝立下了诸多功劳，这是其他皇子无法做到的。身为皇子的杨广之所以要这么做，是因为他把立战功作为证明自己有王者之风的一种手段。不过，要想成为皇位继承人，仅凭这一点是不够的。于是，杨广在屡立战功的同时，一边表现自己的良好修养，一边排挤包括皇太子在内的其他皇子。隋文帝做梦也没有想到，尽管他的五个皇子都是同胞兄弟，但皇储之争仍然在他们中发生了。

杨广为人虚伪狡诈，善于伪装掩饰。不过，他的耐心也非比常人。因为，片刻的表里不一或许容易，但要长期如此而不暴露，却是"难能可贵"的。

皇太子杨勇身为长子，不仅为人风流、妻妾成群，而且偏好歌舞、花天酒地。尽管隋文帝和长孙皇后不满意甚至讨厌他的所作所为，但并没有废掉他的打算。杨广对父母的好恶了如指掌，于是处处投其所好。尽管他非常好色，但坚决不纳妾，仅有萧妃一个妻子。一旦想沾花惹草，就拿身边的丫鬟开涮。至于丫鬟生下的孩子，绝无活命的可能，杨广的凶残由此可见一斑。除此之外，杨广还通过生活节俭、厚待隋文帝和长孙皇后的近侍等方法来赢得皇帝皇后的欢心。而他的这些表现，皇太子杨勇是无法做到的。

杨广的表面工作做得如此全面，与他小时候受到的教育是分不开的。在父母的影响下，杨广读了不少圣贤书，懂得礼仪廉耻。因此，除了在父母面前表现外，他还会在他人面前表现，以致在朝野上下都有很高的声望。

有了这些铺垫后，杨广一边在长孙皇后面前诬陷皇太子杨勇要谋害他，一边唆使朝中大臣在朝中提出废太子一事。尽管杨勇毫无谋害杨广之意，但长孙皇后对杨广的话深信不疑。在这种情况下，隋文帝迫于长孙皇后和朝中大臣的双方压力，废杨勇、立杨广。杨勇被废为庶人后，杨广并没有罢手，转而迫害三弟杨秀。杨秀势单力薄，对杨广同党罗织给他的罪名有口难辩，也被废为庶人。

仁寿四年（604年），隋文帝在独狐皇后去世两年后身患重病，遂前往距离长安两百余里的仁寿宫（今陕西麟游）养病。在隋文帝养病期间，杨广逐渐控制了仁寿宫，待时机成熟时弑君篡位。杨广即位后，是为隋炀帝。

■ 奢靡堕落　穷兵黩武

隋炀帝即位之初，采取了兴办学校、完善科举、减轻刑法、搜集图书、兴建商都洛阳等一系列措施来发展隋朝，取得了一定的成效。然而，江山易改，本性难移。夺得江山后，隋炀帝不再掩饰其崇尚奢靡、残暴虚伪的本性，一次又一次做出了祸国殃民的事情，最终导致了隋朝二世而终。从这点来看，他与秦二世胡亥有相似之处。

自大业元年（605年）始，隋炀帝共有七次出巡，先后去过江都、榆林、五原、张掖、长城等地。在出巡过程中，隋炀帝不顾百姓疾苦，投入了大量的财力、人力和物力。尤其是江都，隋炀帝对其流连忘返，先后三次出巡。为方便巡游，隋炀帝修建了大运河。大运河由通济渠、邗沟、江南河和永济渠四部分组成，北起涿郡（今河北涿州），南至余杭（今浙江杭州），蜿蜒五千余里。尽管隋炀帝修建大运河的目的在于游玩，但同时也发展了我国的水上运输业，加速了运河沿岸的经济交流和发展，这是隋炀帝修建大运河值得称道的一点。

除了修建大运河外，隋炀帝还修建了离宫和十六院。离宫是指建在大运河沿岸的皇宫，多达四十余所，每所皆富丽堂皇；十六院是指建在人工小运河两岸的十六所皇宫，每所亦金碧辉煌，藏美女数百。同时，隋炀帝还兴建了西苑。西苑位于洛阳西郊，方圆数十里，人工湖和人工山相映成趣，山上宫殿依山势而建，别有韵味。

大运河建好后，隋炀帝带着巡游队伍、乘着耗费巨资制造的数十艘龙舟浩浩荡荡地出发。这些龙舟仅为皇家所乘，远非全景。河中，有数千艘禁卫军乘坐的军舰随行；两岸，有整齐庄严的骑兵护卫。如此大的排场，堪称空前绝后。沿岸的百姓在看到如此蔚为壮观的场面的同时，心中不知作何感想！

隋炀帝不仅讲究排场，而且穷兵黩武，先后三次讨伐高丽。伴随着战鼓声，隋朝的丧钟也被敲响。

大业三年（607年），隋炀帝北巡至突厥启民可汗管辖的汗国时，高丽使节也在此地。隋炀帝让高丽使节传话给高丽王高元，令其于大业七年（611年）至涿郡见他，高元没有赴约。隋炀帝龙颜大怒，遂下令备齐军粮辎重和修造军舰，为讨伐高丽做准备。在此期间，百姓的赋税徭役骤然加剧。长途跋涉中，运粮民工有的在吃完了干粮后被饿死，有的病死，有的则用生米维持生命。这些活着的民工虽然保住了性命，但却遭到了隋军捕杀，因为他们没有了上交的粮食。同年，黄河沿岸发生了水灾，两岸百姓的生活更是雪上加霜，纷纷背井离乡，四处奔走。

大业八年（612年），隋炀帝集兵百余万于涿郡，然后御驾亲征，结果未攻克高丽军事要地辽东城（今辽宁沈阳）。隋军首战无功而返，损兵折将近三十万。次年，隋炀帝再次东征。正在辽东城岌岌可危之时，尚书令杨素之子杨玄感举兵反叛，隋炀帝只得班师回朝。杀掉杨玄感后，隋炀帝在国内大力捕杀其同党，无辜受害者不计其数，民怨更加沸腾。

隋炀帝丝毫没有担忧国内动乱，于大业九年（613年）又一次发兵东征。高丽虽然国小势弱，但在向隋炀帝求和后并不入隋朝见。隋炀帝气急败坏，于大业十一年（615年）进行了第四次东征。东征途中，隋军遭到始毕可汗率领的突厥兵的袭击，隋炀帝被围困于雁门。为了鼓舞士气，隋炀帝以富贵许诺。于是，隋军将士顽强守城，突厥兵久攻不克。正在隋军军马劳顿时，始毕可汗撤兵而回。隋炀帝捡得一命后，并没有履行当初的承诺。随军作战的诸将士见隋炀帝言而无信，不再效忠于他。

隋炀帝东征高丽的这几年里，各地起义军闻风而动，在隋朝各地燃起了烽烟。面对发展如此迅猛的起义军，隋炀帝已经没有能力扭转乾坤，遂陶醉于声色犬马之中，任起义军蔓延扩张。

大业十四年（618年），右屯卫将军宇文化及率领禁卫军叛乱，杨广被杀，终年50岁。

 ## 唐高祖李渊——能屈能伸的开国帝王

■ 暗中扩张　静待时机

北周武帝天和元年（566年），李渊出生于长安城中的一个贵族家庭。他的祖籍在陇西成纪（今甘肃秦安），其祖父在后唐时被封为陇西郡公，官至太尉，是当时有名的八大柱国之一，死后被北周追封为唐国公。李渊建国时之所以把"唐"作为国号，就是来源于"唐国公"这个封号。李渊的父亲同样是个厉害角色，在北周时任安州总管兼柱国大将军，并承袭了唐国公的封号。

建德元年（572年），7岁的李渊承袭了其父唐国公的封号。显赫的家庭背景在李渊的头上笼罩了耀眼的光环，使他在仕途路上走得更加平稳。581年，隋朝建立。隋文帝杨坚任命他为千牛备身。

李渊成人后，迎娶了出生于隋朝贵族的窦氏。窦氏的父亲窦毅在北周时担任上柱国一职，母亲是襄阳长公主（北周武帝的姐姐）。窦氏天性聪明，深受武帝疼爱。随着年龄的增长，窦氏更加明白事理，而且很有主见。武帝不喜欢阿史那皇后，窦氏劝他一定要隐忍，以保北周北方边境上的安定，从而能够集中兵力对付北齐和陈。隋代北周后，窦氏在父亲窦毅面前慷慨而言，如果她是男子，一定要替舅舅武帝除掉祸患。

窦毅见窦氏虽为女儿身，却有男儿般的雄才大略和气概，决定为她选个出众的女婿。为此，他令人画了两只孔雀，以考察箭术为女儿选亲。李渊拔箭即发，两箭都射中孔雀的眼睛，深受窦毅的赏识。随后，窦毅便为女儿筹办了婚事。

隋文帝仁寿四年（604年），晋王杨广弑父篡位，是为隋炀帝。隋文帝在位期间，在李渊担任的所有官职中，刺史是最高级别。隋炀帝即位后，李渊从地方调到中央，先后任殿内少监和卫尉少卿，在朝中的地位一步步提高。

窦氏嫁给李渊以后，成为了李渊的贤内助。在与李渊的相处中，她发现李渊有帝王之才，于是处处帮助他出谋划策。窦氏知道隋炀帝非常喜欢骏马和雄鹰，见李渊养了不少骏马，于是让他把马献给隋炀帝，并告诉他这样做既可以讨得隋炀帝的欢心，还能够免招他人诬陷。李渊也是爱马之人，自然不舍得将马献出。不料，隋炀帝不知从哪里听说李渊家中有骏马数匹，于是要拿他问罪。李渊此时才相信窦氏的话，立即将家中骏马献给了隋炀帝，不久便被隋炀帝提拔为将军。

自大业七年（611年）始，隋炀帝的残暴统治激起了民愤，顿时国内大乱，各地武装力量前仆后继，此起彼伏，隋王朝的根基有漂浮的趋势。

大业九年（613年），隋炀帝再次讨伐高丽，李渊奉命督运粮草。隋朝贵族杨玄感乘隋军东征之际反叛隋朝。李渊闻讯后立即上奏隋炀帝，随后便接到镇守弘化郡（今甘肃庆阳）的命令。在隋军的反击下，杨玄感大败。此后的一段时间内，李渊没有被调动，继续在弘化郡留守。在此期间，李渊广交朋友，结识了很多的英雄豪杰和能人义士，为以后的起兵反隋奠定了基础。

大业十一年（615年），李渊被调往山西后平定了毋端儿农民起义，将其残部收编。隔年年初，隋炀帝任命他为太原留守。李渊上任后，不仅能够击退突厥的侵扰，而且能够镇压住河东一带的起义军。隋炀帝之所以要如此安排李渊，就是要他对付突厥和河东起义军。从这一点来看，他的目的达到了。但令他想不到的是，被他作为棋子的李渊并不甘心受其摆布，而是要与他争夺天下。在平定了"历天飞"魏刀儿率领的十万起义军后，李渊的力量更为强大。

李渊在正式起兵前，为了扩大自己的势力，十分注意网罗人才。他指示李建成"于河东潜结英俊"，李世民"于晋阳密招豪友"。李建成、李世民则按照父亲的指示，倾尽财力，礼贤下士，只要有一技之长，不计出身皆养于门中。于是，许多人纷纷归附李家。

当时，地主阶级中一些有政治眼光的人，已经认识到隋朝灭亡已是必然之势，因此纷纷寻找自己的政治依托和靠山。李渊父子礼贤下士，宽厚仁慈，成为了他们的最佳人选。

李渊在太原出任留守时，刘文静认为他"有四方之志，深自结托"。后来，刘文静因与瓦岗农民起义军的首领李密结为姻亲触怒了隋炀帝，遂被投入太原大狱。李世民深知刘文静是一位可以共谋大事的人才，常私下到狱中探望刘文静。

李世民与刘文静商谈过后，决定促成李渊及早起兵。为了能够说服李渊，李世民又笼络与李渊关系亲密的裴寂。

一日，裴寂与李渊饮酒。饮至半酣时，裴寂乘机向李渊说："二郎密缵兵马，欲举义旗，正因寂以官人奉（侍）公，恐事发及诛，急为此耳。今天下大乱，城门之外，皆是盗贼。若守小节，旦夕死亡；若举义兵，必得天位。众情已协，公意如何？"李渊见形势已经发展到如此地步，便对裴寂说道："我儿诚有此计，既已定矣，可从之。"

李世民、刘文静和裴寂一道敦促李渊及早起兵的事情在史书也有记载。《旧唐书 刘文静传》中有：当隋炀帝要将李渊押至江都问罪时，李世民派刘文静与裴寂共同向李渊进言游说："《易》称'知几其神乎'，今大乱已作，公处嫌疑之地，当不赏之功，何以图全？其裨将败衅，以罪见归。事诚迫矣，当须为计。晋阳之地，兵马精强；宫监之中，府库盈积。以兹举事，可立大功。关中天府，代王冲幼。权蒙并起，未有适从。愿公兴兵西入，以图大事，何乃受单使之囚乎？"李渊对此也深表同意。

■ 势如破竹　攻取长安

大业十三年（617年）春，鹰扬府发生事变。校尉刘武周担心自己与太守王仁恭侍女私通一事被揭发，索性除掉王仁恭，建国定阳，公然反叛隋朝。李渊见反隋的时机已到，立即打着讨伐刘武周的旗号大张旗鼓地招兵买马，迅速征招了数千人。太原副留守王威、高君雅二人奉隋炀帝之命监军，虽然对李渊素有戒心，但李渊早已买通他们身边的人，密切监视着他们。

同年五月，李渊收到王、高二人与突厥相勾结的密状，翌日便有数万突厥攻打太原。李渊正愁找不到除掉此二人的借口，果断处决了他们。面对突厥来攻，李渊并不慌张。他令将士打开城门，然后偃旗息鼓，在城内静守。突厥兵不知是计，遂不敢贸然攻城。当夜，李渊令一路将士解铃衔枚，悄悄出城，并于翌日入城。突厥兵见"援军"已到，遂撤兵离去。

为了稳住突厥，避免南下时腹背受敌，李渊采取了让步策略，暂时向突厥称臣，表示"征伐所得，子女玉帛，皆可汗有之"。这一招果然奏效，始毕可汗同意与李渊修好，并送给他大量的马匹和士兵。李渊又乘机购买了许多马匹，组建了一支强硬的战斗队伍。加之李渊军中有令汉人惧怕的突厥骑兵，又增长了不少势气。

七月，李渊发布檄文，历数隋炀帝罪行，号召天下匡扶正义，诛灭隋炀帝。同时，他将自己率领的部队称为"义兵"。义兵首战告捷，攻下了西河郡（今山西汾阳），隋军的第一道防线被攻破。李渊以此为根据地，自领大将军，分别封长子李建成、次子李世民为陇西公、敦煌公，各任左领军大都督、右领军大都督之职。李渊亲信裴寂、刘文静二人也得到提拔，均任长史司马。

随后，李渊率兵挺进霍邑（今山西霍县）。李渊摆出攻城架势，诱霍邑守将宋老生出城，然后断其后路，一战攻克了霍邑。攻克霍邑后，李渊继续推进，又对河东城（今山西永济）发起了进攻。河东城守将屈突通骁勇善战，固守城池，义兵久攻不克。李渊采纳李世民的提议，除留下部分兵马继续攻城，率余部直入关中，逼近长安。义兵抵达长安后，李渊先礼后兵，在隋军拒降的情况下采用武力攻克了长安。

十一月，李渊仿效曹操篡汉的做法，并不急于改旗易帜，而是将隋朝皇族代王杨侑立为天子，以此表示自己反隋炀帝而不反隋。随后，李渊一家满门显贵：李渊被封为唐王，身兼假黄钺、大丞相等数职；李建成被改封为唐世子；李世民被改封为秦王，领京兆尹一职；李元吉被改封为齐公。此后，位居王公之上的李渊在被改为丞相府的武德殿中处理大小政务。

大业十四年（618年），隋炀帝被右屯卫将军宇文化及杀死。隋炀帝一死，李渊将隋恭帝杨侑一脚踢开，逼其禅位。同年，李渊即皇帝位，建国"唐"，并以武德殿的"武德"二字建元，以长安为唐朝国都。李渊即位后，是为唐高祖。

■ 结束分裂　统一全国

唐高祖称帝后，天下仍然处于四分五裂的状态。经过了近十年的征战，唐高祖终于安定了唐朝内外。

当时，除了义兵外，还有李密领导的瓦岗军、窦建德领导的河北军和杜伏威领导的江淮军。另外，宇文化及、薛举、李轨、刘武周、王世充等人的实力都不可小觑。

宇文化及新立隋秦王杨浩后不久就遭到了李密军的攻打，大败而逃后，杀死杨浩称帝。次年，宇文化及又遭到了窦建德军的攻打，在混战中被杀。宇文化及死后，唐高祖少了一个劲敌。

唐高祖的第一个攻打目标是在陇西称帝的薛举。秦王李世民奉命征讨薛举，首战告捷，次战失利。薛举本欲乘胜直取长安，不料因病而终。其子薛仁杲被李世民打败后，率残部归附唐朝，陇西被平定。

武德元年（618年）冬，李轨在河西（今甘肃河西走廊）称帝。李渊攻打薛举前与李轨有所沟通，李轨先是同意归附唐朝，后又不接受唐高祖册封给他的凉王封号，自封大凉皇帝。尽管李轨仍然表示臣服于唐高祖，但唐高祖认为唐朝只能有一个皇帝，遂令安兴贵前去交涉。安兴贵见李轨不听劝，担心性命不保，遂与在李轨手下任户部尚书的哥哥安修仁发动兵变，替唐高祖平定了河西。

唐高祖在长安城废了隋恭帝杨侑后不久，隋江都通守王世充拥立越王杨侗为天子，随后击败了李密军，将降卒收编，实力大增。武德二年（619年），王世充建国称帝，定都洛阳。秦王李世民奉命出兵，击溃了王世充及其援军窦建德，收复了黄河流域一带。

窦建德被押往长安后，唐高祖将其斩杀。其部将刘黑闼率领余部卷土重来，将唐朝夺去的领地抢回。秦王李世民再次率兵征讨，在一番激战后击败刘黑闼。刘黑闼见不敌唐军，遂投奔突厥。不久，刘黑闼再次发兵，先击败了前来征讨的李元吉，后被太子李建成打败，并被唐军所杀。刘黑闼兵败后，河北和山东一带几乎被收复。

在隋朝末年，趁乱割据在江陵一带的是萧铣。他占据的地区也很广阔，南到交趾（今越南河内），北到汉水，西达三峡（今三峡），东及九江（今江西九江）。但萧铣和其他割据者一样是想偏安一地，做个土皇帝。他是原来南朝梁宣帝的曾孙，祖父萧岩在梁被隋灭时逃到了陈朝，等陈也被隋灭时，萧岩被押到长安斩首。在隋炀帝时，因为萧铣和隋炀帝的皇后萧氏同是南朝梁的后裔，所以被任为罗县（今湖南湘阴东北）令。

随后，唐高祖先后消灭了南方的萧铣和江淮的杜伏威，几乎统一了全国。

除了结束国内的分裂局面外，唐太宗还要对付突厥人。隋初，突厥内部出现分裂，形成了东突厥和西突厥。唐朝建立后，西突厥主动与唐朝交好，而东突厥却敌视唐朝。由于西突厥比东突厥强大，唐高祖李渊采取了"以夷制夷"的策略，虽然效果不明显，但保证了唐朝边境的稳定。

■ 建制安邦　晚年退位

唐高祖称帝后，在各个方面都进行了改革。在一定意义上讲，没有唐高祖的大力改革，便没有后来的"贞观之治"。

为了维护君主皇权，唐高祖设置了清晰明确的政权机构。

在中央，唐高祖设置了三省六部。三省包括中书省、门下省和尚书省。中书省为决策机关，长官为中书令，下设中书侍郎、中书舍人等职位；门下省为审议机关，长官为侍中，下设黄门侍郎、给事中等职位；尚书省为执行机关，长官为尚书令，下设左右丞、左右司郎中等职位。其中，尚书省下设吏、户、礼、兵、刑、工六部，各部长官均为尚书；各部下设四司，直接执行相关政令。中书令、侍中、尚书令同领宰相事，与皇帝一起商议国事。另外，御史台为监察机关，长官为御史大夫。

在地方，唐高祖设立了州和县，在州中设立刺史，在县里设立县令。各州刺史负责巡查州中各县，考核各县县令的政绩，同时还要向中央举荐人才。县令为一县之主，负责处理县里的各种事务。另外，县下设乡、里。

在军事管理方面，唐高祖沿用了隋文帝时实行的府兵制。依照府兵制的规定，兵士有生产、出征、戍边等职责。农忙时，兵士要通过参加生产来创造收入，减少国家军费的支出；农闲时，兵士要听从当地兵府的调动，积极参加训练；遇到战事或轮流戍边时，兵士要听从中央调遣，而且要自备衣食；兵士同样需要上交租调，在出征或戍边期间可以免除。府兵制的实行，既可以保证中央对军队的直接控制，又可以为国家减轻负担，同时还可以提高军队战斗力，对唐朝的稳定和繁荣都有着积极的作用。

在法律方面，唐高祖先是在隋文帝时的《开皇律》基础上制定了《五十三条新格》，后又经过修改和完善，形成了《武德律》。《武德律》的推行，不仅让百姓看到了法律的合理性和实用性，而且对作奸犯科者形成了威慑。

为了从全国各地招揽人才，唐高祖参照起源于隋朝的科举制，对其做了一番修改后开始推行。在推行科举前，唐高祖在京城和地方兴建了大量学校。参加科举考试的有两类人：生徒和乡贡。生徒指京城国子监的学生，乡贡指来自州县的地方优秀学生。科举包括常举和制举两种，有定期和不定期之分。有了充足的生源后，唐高祖还设立了必考科目，以便选出一些治国之才。科举制的推行，抛开了以往选官时的门户之见，多以才德学识为标准，不仅扩大了官员的选择范围，而且使唐朝出现了一大批才德兼备的官员。

隋炀帝的残暴统治造成了百姓的流离失所，而隋末唐初的频繁战事则造成了人口的锐减。为了使动荡的局面安定下来，同时保证国家的财政收入，唐高祖在全国范围内推行了均田制和租佣调制。均田制虽然没有被严格地推行，但百姓常常容易知足，在分得的土地上积极耕作，把荒芜的土地变成了绿田，促进了农业的恢复和发展。均田制推行后不久，唐高祖又颁布了租庸调制。租、庸、调是中央征收税收的三种变换形式。租，指得到土地的百姓每年要按照一丁二石粟的比例交税；调，指除了上交粟外，各地还要根据当地的情况上交绢、绵、布、麻等织物；庸，指可以将必须的服役折算为上交绢布的数量。另外，官府会根据实际情况来增加一些额外的徭役。凡服额外徭役十五天者，免调；三十天者，调租全免。同时规定，每年的额外服役期必须在三十天内。与隋朝的赋税徭役相比，租庸调制更加实惠，进一步得到了人心。

除此之外，唐高祖也非常重视教育。他认为"自古为政，莫不以学为先，学则仁义礼智信五者俱备"，大力提倡儒学。

唐高祖本可以有更大的作为，但由于他的贪恋女色和对政务的懈怠，不仅没有处理好朝中重臣间的关系，也没有处理好太子李建成和秦王李世民的关系。"玄武门之变"后，他不得不让位于李世民，被迫做了太上皇。

贞观九年（635年）夏，唐高祖李渊在度过了近十年的清闲生活后病逝于大明宫。

唐太宗李世民——一代贞观明君

■ 难掩壮志　易临帝位

隋文帝开皇十八年（598年）十二月二十二日，李世民出生于武功（今陕西武功西北）。在他4岁的时候，有人为其父李渊相面后说："公，贵人也，且有贵子。"此人见了李世民后，为其相面后说："龙凤之姿，天日之表，年将二十，必能济世安民矣。"

李渊是隋朝大将，被封为唐公。作为显赫家族之后，李世民从小就受家庭文武习俗的熏陶，再加上他聪明敏捷，胆识过人，青年时代的他不仅具备了丰富的文化知识，而且还练就了一身武艺。李世民对《孙子兵法》颇有研究，经常用孙子之言与父亲李渊讨论用兵布阵，深得李渊的喜爱。由于家世的关系，李世民经常随着父亲职务的不断调动而迁徙。虽然居无定所，但这给他提供了一个了解社会现状的机遇。

隋炀帝大业十一年（615年），隋炀帝在雁门（今山西代县）被突厥始毕可汗围困。李世民应募，初露锋芒。

大业十三年（617年），李渊被隋炀帝任命为太原留守，李世民随父前往晋阳（今山西太原）。同年，李渊举兵反隋，李世民随父征战，开始了戎马生涯。

618年，李渊建立唐朝。唐王朝建立后，李渊的大儿子李建成被立为皇太子，二儿子李世民被封为秦王，小儿子李元吉被封为齐王（李渊有四子，三儿子李元霸早死）。

唐朝建立初年，摆在李氏父子面前的首要任务是消灭群雄、统一国家和巩固政权。由于李渊称帝后不便再出征作战，皇太子李建成也需要留在京城协助李渊处理国家政务。鉴于秦王李世民的作战经验，李渊把指挥和领导统一战争的重任交给了他。

唐初，强大的军阀势力和农民军势力有自称"西楚霸王"的薛举、河东的刘武周、洛阳的王世充、河北的窦建德等，他们割据一方，手握重兵。22岁的李世民毅然挑起了统一天下的重担，率领千军万马，开始了历时四年多的艰苦战争，帮助父亲完成了统一大业。

统一战争结束后，李世民由于功绩卓著，威望日益提升，政治地位和军事地位都在迅速增长。他掌握着大量能征善战的军队，同时还担任尚书令的职务，位居宰相，在唐王朝的上层统治集团中举足轻重。

李世民是一个有长远眼光和心计的人，早在晋阳起兵的时候，他就开始利用自己的特殊身份有意识地收罗了大批谋臣猛将，并逐渐组成了一个以他为核心的幕僚集团。统一战争结束后，李世民夺取皇位继承权的心志变得更加强烈和迫切。

太子李建成并非等闲之辈，从李世民的军事地位和显赫威望中感受到了威胁。为了维护和巩固自己的皇位继承权，他也大力收罗人马，不断扩充自己的势力。他把弟弟齐王李元吉拉入自己的东宫集团，合谋对付李世民。

随着形势的发展，李世民与李建成的争权活动逐渐由暗斗转向明争，愈演愈烈，并最终发展成了兄弟相残。

一次，李建成请李世民去饮酒。李世民的部下劝他不要去，以免不测，但李世民坚持要去。李世民喝完酒，回去后吐了好多血，幸好没死。后来，李元吉在唐高祖面前奏了李世民一本，想借父亲的手杀了李世民。事情发展到这个程度，李世民手下的几个亲信劝他先发制人，除掉李建成和李元吉。李世民冷静地思考了李建成对自己的所作所为，并分析了自己所处的形势，遂痛下决心，准备抢先动手。

武德九年（626年）六月初四，李世民在武将尉迟敬德、侯君集和谋臣长孙无忌、杜如晦、房玄龄等人的协助下，发动了"玄武门之变"。

李世民在皇宫北门玄武门埋伏下一支精兵，准备乘李建成和李元吉经过这里时动手。这天早上，李建成和李元吉一起去见唐高祖。他们骑马走到临湖殿时，发觉四周有异样，立刻掉转马头往回走。这时伏兵四起，李世民亲手射杀了太子李建成，齐王李元吉被尉迟敬德杀死。

此时，唐高祖李渊正在太极宫的湖里划船。李世民的部下跑来报告："太子和齐王作乱，秦王把他们杀了！"唐高祖非常震惊，但也无可奈何，身边的大臣们劝他让位给秦王李世民。

两个月后，李渊被迫退位，时年29岁的李世民即位，史称唐太宗，成为了唐王朝的第二位皇帝。第二年正月，李世民改年号为贞观，开始了他的皇帝生涯。

■ 清明廉俭　德扬四海

　　唐太宗即位后，为治理国家呕心沥血。他不仅能够将国家治理好，而且处处彰显个人修养，用美德感化了许多人。

　　"玄武门之变"后，秦王府中有人主张乘势杀尽李建成、李元吉的党羽，并"籍没其家"。与此同时，许多人在不断搜寻宫府集团的成员和兵勇，争相捕杀邀功。在这种肃杀的形势下，宫府集团的人惶惶不能自安。

　　李世民并没有大开杀戒，而是采用了明智的安抚政策。他一方面禁止秦府人员滥捕追杀，另一方面以高祖的名义诏告天下，安抚宫府中的人。

　　宫府集团的人被李世民的大度折服，纷纷放下武器，向朝廷投诚，其中最杰出的人才有魏征、韦挺等人。在玄武门之变前，魏征几次劝太子李建成及早除掉秦王李世民；在玄武门之变后，太子党人纷纷逃亡，魏征却没有逃跑。魏征被抓住后，李世民当众问他："你为什么离间我们兄弟？"魏征毫无惧色："假如太子早听我的话，那么他就不会有今天的祸患了。"李世民不仅没有生气，反而赞扬了他的忠诚坦荡，任命他为詹事主簿，后改任谏议大夫。

　　唐太宗在一次出游时，一个卫兵在失重情况下一把拉住他的龙袍，险些把他拉倒。卫兵顿时心惊胆战，李世民并没有生气，反而安慰他说："这里没有御史法官，不会问你的罪，不要担心。"

　　唐太宗不但善于用兵，而且还擅长书法。有一次，他与群臣饮酒。酒至半酣，他命人准备笔墨，随后挥笔而就。他将作品高高举起道："此幅书法作品谁能得到，就赐予谁。"此言一出，群臣争先恐后。其中有一位官员手疾眼快，登上皇帝的座椅，一把将书法作品抢到手。这位官员意识到自己因登龙椅而犯了不敬之罪后，马上叩头请罪。唐太宗却哈哈大笑道："今日没有君臣之礼，不要破坏了饮酒的气氛。"

　　唐太宗李世民即位后戒奢崇简，而且以身作则。在历史上，新王朝的君主都要大兴土木，另建新的宫殿，但唐太宗却不允许那样做。他仍然住在隋朝时建造的宫殿，尽管宫殿的大部分已破旧。同时，他还禁止铺张浪费的厚葬习俗，并明确提出要求，令五品以上官员和皇亲贵族严格遵守。对于官员们的奢侈行为，唐太宗也严格禁止。

　　在唐太宗的影响下，唐朝在贞观初年形成了一种良好的节俭风气，出现了许多廉俭大臣。比如，户部尚书戴胄生前一直住在一座破旧的房子里，死后甚至连个祭祀的地方也没有，而魏征的家里连个正堂屋都没有。唐太宗的做法减轻了国家和人民的负担，促进了社会经济的恢复和发展。

　　在封建社会，法律能否被顺利贯彻执行，主要取决于皇帝的态度。贞观时期，唐太宗不但能够以身作则，遵守法律的约束，而且对自己的亲属要求也非常严格。一旦有人触犯刑法，必严格依法处理，从不徇私枉法。因此，当时社会环境比较安定，大多数官吏都能够做到清正廉明，很少有人违法乱纪，欺压百姓。

　　为了对全国执法加强监督，唐太宗设立了死刑复奏制度，规定京城在两日内要五次复奏，各州要三次复奏。这种制度的形成，也可以防止和严惩诬告行为，比如"诬告反坐"。

"诬告反坐"虽于秦汉已见于刑律，但历代的诬告案件总是层出不穷。从历史的发展来看，它往往是统治阶级在进行内部斗争中用来打击、陷害对方的手段之一。所谓"诬告反坐"，是指以原告诬陷被告的罪名对原告进行量刑，使诬告者自食恶果。

《唐律》中规定，"诸诬告谋反及大逆者斩"，对犯有"谋反"与"大逆"罪者，依法当斩；而对那些以"谋反"、"大逆"罪名诬告他人的人，如果查实确属诬告，那么诬告者当被处以斩首的刑罚。

贞观三年（629年），朝中发生了霍行斌诬告魏征的事件。当时魏征已被唐太宗提拔为秘书监，可以参预朝政。霍行斌是长安县人，为了达到不可告人的目的，诬告魏征参与了"谋反"，想要以此置魏征于死地。魏征自玄武门事变后归附唐太宗，屡屡犯颜谏诤，已经深得太宗赏识与信任。因此，太宗根本不相信霍行斌的话。他直接说："此言大无由绪，不须鞫问，行斌宜付所司定罪。"霍行斌依法被处以死刑，得到了应有的惩罚。

魏征得知此事后，非常感激，向唐太宗顿首拜谢。太宗对他说："卿之累仁积行，朕所自知，愚人相谤，岂能由己，不须致谢。"

贞观九年（635年）八月，岷州都督高甑生诬告尚书右仆射、西海道行军大总管李靖的事件发生了。当时，李靖统领兵部尚书侯君集、刑部尚书李道宗、凉州都督李大亮和利州刺史高甑生等征讨吐谷浑。高甑生因未能按期到达会合地点而受到李靖的责备，于是对李靖怀恨在心。

战争结束后，高甑生与广州都督府长史唐奉义联名诬告李靖"谋反"。唐太宗大感意外，虽然不相信李靖会谋反，但考虑到高、唐二人身为高官，又是开国功臣，不得不谨慎行事。他依照司法程序派法官进行调查，查实后发现纯属诬告。根据当时的法律，高甑生应依法处死，但考虑到高是开国功臣，只给予其流放的处罚。这时有人为高甑生求情，请太宗宽大处理，太宗回答说："旧时藩邸勋劳，诚不可忘。然理国守法，事须划一，今若赦之，使开侥幸之路，且国家建义太原，元从及征战有功者甚众，若甑生获免，谁不觊觎？有功之人，皆须守法，我所以必不赦者，正为此也。"唐太宗这番话，既表明了他维护"诬告反坐"的意识，不徇私情，同时也反映了他维护唐代一切法律尊严的鲜明立场。

■ 呕心沥血　贞观之治

为了用法律来治理国家，唐太宗完善了以往的国家法律。他根据唐高祖时制定的《武德律》，主持制定了《贞观律》。经过长孙无忌等人做注后，便有了后来的《唐律疏议》，成为封建社会成就最高的法典，并被保存了下来。另外，唐太宗还制定了令、格、式，组成了完整的法制体系。

在用人方面，唐太宗求才若渴。当时，朝野上下的官吏大多擅长习武，对于如何处理政务显得力不从心。为了选拔出一批精通政务的人，唐太宗费尽心思，不计恩怨、不避内亲，积极去发现人才和提拔人才，真正做到了唯才是举。除此之外，唐太宗还继续推行科举制度，不断选拔文官。

贞观三年（629年），天下大旱。按传统的说法，这是因为朝政出了问题，上天示警惩罚。

太宗坐立不安，颁布诏书令文武百官上书议论朝政得失。中郎将常何乃一介武夫，不善文理，门客马周代他起草了一份奏章。唐太宗收到常何的奏章后大吃一惊，因为奏章里陈述的二十多件事都合乎他的意思，而且文章条理清楚，批评和建议都很中肯。唐太宗知道常何是粗人一个，根本没有这个能耐，于是将其召来询问。得知奏章出自马周之手后，他立即召其进宫，令其在门下省任职。马周见事敏速，能言善辩，深识事端，处事平允，又敢于直言进谏，以至于太宗说："我于马周，暂时不见，则便思之。"后来，马周步步高升，一直做到中书侍郎、中书令，名彪史册。

在唐太宗积极求才的影响下，唐朝上下人才济济。除了有长孙无忌、尉迟敬德、秦叔宝、房玄龄、魏征、杜如晦、柴绍、侯君集、虞世南、张公瑾、李靖、刘弘基、张亮、殷开山、唐俭、李勣、长孙顺德、萧瑀、高士廉、刘政会、屈突通、李孝恭、段志玄、程知节等24位功臣外，还有陆得明、颜师古、姚思廉等文学之士，欧阳询、阎立德、褚遂良、阎立本等画家。这些人功业卓著，都为当时的社会发展作出了杰出的贡献。

由于长期战争和自然灾害的影响，唐初的经济受到了严重的破坏，民生凋敝。面对百废待兴的形势，唐太宗一方面大力提倡戒奢从简、节省开支，另一方面积极推行各种优厚政策，逐步恢复经济生产。

唐太宗发展经济的措施包括：推行均田制，奖励垦荒；颁行租佣调法，轻徭薄赋；劝课农桑，不夺农时；兴修水利设施，疏浚河渠等。在贞观初期，关中、河南等地原有的渠道都相继得到修复，大量的排水和引水工程也逐步完善。水利工程的修建，有利于防旱排涝，为恢复和发展农业生产起到了积极作用。

连年战争使得全国劳动力普遍缺乏，影响了社会生产。为了增加人口，唐太宗下令，民间男子二十岁、女子十五岁可以结婚，人口增长与否将作为考核官员政绩的一个重要标准。贞观二十三年（649年），由于这种政策的推行，全国户数增加到三百八十万户，比唐高祖时代增加了一百八十万户。

在大力促进社会发展的同时，唐太宗还特别注意边境上的安定。唐太宗即位之初，颉利可汗以为有机可乘，遂率领20万东突厥骑兵南下，直逼唐都长安城。随后，他按兵不动，派使者入城与唐太宗讲条件。在如此危机的形势下，唐太宗果断将来使扣押，然后沉着布阵。尽管唐军在数量上不及突厥兵，但唐太宗指挥若定，举重若轻，唐军既有严整的军容又有旺盛的士气，令颉利可汗不敢轻举妄动。接着，唐太宗单骑来到渭河桥上，与颉利可汗杀马盟誓。唐太宗智勇双全，保全了长安城，使黎民百姓免遭一场杀戮。

唐太宗考虑到东突厥还会再来进犯，决定灭掉东突厥以绝后患。贞观三年（629年），唐太宗一面联合唐高祖时已经臣服于唐朝的西突厥，一面派李靖率兵攻打东突厥。东突厥腹背受敌，遂假意求和。统帅李靖乘机率精兵深入东突厥腹地，俘虏了颉利可汗。随后，唐太宗一鼓作气，统一了北部边境上的少数民族地区，后又恢复了与西域诸国的往来。

丝绸之路再次畅通后，唐太宗把它作为了一条外交的主要干道。贞观时期，长安城不单单再是一个国家的政治中心，还是唐朝的经济中心和文化中心。不仅有国内各地的商人来此经商，而且有亚洲其他国家使节及商人来此进行文化交流和经济交往。唐朝的茶叶、瓷器、丝绸、造纸术、法律体制等纷纷传到了波斯、日本、朝鲜、阿拉伯、印度等国家，而外国的佛学经典、菠菜、胡椒也纷纷传到了中国。对外贸易的发展，大大促进了唐朝社会各方面的发展。

由于唐太宗采取了一系列发展经济的积极措施，社会经济很快得到了恢复。社会秩序迅速安定，人民开始过上了安居乐业的生活。到贞观中期，国家出现昌盛景象，这个时期便是有名的"贞观之治"时期，是中国历史上很难得的太平盛世。

不过，到了贞观后期，唐太宗不再像以前那样励精图治了。他开始大兴土木，追求各种物质享受，不再唯才是举，不再虚心纳谏，对朝中位高权重的大臣渐生疑心。不仅如此，他竟干涉史官记载的起居注，破坏了流传已久的中国传统，玷污了史官的神圣使命。

另外，此时的唐太宗变得刚愎自用、好大喜功，明知隋朝灭亡的原因之一是穷兵黩武、东征西讨，却不听房玄龄之劝，偏偏要仿效隋炀帝攻打高丽。两战两败后，唐太宗并不吸取教训，反而令人加紧造船，欲再次兴兵。

贞观二十三年（649年），唐太宗在战船造好之前带着遗憾与世长辞。不过，他的遗憾对于黎民众生来说，也许是件好事。

 ## 唐高宗李治——柔弱有余，刚劲不足

■ 兄长相争 坐收皇位

贞观二年（628年），唐太宗第九子李治出生；贞观五年（631年），被封为晋王；贞观十一年（637年），被任命为并州都督。李治为长孙皇后所生，是唐太宗的第三个嫡子。按理说，如果他的两位胞兄健在的话，他很难登上皇位的。李治本无意做皇帝，但在经过京城的一场波动之后，竟被推上了皇太子的位置，并最终登上了皇位。可以说，李治继承皇位，是唐太宗嫡长子李承乾和次子李泰争夺皇位折衷的结果。

早在武德九年（626年），也就是唐太宗登上皇位的这一年，唐太宗已经将8岁的中山王李承乾立为太子。此后，唐太宗用心培养他的帝王气质和学识，并试着让他裁决一些诉讼案件。另外，唐太宗还交待左庶子于志宁、右庶子杜正伦说："朕年十八，犹在民间，民之疾苦情伪，无不知之。及居大位，区处世务，犹有差失。况太子生长深宫，百姓艰难，耳目所未涉，能无骄逸乎？卿等不可不极谏。"李承乾喜好嬉戏，不守礼法。志宁、孔颖达二人数次直谏，但他始终不听。

随着年龄的增长，李承乾渐渐明白了皇位的意义，于是在唐太宗面前尽力表现自己。一开始，唐太宗在听政时觉得他颇能听断，于是在外出的时候让他监国。然而，李承乾始终难以控制住自己玩乐的本性。他因经常游猎而荒废了学业，后又喜欢听郑卫之乐，并宠昵宦官。贞观十六年（642年），唐太宗下诏说皇太子可以随便从国库中取用财物，李承乾更是挥霍无度。左庶子张玄素上奏道："周武帝平定山东，隋文帝混一江南，勤俭爱民，皆为令主；有子不肖，卒亡宗祀。圣上以殿下亲则父子，事兼家国，所应用物不为节限，恩旨未逾六旬，用物已过七万，骄奢之极，孰云过此！况宫臣正士，未尝在侧；群邪淫巧，昵近深宫。在外瞻仰，已有此失；居中隐密，宁可胜计！苦药利病，苦言利行……"李承乾因此厌恨他，令人把他打得半死不活。尽管如此，朝野上下还是称赞他为贤才。之所以如此，还是因为他善于掩饰。

汉王李元昌多有违法行为，唐太宗数次谴责他，但李承乾却与他亲善，早晚都与他在一起游戏。李承乾将左右分成二队，然后与李元昌各领一队。双方都身披毡甲，手持长矛，布阵交战，相互击刺，李承乾以此为乐。凡是不听命者，李承乾都会残忍地处罚。他说："且使我今日做天子，明日于苑中置万人营，与汉王分将，观其战斗，岂不乐哉！"又说："我为天子，极情纵欲，有谏者辄杀之，不过杀数百人，众自定矣。"如果唐太宗把皇位传给了李承乾，不知天下将面临怎样的一场浩劫！

魏王李泰多才多艺，而且与唐太宗在长相、喜好上都比较相似，于是得到唐太宗的喜爱。他见李承乾生有足疾，遂折节下士，以此求得好声誉。除此之外，他还唆使朋党在唐太宗面前提出更立太子之事。李承乾见李泰想做太子，于是派人扮成泰府里面的人在唐太宗面前揭发李泰的罪行。唐太宗阅世已久，一眼就看穿了李承乾的小伎俩，没有对李泰采取任何措施。

然而，李承乾在太子之位受到威胁时仍不知道收敛，私下却喜欢上了身为男儿的太常乐童称心，常常与他同卧同起。唐太宗听说后很生气，斩杀了称心等人。李承乾认为是李泰揭发了他，于是更加怨恨他。由于痴心于称心，李承乾在宫中专门修了一间房屋，然后在里面陈列称心的雕像，"朝夕奠祭，徘徊流涕"，并在苑中为其作冢，私自为他赠官树碑。他见唐太宗渐渐对他不满，遂称疾不上朝。在不上朝的几个月中，他养了百余刺客和壮士，打算谋杀李泰。

贞观十七年（643年）四月，唐太宗发现了李承乾的阴谋，将其贬为庶人后幽禁了起来。此后，李泰每天都入宫侍奉唐太宗。唐太宗面许他为天子后，他对唐太宗说："臣今日始得为陛下子，乃更生之日也。臣有一子，臣死之日，当为陛下杀之，传位晋王。"唐太宗被他的言语打动，对他更加爱怜。谏议大夫褚遂良说："……安有陛下万岁后，魏王据天下，肯杀其爱子，传位晋王者乎！陛下昔者既立承乾为太子，复宠魏王，礼秩过于承乾，以成今日之祸。前事不远，足以为鉴。陛下今立魏王，愿先措置晋王，始得安全耳。"唐太宗没有表态。李泰担心唐太宗立晋王李治为太子，于是对16岁的李治说："汝与元昌善，元昌今败，得无忧乎？"李治此后常常面带忧色，唐太宗问明原因后，后悔答应立李泰。

此后，唐太宗独与长孙无忌、房玄龄、李世勣、褚遂良四人商议立储之事。唐太宗说："我欲立晋王。"长孙无忌立即回答道："谨奉诏；有异议者，臣请斩之！"唐太宗对李治说："汝舅许汝矣，宜拜谢。"待李治拜谢后，唐太宗对四位重臣说："公等已同我意，未知外议何如？"他们回答说："晋王仁孝，天下属心久矣，乞陛下试召问百官，有不同者，臣负陛下万死。"于是，唐太宗登上太极殿，召集六品以上的文武官员，并对他们说道："承乾悖逆，泰亦凶险，皆不可立。朕欲选诸子为嗣，谁可者？卿辈明言之。"众人皆欢呼说："晋王仁孝，当为嗣。"就这样，李治成为了皇太子。立了李治后，唐太宗对侍臣说："我若立泰，则是太子之位可经营而得。自今太子失道，藩王窥伺者，皆两弃之，传诸子孙，永为后法。且泰立，则承乾与治皆不全；治立，则承乾与泰皆无恙矣。"司马光曾评论道："唐太宗不以天下大器私其所爱，以杜祸乱之源，可谓能远谋矣！"

李治做了太子后，唐太宗又将心血注入到他的身上。贞观二十二年（648年）正月，唐太宗作了《帝范》十二篇（《君体》、《建亲》、《求贤》、《审官》、《纳谏》、《去谗》、《戒盈》、《崇俭》、《赏罚》、《务农》、《阅武》、《崇文》）赐给李治，并嘱咐他说："修身治国，备在其中。一旦不讳，更无所言矣。"

后来，唐太宗病笃，李治昼夜陪在他身旁，有时"累日不食，发有变白者"。唐太宗哭着说："汝能孝爱如此，吾死何恨！"临死前，他对长孙无忌、褚遂良说："朕今悉以后事付公辈。太子仁孝，公辈所知，善辅导之！"又对李治说："无忌、遂良在，汝勿忧天下！"唐太宗死后，李治即位，是为唐高宗。

■ 虽有仁孝 却无帝才

贞观二十三年（649年）八月，也就是唐高宗即位后两个月的一天晚上，国内发生了大地震，晋州最为剧烈，有五千多人被压死。随后，晋州又多次发生地震。面对上天对他的这次考验，唐高宗没有惊慌，而是按部就班地应对，避免了动荡局面的产生。

永徽元年（650年）正月，唐高宗对群臣说："朕初即位，事有不便于百姓者悉宜陈，不尽者更封奏。"此后每日引十位刺史入阁，向他们询问百姓疾苦和政治。当时有人诬告长孙无忌谋反，唐高宗并不理会，继续礼尊长孙无忌、褚遂良二人。他们二人同心辅政，使得永徽年间"百姓阜安，有贞观之遗风"。

唐太宗之女衡山公主要出嫁，有司认为丧服已除，打算在这年秋年为其圆婚。于志宁上言道："汉文立制，本为天下百姓。公主服本斩衰，纵使服随例除，岂可情随例改，请俟三年丧毕成婚。"唐高宗同意于志宁的建议，衡山公主不得嫁。

唐太宗在晚年时曾因突厥的车鼻可汗不入朝而派右骁卫郎将高侃攻打突厥，以失败而告终。唐高宗为了完成唐太宗遗志，令高侃再次攻打突厥。高侃擒获突厥车鼻可汗，并将其押入京师。唐高宗封车鼻可汗为左武卫将军，都督军山，并分置单于、瀚海二都护府，令单于领狼山、云中、桑干三都督，都督十四州，令瀚海领瀚海、金徽、新黎等七都督，都督八州。永徽三年（652年）正月，吐谷浑、新罗、高丽、百济同时遣使向唐朝入贡；四月，西南蛮被唐军平定。

唐高宗虽然处处为民着想，但也有出猎的喜好。一次，他在出猎时遇雨，向谏议大夫昌乐谷那律问道："油衣若为则不漏？"对曰："以瓦为之，必不漏。"唐高宗欣然接受其劝谏，不再外出游猎。

永徽三年（652年）二月，唐高宗登楼看戏。后来他对侍臣说："昨登楼，欲以观人情及风俗奢俭，非为声乐。朕闻胡人善为击鞠（踢皮球）之戏，尝一观之。昨初升楼，即有群胡击鞠，意谓朕笃好之也。帝王所为，岂宜容易。朕已焚此鞠，冀杜胡人窥望之情，亦因以自诫。"

当初，房玄龄之子散骑常侍房遗爱娶了唐太宗之女高阳公主。高阳公主为人骄恣，在房玄龄死后挑唆房遗爱与其兄房遗直分家财，随后诬陷房遗直。唐太宗听了房遗直的直言后深深责备了高阳公主。此后，高阳公主不再受宠，遂感到不悦。后来，御史在勘查案件时发现高阳公主与有罪的辩机私通。唐太宗大怒，腰斩辩机。高阳公主更加怨恨唐太宗，以至于在唐太宗死后毫无戚容。唐高宗即位后，高阳公主再次在房遗爱、房遗直间挑拨离间。结果，房遗爱被贬为房州刺史，房遗直被贬为隰州刺史。

驸马都尉薛万彻与房遗爱交好，被迁徙为宁州刺史后曾与其商议："若国家有变，当奉司徒荆王元景为主。"当时，李元景的女儿嫁给了房遗爱的弟弟房遗则，遂与房遗爱开始往来。柴绍之子驸马都尉柴令武娶了唐太宗之女巴陵公主，被贬为卫州刺史后以看病求医为由留在京师，暗与房遗爱勾结。高阳公主想罢黜房遗直以夺其封爵，于是派人诬告房遗直对她无礼。房遗直不甘示弱，也向唐高宗揭发房遗爱和高阳公主的罪行。唐高宗令长孙无忌核查此案，发现了房遗爱、高阳公主等人的谋反阴谋。随后，唐高宗果断斩杀了房遗爱、薛万彻、柴令武等人，并赐死了李元景、高阳公主和巴陵公主。

从上面的种种表现来看，唐高宗算得上是一个合格的皇帝。但是，要想治理好国家，需要从多个方面发出。除了能够安抚民众、以身作则、平定内乱、收复边疆外，还要善于处理好与臣子、妃妾的关系。唐高宗虽然做到了前者，但却忽略了后者。自显庆五年（660年）始，唐高宗"风眩头重，目不能视"，随后时有发作。在这种情况下，颇有治国才能的皇后武则天逐渐掌握了皇权。自上元元年（674年）始，47岁的唐高宗很少参与国事。

弘道元年（683年）十二月，56岁的唐高宗病逝。

武周圣神皇帝武则天——历史上唯一的女皇

■ 深居宫中十二年　含泪又入尼姑庵

唐高祖武德七年（624年），武则天出生在长安城的一个官宦之家。其父武士彟以前是一位木材商人，在李渊起兵后一直用丰厚的家资为唐军提供军需。李渊率唐军入长安后，尊他为"太原元从功臣"。李渊开国后，他以功拜光禄大夫，封太原郡公，跻身于24名开国功臣之列。武士彟的原配夫人去世后，唐高祖李渊为其做媒，他迎娶了隋朝宗室宰相杨达之女。杨氏生下三女，武则天排行第二。其母杨氏为隋朝宗室皇族，李渊建唐后，杨家在京城里还是显赫之族。

尽管如此，武则天的家庭在当时仍是"寒门士族"。因为按当时的门阀观念，名门望族是指在近100多年内，一直控制着西魏、北周和隋、唐政权的关陇集团。只有出身于这些家族的人，才算是名门望族，才有资格在朝廷中担任重要的官职。唐太宗贞观十二年（638年），朝廷修《氏族志》，不列武姓。因此，武家只能算是下等族姓，甚至连突厥人都知道，"武，小姓"。

少女时代的武则天，是跟随父亲在利州（今四川广元）度过的。贞观九年（635年），她的父亲死在荆州都督任上，而她同父异母的两个哥哥武元庆、武元爽和他们的堂兄弟武惟良、武怀运等待杨氏并不友好，杨氏母女生活很困难。

贞观十一年（637年），武则天14岁。太宗听说她长得端庄漂亮，操行方正，就把她召入宫中，立为才人，并赐名"武媚"。一般说来，十几岁的女孩子是不愿入宫的，因为一入皇宫，就意味着一生都耗在深宫高墙内，而武则天却把这看成是一个进身的机会，因此很愿意入宫。当时，母亲杨氏"恸泣与诀"，武则天反而笑着劝慰母亲说："见天子焉知非福，何儿女悲乎？"

武则天聪慧过人，又爱读书，遇事很有主见。据《鹤林玉露》记载：吐蕃进贡给太宗一匹极其名贵的马，名为"狮子骢"。这匹马暴烈强悍，极难驯服。太宗在一生中骑过无数烈马，于是决定亲自去控驭，仍不见效果。当时，武则天侍立一边，见太宗也无法制服烈马，大声说："我有办法制服它！"太宗忙问有什么办法，武则天回答说："用三样东西可以制服它。先用皮鞭狠劲地抽它，如果不能制服，就用铁锤狠狠地砸它，如果还制不服，就用匕首刺它的咽喉。不能驯服乘骑，留它何用！"一个小小的宫女竟有如此的胆略和气魄，太宗不禁大为惊异。

贞观二十三年（649年），武则天已经26岁。她在进宫的这12年里一直以才人的身份料理着皇上的起居生活，始终不能取得太宗的宠幸。武则天虽心中着急，但却毫无办法。不久，太宗病重，太子李治经常进宫探视太宗。武则天灵机一动，把希望寄托在比自己小四岁的太子身上。她想方设法地接近太子，并博得了太子的好感。太子李治生性懦弱，遇事没有主见，见到武则天这么一个美貌端庄、通达事理而又善于理事的年轻女子后不禁倾心。

太宗见病情没有好转，于是把后事安排妥当。唯独令他不放心的就是武则天，因为他担心武则天会祸乱朝纲，所以决定把武则天赐死。一天，李治和武则天一起在床前服侍太宗。太宗对武则天说："我自从得病以来，医药无效，病情越来越重。你服侍我多年，我不忍心把你扔下。我死以后，你打算怎么办呢？"

武则天一听，顿时吓出一身冷汗。她马上镇静下来，对太宗说："蒙陛下恩宠，本该以死来报答圣上。但您的身体未必不能康复，所以我也不敢马上就去死。我情愿出家为尼，吃斋拜佛，为陛下祈祷，愿陛下早日康复。"太宗没想到武则天会这么说，便令武则天迅速出宫。武则天简单收拾了行装，便前往感业寺出家为尼。

■ 万千宠爱于一身　借女除去心头恨

太宗去世后，太子李治即位，是为高宗。李治即位后，仍对武则天念念不忘，但却无计可施，因为武则天曾侍奉过太宗，他不敢公然把她接回宫中。太宗去世二周年时，高宗借去感业寺祭拜父亲为名与武则天相见。史书记载，"忌日，上诣寺行香见之，武氏泣，上亦泣。"

高宗得知王皇后知道自己的心事后，担心王皇后会大闹一场。出乎意料的是，王皇后不但没有闹，而且还鼓动高宗将武则天接回宫中。原来，高宗宠爱萧淑妃遭到了王皇后的嫉妒，所以王皇后决定和武则天一起对付萧淑妃。有了王皇后的支持，高宗开始寻找机会把武则天接回宫中。

永徽二年（651年）五月，武则天入宫。

武则天在进宫之初，十分清楚自己的处境，于是处处谨慎，小心翼翼地侍奉王皇后。王皇后十分喜欢她，多次在高宗面前说她的好话。高宗见武则天回宫，大臣们并没有太大的反对意见，索性将其封为昭仪。从此，高宗专宠武则天，王皇后与萧淑妃从此被冷落。王皇后更是叫苦不迭，只好与萧淑妃联合对付武则天。

起初，王皇后并没把武则天放在眼里，因为她有以长孙无忌为首的强大门阀士族势力支持。不过，王皇后不能生育，这么多年并未为高宗生下一男半女，这也是她失宠的原因之一。也许是上天垂青，武则天进宫不久就怀孕了。武则天怀孕的消息传出以后，王皇后立刻感受到了威胁，因为一旦武则天生了男孩，她的地位将会更加不稳。于是，她联络其舅父中书令柳奭，立后宫刘氏所生的高宗长子李忠为太子，并把长孙无忌、褚遂良、韩瑗、于志宁、张行成、高季辅等元老重臣拉进了辅佐太子的班子，经营得如同铁桶一般。

面对王皇后的做法，武则天在深感愤怒的同时深刻地意识到，即使自己没有侍奉过先帝，也很难得到大臣们的支持，因为自己不是名门出身。接着，她开始冷静地考虑如何对付王皇后和反对自己的朝廷大臣。

武则天开始培植自己的势力，凡是王皇后和萧淑妃不喜欢的人，她都倾力结纳。为了收揽人心，她把自己得到的赏赐全都分给手下人。有了自己的党羽后，她对王皇后和萧淑妃的动静了如指掌，并时刻在寻找反击的机会。

永徽三年（652年），武则天生下一子，取名为李弘。李弘出生后，被高宗封为代王。从此，王皇后和萧淑妃更加忌恨武则天，想法设法令其失宠，然而屡屡失手。

永徽四年（653年），武则天生下一个灵秀可爱的女儿。然而，武则天并不喜欢这个女儿。王皇后虽然很恨武则天，但听说武则天生了小公主后，也前去探视抚抱。王皇后刚走，武则天就闻报高宗要来。她浑身一震，认为这是一个嫁祸于王皇后的最好时机。她紧紧闭上双眼，颤抖着把手伸进被窝，狠狠地掐住女儿的脖子直到断气为止，然后若无其事地出去迎接高宗。

高宗进屋后便掀开被子看女儿，却发现女儿已经断气。武则天故作惊慌，随后大声悲号。高宗忙问左右侍女何人来过小公主的房间，左右都说王皇后刚刚来过。王皇后是有口难辩，无端背上杀死小公主的罪名。自此，高宗就下决心废掉王皇后，立武则天为皇后。

武则天坚定了高宗废后的信念后，决定拉拢王皇后的支持者长孙无忌。尽管她搬出了母亲和高宗，长孙无忌仍然不愿意站在她一边。武则天见无法取得关陇贵族集团的支持，于是拉拢了一群不得志的寒门庶族出身的官员，如中书舍人李义府、御史大夫崔义玄、御史中丞袁公瑜等人。

经过一番周密策划后，李义府率先上表请求废王皇后而立武则天。

永徽六年（655年）八月，高宗在朝廷上正式提出了废后事宜。长孙无忌一派强烈反对，褚遂良力谏高宗，说皇后出身名家，不可轻易废弃；纵使要立新皇后，也应选择名门淑女，不该立武则天这种奉侍过先帝的人；并举出妲己、褒姒误国亡国的前朝事例，谏阻高宗。高宗一时拿不定主意，就询问众宰相中一直没有表态的李勣。李勣见高宗询问自己，便不冷不热地说："这是陛下的家务事，何必要问外人呢？"

高宗先下旨贬褚遂良出朝，然后废王皇后为庶人。随后，高宗命李勣为册封皇后的典礼官，主持册后典礼。经历了几番风雨后，武则天终于做了皇后。

武则天做了皇后以后，立即开始肃清各种直接威胁或间接威胁到自己地位的势力。在她的铁腕下，王皇后、萧淑妃被打入冷宫后遇害，褚遂良、柳奭、韩瑗等人或被赐死或被迫自杀，其亲属也都被杀或遭贬谪。

显庆元年（656年）正月，在武则天的操纵下，高宗将武则天年仅4岁的儿子代王李弘立为太子，随后赐死了被贬为梁王的前太子李忠。同年，武则天生了第三子李显，是为后来的唐中宗。

武则天不仅热衷于权力，而且有突出的政治才能。高宗不仅懦弱寡断，而且身体不好，经常头晕目眩，不能理事。因此，武则天开始协助高宗处理朝政大事，以致后来权力高出高宗。

武则天专权日久，与高宗发生了矛盾：第一，她一反过去卑躬屈膝的态度，开始作威作福；第二，高宗的权力受到了极大的限制，自然是很不自在，由怨转怒。在这种情况下，高宗暗中授意宰相上官仪起草诏书，要把武则天废为庶人。上官仪早就看不惯武则天的专横跋扈，见皇上授意，所以欣然从命。

然而，武则天的密探遍布宫廷内外，高宗与上官仪商议废后的事很快被武则天知晓。武则天吓出一身冷汗，当即跑到高宗那里，"动之以情，晓之以理"，居然说服了高宗。高宗一时无话可说，将废后一事推给了宰相上官仪。武则天恨透了上官仪，就使人诬告上官仪谋反，将上官仪、上官庭芝父子处死，其家中女眷没入宫廷为奴。

经历这次事件后，武则天更加谨慎地注意朝中大臣的动静，牢牢控制住高宗。高宗上朝，武则天则垂帘听政，"天下大权，悉归中宫，黜陟杀生，决于其口，天子拱手而已"。群臣朝拜时，将高宗和武则天合称为"二圣"。

上元元年（674年）八月，"皇帝称天皇，皇后称天后"。至此，长达十几年的皇后、太子权位之争，以武则天的完全胜利而告终。在这场斗争中，以王皇后、长孙无忌为首的门阀士族彻底败下阵来。这场胜利，决不仅仅是武则天一人的胜利，而是寒门庶族地主的胜利。在某种程度上说，这次胜利标志着魏晋以来四百多年由门阀士族掌握国家政权的历史结束了，新兴的地主阶级将逐渐登上历史舞台。

■ 母仪天下不足道　女子亦欲披皇袍

武则天彻底掌握国家政权之后，以皇后的身份向高宗提出了12条政治建议，史称"建言十二事"。具体包括：一，轻赋徭、劝农桑；二，免除三辅一带百姓徭役；三，休养生息，以道德教化天下；四，禁止浮巧虚夸风气；五，禁止费时费力的劳役；六，广开言路，吸纳良言；七，杜绝谗言，严惩奸佞；八，王公以下皆习《老子》；九，父在母服齐衰三年；十，上元前勋官已终告身者无追核；十一，京官八品以上者增加俸禄；十二，百官任事久，材高位下者，得进阶申滞。

由此可见，武则天之所以拥有权力欲，并不只是因为她想高高在上，更多的则是因为她认为自己有能力治理好大唐。

武则天在做皇后期间还干了一件大事——另修《姓氏录》。武则天之所以要这么做，一半是为了泄愤，一半是为了从观念上彻底打击旧的门阀士族。《氏族志》不载武氏宗族，而武则天在《姓氏录》中把武氏家族列为第一。她还规定，登录姓氏时不计出身，按官品高下分为九等，五品以上的官员皆可入录。

大批出身寒门的庶族地主知识分子闻讯后蜂拥而来，给当时的政治、经济和文化注入了一股新鲜血液。关陇门阀士族自然非常不满，讽刺《姓氏录》是赏军功的"勋格"，根本不是贵族志。但武则天不管这一套，她下令强行收回《氏族志》，推行《姓氏录》。

高宗本来就疾病缠身，自武则天专权后，病情越来越重，于是打算把皇位传给太子李弘。李弘仁孝谦谨，深得高宗喜爱。不仅如此，李弘还礼贤下士，尊敬百官，内外大臣对他颇有好感。不过，武则天却不喜欢李弘。因为李弘天性仁爱，看不惯武则天专权，所以经常违忤武则天。一次，李弘发现宫中幽闭着萧淑妃生的两位年逾三十的姐姐，就奏请让她们出嫁，很让武则天生气。武则天之所以不喜欢李弘，更重要的原因是李弘登上皇位后势必与她争权。

上元二年（675年）四月，武则天用毒酒药死了自己24岁的亲生儿子李弘。李弘之死对高宗的打击很大，然而伤心归伤心，另立太子是当务之急。一番思索后，高宗决定立武则天的次子李贤为太子。武则天没有反对高宗立李贤为太子，但坚决反对高宗将军国大事委以太子。几年后，高宗让李贤监国。李贤与哥哥一样看不惯母亲专权，凡事都不愿听命于武则天。于是，武则天以李贤"颇好声色"为由，把他废为庶人，另立三子李显为太子。

弘道元年（683年），高宗病死，太子李显即位，是为唐中宗。高宗临终遗诏说："军国大事有不决者，兼取天后进止。"此后，武则天以皇太后的身份临朝称制。武则天虽然没有阻止李显当皇帝，但心中仍然有些不快。因为掌皇权、行皇事已经不能满足她，她要有名有实，决心成为真正的皇帝。

中宗李显是个没有城府和心计的人，同时也没有看清自己身处的境地，有些大事不经武则天允许就擅自做主，令武则天大为不满。一次，中宗想让岳父韦玄贞做宰相，并授给乳母的儿子一个五品官。宰相裴炎觉得不妥，力谏中宗，中宗大怒说："我愿意授给韦玄贞什么官，关你何事？"裴炎见中宗发怒，就去告诉武则天。武则天当即下诏"废中宗为庐陵王，挟下殿"，由四子豫王李旦为帝，是为睿宗，这一年是684年。睿宗即位后，武则天不让其参与政事。同时，武则天又派人逼死了废太子李贤。

同年，扬州的徐敬业与宰相裴炎商议后，打起匡扶庐陵王的旗号在扬州起兵。武则天设计除掉了裴炎，并且赐死了与之有关联的边关名将程务挺，随后调集30万大军开赴扬州，在50天内彻底平定了徐敬业叛乱。

平定叛乱后，武则天大动肝火，决定以此告诫群臣，以儆效尤。她宴请群臣，在宴中说："我奉侍先帝20多年，为天下操劳忧虑可谓至忠至勤！各位公卿的富贵，都是我给的；天下安定，百姓康乐，也是我的功劳。先帝去世时，把天下大事托付于我，我不爱惜自己而爱惜百姓。如今叛乱的人，皆出自将相，这些人为什么如此忘恩负义呢？在你们中间，倔强难制有超过裴炎的吗？纠集亡命之徒率众征战有超过徐敬业的吗？在握兵的宿将之中，攻战必胜有超过程务挺的吗？这三个人，都是素有威望的，我还是把他们杀了。你们当中，如果有人在能力上超过了这三个人，想反叛就试一试。如果自愧不如，那就要洗心革面，老老实实地做人，免得贻笑天下！"武则天的一席话令群臣俯首帖耳，三呼万岁。

685年正月一日，武则天大赦天下，改元垂拱。在以后的几年内，国内比较安宁，没有出现过其他动乱。

垂拱四年（688年），武则天开始筹划如何进帝位。其侄子武承嗣很会溜须拍马，见武则天登基称帝的时机已经成熟，就暗地里派人把"圣母临人，永昌帝业"八个字凿刻在一块白石上，并使雍州人唐同泰奉表献之，谎称获之于洛水。武则天闻之自然大喜，当即下诏把这块石头称之为"宝石图"，并准备选吉日亲临洛水拜受宝石。那位献图"有功"的唐同泰被武则天提拔为游击将军，奉命负责办理此事。到了选定的日期，武则天带领群臣焚香昭告天下，然后正式加尊号曰"圣母神皇"。从这个时候起，武则天开始称"陛下"。

朝中外姓大臣不造反，并不等于李唐宗室不造反。因为，武则天一旦登基改号，李唐子孙必然要面临一场灭顶之灾。为了自我保全，他们纷纷起兵。

范阳王李霭、韩王李元嘉、琅邪王李冲、越王李员、霍王李元轨、鲁王李灵夔等李氏诸王以"迎还中宗"、"救拔睿宗"为旗号，起兵反抗武则天。由于当时国家安定，百姓安居乐业，士兵们不愿意为一家一姓的名利再去争斗，以致于李氏诸王的军队皆无斗志，一见武则天的兵马，要么举手投降，要么弃城逃走。

武则天镇压了李氏诸王的叛乱后，决心清除敌对势力，彻底打击反对自己的人。她采取了一系列措施：任用酷吏严加防范；鼓励告密制造恐怖气氛；严刑逼供宁可妄杀，决不允许漏网。周兴、来俊臣、索元礼等人是武则天时期有名的酷吏，这些人专门替武则天进行"肃反运动"。他们秘密观察李氏宗族中王公大臣的行迹，稍有异常，便马上逮捕，酷刑逼供，诬其谋反。不但如此，武则天还在朝堂之上设立了一个铜制的告密箱，告密者可以直接将告密文书投进告密箱中，并下旨规定，任何人不得过问此事，告密者不论身份、地位，一律按五品官员的标准供应食宿。更"吸引"人的是，一旦告密属实，告密者将会被破格封官；若告密失真，也绝不加以追究。如此一来，四方告密者风起云涌，弄得朝堂上的官员人人自危，甚至在碰面时不敢以目相视。周兴、来俊臣等酷吏编写了《告密罗织经》，广收门徒，以便罗织害人。另外，他们创制出很多酷刑和千奇百怪的刑具，以便惩罚罪人。一时间，朝堂内外一片血雨腥风，冤狱四起。朝廷大臣无辜被杀者数百人，李唐宗室无辜被杀者达数百人，刺史以下官吏被杀者更是不计其数。经过武则天的血腥清洗，确实是无人敢造反了。

载初元年（690）七月，寺里的僧人写了几卷经书，书中说武则天是弥勒佛投胎转世，应该代替唐朝做净浮提主（即东方之主）。侍御史傅游艺借此机会大做文章，率领关中百姓九百多人来到长安的宫门外，请求武则天把大唐的国号改为周，并说这是万民之意。武则天心中大喜，但是表面假装推辞，并不应允，只是把傅游艺提拔为给事中。不久，傅游艺又组织了一支庞大的请愿队伍。这支队伍中有朝廷官员、远近百姓，还有四方边远地区的酋长以及沙门、道士，一共六万多人，请求武则天改国号、进帝位。

武则天见"民意难违"，只有顺从。同年九月九日，67岁的武则天改唐为周，帝号为"圣神皇帝"。武则天身着皇帝服饰，神采奕奕，在洛阳登上了大周皇帝的宝座。

中国历史上唯一的一位女皇，就此正式诞生了。

■ 本想以功来补过　不料余生添新错

武则天称帝后，必须要解决两件事：一是缓和她同李唐宗室争权夺位的矛盾；二是缓和因滥杀而造成的她与大臣之间的矛盾。

武则天禁锢了当年滥告滥杀的27名酷吏，处决了来俊臣、周兴、索元礼等人，与群臣的矛盾随着时间的流逝而渐渐缓和。同时，武则天又主动平反了一大批冤案、错案，使异常恐怖的朝廷上下又出现了生机和活力。

或许是武则天夺权过程中杀人过多，有了悔意。做了大周女皇后，她开始注重政治开放和自由，导致了她晚年政治气氛的宽松自由和统治的稳固。

客观地说，武则天在执政期间，为中国历史的发展作出了相当的贡献。

她重视农业发展，推行均田制，抑制豪强和土地兼并，奖励垦荒，取得了显著的效果。在她统治期间，全国人口猛增，由652年的380万户增长到705年的615万户。

在选拔人才方面，武则天不仅开设文科，还开"武举"科，选拔了大批有军事才能的人。不仅如此，武则天在加强边防、改善同少数民族的周边关系、维护国家统一、巩固边防、发展商业等方面都作出了积极的贡献。

武则天用尽手段做了女皇帝后，新的问题又出现了。滥杀的阴影笼罩在武则天的心头，使得她在晚年产生了孤独感。在这种心态下，她开始豢养男宠，先有薛怀义（冯小宝）和御医，后有张易之、张宗昌兄弟二人。在这四个人当中，武则天最宠爱张氏弟兄，使得这两个人的权势越来越大，连武三思、武承嗣这样的权贵也都争相趋奉他们，称张易之为"五郎"，张宗昌为"六郎"。

神龙元年（705年）正月，武则天病入膏肓，将实权交给了张易之和张宗昌。张氏弟兄得势后，经常胡作非为，贪赃枉法，随意打击不顺从他们的官吏。更有甚者，他们竟然杀害了李显的长子和永泰郡主与武承嗣之子武延基，引起了朝廷官员的愤怒。一些正直大臣开始收集张氏兄弟的犯罪证据，想将其绳之以法，但都被武则天拒绝了。当朝宰相张柬之是一位正直的老臣，对二张也切齿痛恨，见用法律制裁不了二张，就联络羽林军将领以及太子李显、相王李旦、太平公主等一大群势力，准备用武力将二张杀掉。此时，武则天正卧病在床，羽林军攻占了玄武门，突入宫中，在武则天的迎仙宫搜出二张，就地处死。

此时，武则天病重不能理事。张柬之等人顺便把武则天请下皇位，迎立中宗。政变的第四天，中宗宣布复位，武周政权即告结束。

同年十一月，82岁的武则天病逝在洛阳上阳宫。她死前要求："去帝号，称则天大圣皇后。"翌年，中宗不顾众人的强烈反对，为武则天举行了隆重葬礼，运灵柩回长安，与高宗合葬乾陵。

唐中宗李显——两度为帝，难成大事

■ 废后被立 再登帝位

显庆元年（656年），李显出生。与其父唐高宗一样，他是嫡三子。在他之前，有嫡长子李弘和嫡次子李贤。与唐高宗不同的是，他不是凭借着良好声誉被立为太子，而是因平庸才被立为太子的。之所以会如此，是因为其生母武则天对皇权的渴求。李弘、李贤皆是才华出众、美名远播之人，自然看不惯专权用势的母亲。武则天将他们视为祸患，在李显20岁的时候毒死了24岁的不曾被立为太子的李弘，数年后又逼死了废太子李贤。

弘道元年（683年），唐高宗病逝，28岁的李显登上了皇位。李显虽然目睹了胞兄被杀，也从中感受到了宫廷争斗的黑暗，但是做了皇帝后，他便忘乎所以，在生母武则天尚未许可的情况下擅作主张，结果惹怒了武则天。嗣圣元年（684年）二月，李显被废为庐陵王。此后，李显先被幽禁于别宫，接着又被迁往房州、均州。垂拱元年（685年）三月，李显被迁至房州。垂拱三年（687年）九月，虢州人杨初成诈称郎将，从房州迎立李显，事泄后被诛杀。圣历元年（698年）三月，75岁的武则天不得不考虑皇储之事。武则天的宠臣在朝臣的舆论压力下劝武则天迎回李显，并最终说服了武则天。随后，武则天对外宣称李显有疾，将其迎回宫中。随后，李显被立为皇储。

神龙元年（705年），武则天病重，朝中重臣发动政变将李显拥上了皇位。李显即位后，是为唐中宗。

■ 作茧自缚 自食恶果

唐中宗即位后做的第一件大事就是恢复唐朝国号，将武则天赐给他的"武"姓改为"李"姓，并恢复了唐高宗在位时的郊庙、社稷、陵寝、百官、旗帜、服色、文字等礼法制度。随后，他将妃子韦氏册封为皇后。

当初，韦后为唐中宗生了李重润、李长宁和安乐公主。唐中宗在幽闭期间与韦后共同经受了磨难，以至于情爱更深。当时，唐中宗每次听到敕使到的消息后就会异常惶恐，打算自杀，韦后制止他说："祸福无常，宁失一死，何遽如是！"唐中宗曾在私下对她发誓："异时幸复见天日，当惟卿所欲，不相禁御。"正是唐中宗的这句话助长了韦后的野心，从而使得大唐江山再次经历了一场浩劫。

韦后自从做了皇后以后，便开始干预朝政。司刑少卿桓彦范上表说："《易》称'无攸遂，在中馈，贞吉'，《书》称'牝鸡之辰，惟家之索'，伏（我）见陛下每临朝，皇后必施帷幔坐殿上，与闻政事。臣窃观自古帝王，未有与妇人共政而不破国亡身者也。且以阴乘阳，违天也；以妇陵（凌驾）夫，违人也。伏愿陛下览古今之戒，以社稷苍生为念，令皇后专居中宫，治阴教，勿出外朝干国政。"

　　胡僧慧范与张易之兄弟交好，韦后在张易之兄弟被诛后仍然宠信此人，说他能预测未来，遂提拔他为银青光禄大夫，并赐给他上庸县公的爵号。桓彦范又上表弹劾慧范，但唐中宗毫不理睬他。

　　当初，武则天诛杀唐朝宗室，有才德的皇嗣纷纷被杀，唯有吴王李恪之子郁林侯李千里气量狭小、脾气暴躁，再加上数次进献符瑞，得以免诛。唐中宗即位后，立他为成王，拜左金吾大将军。

　　张易之兄弟被诛后，洛州长史薛季昶对夏官尚书张柬之、中台右丞敬晖说："二凶虽除，产、禄（指汉初吕后族人吕产、吕禄，暗指武攸暨、武三思等人）犹在，去草不去根，终当复生。"张、敬二人说："大事已定，彼犹几上肉耳，夫何能为！所诛已多，不可复益也。"薛季昶叹道："吾不知死所矣！"朝邑尉刘幽求也对桓彦范、敬晖说："武三思尚存，公辈终无葬地；若不早图，噬脐无及。"然而，桓、敬二人同样没有理会。

　　可以说，韦后后来之所以能够执政，与唐中宗和朝中重臣的疏忽懈怠脱离不了干系。

　　唐中宗不仅没有排斥武氏，还将其女安乐公主嫁给了武三思之子武崇训。上官仪之孙女上官婉儿在其死后入后宫服侍妃嫔，因聪慧善文、明习吏事而得到了武则天的喜爱。自从圣历年间开始，武则天常令其参决百司所奏。唐中宗即位后，又令其专门掌管制命，拜她为婕妤（宫中女官名）。由于与武三思私通，她将武三思引荐给韦后。武三思得以入禁中，后常与唐中宗图议政事，张柬之等人都受制于他。此后，武三思与韦后私通，武氏权势复振。

　　张柬之等人这才劝唐中宗诛杀武氏，唐中宗不听。张柬之等人劝谏道："革命之际，宗室诸李，诛夷略尽；今赖天地之灵，陛下返正，而武氏滥官僭爵，按堵如故，岂远近所望邪！愿颇抑损其禄位以慰天下！"唐中宗又不听。张柬之等人或"抚床叹愤"，或"弹指出血"，并继续劝谏道："主上昔为英王，时称勇烈，吾所以不诛诸武者，欲使上自诛之，以张天子之威耳。今反如此，事势已去，知复奈何！"

　　唐中宗数次微服到武三思的府邸，监察御史崔皎密疏谏道："国命初复，则天皇帝（武则天）在西宫，人心犹有附会；周之旧臣，列居朝廷，陛下奈何轻易外游，不察豫且之祸！"唐中宗身为皇帝，却难以自缄其口，将崔皎之言告知武三思，激起了武三思朋党的愤恨。

　　不久，太子宾客武三思被提升为司空、同中书门下三品；右散骑常侍安定王武攸暨被提拔为司徒。同时，左散骑常侍谯王李重福被韦后贬出朝廷。武三思、韦后等人日夜在中宗面前诬陷敬晖、张柬之等忠臣，说他们"恃功专权，将不利于社稷"。正所谓"白沙在涅，与之俱黑"，唐中宗对他们言听计从。武三思等人为其筹谋划策："不若封晖等为王，罢其政事，外不失尊宠功臣，内实夺之权。"不久，侍中齐公敬晖被封为平阳王，谯公桓彦范被封为扶阳王，中书令汉阳公张柬之被封为汉阳王，南阳公袁恕己、特进兼同中书门下三品博陵公崔玄玮等人皆被封王。随着忠臣的明升暗降，唐中宗成为了有名无实的皇帝，朝中大权尽归武三思。

　　为了彻底清除敬晖等人，武三思令人在唐中宗出巡返宫时上疏韦后的秽行。唐中宗大怒，令人核查此事。此时的朝中重臣大多是武三思的爪牙，纷纷按照武三思的安排嫁祸于敬晖等人。敬晖等人有免死铁券，唐中宗没有将他们处死，而是把他们流放到琼州、泷州、环州、古州等地，有生之年不得回朝。另外，他们的家族中凡年满16岁的子弟都被流放。

神龙二年（706年）七月，唐中宗立卫王李重俊为皇太子。李重俊为人聪慧且明事理，看不惯武氏和韦后的专权行为，但他势单力薄，难以与他们抗衡，只得韬光养晦。韦后因他不是她所生，于是对其有厌恶感。除了韦后外，特进德静王武三思也非常忌恨他；安乐公主与驸马左卫将军武崇训常常凌辱他，有时甚至称他为"奴"。安乐公主又在武崇训的教唆下劝唐中宗废掉他，而立自己为皇太女。

景龙元年（707年）七月，一忍再忍的李重俊终于开始了行动。他与左羽林大将军李多祚、将军李思冲、李承况、独孤祎之、沙吒忠义等人矫旨后率领羽林千骑兵三百余人杀死了武三思、武崇训及其亲党十余人。随后，李重俊派左金吾大将军成王李千里及其子天水王李禧分兵把守把宫城诸门，然后与李多祚引兵去抓上官婉儿。上官婉儿大声说："观其意欲先索婉儿，次索皇后，次及大家。"随后，唐中宗与韦后、安乐公主、上官婉儿登上玄武门楼以避兵锋，并令左羽林大将军刘景仁率百余飞骑兵屯于楼下自卫。同时，杨再思、苏瑰、李峤、兵部尚书宗楚客、左卫将军纪处讷拥兵二千余人屯于太极殿前闭门自守。李多祚先赶到玄武门楼下，正要上楼时被宿卫拦阻。李多祚与太子有所疑虑，遂按兵不战。宫闱令杨思勖出兵进攻，斩杀李多祚的女婿羽林中郎将野呼利，李多祚军顿失士气。楼上的唐中宗扶着栏杆对李多祚率领的千骑兵说："汝辈皆朕宿卫之士，何为从多祚反？苟能斩反者，勿患不富贵。"于是千骑兵斩杀了李多祚、李承况、独孤祎之、沙吒忠义，余众皆溃。李千里、李禧父子二人在与宗楚客、纪处讷交战时被杀死。李重俊带着百骑向终南山逃去，途中被左右所杀。令人意想不到的是，唐中宗竟用其子李重俊的首级来祭奠武三思、武崇训的灵柩，然后将其首级挂在朝堂上。

武三思死后，朝政大权又落入韦后之手。唐中宗虽为一国之主，手中却无半点权力，就连调兵遣将也成了问题。景龙四年（710年）春，唐中宗令纪处讷送金城公主远嫁吐蕃，纪处讷推辞，又令赵彦昭护送，赵彦昭也推辞。后来，唐中宗亲自将公主送出。年年岁岁花相似，岁岁年年人不同。此时的唐中宗，心中是否有凄凉、懊悔之感？

同年五月，许州司兵参军燕钦融再次上言："皇后淫乱，干预国政，宗族强盛；安乐公主、武延秀、宗楚客图危宗社。"唐中宗召他入宫后当面诘问他。燕钦融"顿首抗言，神色不挠"，唐中宗默然不语。随后，宗楚客矫旨令飞骑兵扑杀他，将其"投于殿庭石上，折颈而死"，宗楚客大呼称快。唐中宗虽然没有追究，但脸上已经显出快快不悦的样子，韦后及其党羽由此开始忧惧。

数日后，安乐公主与擅医术的散骑常侍马秦客和善烹调的光禄少卿杨均合谋毒死了55岁的唐中宗。

唐睿宗李旦——中途禅位，寿终正寝

■ 宽厚恭谨 熬过险境

龙朔二年（662年），唐高宗第八子李旦出生。与唐中宗一样，李旦同样是武则天所出，是武则天的第四个儿子。李旦的原名为"旭轮"，出生半年后就被封为殷王。麟德元年（664年），唐高宗将云中都护府改为单于大都护府，殷王李旭轮被任命为单于大都护。

乾封元年（666年）七月，殷王李旭轮被徙为豫王；总章二年（669年）十一月，豫王李旭轮被徙为冀王，更名为"轮"；仪凤元年（676年）正月，冀王李轮被徙为相王；弘道元年（683年）七月，相王李轮又被徙为豫王，更名为"旦"。

唐中宗被废为庐陵王后，豫王李旦即皇帝位，是为唐睿宗。不过，李旦空有皇帝的头衔，毫无实权。武则天让他在别殿居住，不得干预政事。垂拱二年（686年），武则天假惺惺地下诏归政于唐睿宗。唐睿宗知道武则天并非诚心，于是固让不受。此后，武则天继续临朝称制。

天授元年（690年），武则天改国号为"周"，降唐睿宗为皇嗣并赐他"武"姓。天授二年（691年）八月，义丰王李光顺、嗣雍王李守礼、永安王李守义等人都被赐姓武氏，与唐睿宗诸子都被幽闭在宫中，有十多年不能出门庭。随后，李旦的几个儿子的爵号都有所降低。

对于武则天的野心，李旦根本没有能力去抑制，因为武则天比不食子的老虎更加残忍，此时的李旦想得更多的是保全性命而不是恢复唐室。然而，尽管他处处谨慎，仍然经历了数次危险。幸运的是，他躲过了一劫又一劫。

长寿二年（693年）正月，有人密报皇嗣中有人想谋反。来俊臣奉命核实此事时，京兆安金藏大呼道："公既不信金藏之言，请剖心以明皇嗣不反。"随后便即用佩刀自剖胸膛，顿时"五脏皆出，流血被地"。太后听说后立即令人将其送入宫中医治，在探望他时叹道："吾有子不能自明，使汝至此。"李旦由此得免。

武则天的户婢韦团儿很受宠，因李旦拒绝与其交欢而迁怒于李旦的刘氏、窦氏二妃。于是制造假象并在武则天面前大进谗言。数日后，武则天将刘氏、窦氏二妃秘密杀害后埋在宫中。李旦见自己两个心爱的妃子突然消失竟连问都不敢问一声，而且还装出一副若无其事的样子。韦团儿又准备谋害他时，被武则天所杀。

圣历元年（698年），武则天派人将被废为庐陵王的唐中宗接回。李旦很识趣，固请逊位于庐陵王，得到了武则天的同意。次年春，李旦被复封为相王。在以后的几年里，李旦的生活还算比较安稳。长安五年（705年），李旦、太平公主与朝中大臣发动政变，武则天被迫退位。

唐中宗即位后，李旦因拥立有功而被加号为安国相王，同时拜为太尉、同凤阁鸾台三品，太平公主被加号为镇国太平公主。李旦对太尉、知政事之职固辞不受；唐中宗又立他为皇太弟，他仍然不接受。

然而，李旦虽然不愿意卷入宫廷争斗，但他的皇族身份使他成为了居心叵测之人的眼中钉。唐中宗虽然摆脱了武则天的控制，但却被安乐公主、韦后、武三思等人控制住。为了能够彻底地掌控天下，他们连朝中忠臣都没有放过，更何况是一位在朝中有威望的皇族。再加上景龙元年（707年）太子李重俊的叛乱，更加引起了韦后、安乐公主的惊慌。

太子李重俊死后，安乐公主和兵部尚书宗楚客日夜在唐中宗面前说李旦的坏话，而且唆使侍御史冉祖雍等人诬奏相王和太平公主与李重俊通谋。唐中宗听说后，令吏部侍郎兼御史中丞萧至忠审查此事。萧至忠哭泣道："陛下富有四海，不能容一弟一妹，而使人罗织害之乎！

相王昔为皇嗣，固请于则天，以天下让陛下，累日不食，此海内所知。奈何以祖雍一言而疑之！"唐中宗虽然昏庸，但素有友爱之心，遂没有继续追究。李旦为人"宽厚恭谨，安恬好让"，所以能够安稳地度过武、韦之世。

■ 消灭外戚 夺回皇权

唐中宗死后，韦后秘不发丧，自理政务。数日后，她召诸宰相入禁中，征发诸府兵共五万屯于京城，由驸马都尉韦捷、韦灌、卫尉卿韦璿、长安令韦播、韦温外甥郎将高嵩等人分领。如此一来，兵权和政权都落入了韦氏之手。

太平公主和上官昭容商讨起草遗制，决定立温王李重茂为皇太子，令皇后管理政事，相王李旦参谋政事。宗楚客私下对太子少保、同中书门下三品兼礼部尚书韦温说："相王辅政，于理非宜；且于皇后，嫂叔不通问，听朝之际，何以为礼？"韦温遂带着诸宰相上表奏请皇后临朝，并罢去李旦参谋政事之职责。右仆射、同中书门下三品苏瑰刚说完"遗诏岂可改邪"，见韦温、宗楚客二人怒，遂"惧而从之"。随后，李旦被任命为太子太师。然而，韦后并不满足，她要像武则天那样做女皇帝。为此，韦后、安乐公主、宗楚客等人开始暗谋除掉李重茂、李旦、太平公主等李氏宗族。殊不知，危险也在向他们靠近。

相王李旦第三子临淄王李隆基此时正在暗暗聚集才勇之士，有匡复社稷之志。当初，太宗选官户和蕃口骁勇者，令他们身穿虎纹衣，脚踏豹纹靿，跟随皇帝出外游猎，称他们为"百骑"。武则天时，增为"千骑"，隶属左右羽林军；到了中宗时，增至"万骑"。李隆基看准了这股势力，于是与其中豪杰厚结。兵部侍郎崔日用一向依附韦氏和武氏，与宗楚客关系很好。从宗楚客口中得知韦氏的阴谋后，崔日用担心祸及自身，于是秘密派遣宝昌寺的僧人普润去告诉李隆基，劝他立即发兵。

李隆基遂与太平公主、公主子卫尉卿薛崇暕、苑总监赣人钟绍京、尚衣奉御王崇晔、前朝邑尉刘幽求、利仁府麻嗣宗等人密谋。当时，韦播、高嵩为了树立威信数次责罚万骑兵，引起了万骑兵的怨恨。李隆基乘机鼓动他们发动兵变，万骑果毅葛福顺、陈玄礼、李仙凫纷纷赞成。有人说应该先立相王为帝后再举兵，李隆基拒绝道："我曹为此以徇社稷，事成福归于王，不成以身死之，不以累王也。今启而见从，则王预危事；不从，将败大计。"

数日后的一天下午，李隆基身着便装和刘幽求等人入苑中，去官署与钟绍京会合。钟绍京顿时有反悔之意，其妻许氏说："忘身徇国，神必助之。且同谋素定，今虽不行，庸得免乎！"钟绍京这才出门拜谒。当时羽林将士皆屯于玄武门，到了夜里，葛福顺、李仙凫都赶到李隆基处。接近二更时，"天星散落如雪"，刘幽求说："天意如此，时不可失！"李隆基一声令下，葛福顺拔剑直入羽林营，斩杀韦璿、韦播、高嵩后对羽林军宣布："韦后鸩杀先帝，谋危社稷。今夕当共诛诸韦，马鞭以上皆斩之！立相王以安天下。敢有怀两端助逆党者，罪及三族！"羽林将士欣然听命。李隆基看清韦璿、韦播等人的首级后，当即与刘幽求等人从苑南门出，钟绍京带领丁匠二百余人随从。接着，李隆基令葛福顺率领左万骑兵攻打玄德门，李仙凫率领右万骑兵攻打白兽门，他本人勒兵于玄武门外。三更时，李隆基听到人声喧哗，知道葛、李已得手，于是率总监和羽林兵入玄武门。在太极殿宿卫梓宫的卫兵闻声后，纷纷加入到李隆基的队伍中。韦后在惶惑之中逃入飞骑营，被飞骑将士斩首；安乐公主正在房中照镜画眉，被军士斩杀。另外，武延秀被斩于肃章门外，内将军贺娄氏被斩于太极殿西。

当初，上官昭容将其从母之子王昱提拔为左拾遗。王昱对上官昭容母郑氏说："武氏，天之所废，不可兴也。今婕妤附于三思，此灭族之道也，愿姨思之！"郑氏以此告诫上官昭容，上官昭容不听。等到太子李重俊起兵诛杀三思并搜寻她时，她才开始害怕，想起了王昱说的话。此后，她心系帝室，与安乐公主各树朋党。中宗死后，她本想通过起草遗制来表示自己对李氏的忠心，但宗楚客、韦温却更改遗制，没有让相王李旦辅政。结果，她也被李隆基所杀。

经过一番清理后，韦氏爪牙基本被李隆基斩杀。天明后，李隆基去拜见相王李旦。相王李旦抱着他边哭边说："社稷宗庙不坠于地，汝之力也！"在接下来的几天里，李旦只同意辅政，不愿意即位。

刘幽求对宋王李成器、平王李隆基说："相王畴昔已居宸极，群望所属。今人心未安，家国事重，相王岂得尚守小节，不早即位以镇天下乎！"李隆基说："王性恬淡，不以代事婴怀。虽有天下，犹让于人，况亲兄之子，安肯代之乎！"刘幽求则说："众心不可违，王虽欲高居独善，其如社稷何！"李成器、李隆基入见李旦，极力劝他即位，李旦只得同意。在太平公主、李隆基等人的安排下，李重茂被赶下了皇位，李旦终于登上了久违的皇位。

■ 意求妥协 禅位后世

唐睿宗即位后，仿佛厌倦了宫廷争斗，并不热衷于权力。在这种情势下，朝中大权落入了太平公主和太子李隆基之手。

太平公主虽为女子却颇有权谋，武则天认为她与自己有相似之处，在诸子女中独宠幸她一人。武则天在位时，她因害怕武则天而不敢招揽权势。张易之等人死后，太平公主开始崭露头角。中宗在位时，韦后、安乐公主都害怕她。与太子李隆基共诛韦氏后，她在朝中更有威信，唐睿宗经常与她商议政务。宰相奏事时，唐睿宗常常会问："尝与太平议否？"又问："与三郎（李隆基排行第三）议否？"唐睿宗对太平公主言听计从，由是"自宰相以下，进退系其一言"。

与武则天一样，太平公主也有着强烈的权力欲。她起初认为太子李隆基年少，不怎么在意，后见其英武果断，遂打算更立暗弱者为太子，以便自己能够长久掌权。于是，她制造流言，说李隆基不是长子，不应该被立为太子，并且派人监视李隆基的举动。一旦李隆基犯下了什么小错误，她都要令人报告给唐睿宗。李隆基见姑姑如此狠毒，心中感到不安。

随后，太平公主与益州长史窦怀贞等人结为朋党，想危害李隆基。在此期间，太平公主曾令其女婿唐晙邀太子少保、左仆射韦安石到她的府邸，韦安石固辞不去。唐睿宗曾密召韦安石，假意对他说："闻朝廷皆倾心东宫，卿宜察之。"韦安石回答说："陛下安出亡国之言！此必太平之谋耳。太子有功于社稷，仁明孝友，天下所知，愿陛下无惑谗言。"唐睿宗扫视四周后说道："朕知之矣，卿勿言。"当时太平公主在帘下窃听到他们二人的谈话，本想陷害韦安石，结果未遂。

太平公主又曾邀宰相聚于光范门内，劝诸宰相上奏更立太子。吏部尚书宋璟抗言说："东宫有大功于天下，真宗庙社稷之主，公主奈何忽有此议！"随后，宋璟与兵部尚书姚元之偷偷对唐睿宗说："宋王陛下之元子，幽王高宗之长孙，太平公主交构其间，将使东宫不安。请出宋王及幽王皆为刺史，罢岐、薛二王左、右羽林，使为左、右率以事太子。太平公主请与武攸暨皆于东都安置。"唐睿宗说道："朕更无兄弟，唯太平一妹，岂可远置东都！诸王唯卿所处。"虽然太平公主没有受到贬黜，但势力得到削弱。后来，唐睿宗又在宋璟、姚元之等忠臣的建议下让太子李隆基监国。不过，宋璟、姚元之等人并没有得到善终，成为了宫廷之争中的牺牲品。

见自己的妹妹和儿子争权夺势，唐睿宗不愿继续卷入其中，于是想到了退位。景云二年（711年）四月，唐睿宗召集三品以上的官员商议。他说："朕素怀澹泊，不以万乘为贵，曩为皇嗣，又为皇太弟，皆辞不处。今欲传位太子，何如？"群臣不敢回答。依附太平公主的殿中侍御史和逢尧劝谏道："陛下春秋未高，方为四海所依仰，岂得遽尔！"唐睿宗无奈，只得继续受着煎熬。不过，他下令："凡政事皆取太子处分。其军旅死刑及五品以上除授，皆先与太子议之，然后以闻。"如此一来，李隆基手中的权力远远大过了太平公主，太平公主心中自然不平。此后，太平公主公然拉帮结派，与李隆基的斗争日趋公开化。

太极元年（712年）七月，"彗星出西方，经轩辕入太微，至于大角"，天象有异。太平公主令术士上奏说："彗所以除旧布新，又帝座及心前星皆有变，皇太子当为天子。"太平公主本想借此让唐睿宗做出抉择，要么传位，要么更立太子。不料，唐睿宗却说："传德避灾，吾志决矣！"太平公主及其党羽力谏，认为不可以如此。唐睿宗说道："中宗之时，群奸用事，天变屡臻。朕时请中宗择贤子立之以应灾异，中宗不悦，朕忧恐，数日不食。岂可在彼则能劝之，在己则不能邪！"李隆基听说唐睿宗要传位于他，立即赶入宫中劝阻。唐睿宗对他说："社稷所以再安，吾之所以得天下，皆汝力也。今帝座有灾，故以授汝，转祸为福，汝何疑邪！"见李隆基固辞不受，唐睿宗又说："汝为孝子，何必待枢前然后即位邪！"就这样，唐睿宗传位给了李隆基，自己退居太上皇之位。

此后，太上皇李旦虽然继续参决军国大事，但肩上的负担却轻了许多。开元四年（716年），55岁的李旦寿终正寝。

唐玄宗李隆基——开元明君，安史之乱元凶

■ 掌权显能　开创盛世

武后垂拱元年（685年），睿宗第三子李隆基出生。李隆基出生时，其祖母武则天临朝执政。由于从小就对宫廷中的各种变故耳濡目染，李隆基虽然年幼，但却表现出了一股凛然不可

侵犯的气势。7岁的时候，李隆基在祭祀仪式上见外戚金吾将军武懿宗大声斥责朝中护卫，立即把武懿宗教训了一顿，说他没有资格斥责护卫。次年，武则天封他为临淄郡王。

武则天死后，李隆基的伯父中宗李显即位。中宗是一个形同虚设的皇帝，因为朝中大权掌握在中宗皇后韦氏和安乐公主手中。这两位女人心狠手辣，先后迫害了宰相张柬之、太子李重俊等人，并最终毒杀了中宗。

面对皇权之争，李隆基并没有无动于衷。他暗中积蓄力量，然后与姑姑太平公主成功地发动了兵变，打碎了皇后韦氏的皇帝梦。待一切敌对势力被消除后，李隆基的父亲睿宗重新登上了皇位。

唐睿宗登基后本想立嫡长子宋王李成器为太子，但因平王李隆基立下大功而犹豫不决。李成器拒绝道："国家安则先嫡长，国家危则先有功；苟违其宜，四海失望。臣死不敢居平王之上。"后来的几天里，李成器一直哭泣着请唐睿宗立李隆基为太子。另外，大臣中也多认为李隆基有功，立他为太子最为合适。刘幽求说："臣闻除天下之祸者，当享天下之福。平王拯社稷之危，救君亲之难，论功莫大，语德最贤，无可疑者。"随后，唐睿宗将李隆基立为太子。李隆基上表请求让于李成器，唐睿宗不许。

武则天打破传统、成为女皇的事实打动了后人，以至于女皇之梦在权力女人的心中不断延续，皇后韦氏如此，太平公主亦如此。眼看着睿宗做了皇帝，太平公主并不甘心，而是积蓄力量来争夺皇权。睿宗也许厌倦了争权夺势的生活，在做了不到三年的皇帝之后，索性将皇位让给了李隆基。

延和元年（712年）八月，28岁的李隆基即皇帝位，改元先天。

唐玄宗李隆基即位后先发制人，铲除了太平公主的权势，稳固了帝位。随后，唐玄宗唯才是举，任用有才能的人来治理国家。当时，他先后提拔姚崇、宋璟、张九龄等贤臣为相。在他们的辅助下，唐玄宗广纳谏、听忠言，明赏罚、绝专权，执法正、不偏私，消蝗灾、恤民众，精简机构、节省开支，选拔严格、罢黜恶庸，开创了政通人和的局面。

唐玄宗即位前，突厥人肆意侵扰大唐边境，切断了中原通往西域的丝绸之路，降低了唐朝在西域诸国中的威望。要想顺利地推行府兵制，首先要保证均田制的推行。均田制的名存实亡，导致了士兵的逃亡和战斗力的下降。针对这种情况，唐玄宗用雇佣兵制取代了府兵制。雇佣兵制的实行增加了兵源，提高了士兵的抵御和进攻能力。有了被称为"长从宿卫"的十余万雇佣兵后，各地军民此后也不用经受戍边之苦。凭借着强大的军事实力，唐玄宗击退了突厥兵，收复了长城以北的领土，重新开通了丝绸之路。

在农业方面，唐玄宗发起了检田括户运动，没收了豪强霸占的土地，把耕地还给无地或少地的农民，并为其登记户口，既安抚了民心，又增加了国家的税收。

武则天时期，由于佛教盛行，尼姑、僧人的数目有增无减。他们不用承担各种赋税徭役，而且通过与官府勾结占有了大量土地，严重阻碍了唐朝的经济发展。为了改变这种状况，唐玄宗对尼姑僧人的数量、寺庙的修建、佛像的铸造、佛经的传抄等都做了不同程度的禁止，大大减少了经济耗损。

在唐玄宗的治理下，"开元盛世"永载史册。有诗为证：忆昔开元全盛日，小邑犹藏万家室！

■ 重用奸臣 迷恋美色

唐玄宗虽然创造了开元盛世，但他晚年宠信奸臣、迷恋女色，又给唐朝带来了不幸。

开元二十二年（734年）五月，唐玄宗下诏任命李林甫为礼部尚书、同中书门下三品，与侍中裴耀卿、中书令张九龄并列为相。

张九龄为人儒雅，敢于犯颜进谏，纠正唐玄宗的过失，深受唐玄宗赏识。不学无术的李林甫对其妒忌不已，欲除之而后快。范阳节度使张守珪因讨伐突厥、斩其可汗立下汗马功劳，唐玄宗欲任他为侍中，张九龄上奏说宰相是"治世之职"，不能用来赏功。唐玄宗虽然觉得张九龄言之有理，但碍于面子，欲授张守珪宰相名号。张九龄又以宰相是"国之名器"，不可用来送人为由，反对唐玄宗。站在朝堂之侧的李林甫见唐玄宗不悦，于是有了对付张九龄的计策。

凉州都督牛仙客善于节省费用，不仅积粮巨万，而且将兵器修缮得锋利无比。唐玄宗知晓此事，欲以牛仙客为尚书，并要给他封户。张九龄知道此事后立即与李林甫商议道："封赏乃国之大事，只能给予名臣大功者。牛仙客只是一边将，怎能委以如此重任并给其封户呢？愿与李大人在朝廷争之！"李林甫说："请张大人放心，愿助一臂之力。"次日上朝时，唐玄宗提及此事，张九龄立即反对。唐玄宗退让一步，提出只给牛仙客封户，又遭到张九龄的反对。这时的李林甫一声不吭，见到唐玄宗大怒的样子后暗自得意。

开元二十四年（736年），唐玄宗因幸东都日久欲还长安。由于赶上农忙季节，裴耀卿上奏说："陛下，农者，天下之根本，季节不待人。陛下起驾，恐扰农耕，欲还长安，须待冬闲之时方可。"退朝之时，李林甫走在最后，趁机上奏说："陛下，东都洛阳，西京长安，是天子的东西两宫，陛下车驾往来，有何不可？如果真的有扰于农，陛下可以减免所过之处的租税，为什么要等到冬天呢？"唐玄宗听后，点头称是，于次日起驾回长安。

同年十一月，唐玄宗下诏："裴耀卿罢为左丞相，张九龄罢为右丞相，不可参与政事。"此后，李林甫成为了朝中炙手可热的人物。他利用职权党同伐异，不断壮大自己的实力。

天宝四年（745年）八月，寿王妃杨玉环被唐玄宗占为己有，并被册封为贵妃。由于杨贵妃的关系，杨氏一族宠冠天下。她的三个姐姐都颇有姿色，分别被封为韩国夫人、虢国夫人、秦国夫人。

杨贵妃从祖兄的杨国忠（本名钊，玄宗为其改名国忠），发迹前嗜赌如命，多有劣行，因与贵妃二姊（即后来的虢国夫人）私通，为族人所不齿。在杨氏姐妹的帮助下，杨国忠被唐玄宗授以金吾兵曹参军、闲厩判官。不久，杨国忠又被提拔为监察御史，并且日渐得到唐玄宗的宠信。

杨国忠在与杨氏姐妹交好的同时，也有意讨好李林甫。与杨国忠一起替李林甫卖命的还有王鉷。此人非等闲之辈，身兼户部侍郎、御史大夫等20余职，朝中大臣对其敢怒不敢言。从此，李林甫、杨国忠、王鉷三人沆瀣一气，残害朝中大臣。

杨国忠在虢国夫人的帮助下，对唐玄宗的动静、喜好了如指掌，每每行事必合玄宗心意，深得玄宗喜爱。不到一年，他已身兼十五余职，成为朝廷之中仅次于李林甫、王鉷的宠臣。

后来，杨国忠设计害死了对李林甫忠心耿耿的王鉷。李林甫本想对付他，却因病丧身。从此，杨国忠成为了唐玄宗身边的头号宠臣。无论是李林甫专权还是杨国忠专权，于国于民都没有什么好处。

天宝十四年（755年）冬，安禄山率部反唐。由于叛军行动诡秘，河北方面没有传来一点消息。当时，唐玄宗和杨贵妃正在华清宫里寻欢作乐，一派歌舞升平的景象。直到安禄山起兵反叛的第七天，唐玄宗才收到消息。他立刻召见宰相杨国忠，商讨如何制服安禄山。杨国忠竟天真地认为只有安禄山一人要造反，并料定其部将一定会将他的首级砍下来献给唐玄宗。昏庸糊涂的唐玄宗遂信以为真，坐等情况发生好转。

安禄山有备而叛，先后攻占了陈留、洛阳、陕郡等地，唐军节节败退。在这种情况下，朝廷内部的政治斗争进一步尖锐起来。由于安禄山起兵叛乱时打的是诛杀杨国忠的旗号，朝廷上下遂认为杨国忠是祸根。

恰在此时，郭子仪、李光弼部在河北告捷。叛军闻讯后士气低落，再加上潼关久攻不下，遂无心作战。就在整个战略形势对唐军十分有利的情况下，杨国忠担心驻守潼关的哥舒翰会奏请唐太宗除掉他，于是建议唐玄宗命令哥舒翰出关消灭叛军。求胜心切的唐玄宗已经无法分清当时的形势，遂下令哥舒翰出关。安禄山喜出望外，大败出关的唐军，潼关至此失守。

天宝十五年（756年）夏，唐玄宗惧怕安禄山攻入长安，于是产生了逃跑的念头。杨国忠为了保身，考虑到自己在四川有一定的势力，遂向唐玄宗提议移驾入蜀。唐玄宗早已心慌意乱，立即表示同意。他令禁军首领龙武大将军陈玄礼整顿禁军，挑选良马九百余匹，以供保驾之用。为了拉拢人心，他还拿出了许多钱物来犒赏禁军。随后，在禁军的护送下，唐玄宗带着杨贵妃姐妹、皇太子等人悄悄离开未央官，西出延秋门，向咸阳方向逃去。其他皇亲国戚、王公大臣等皆被丢在京城，毫不知情。行至左藏库时，杨国忠建议派人焚烧其中物品。唐玄宗伤感地说："叛贼抢不到这些东西，必定要搜刮百姓们。不如留给他们，不要再加重子民们的负担了。"天亮时分，唐玄宗一行从便桥渡过渭水后，杨国忠下令毁桥。唐玄宗担心百姓们避贼求生时无路可逃，及时制止了他。

队伍行至兴平县西郊的马嵬驿时，随从护驾的禁军将士疲惫不堪，再加上饥饿难忍，遂萌生出强烈的不满和愤怒情绪。

安史之乱发生后，李亨随唐玄宗逃往四川。行至马嵬驿时，将士饥疲不堪，心中愤怒。陈玄礼认为一切祸患皆由杨国忠所致，欲诛杀他。当时正遇到二十多个吐蕃使者围住杨国忠的马诉说没有食物。杨国忠还来不及回答，军士大呼："国忠与胡虏谋反！"有人引弓射中杨国忠的马鞍。杨国忠逃至西门内，军士追上后屠割他的肢体，并将他的头颅用长枪悬挂在驿门外。随后，其子户部侍郎杨暄、韩国夫人、秦国夫人都被杀。御史大夫魏方进大呼："汝曹何敢害宰相！"众人又将他杀死。韦见素闻乱而出，被乱兵暴打一顿，脑血流地，因众人求情得以生还。接着，军士围住了驿站。唐玄宗听到外边喧哗不止，问左右外边发生了什么事，左右都说杨国忠谋反。唐玄宗拄着拐杖走出驿门慰劳军士，然后令收队，不料军士不应。唐玄宗令高力士前去询问，陈玄礼答道："国忠谋反，贵妃不宜供奉，愿陛下割恩正法。"唐玄宗道："朕当自处之。"入驿门后，唐玄宗"倚杖倾首而立"。京兆司录韦谔见唐玄宗迟迟不动手，遂上前说道："今众怒难犯，安危在瞬刻，愿陛下速决！"唐玄宗悲哀地说道："贵妃常居深宫，安知国忠反谋！"高力士说："贵妃诚无罪，然将士已杀国忠，而贵妃在陛下左右，岂敢自安！愿陛下审思之，将士安，则陛下安矣。"无奈之下，唐玄宗令高力士把贵妃引到佛堂，将其缢杀。陈玄礼等人见到杨贵妃的尸体后才"免胄释甲，顿首请罪"。随后，部队继续前行。

唐玄宗逃往成都后，皇太子李亨返回长安称帝改元，并且平息了叛乱。乾元元年（758年），唐玄宗返回长安，被唐肃宗李亨尊为太上皇。

宝应元年（762年），75岁的唐玄宗孤苦伶仃地踏上了黄泉路。

唐肃宗李亨——受命于危难之间

■ 因卑得福 后来居上

睿宗景云二年（711年），玄宗李隆基第三子李亨出生，李亨的原名叫"嗣升"。李隆基考虑到自己上一年才被立为太子，担心太平公主会在睿宗面前说他贪恋女色而不务正业，本打算令李亨生母杨氏堕胎，但终究没有下定决心。就这样，李亨来到了世上。先天元年（712年）九月，皇子李嗣升被立为陕王。

当时，杨氏只是太子的姬妾之一，身份卑微，无法与贵为太子妃的王氏相比。王氏尚未生养，对李亨非常疼爱。在这种情况下，杨氏不敢有丝毫怨言，一旦王氏想看看李亨，就立即把他送过去。

开元二年（714年），唐玄宗次子、赵丽妃之子郢王李嗣谦被立为皇太子。鄂王李嗣真虽然身为长子，但其母刘华妃不受宠，所以未得立。

开元四年(716年)，6岁的陕王李嗣升被任命为安西大都护、安抚河西四镇诸蕃大使。同时，鄂王李嗣真被任命为安北大都护、安抚河东、关内、陇右诸蕃大使。不过，他们二人都不出阁去外地任职，而是在阁中遥领节度。开元十三年（725年）三月，15岁的陕王李嗣升被徙为忠王，更名为"浚"。

当初，唐太宗宠爱晋王，不让他出阁。武则天在位时，豫王李旦因是武则天的少子也没有出阁，直到他被徙为相王后才出阁。唐中宗在位时，谯王因失爱而被谪居外州，温王尽管年已十七，仍然在禁中居住。唐玄宗即位后，竟于开元十三年（725年）在附苑城旁修建了十王宅，将皇子全部安排在其中居住，由宦官照顾诸皇子的饮食起居。此后，所有皇子都不再出阁，15岁的李浚成了其中的一分子。

开元十八年（730年）六月，20岁的单于大都护忠王李浚奉命担任河北道行军元帅，御史大夫李朝隐、京兆尹裴伷先为副职，率领十八总管征讨奚和契丹人。随后，唐玄宗令他与百官在光顺门相见。左丞相张说退出时对学士孙逖、韦述说："吾尝观太宗画像，雅类忠王，此社稷之福也。"

开元二十四年（736年），唐玄宗再次更改皇子的名字。太子李鸿被更名为"瑛"，忠王李浚被更名为"玙"。

唐玄宗初为临淄王时，赵丽妃、皇甫德仪、刘才人都受宠。赵丽妃生了太子李瑛，皇甫德仪生了鄂王李瑶，刘才人生了光王李琚。即位后，唐玄宗独宠武惠妃。寿王李瑁为其所出，因此宠冠诸子。李瑛、李瑶、李琚三人气愤不已，因不能受宠而归咎于各自母亲的失职。不料，他们所说的话竟传到了驸马都尉杨洄的耳中。杨洄将此事告诉了武惠妃，武惠妃立即在唐玄宗面前泣诉："太子阴结党羽，将害妾母子，亦指斥至尊。"唐玄宗大怒，将此事告诉了宰相，想把这三个皇子全部废掉。张九龄苦劝，唐玄宗不悦。在朝中宦官的唆使下，张九龄被罢相。

开元二十五年（737年）四月，杨洄又诬陷李瑛、李瑶、李琚，说他们与太子妃兄驸马薛琇串通一气，意欲谋反。唐玄宗召宰相商议，李林甫回答道："此陛下家事，非臣等所宜预。"随后，唐玄宗将李瑛、李瑶、李琚三人废为庶人，将薛琇流放到瀼州。接着，李瑛、李瑶、李琚、薛琇都被赐死。李瑶、李琚都好学，颇有才识，人们都为他们感到可惜。

太子李瑛（原名"嗣谦"，后更名为"鸿"，再更名为"瑛"）死后，李林甫数次劝唐玄宗立寿王李瑁。唐玄宗认为忠王李玙年长，而且仁孝恭谨且好学，想立他为太子，因此举棋不定。唐玄宗想到自己年事已高，而三个儿子又在同日被诛杀，再加上继嗣未定，所以常闷闷不乐，寝食难安。高力士问其缘由，唐玄宗对他说道："汝，我家老奴，岂不能揣我意！"高力士自然知道唐玄宗有何忧虑，遂建议道："大家何必如此虚劳圣心，但推长而立，谁敢复争！"唐玄宗大喜，于开元二十六年（738年）六月立28岁的李玙为太子。开元二十七年（739年）九月，太子李玙更名为"绍"。

■ 屡受威胁　委曲求全

平卢兵马使安禄山擅长察言观色，常常能够投其所好，得到了很多人的好评。对于唐玄宗派往平卢的近臣，安禄山皆用重金贿赂。在这些近臣的美言下，唐玄宗更加认为他是个贤臣。开元二十八年（740年）八月，安禄山被提拔为营州都督、充平卢军马使和两蕃、勃海、黑水四府经略使。次年春，朝廷将平卢划为节度区域里，安禄山被任命为节度使。

天宝二年（743年）正月，安禄山入朝。他上奏说上年秋天营州有害虫啃食庄稼，他焚香向天祷告'臣若操心不正，事君不忠，愿使虫食臣心；若不负神祇，愿使虫散'，结果很快就有一群鸟从北方飞来，将害虫食尽，奏请让史官记录这件事。安禄山使出他趋势逢迎的本领，很快受到了唐玄宗的宠爱。

李林甫领了吏部尚书之职后，将选拔官吏这件事全部委托给了侍郎宋遥、苗晋卿二人。当时御史中丞张倚刚得到唐玄宗的宠信，宋、苗二人为了讨好他，遂从万余名候选人中选出了六十四人，其中张倚之子张奭高居榜首，顿时群议沸腾。前蓟令苏孝韫将此事告知安禄山，安禄山立即转告唐玄宗。唐玄宗当面考核入选者，张奭手持答卷竟写不出一个字。随后，宋遥、苗晋卿、张倚皆被贬。天宝三年（744年）三月，平卢节度使安禄山兼任范阳节度使。同时，范阳节度使裴宽被改任为户部尚书，礼部尚书席建侯被改任为河北黜陟使。席建侯称赞安禄山为官大公无私，李林甫、裴宽也在唐玄宗面前说他的好话。由于这三人都是唐玄宗信任的人，安禄山的受宠地位由此稳如泰山，难以动摇。

开元二十八年（740年），随着原为汝阳令的监察御史杨慎矜的得势，在官场中以"干敏"得名的太子李绍的妃兄韦坚由长安令被提拔为陕郡太守兼江、淮租庸转运使。被世人称为"口有蜜，腹有剑"的宰相李林甫用心险恶，惯用笑里藏刀之术陷害才望功业高出他的人或被唐玄宗优待、势位将威胁到他的人，并千方百计地将这些人除掉。韦坚被提拔不久，唐玄宗又将杨慎矜提拔为御史中丞。杨慎矜深知凡公卿不出自李林甫之门者是不会有好下场的，遂固辞不受，最终得到了谏议大夫的职位。天宝三年（744年），杨慎矜因依附李林甫而坐上了御史中丞的位置。

随后，韦坚动用了大量的人力、物力和财力，在两年的时间内挖掘出从江淮至京城的漕渠。天宝二年（743年）三月，他请唐玄宗前去观赏，并在观赏期间呈献了各郡的珍玩和佳肴。唐玄宗鉴于他的精心准备，返京后加任他为左散骑常侍。

天宝四年（745年）九月，韦坚被晋升为刑部尚书，御使中丞杨慎矜取代了他的江、淮租庸转运使之职。韦坚之妻姜氏的祖父是李林甫的舅舅，韦坚由此与李林甫比较亲近。韦坚因通漕之功受宠后，想入朝为相，再加上与李林甫对立的原为刑部尚书的左相李适之交好，引起了李林甫的忌恨。在李林甫的策划下，李适之失宠，韦坚失权。

天宝元年（742年），陇右节度使皇甫惟明先攻破吐蕃的大岭等军，数日后又攻破青海的道莽布支营，取得了辉煌战绩。天宝二年（743年），他又攻破了吐蕃的济城。天宝五年（746年）正月，陇右节度使皇甫惟明因战功被加任河西节度使。

天宝四年（745年）二月，朔方节度使王忠嗣兼任河东节度使。王忠嗣在年少的时候非常勇敢，为人比较自负。镇守边疆后，他常说："太平之将，但当抚循训练士卒而已，不可疲中国之力以邀功名。"他有一张重达一百五十斤的漆弓，但很少使用，以此来表明他不盲目作战。军中将士虽然日夜想着打仗，但王忠嗣从不打无把握之仗。因此，他总能伺机而动，逢战必胜。做了两地节度使后，从朔方至云中数千里的边陲要害之地都在他的掌握之中。

天宝三年（744年）二月，太子李绍更名为"亨"。同年，唐玄宗对宦官高力士说："朕不出长安近十年，天下无事，朕欲高居无为，悉以政事委林甫，何如？"高力士回答说："天子巡狩，古之制也。且天下大柄，不可假人；彼威势既成，谁敢复议之者！"见唐玄宗不悦，高力士此后不敢再深言天下事。

李亨做了太子后，使李林甫感受到了威胁。因为他非但没有拥立李亨，反而还持反对意见。为了避免李亨以后报复他，他产生了更立太子的打算。皇甫惟明与李亨是旧交，因屡破吐蕃而时常入朝进献战利品。见李林甫在朝中专权后，皇甫惟明感到不满，于是私下劝唐玄宗削减李林甫的职权。李林甫知道后，令杨慎矜监视他的行踪。

天宝五年（746年）正月十五月圆之夜，李亨乘出游之机与韦坚相见，韦坚又与皇甫惟明在景龙观道士的屋中相会。杨慎矜发现后，认为韦坚身在戚里（帝王外戚居所），不应该与边将有狎昵之举。李林甫得知后诬陷韦坚与皇甫惟明结谋，打算共立太子为帝。随后，韦坚、皇甫惟明先被收监，后被贬。左相李适之见状，为自保而自求降职，做了无权参与政事的太子少保。

此后，王忠嗣被任命为河西、陇右节度使，兼知朔方、河东节度使。早在管辖朔方、河东时，王忠嗣常常抬高马价。胡人争相卖马，王忠嗣只管购买。在这种情况下，胡马渐少，唐兵益壮。被徙为陇右、河西节度使后，他奏请从朔方、河东挑出九千匹马来充实军队，使得陇右、河西军的实力猛增。王忠嗣一人节度四地，控制万里，掌握了天下的劲兵重镇，再加上大胜吐蕃和吐谷浑，势力更加庞大。

然而，此事并没有平息。将作少匠韦兰、兵部员外郎韦芝为其兄韦坚讼冤，并且让李亨为他们作证，结果惹怒了唐玄宗。李亨开始害怕起来，上表请求与韦妃离婚，并乞求唐玄宗不要以亲废法。此后，韦坚亲党连坐者多达数十人。唐玄宗认为李亨一向仁孝恭谨，没有处理他。

不料，同年十一月，李亨又遇到了一件令他为难的事情。赞善大夫杜有邻之女为太子良娣，杜良娣之姊为左骁卫兵曹柳勣的妻子。柳勣生性狂疏，好图功名，喜欢交结豪俊。

柳勣与妻族不和睦，于是诬告杜有邻用图谶诅咒圣上，并与李亨相勾结。李林甫令京兆士曹吉温和御史查清此事后小题大做，不仅将柳勣杖打至死，而且以同样的方式处决了他的岳父杜有邻和众多好友，并将他们的妻子流放远方，朝野内外都为之震栗。李亨为了自保，将杜良娣贬为庶人。

李林甫见王忠嗣功名日盛，担心他入相。当时安禄山潜蓄异志，以御寇为由修筑雄武城，并大贮兵器。同时，他还奏请唐玄宗让王忠嗣助他完成防御工事，想乘机夺取王忠嗣手中的兵权。王忠嗣察觉安禄山的阴谋后，数次上奏说安禄山必反，当时李林甫与安禄山沆瀣一气，对王忠嗣更加厌恨。王忠嗣见情势不妙，果断辞去了兼河东、朔方节度使的职责。

天宝六年（747年）十月，唐玄宗想让王忠嗣攻打吐蕃石堡城。王忠嗣上奏道："石堡险固，吐蕃举国守之。今顿兵其下，非杀数万人不能克。臣恐所得不如所亡，不如且厉兵秣马，俟其有衅，然后取之。"将军董延光见唐玄宗不悦，遂自请率兵攻取石堡城。唐玄宗转怒为喜，令王忠嗣分兵助之。王忠嗣情不得已，只得奉诏行事，但并不完全依照董延光的吩咐去做。王忠嗣部将李光弼对他说："大夫以爱士卒之故，不欲成延光之功，虽迫于制书，实夺其谋也。何以知之？今以数万众授之而不立重赏，士卒安肯为之尽力乎！然此天子意也，彼无功，必归罪于大夫。大夫军府充盈，何爱数万段帛不以杜其谗口乎！"王忠嗣说："今以数万之众争一城，得之未足以制敌，不得亦无害于国，故忠嗣不欲为之。忠嗣今受责天子，不过以金吾、羽林一将军归宿卫，其次不过黔中上佐；忠嗣岂以数万人之命易一官乎！李将军，子诚爱我矣，然吾志决矣，子勿复言！"李光弼叹道："向者恐为大夫之累，故不敢不言。今大夫能行古人之事，非光弼所及也。"遂不再言语。

董延光见期限已到，仍然没有攻克石堡城，遂进言说王忠嗣惑乱军心。李林甫火上浇油，并将李亨扯入其中。他唆使济阳别驾魏林诬告王忠嗣欲拥兵自重、尊奉太子。唐玄宗大怒，免去王忠嗣的节度使之职，并开始核查此事。待三司核实真相后，唐玄宗说："吾儿居深宫，安得与外人通谋，此必妄也。但劾忠嗣阻挠军功。"王忠嗣部将哥舒翰威名远播，被唐玄宗任命为陇右节度使。入朝之前，有人劝他多带金帛去救赎王忠嗣。他正色说道："若直道尚存，王公必不冤死；如其将丧，多掠何为！"遂"单囊而行"。三司上奏说王忠嗣罪该处死，哥舒翰为王忠嗣力陈冤情，并请求用自己的官爵来为王忠嗣赎罪。见唐玄宗要入禁中，他叩头跟随，声泪俱下。唐玄宗这才有所感悟，贬王忠嗣为汉阳太守。

自唐朝兴起始，朝廷多用忠厚名臣为边将，并采取不久任、不遥领、不兼统的管理模式。凡功名显著者，往往会入朝为相。四夷之将，即使有阿史那社尔、契苾何力那样的才略，也不可能独有大将之任，一律由大臣以节度使的身份控制。到了开元中期，唐玄宗有吞并四夷之志，边将开始久任其职，十余年不调任，同时出现了皇子、宰相遥领边将和边将兼统数地的局面。李林甫为了防止边帅入相，于是奏称："文臣为将，怯当矢石，不若用寒族胡人；胡人则勇决习战，寒族则孤立无党，陛下诚心恩洽其心，彼必能为朝廷尽死。"唐玄宗听后很高兴，开始重用安禄山。此后，诸道节度使尽是胡人，精兵都在北边戍守，使得"天下之势偏重，卒使禄山倾覆天下"，而所有的根源就在于李林甫专宠固位的私心。

天宝十一年（752年），宰相李林甫去世。不过，不待李亨有喘气的机会，新上任的奸臣杨国忠又开始猖狂起来。李亨只能韬光养晦，耐心等待机会的出现。

■ 伺机称帝 劳苦而终

安史之乱前，杨国忠认为安禄山必反，并对唐玄宗说："陛下试召之，必不来。"于是，唐玄宗召安禄山入朝。安禄山闻命即至，哭着对唐玄宗说："臣本胡人，陛下宠擢至此，为国忠所疾，臣死无日矣！"唐玄宗赏赐巨万，更加宠信安禄山。李亨也知道安禄山必反，但其父唐玄宗就是不听。

至德元年（756年）五月，唐玄宗在逃亡途中发生了马嵬兵变。将士都说："国忠谋反，其将吏皆在蜀，不可往。"于是有人奏请前往河、陇，有人奏请前往灵武，还有人奏请前往太原或京师。韦谔说："还京，当有御贼之备。今兵少，未宜东向，不如且至扶风，徐图去就。"众人都如此认为，唐玄宗只得顺从。然而正要出发时，当地的父老皆挡住道路请唐玄宗留下，唐玄宗令李亨在后抚慰父老。父老乘机说道："至尊既不肯留，某等愿率子弟从殿下东破贼，取长安。若殿下与至尊皆入蜀，使中原百姓谁为之主？"片刻间，已聚有数千人。李亨认为不可："至尊远冒险阻，吾岂忍朝夕离左右。且吾尚未面辞，当还白至尊，更禀进止。"正要西行时，他的次子建宁王李倓和宦臣李辅国拉着李亨的马嚼劝谏："逆胡犯阙，四海分崩，不因人情，何以兴复！今殿下从至尊入蜀，若贼兵烧绝栈道，则中原之地拱手授贼矣。人情既离，不可复合，虽欲复至此，岂可得乎！不如收西北守边之兵，召郭、李于河北，与之并力东讨逆贼，克复二京，削平四海，使社稷危而复安，宗庙毁而更存，扫除宫禁以迎至尊，岂非孝之大者乎！何必区区温情，为儿女之恋乎！"

太子举棋不定，遂令他的长子广平王李俶告诉了唐玄宗。唐玄宗于是将二千飞龙军分给李亨，并谕告诸将士："太子仁孝，可奉宗庙，汝曹善辅佐之。"又对太子说："汝勉之，勿以吾为念。西北诸胡，吾抚之素厚，汝必得其用。"就这样，李亨开始了平叛。

数日后，李亨在平叛途中即皇帝位，是为唐肃宗。在乾元三年（760年）之前，唐肃宗一直忙于平定安史之乱。结果，不待安史之乱平定，国内出现水灾，米价陡增至七千钱每斗，人吃人的场景时有发生。接着，各地兵变此起彼伏。唐肃宗心力交瘁，于宝应元年（762年）四月十八日病逝。

唐代宗李豫——有心无力，困惑终生

■ 本无才略 仓促即位

开元十四年（726年），唐肃宗长子李豫出生，其原名为"俶"。李俶初为广平郡王，直到33岁时才被封为皇太子。之所以如此，与其祖父唐玄宗的长寿有着很大的关系。唐玄宗在位时，其父唐肃宗虽然没有多少政治资本，但毕竟能够妥善保身，李豫因此得到庇护。值得一提的是，李豫是唐朝建国以来第一个长子皇帝。

马嵬兵变后，李豫开始随父征战，其弟建宁王李倓也在军中。李倓生性英明果断，颇有才略，在军中的威望比李豫要高出许多。唐肃宗从马嵬驿北行时，因兵力寡弱而屡次遭到盗贼的袭击。李倓从军中选出骁勇之士，誓死保卫唐肃宗。唐肃宗见李倓众望所归，想以他为天下兵马元帅。李泌建议道："建宁诚元帅才；然广平，兄也。若建宁功成，岂可使广平为吴太伯乎！"唐肃宗则认为李豫是冢嗣，没有必要担心这些问题。李泌力谏："广平未正位东宫。今天下艰难，众心所属，在于元帅。若建宁大功既成，陛下虽欲不以为储副，同立功者岂肯已乎！"劝唐肃宗吸取唐太宗、唐玄宗的教训。此后，唐肃宗以广平王李豫为天下兵马元帅，令其统领诸将东征。

唐肃宗即位后，张良娣和李辅国在拥立唐肃宗时立下大功，顿时权倾朝野。建宁王李倓对他们的专权行为感到不满，数次直言进谏，从而引起了他们的仇视。他们屡进谗言，最终借助唐肃宗之手除掉了李倓。如此一来，广平王的皇储地位更加稳固。不过，要想顺利地继承皇位并不是件容易的事情，因为张良娣和李辅国仍然好端端地活着。

当初，原为良娣的张皇后为了能够达到专权的目的而与李辅国合作。然而，只有永远的利益，而没有永远的合作关系。"建宁之祸"发生后，他们逐步对立起来。唐肃宗病重时，张皇后对太子李豫说："李辅国久典禁兵，制敕皆从之出，擅逼迁圣皇，其罪甚大，所忌者吾与太子。今主上弥留，辅国阴与程元振谋作乱，不可不诛。"李豫哭着说："陛下疾甚危，二人皆陛下勋旧之臣，一旦不告而诛之，必致震惊，恐不能堪也。"遂没有同意。张皇后随后召越王李系问道："太子仁弱，不能诛贼臣，汝能之乎？"李系给予肯定的答复后便令内谒者监段恒俊从宦官中挑选二百多名勇力者，在长生殿后披甲静待。随后，张皇后以肃宗之命召见太子。李辅国从程元振的口中得知张皇后的阴谋后，在陵霄门外伏兵。李豫经过此地时，李辅国对他说皇后想谋害他。李豫并不相信："必无是事。主上疾，亟召我，我岂可畏死而不赴乎！"程元振说："社稷事大，太子必不可入。"遂派兵护送李豫到飞龙厩，并令甲卒守在那里。当晚，李辅国、程元振在三殿勒兵，收捕了越王李系、段恒俊、知内侍省事硃光辉等百余人，并以太子之命将张皇后迁至别殿。在长生殿调养的唐肃宗早已身心疲惫，听说此事后再次受到打击，两日后便赴了黄泉。李辅国随即把身穿素服的李豫引到九仙门与众宰相相见，开始监国。数日后，李豫依照遗诏即位，是为唐代宗。

■ 惶恐一生 绝望而去

在李适、郭子仪等著名将领的指挥下，唐军终于于广德元年（763年）正月彻底击败了史朝义，以安禄山、史朝义为首的长达八年、延续三朝的安史之乱至此结束。然而，唐朝并没有因此而进入下一个辉煌。相反，唐朝国力因平定安史之乱和各地兵变而遭到严重的耗损，从而一蹶不振，并一步步向衰落走去。

不待唐朝有喘息之机，吐蕃又开始对其发动大规模的袭击。广德元年（763年）七月，吐蕃已经将唐朝的河西、陇右之地尽收囊中。自唐高祖以来，唐朝大力开拓边疆，以致地连西域，并在边境设置了都督、府、州、县等行政单位。唐玄宗开元年间，唐朝又在边疆设置朔方、陇右、河西、安西、北庭节度使，用以管辖拓展的疆土，并在那里"开屯田，设监牧，畜马牛"，防御工事日臻完善。安禄山叛乱后，边兵中的精锐都被征发入援，造成了边疆防卫的空虚。在这种情况下，吐蕃开始蚕食唐朝边疆。几年之内，"西北数十州相继沦没，自凤翔以西，邠州以北，皆为左衽矣"。不久，吐蕃又攻克了泾州、邠州等地，并开始攻打奉天、武功，一步步向京师逼近。唐代宗惊慌失措，只得逃出长安。数日后，长安落入吐蕃手中。幸亏有郭子仪临危请命，将吐蕃赶出了长安。

不过，战争远没有结束。平叛将领仆固怀恩竟与回纥、吐蕃串通一气，进逼奉天。当时诸将请战，郭子仪不许："虏深入吾地，利于速战，吾坚壁以待之，彼以吾为怯，必不戒，乃可破也。若遽战而不利，则众心离矣。敢言战者斩！"在郭子仪的英明决策下，敌兵不战而退。

广德二年（764年）九月，关中发生蝗灾和霖雨，米价陡涨至每斗千余钱；永泰元年（765年）春，国内发生旱灾，米价每斗千钱。面对内外交困的局面，唐代宗命左仆射裴冕、右仆射郭英义等十三位文武之臣在集贤殿待制，以便询问商议对策。左拾遗独孤及上谏说这种做法虽然能够与五帝盛德相提并论，但认为唐代宗虽然容许下臣直言但不用其言，"有容下之名，无听谏之实"。他分析了当时的现状："今师兴不息十年矣，人之生产，空于杼轴。拥兵者第馆亘街陌，奴婢厌酒肉，而贫人羸饿就役，剥肤及髓。长安城中白昼椎剽（持凶器抢劫），吏不敢诘，官乱职废，将惰卒暴，百揆隳刺（荒废）……民不敢诉于有司，有司不敢闻于陛下，茹毒饮痛，穷而无告。陛下不以此时思所以救之之术，臣实惧焉。"他认为邠泾、凤翔之兵足以抵御朔方、陇西的吐蕃和仆固怀恩，而东至海边、南至番禺、西尽巴蜀虽然没有鼠窃之盗但仍然设有大量戍卒，劝唐代宗不要"倾天下之货，竭天下之谷，以给不用之军，建议不再为其分拨军费而使其居安思危，同时通过减轻民众的赋税徭役来促进农业生产，万万不可"使率土之患日甚一日"。然而，唐代宗并没有将独孤及的赤诚之言铭记于心。

四月，河东道租庸、盐铁使裴谞入朝奏事。唐代宗问道："榷酤（税收）之利，岁入几何？"裴谞良久不回答。待唐代宗再问时，他说道："臣自河东来，所过见菽粟（豆类谷物）未种，农夫愁怨，臣以为陛下见臣，必先问人之疾苦，乃责臣以营利，臣是以未敢对也。"唐代宗自觉惭愧，提拔他为左司郎中。

唐代宗虽然能够给予贤臣更高的职位，但却不能够用他们的忠言去解决实际问题，不能不说是一种悲哀。随着这种悲哀的延续，各种矛盾日趋激烈，日益令唐代宗手足无措。

随着唐朝的衰落，成德节度使李宝臣、魏博节度使田承嗣、相卫节度使薛嵩、卢龙节度使李怀仙等人收集了安禄山和史朝义的余党，各拥劲卒强兵数万，自设文武将吏，不再向朝廷进贡，并与山南东道节度使梁崇义等通过联姻而串通一气。他们虽然名为藩臣，但已经不受朝廷所制。

同年九月，仆固怀恩又引领着回纥、吐蕃、吐谷浑、党项、奴剌等数十万大军侵扰唐朝。郭子仪派行军司马赵复入朝上奏："虏皆骑兵，其来如飞，不可易也。请使诸道节度使凤翔李抱玉、滑濮李光庭、邠宁白孝德、镇西马璘、河南郝庭玉、淮西李忠臣各出兵以扼其冲要。"唐代宗虽然下令出兵，但诸道节度使为了保存实力多不愿出兵。李忠臣要出兵时，其部将与监军都说要择日出师。李忠臣大怒："父母有急，岂可择日而后救邪！"当日便勒兵就道。为了能够振作士气，唐代宗御驾亲征，于同年年底将其驱逐出境。

由于将大量精力投入到平定此起彼伏的战乱中，唐代宗放松了对各种政务的管理，从而使得国内又增添了不少矛盾。大历十四年（779年）五月，54岁的唐代宗带着种种遗憾病逝，结束了他短暂而多难的一生，永远退出了历史的舞台，并将更加破乱不堪、满目疮痍的江山交给了他的子孙。

唐德宗李适——志大才疏，无力回天

心系国民 立志兴国

天宝元年（742年），唐代宗长子李适出生。唐代宗即位的当年，他被封为天下兵马元帅，时年21岁。从他出生后，他先后被封为奉节王、鲁王和雍王。广德二年（764年），李适被立为太子。大历十四年（779年），代宗死，李适即皇帝位，是为唐德宗。唐德宗刚即位，便开始采取各种措施治理国家。

自唐肃宗乾元年间始，当天下用兵时，诸将都因功受赏，官爵的赏赐没有发生混乱。但自唐代宗永泰以来，天下稍平，奸臣元载、王缙把持朝政，大肆卖官卖爵，腐败之风顿时盛行。唐德宗即位后，先后以忠臣常衮、崔祐甫为相，使得官场风气有所好转。特别是崔祐甫上任后，在不到两百天的时间内就革除了八百名官员。唐德宗曾问他说："人或谤卿，所用多涉亲故，何也？"崔祐甫答道："臣为陛下选择百官，不敢不详慎，苟平生未之识，何以谙其才行而用之。"唐德宗也认为如此。司马光在《资治通鉴》中评道："……用人者，无亲疏、新故之殊，惟贤、不肖之为察。其人未必贤也，以亲故而取之，固非公也；苟贤矣，以亲故而舍之，亦非公也。夫天下之贤，固非一人所能尽也，若必待素识熟其才行而用之，所遗亦多矣。古之为相者则不然，举之以众，取之以公。众曰贤矣，己虽不知其详，姑用之，待其无功，然后退之，有功则进之；所举得其人则赏之，非其人则罚之。进退赏罚，皆众人所共然也，己不置毫发之私于其间。苟推是心以行之，又何遗贤旷官之足病哉！"同时，他以身作则，严惩身边违法乱纪的宦官。

代宗在位时，郭子仪身兼司徒，中书令领河中尹，灵州大都督，单于、镇北大都护，关内、河东副元帅，朔方节度，关内支度，盐池、六城水运大使，押蕃部并营田及河阳道观察等使众多职位，功名和权势都日益增大。唐德宗即位后，尊其为尚父，任其为太尉兼中书令，夺去了他手中的兵权。

除了整顿吏治、维护皇权外，唐德宗还做了许多工作。他表示要"以时和年丰为嘉祥，以进贤显忠为良瑞"，布告天下不要进献珍禽奇兽、怪草异木等物，并将豹、貅、斗鸡、猎犬等动物放逐。代宗在位时，吐蕃一边遣使求和，一边侵扰唐朝边境。代宗遂将来使和俘获的吐蕃人扣留，使其不能归国。唐德宗改变了这种做法，令人出使吐蕃，并将俘获的五百人送回吐蕃。由此可见，唐德宗并不愿意坐以待毙，而是想将摇摇欲坠的大唐政权稳固下来。

按照唐朝旧制，天下金帛都贮藏于左藏库，由太府负责收支、比部负责核对出入。第五琦担任度支、盐铁使时，京师中的有功之臣求取无度，出现了难以控制的局面。为此，朝廷将金帛转贮于大盈内库，由宦官掌管。这样一来，虽然杜绝了功臣的索取，但却导致了皇帝的挥霍无度。此后，天下人便认为公赋是皇帝的私有财产，有司也不再核对收支，持续了整整二十年。负责管理府库的三百多名宦官利用职权"蚕食其中，蟠结根据，牢不可动"。为了改革这一弊端，门下侍郎杨炎上奏说财赋是国之根本、民之生命，而今唯有宦官独知国库盈虚，"政之蠹敝，莫甚于此"，建议由有司负责管理国库。杨炎用只言片语便说服了唐德宗，受到了世人的称赞。

建中元年（780年），唐德宗采纳了杨炎的提议，在国内颁布了两税法。唐初时采用的赋税法是租庸调制，"有田则有租，有身则有庸，有户则有调"。两税法颁布后，朝廷按照州县每年花费的全部费用和上贡的数量来规定征收的赋税量。此后，户无主客之分，一律按照居住地登记入户；人无丁中之分，一律按照贫富来确定户等；在外地经商的商人要按照当地税务的三十分之一缴纳税务；租庸调制不复存在，居民每年于夏、秋两季按时缴纳赋税。这一措施的施行，使得唐朝有了一定的经济基础。

■ 屡不如愿 无所适从

崔祐甫因病不能视事后，杨炎遂以宰相的身份独揽朝中各种政务。他虽身为宰相，但却没有宰相应该具有的度量，多次利用职权来迫害得罪他的人。代宗时，转运、盐铁等使刘晏同时兼任吏部尚书，杨炎当时为侍郎，两人关系不融洽。唐德宗即位后，因刘晏在诛杀元载时立功而重用他。杨炎为了给与他交好的元载报仇，于是流涕上谏道："晏与黎幹、刘忠翼同谋，臣为宰相不能讨，罪当万死！"在他的劝谏下，刘晏的转运使、租庸使、青苗使、盐铁使等职务都被罢免。杨炎并不罢休，做宰相后又耍手腕使得刘晏被贬为忠州刺史。不久，刘晏因莫须有的罪名被处死。

同年，因深谙儒学被提拔的右散骑常侍张涉和因文雅被提拔的左丞薛邕因贪赃枉法而被罢黜。唐德宗即位之初对宦官多有疏斥，唯独重用朝士。宦官武将以此为借口说："南衙文臣赃动辄至巨万，而谓我曹浊乱天下，岂非欺罔邪！"此后，唐德宗心中开始犹疑，不知该依靠哪一类人。

建中二年（781年）正月，成德节度使李宝臣死。李宝臣在死前想将军府传给他的儿子行军司马李惟岳，因考虑到李惟岳年少暗弱，遂将诸将中难制者处死。李宝臣死后，李惟岳听从孔目官胡震、家僮王它奴的建议暂不发丧，然后以其父李宝臣的名义上表求唐德宗让他承袭节度使。见唐德宗不许，李惟岳自任为留后，并派人向朝廷求取旌节，再次遭到拒绝。

代宗时，李宝臣与淄青节度使李正己、魏博节度使田承嗣、山南节度使梁崇义相结，都决定将领地传给子孙。田承嗣死后，李宝臣力请朝廷授给田悦节度使旌节，得到了代宗的同意。这时，田悦又多次为李惟岳求取旌节。有人认为李惟岳已经占有了父业，如果不命他为节度使，他一定会叛乱。唐德宗则认为这些乱臣贼子本来没有资本作乱，而是凭借大唐交给他们管辖的土地和授予他们的位号来招兵买马；之所以会出现如今这种混乱局面，是因为往日的封赏过多。他考虑到李惟岳一定会作乱，命与不命没有什么区别，于是没有答应田悦的奏请。随后，田悦与李正己各派使者到李惟岳处商讨勒兵拒命之事。田悦、李正己、梁崇义、李惟岳等人虽担心一旦谋反就会遭到唐德宗的全力征讨，但一想到毫无劣迹且功劳卓著的刘晏都被处死，认为即使不谋反也会受到朝廷的征讨。因此，他们立即安营扎寨，互为声援。

杨炎迫害刘晏后，遭到了朝野上下的愤恨，再加上李正己数次上表为刘晏请罪并以此讥斥朝廷，使他感到了恐惧。为了保身，他以宣慰之名，行开脱罪名之实，派遣心腹秘密告知各道节度使："晏昔附奸邪，请立独孤后，上自恶而杀之。"唐德宗见杨炎竟归咎于他，将其贬为中书侍郎，擢升御史中丞卢杞为门下侍郎，并令其同平章事，不再专任杨炎。

卢杞"貌丑，色如蓝，有口辩"，受到唐德宗的赏识后被擢升为大夫，领京畿观察使之职。郭子仪每次接见宾客时，姬妾都不回避。卢杞曾经去探望他的病情，他却让姬妾待在屏后。有姬妾问他为什么要这么做，他解释道："杞貌陋而心险，妇人辈见之必笑，他日杞得志，吾族无类矣！"由此可见，卢杞被重用将会是朝廷的一大灾难。

卢杞虽然能言善辩，但腹中并没有才华。当初杨炎根本瞧不起他，数次称疾而不与他在一起吃饭。建中二年（781年）六月，淮宁节度使李希烈奉命征讨梁崇义，因途中连日降雨而止步不前。卢杞见杨炎此前曾劝谏不让李希烈率兵征讨，此时便借机弹劾他："希烈迁延，以杨炎故也。陛下何爱炎一日之名而堕大功？不若暂免炎相以悦之。事平复用，无伤也。"不久，杨炎被罢为左仆射，没有资格参决政事。后来，卢杞又找机会将其除掉。

在朝中屡换宰相的同时，唐德宗开始借助各道节度使来攻打有反叛迹象的藩镇。经过一年多的内战后，李正己病死，李惟岳被杀。然而，正当平乱有所起色时，另一些节度使开始与朝廷对立。建中三年（782年）十一月，卢龙节度使朱滔、李惟岳部将王武俊、李正己之子李纳、魏博节度使田悦经商讨后一同称王；十二月，淮宁节度使兼朔方节度使李希烈自称天下都元帅、太尉、建兴王。此后，战乱频繁发生，唐德宗曾两次出京避乱。

面对日趋紧张的局势，贪图权势的卢杞无动于衷，继续党同伐异。李希烈围攻郑州时，唐德宗向卢杞问计。卢杞答道："希烈年少骁将，恃功骄慢，将佐莫敢谏止。诚得儒雅重臣，奉宣圣泽，为陈逆顺祸福，希烈必革心悔过，可不劳军旅而服。颜真卿三朝旧臣，忠直刚决，名重海内，人所信服，真其人也！"当朝廷令颜真卿去安抚李希烈时，"举朝失色"。

颜真卿到了东都洛阳后，郑叔则劝道："往必不免，宜少留，须后命。"颜真卿答道："君命也，将焉避之！"颜真卿到了许州后刚要宣读诏旨，李希烈令其养子千余人环绕谩骂，并"拔刃拟之，为将剽啖之势"。然而，颜真卿"足不移，色不变"。李希烈敬重他的为人，将其留在军中。不久，朱滔、王武俊、田悦、李纳各遣使向李希烈上表称臣，劝李希烈称帝。李希烈对颜真卿说："今四王遣使见推，不谋而同，太师观此事势，岂吾独为朝廷所忌无所自容邪！"颜真卿鄙视道："此乃四凶，何谓四王！相公不自保功业，为唐忠臣，乃与乱臣贼子相从，求与之同覆灭邪！"李希烈不悦，将年老的颜真卿扶出。他日，李希烈又让颜真卿与四使同宴。四使说："久闻太师重望，今都统将称大号而太师适至，是天以宰相赐都统也。"颜真卿叱责道："何谓宰相！汝知有骂安禄山而死者颜杲卿乎？乃吾兄也。吾年八十，知守节而死耳，岂受汝曹诱胁乎！"四使不敢复言。随后，李希烈派人守住颜真卿馆舍，并令人在院中挖坑，要将他活埋。颜真卿怡然对李希烈说道："死生已定，何必多端！亟以一剑相与，岂不快公心事邪！"李希烈大为震撼，遂不再加害于他。此后，颜真卿乃谢之。兴元元年（784年）八月，颜真卿被缢死于李希烈军中。

经历了种种变故后，唐德宗不再信任文臣武将，将神策军交由宦官统领。他开始背道而驰，大力聚敛钱财，将即位之初树立的声望统统毁掉。现实这盆冷水已经将他的理想火花浇灭，使他看不到曙光的来临。贞元二十一年（805年）正月二十三日，64岁的唐德宗带着迷茫、遗憾、苦涩等种种滋味离开了世界。

 唐宪宗李纯——有才无德，难以中兴唐室的短命天子

■ 英年登基 清理权奸

大历十三年（778年），唐顺宗长子李纯出生，其原名为"淳"。大历十四年（779年），其祖父唐德宗即位，其父唐顺宗被立为皇太子。此后，唐顺宗做了26年的皇太子，于贞元二十一年（805年）在德宗死后即皇帝位，28岁的广陵王李纯在同年四月被立为皇太子。不过，李纯没有像父亲那样做了那么久的皇太子，仅在被立为皇太子后的四个月内登上了皇位。

德宗在位时，王伾善书，王叔文善棋，两人各凭其专长在东宫服侍太子。王叔文为人谲诡多计，自称懂得治国之道，常在太子面前谈及民间疾苦。太子曾与诸侍读和王叔文等人论及宫

市，并表示要上疏进谏。众人都称赞太子，独有王叔文沉默不语。太子私下问其故，他答道："叔文蒙幸太子，有所见，敢不以闻？太子职当视膳问安，不宜言外事。陛下在位久，如疑太子收人心，何以自解！"太子大惊，此后更加宠幸王叔文。王叔文不仅与王伾串通一气，而且与翰林学士韦执谊，当朝名士陆淳、吕温、李景俭、韩晔、韩泰、陈谏、柳宗元、刘禹锡等人结为死党。为了能够独专国政，王叔文将刚被任命为尚书左丞、同平章事的韦执谊引为相，由自己操纵相权。

德宗死后，刚即位的顺宗因失音不能决事而居于宫中不出，仅有宦官李忠言、昭容牛氏侍其左右。自从德宗病情加重始，王伾每决事皆听王叔文之言，然后将其意入告李忠言。在王叔文的策划下，杜佑成了冢宰。随后，殿中丞王伾被封为左散骑常侍，苏州司功王叔文被封为起居舍人、翰林学士。王伾居所寝陋且不好言语，颇受顺宗亵狎；王叔文颇任事专权，好言时事，顺宗有意疏远他，使他不能像王伾一样出入无阻。不过，这并不能阻止王叔文的专权用事。当时，"叔文依伾，伾依忠言，忠言依牛昭容，转相交结"。参决事务时，先由翰林院王叔文定夺，然后由中书省韦执谊执行，而外党韩泰、柳宗元、刘禹锡等人负责落实。从此，"荣辱进退，生于造次，惟其所欲，不拘程式"。只要同党中有人提出某人可做某官，不过一两天就能够成为事实。朝野上下见风使舵者纷纷与王叔文党结交，受贿现象层出不穷。后来，王叔文又做了度支、盐铁转运副使，将部分国赋握在手中。

朝中上下见顺宗久病不愈，遂提出早立太子。宦官俱文珍、刘光琦、薛盈珍等人都是先朝旧人，愤恨王叔文、李忠言等朋党专权放纵，于是奏请顺宗召翰林学士郑絪、卫次公、李程、王涯等人入金銮殿，起草立太子的制书。广陵王李纯英明睿智，遭到牛昭容等人的嫉恨。郑絪以"立嫡以长"固请，得到了顺宗的同意。贾耽、珣瑜二相声名远播天下，见王叔文党用事，先后告老还乡。王叔文、韦执谊等人更加无所顾忌，朝野上下人人自危。

李纯被立为太子后，百官目睹他的仪表后皆相互道贺，"至有感泣者，中外大喜"。唯有王叔文面带忧色、口不敢言，仅吟了杜甫《诸葛亮祠堂》诗中的"出师未捷身先死，长使英雄泪满襟"两句。当初，太常卿杜黄裳被裴延龄憎恶，以致被留滞台阁长达十年，直到其婿韦执谊被任为宰相后才被迁为太常卿。杜黄裳劝韦执谊率群臣奏请太子李纯监国，韦执谊不肯。韦执谊担心自己专权会使李纯不高兴，于是以给事中陆质（原名为"淳"，因避讳更名）为太子侍读，使他暗暗探察李纯的动向，并加以诱导。但当陆质要发言时，李纯怒道："陛下令先生为寡人讲经义耳，何为预他事！"

同年五月，老将右金吾大将军范希朝被任命为左、右神策京西诸城镇行营节度使，度支郎中韩泰被任命为其行军司马。之所以会出现这种安排，是因为王叔文想夺取宦官兵权以自固，形成范希朝主其名、其亲信韩泰专其事的这种局面。不久，王叔文被封为户部侍郎。俱文珍等人恶其专权，削去他的翰林之职。经过反复争取，王叔文的学士之名被削除。王叔文正在畏惧之时，韦执谊又与其分道扬镳。

七月，王叔文因母丧还家。宦官已经察觉了他夺取兵权的意图，于是乘其返乡之际削夺了他的权势。此后，王叔文党销声匿迹。俱文珍等人屡请令太子监国，又得到顺宗的同意。随后，太常卿杜黄裳被任为门下侍郎，左金吾大将军袁滋被任为中书侍郎兼同平章事，俱文珍等旧臣继续得到任用。

八月，顺宗下诏："令太子即皇帝位，朕称太上皇，制敕称诰。"太子李纯即位，是为唐宪宗。

■ 大力削藩 重用贤臣

王叔文、王伾被贬后，韩泰、韦执谊也先后被贬，朝中风气开始好转。稳定了朝内后，唐宪宗一方面忙于增强国力，另一方面开始改变各地藩镇拥兵自重的局面。

唐宪宗刚刚即位，西川节度使南康忠武王韦皋死。支度副使刘辟自封为留后，并上表求取节钺，朝廷不许。为了防止刘辟作乱，朝廷征他为给事中。刘辟不受征，遂固城自守。唐宪宗考虑到自己刚即位，担心征讨刘辟时会力不从心，遂以给事中刘辟为西川节度副使、知节度事。右谏议大夫韦丹则认为如果不诛刘辟，各地节度使都会叛乱，"朝廷可指臂而使者，惟两京耳"。唐宪宗深为赞同，随即以韦丹为东川节度使，令其伺机而动。

然而，不待韦丹上任，形势已经发生了变化。刘辟得到旌节后妄自尊大，又求兼领三川，见唐宪宗不答应，遂发兵围困东川节度使李康。唐宪宗见刘辟如此狂悖，要发兵征讨，而公卿多认为蜀地险固难取。这时，杜黄裳力排众议，独谏道："辟狂戆书生，取之如拾芥耳！臣知神策军使高崇文勇略可用，愿陛下专以军事委之，勿置监军，辟必可擒。"唐宪宗用其议，命左神策行营节度使高崇文率领步骑五千为前锋，神策京西行营兵马使李元奕率领步骑二千为次军，与山南西道节度使严砺一同征讨刘辟。高崇文屡战屡胜，于元和元年（806年）九月将刘辟擒获。

在刘辟作乱期间，夏绥节度使韩全义被征为太子少保。入朝前，韩全义以其甥杨惠琳为夏绥留后。入朝后，杜黄裳以其"出征无功，骄蹇不逊"为由，令右骁卫将军李演代其为夏绥节度使。杨惠琳勒兵拒守，并上表诈称将士逼他做节度使。唐宪宗诏令河东节度使严绶与河东、天德军合击杨惠琳，严绶派遣牙将阿跌光进及其弟阿跌光颜率兵前往。杨惠琳势单力薄，被唐军诛杀。

夏、蜀被平定后，各地藩镇迫于压力奏请入朝。镇海节度使李锜也难以自安，遂奏请入朝，但在得到唐宪宗的同意后，却屡次拖延入朝时间，后来竟上表称疾，奏请年底入朝。唐宪宗向宰相问计，武元衡说道："陛下初即政，锜求朝得朝，求止得止，可否在锜，将何以令四海！"唐宪宗立即下诏征李锜入朝，李锜开始谋反。唐宪宗发兵镇压，于元和二年（807年）十一月擒获李锜。

唐宪宗见平叛如此顺利，信心大增，欲在有生之年统一各地藩镇。在以后的评判过程中，唐宪宗虽然遇到了阻力，但终究能够勇敢面对，最终于元和十四年（819年）十一月实现了自己的愿望。

在用人方面，唐宪宗唯才是举。所用之人也各尽其力，为唐朝的兴旺发达作出了杰出的贡献。

唐宪宗曾与宰相讨论："自古帝王，或勤劳庶政，或端拱无为，互有得失，何为而可？"

杜黄裳认为"王者上承天地宗庙，下抚百姓四夷，夙夜忧勤，固不可自暇自逸"，如果皇帝能够"慎选天下贤才而委任之，有功则赏，有罪则刑，选用以公，赏刑以信"，就能够令官员各尽其力，"明主劳于求人，而逸于任人，此虞舜所以能无为而治者也"；而"魏明帝自按行尚书事，隋文帝卫士传餐"，"其耳目形神非不勤且劳也，所务非其道也"，这种做法只会"无补于当时，取讥于后来"，如果"上疑其下，下欺其上"，将难以治理好国家。

除了杜黄裳外，杜佑也是一位可用之材。唐宪宗对其非常敬重，常直呼司徒而不叫其名。见杜佑衰老染疾，唐宪宗下诏令其每月最多入朝三次，并亲自到中书省与其商议国政。

门下侍郎、同平章事杜黄裳"有经济大略而不修小节"，不适合长期做宰相。元和二年（807年）正月，唐宪宗解除了他的门下侍郎之职，由户部侍郎武元衡取而代之。当初，翰林学士李吉甫在是否征讨刘辟时站在唐宪宗一边，由此得到了唐宪宗的器重。此时，他被提拔为中书侍郎兼同平章事。李吉甫感激涕零，对中书舍人裴垍说："吉甫流落江、淮，逾十五年，一旦蒙恩至此。思所以报德，唯在进贤，而朝廷后进，罕所接识，君有精鉴，愿悉为我言之。"裴垍立即举荐了三十多人，李吉甫在几个月的时间内便将他们安排到了合适的位置。

武元衡被暗杀后，裴度于元和十二年（817年）七月被任命为门下侍郎、同平章事兼彰义节度使，仍然充任淮西宣慰招讨处置使。裴度不负唐宪宗所托，经过四个月的征讨平定了淮西，结束了对其长达四年的征讨，"淮西大捷"由此得名。

■ 得意忘形 暴死宫中

自从取得淮西大捷后，唐宪宗志得意满。在不满三年的时间里，他为自己的行为付出了惨重的代价——43岁的生命。

唐宪宗在做广陵王的时候，有一个名为张宿的百姓因口舌伶俐得到他的宠幸。唐宪宗即位后数次提拔此人，直至提升他为比部员外郎。张宿非但不知报恩，反而利用职权收受贿赂，遭到门下侍郎、同平章事李逢吉的怨恨。当唐宪宗要任命张宿为谏议大夫时，李逢吉上谏说谏议大夫负有重任，任命者必须能够提出朝政得失，而张宿只是个小人，根本没有资格占据贤者之位，并表示如果唐宪宗一定要用张宿的话，他一定会辞职。李逢吉的一番话惹得唐宪宗不高兴，再加上李逢吉与刚立战功的裴度有分歧，唐宪宗将其贬为东川节度使。

李逢吉被贬后，唐宪宗开始任用张宿为谏议大夫。崔群、王涯等人力谏不可，见唐宪宗不听，于是奏请任命张宿为权知谏议大夫，这才得到唐宪宗的同意。此后，张宿与司农卿兼中丞权判度支皇甫镈沆瀣一气，开始陷害朝中忠直大臣。

元和十三年（818年）正月，唐宪宗命令六军修建麟德殿。右龙武统军张奉国、大将军李文悦认为外寇初平，各个方面都需要用钱，不应该大兴土木，希望裴度能够劝止。裴度上奏此事后，唐宪宗根本不理会，并将张奉国改任为鸿胪卿，李文悦改任为右武卫大将军，然后开始投入巨资修建宫殿。

皇甫镈和卫尉卿兼盐铁转运使程异不愿意放掉这个升官发财的机会，多次向朝廷进献财物，由此受到唐宪宗的宠幸。随后，唐宪宗令皇甫镈以本官的身份、程异以工部侍郎的身份担任同平章事，仍然令他们担任已有的判使职务。诏令颁布后，朝野上下顿时惊骇恐愕，连贩夫走卒都感到荒唐可笑。裴度、崔群极力劝谏，唐宪宗充耳不闻。裴度上奏说耻于与小人同列，要求退位，见唐宪宗不答应，再次上疏奏请。唐宪宗竟以为裴度是因为自己的地位受到威胁才这样做的，于是以自认为大度宽容的心态不再追究此事。

当时，朝廷将内库储存多年的积压丝帛交付度支令卖出。皇甫镈用高价买走所有的丝帛，然后拨给戍边将士。这些丝帛早已腐朽老化，轻轻一撕就会破裂。戍边将士气愤不已，将分拨的丝帛统统焚烧。裴度上奏此事，皇甫镈上前指着自己的靴子说："此靴亦内库所出，臣以钱二千买之，坚完可久服。度言不可信。"由于皇甫镈这样做也是为朝廷聚敛钱财，唐宪宗站在了皇甫镈这边。此后，皇甫镈更加有恃无恐。程异倒还识相，知道自己引起了众多朝臣的不满，随后处处表现得廉谨谦逊。

不久，五坊使杨朝汶目无法纪，利用职权严刑逼供，最终因犯人相互诬陷揭发而将近千人牵连其中，引起了轩然大波。中丞萧俛劾奏杨朝汶罪状，裴度、崔群表示支持。唐宪宗欲偏袒杨朝汶，于是对他们说："姑与卿论用兵事，此小事朕自处之。"裴度反驳道："用兵事小，所忧不过山东耳。五坊使暴横，恐乱辇毂（皇帝坐的车子，比喻朝纲）。"唐宪宗不悦，令裴度等人退出后，召杨朝汶斥责道："以汝故，令吾羞见宰相！"于十月将其赐死。

除了不理朝纲、疯狂敛财外，唐宪宗还渐渐有了长生不老的念头，开始诏求方士。以贪暴闻名的宗正卿李道古为了讨好唐宪宗，通过皇甫镈引荐了柳泌，说他懂得如何合成长生药。唐宪宗大喜，诏令柳泌在兴唐观炼药。柳泌对他说："天台山神仙所聚，多灵草，臣虽知之，力不能致，诚得为彼长吏，庶几可求。"唐宪宗竟然相信他的满口瞎话，以他为权知台州刺史，并赐金紫服。谏官都认为："人主喜方士，未有使之临民赋政者。"唐宪宗却力排众议："烦一州之力而能为人主致长生，臣子亦何爱焉！"群臣皆沉默，不敢言语。不久，唐宪宗又听说凤翔的法门寺塔中有佛指骨，相传"三十年一开，开则岁丰人安"，而次年便是开日，于是派中使带领众多僧人前去迎佛骨。

唐宪宗曾对宰相说："人臣当力为善，何乃好立朋党！朕甚恶之。"裴度回答道："方以类聚，物以群分。君子、小人志趣同者，势必相合。君子为徒，谓之同德；小人为徒，谓之朋党；外虽相似，内实悬殊，在圣主辨其所为邪正耳。"然而，此时的唐宪宗几乎被小人所包围，已经分不清忠奸。

元和十四年（819年），唐宪宗将迎回的佛骨在禁中放置三日，然后派人送往各寺。此后，王公士民争先恐后地瞻仰施舍，甚至有人为此倾家荡产。刑部侍郎韩愈对这种迷信的做法甚为不满，遂上表诚谏。韩愈的进谏尤为精辟："佛者，夷狄之一法耳。自黄帝以至禹，汤、文（周文王）、武（周武王），皆享寿考（长寿），百姓安乐，当是时，未有佛也。明帝（汉明帝）时，始有佛法。其后乱亡相继，运祚不长。宋、齐、梁、陈、元魏已下，事佛渐谨，年代尤促（短）。惟梁武帝在位四十八年，前后三舍身为寺家奴，竟为侯景所逼，饿死台城，国亦寻灭。事佛求福，乃更得祸。由此观之，佛不足事亦可知矣！百姓愚冥，易惑难晓，苟见陛下如此，皆云'天子大圣，犹一心敬信；百姓微贱，于佛岂合更惜身命。'佛本夷狄之人，口不言先王之法言，身不服先王之法服，不知君臣之义、父子之恩。假如其身尚在，奉其国命来朝京师，陛下容而接之，不过宣政一见，礼宾一设，赐衣一袭，卫而出之于境，不令惑众也。况其身死已久，枯朽之骨，岂宜令入宫禁！古之诸侯行吊于国，尚令巫祝（巫师）先以桃茢（笤帚）祓除不祥。今无故取朽秽之物亲临观之，巫祝不先，桃茢不用，群臣不言其非，御史不举其失，臣实耻之！乞以此骨付之有司，投诸水火，永绝根本，断天下之疑，绝后代之惑，使天下之人知大圣人之所作为，出于寻常万万也，岂不盛哉！佛如有灵，能作祸祟，凡有殃咎，宜加臣身。”

唐宪宗得表后大怒，将此出示给宰相，要用极刑处罚韩愈。裴度、崔群劝谏道："愈虽狂，发于忠恳，宜宽容以开言路。"唐宪宗迫于压力，将韩愈贬为潮州刺史。元和十四年（819年）春，裴度在皇甫镈之党的排挤下以门下侍郎、同平章事的身份充任河东节度使。

唐宪宗虽然宠幸奸臣，但并不是完全昏聩而被奸臣作为对付贤臣的工具。正是因为这个原因，敢于直谏的大臣在当时还是很多的。

史馆修撰李翱曾进言："定祸乱者，武功也；兴太平者，文德也。今陛下既以武功定海内，若遂革弊事，复高祖、太宗旧制；用忠正而不疑，屏邪佞而不迩；改税法，不督钱而纳布帛；绝进献，宽百姓租赋；厚边兵，以制戎狄侵盗；数访问待制官，以通塞蔽；此六者，政之根本，太平所以兴也。陛下既已能行其难，若何不为其易乎！以陛下天资上圣，如不惑近习容悦之辞，任骨鲠正直之士，与之兴大化，可不劳而成也。若不有此为事，臣恐大功之后，逸欲易生。进言者必曰'天下既平矣，陛下可以高枕自安逸。'如是，则太平未可期矣！"

唐宪宗曾问宰相："玄宗之政，先理而后乱，何也？"崔群回答道："玄宗用姚崇、宋璟、卢怀慎、苏颋、韩休、张九龄则理，用宇文融、李林甫、杨国忠则乱。故用人得失，所系非轻。人皆以天宝十四年安禄山反为乱之始，臣独以为开元二十四年罢张九龄相，专任李林甫，此理乱之所分也。愿陛下以开元初为法，以天宝末为戒，乃社稷无疆之福！"

唐宪宗服了金丹后，容易暴躁发怒，常常责罚左右宦官。元和十五年（820年）春，唐宪宗暴死。

 # 唐武宗李炎——有皇帝之缘、无皇帝之能的庸君

■ 朝臣弄权　被迫即位

元和九年（814年），李炎出生。元和十五年（820年），其父唐穆宗即帝位，于次年封他为颍王。唐穆宗死后，李炎的长兄和次兄先后即位，分别为唐敬宗、唐文宗。

开成五年（840年），文宗病情严重，于是令杨嗣复、李珏辅佐皇太子敬宗第六子李成美监国。中尉仇士良、鱼弘志见不能借辅佐太子立功，于是奏称太子年幼且生有疾病，要求重新择定皇位继承人，并不顾他人反对，矫诏立李炎为皇太弟。当天，李炎被仇士良、鱼弘志迎至少阳院，在思贤殿接受百官谒见。

李炎为人沉稳刚毅，办事果断，喜怒不形于色，深得文宗厚爱。文宗死后，李炎在仇士良的唆使下，将安王李溶、被废为陈王的李成美等有可能威胁到皇位的皇族赐死。由于怨恨文宗，仇士良、鱼弘志等人将文宗时受宠的乐工、内侍等诛杀或罢黜，朝中无人敢于反对。随后，李炎即位，是为唐武宗。

■ 重用贤臣　平内安外

唐武宗即位后，门下侍郎、同平章事杨嗣复和李珏皆遭贬，淮南节度使李德裕被封为门下侍郎、同平章事。在与武宗谈论用人之道时，李德裕认为"正人如松柏，特立不倚，邪人如藤萝，非附他物不能自起"，希望武宗能够明辨是非，用人不疑，深得武宗的赏识。

仇士良拥立武宗有功，被封为开府仪同三司、左卫上将军兼内谒者监。为了巩固自己的权势，他开始对付异党。杨嗣复、李珏分别被贬为湖南观察使和桂州观察使后，他又开始对付被文宗恩宠的知枢密刘弘逸、薛季陵二人。仇士良屡进谗言，劝武宗除掉刘、薛二人。此时的武宗对其言听计从，遂赐死刘弘逸和薛季陵，并派中使前往湖南、桂州诛杀杨嗣复和李珏。户部尚书杜悰闻讯后立即告诉李德裕，随后，李德裕与崔珙、崔郸、陈夷行三位同平章事以德宗和文宗之事力谏武宗，终于阻止了一场无辜冤案。后来，在李德裕等人的建议下，武宗下诏将各种案件交由御史台查办，以杜绝谗邪之言。在李德裕被重用的同时，仇士良渐渐失势。

李德裕为国尽心尽力，在处理内乱和外患事务上都有突出贡献。

回鹘人被伊吾之西、焉耆之北的黠戛斯部击溃后，回鹘可汗的兄弟嗢没斯率领一批人马抵达天德塞下，有归附唐朝之意。会昌元年（841年）秋，天德军使田牟、监军韦仲平欲击回鹘以邀功，于是谎奏说叛将嗢没斯率众侵逼塞下，请求出兵将其驱逐。武宗召集朝臣商议，群臣多建议出兵攻击。李德裕则认为"穷鸟入怀，犹当活之"，况且回鹘人屡建大功，如今被邻国攻破，部落离散，正是由于没有可去之处才不远千里来归附，建议武宗仿效汉宣帝收复呼韩邪的做法，派遣使者前去镇抚，赐粮救济。"陈夷行反驳道："这样做只会'借寇兵资盗粮'，不如出兵。"李德裕据理力争："吐谷浑人虽然投靠了唐朝，但各部之间见利则争，见弊则鸟惊鱼散，怎肯为我所用！天德城的兵力只有千余人，如果作战不利，天德城一定会失陷。不如用恩义来安抚回鹘人，这样就不会引起祸患。即使回鹘人侵扰我国边境，也应该等各路大军征集完备后再征讨，怎能让天德军单独出兵呢？"当时，鸿胪卿张贾被任命为边巡视，奉诏探察回鹘人的意图，还没有返回。武宗不能确定嗢没斯是否真心请降，于是以此诘问李德裕，李德裕回答道："朝中之人是否真心效忠唐朝，我都不敢保证，更何况是几千里外的戎狄之心呢！不过，称嗢没斯为叛将是不合适的。如果可汗在国内，嗢没斯率众而来，我朝固然不能接受。如今其国败乱无主，将相逃散，有的奔往吐蕃，有的奔往葛逻禄，唯这一支前来依附。再加上他们的表辞极为恳切，尽述危迫，怎么能够称他为叛将呢？更何况嗢没斯自去年九月到天德后，于今年二月立乌介为可汗，与原可汗已无君臣之分。希望皇上诏令河东、振武严阵以待，等到回鹘人犯我城镇后再发兵。如果吐谷浑人私自找回鹘人报仇，我军不可援助。另外，仍然诏令田牟、仲平不得邀功生事。如果怀柔政策使用得当，即使是戎狄，也一定会知恩图报。" 在李德裕的努力下，武宗同意用二万斛谷子赈济回鹘人。

不待回鹘人侵边，国内的卢龙军竟然发动兵变，将卢龙节度使史元忠杀掉，并推举其牙将陈行泰为首领。随后，卢龙军中复乱，陈行泰被杀，牙将张绛被迎立为首领。

当初，史元忠意欲谋反，卢龙镇将军陈行泰奉诏将其驱逐后想得到节度使之职，于是派监军前去朝中索求。李德裕对武宗说："我对河朔的事态很熟悉，以前朝廷遣使赐诏非常迅速，并形成了习惯。如果将此事搁置数月，军中必生变。"武宗遂将监军留在朝中，静观军中变化。不久，陈行泰果然被杀。张绛被立后，仍然派人入朝求节度使之职。武宗故伎重演，仍然对其不闻不问。不久，雄武军使张仲武起兵攻打张绛，并派军吏吴仲舒携表入京请求出兵。吴仲舒入京后极言张仲武文武兼备、甚得民心，李德裕得知雄武军兵少，问其如何立功。吴仲舒回答说兵不在多而在得人心。李德裕又问他万一不能取胜该怎么办，吴仲舒回答说幽州粮食都在妫州及其北边的七镇中，万一不能攻克，可以占据居庸关，断绝幽州的粮道。"李德裕大喜，上奏说："陈行泰、张绛都派大将上表来胁迫朝廷，索要节度使符节，因此不能顺其心意。如今张仲武先上表请求发兵为朝廷讨乱，应该为其封官。随后，张仲武被封为卢龙留后，不久将幽州攻克。

起初，唐朝和回鹘人通亲，太和公主被远嫁回鹘可汗。黠戛斯部击溃回鹘人后，擒获太和公主，并自称李陵之后，与唐同姓，遂派人奉送太和公主归唐。天德塞外的乌介可汗率兵杀尽护送太和公主的黠戛斯部人，然后以太和公主为人质，南渡沙漠后屯兵于天德城边境。太和公主遣使上表说可汗已立，请求册封可汗位，乌介也派其相颉干伽斯等人上表说借振武城暂居。右金吾大将军王会奉命出塞慰问回鹘，赈米二万斛，并向乌介可汗传送武宗诏书。武宗建议乌介率众恢复疆土，并以前代未有借城之事为由拒绝他们的条件，同时允许太和公主入朝觐见，以便问清缘由，如果的确需要应接，一定会毫不吝啬。

武宗一面尽量与乌介和解，一面派河东节度使苻澈整顿军务防备回鹘人。李德裕奏请增兵镇守，得到武宗的同意。会昌二年（842年）二月，乌介复向武宗求粮，粮食在途中被吐谷浑、党项人抢掠后，又提出借城一事，武宗不许。次月，武宗派人册封乌介为可汗。乌介既没有得到粮食又没有借到城池，遂不断侵扰唐朝边境。

嗢没斯认为赤心桀骜难驯，于是先告知天德军赤心有谋犯边塞之意，然后设计将赤心杀掉。那颉啜率领赤心部众东去，在横水杀掠兵民后退屯释迦泊之东。李德裕担心武宗归咎于乌介，于是上奏说释迦泊西距可汗营三百里，那颉啜部是否受可汗派遣尚未可知，建议武宗宣称此兵不受可汗指挥而擅掠边鄙，然后密诏河东节度使刘沔、振武节度使张武仲攻略此兵。如此一来，既可以师出有名，又可以借机让可汗知道唐军的厉害。

天德都防御使田牟先斩后奏，出兵三千攻打侵扰边塞的回鹘人。李德裕立即上奏："田牟不懂用兵。戎狄擅长野战，短于攻城，他本该坚守城池，等待各路军集合后再出兵，如今却令全军出战。万一失利，城中空虚，如何保住天德城！"他认为回鹘人羁旅二年，粮食乏绝，人心容易浮动，建议武宗下诏令田牟招降或诱降他们。武宗见李德裕说得很有道理，一切依照他的建议行事。不久，嗢没斯率其国特勒、宰相等二千二百余人来降。

五月，那颉啜欲夺幽州，卢龙节度使张仲武派弟弟张仲至将其击败，那颉啜本人在逃亡中被乌介可汗擒杀。当时乌介实力虽然有所衰减，但仍然号称十万，驻扎于大同军北的闾门山。嗢没斯入朝后被封为左金吾大将军，担任军使一职，其部被命名为归义军。

随后在大半年的时间内，唐军击败乌介可汗，安抚黠戛斯部，基本上除去了外患。为了能够更好地控制受降者，武宗对嗢没斯与其弟阿历支、习勿啜、乌罗思皆赐予李姓，分别赐名为思忠、思贞、思义、思礼，并将归义军分编于各路军中。

武宗即位前，昭义节度使李从谏与中尉仇士良相互争斗。武宗即位后，李从谏献上九尺高头大马，见武宗不受，遂认为是仇士良从中作梗，一怒之下将马杀死，并暗与朝廷结恨。随后，李从谏招纳亡命之徒，修缮兵械，并通过卖铁、煮盐等方式聚钱筹资，有谋反意图。还未动兵，李从谏竟一病不起。他与幕僚张谷、陈扬庭商议仿效河北诸镇，以其弟右骁卫将军李从素之子李稹为牙内都知兵马使，义子李匡周为中军兵马使，孔目官王协为押牙亲事兵马使，以家奴李士贵为使宅十将兵马使。安排好一切后，李从谏不久便死去。李从谏死后，李稹秘不发丧，先是奏求国医，后又逼监军奏称李从谏病入膏肓，为他奏请留后之职。

宰相多认为回鹘余烬未灭，边鄙仍然需要警备，如果再去征讨李稹，会引起国力不支，不如应允李稹。李德裕力排众议，认为泽潞邻近京师，李从谏生前飞扬跋扈，数次上表胁迫朝廷，垂死之际又将兵权擅自交给李稹，朝廷如果答应了李稹，四方诸镇将会纷纷效仿，天子威令将难以生效。武宗决意讨伐李稹，并依照李德裕的意见派成德节度使王元逵、魏博节度使何弘敬发兵。后来，李德裕又采纳了黄州刺史杜牧的建议，以更加完美的谋略平定了李稹之乱。

■ 偏好道教 意欲长生

会昌三年（843年）二月，黠戛斯部派人进献名马二匹。武宗诏令太仆卿赵蕃犒劳使者，并想让赵蕃向黠戛斯求得安西、北庭两地。李德裕等人进言："安西离京师七千余里，北庭离京师五千余里。如果能够得此两地，就要在那里设置都护，派唐兵万人前去戍守。不知此兵从何处拨出，军用物资从何路运送。这是花费人力财力来博取虚名的做法，不可施行。"武宗听后，不再提及此事。

唐武宗虽然善于纳谏，但有些时候也比较固执，比如偏好道教、宠幸道士赵归真等。李德裕曾劝谏："归真，敬宗朝罪人，不宜亲近！"唐武宗则说："朕宫中无事时与之谈道涤烦耳。至于政事，朕必问卿等与次对官，虽百归真不能惑也。"李德裕则认为："小人见势利所在，则奔趣之，如夜蛾之投烛。闻旬日以来，归真之门，车马辐凑，愿陛下深戒之！"

在政务上，唐武宗的确能够不被赵归真之党蒙蔽，但在灭佛和炼仙丹上却受到赵归真之党的摆布。唐武宗一边在国内大规模地消灭佛教，一边令人炼制灵丹妙药。在药物的刺激下，唐武宗身体越来越虚弱，最终于会昌六年（846年）去世。

唐僖宗李儇——少年即位、青年早亡的碌碌之君

■ 懵懂少年 无视国乱

咸通三年（862年），唐懿宗第五子李儇出生。咸通六年（865年），4岁的李儇被封为普王。懿宗在位时，迟迟没有立皇太子。咸通十四年（873年）七月，懿宗病入膏肓，不得不考虑立皇储之事。很快，左军中尉刘行深、右军中尉韩文约立12岁的普王李儇为皇太子。同月，懿宗病逝，李儇即位，是为唐僖宗。僖宗即位后，封刘行深、韩文约为国公。

乾符元年（874年）春，翰林学士卢携上言："……国家的百姓如同草木的根柢，如果在秋冬之际培养灌溉，到了春夏之际便会滋润繁茂。臣私下了解到关东去年发生了严重的旱灾，春麦收成减半，而秋稼几乎毫无收获，再加上冬菜甚少，贫者连吃饭都成了问题，而各州县却在不停地催促税收。百姓即使撤屋伐木、雇妻鬻子，也难以上交……朝廷应该开仓赈灾。到了深春之后，菜叶、木牙、桑椹等先后可食，窘急自然得到缓解。"尽管卢携的建议被采纳，但最终却成为了空文，朝纲的黑暗腐败由此可见一斑。

不久，华州刺史裴坦被任命为中书侍郎兼同平章事，此前贬为虢州刺史的刘瞻被提升为刑部尚书。刘瞻声名远播，贤愚之人都为他被贬一事感到痛惜。殊不知，塞翁失马，焉知非福！五月，裴坦死，刘瞻接任其职。当初，刘瞻依附于司徒、门下侍郎兼同平章事韦保衡和西川节度使路岩，与他们一同指责其过失。见刘瞻官复原职，而韦保衡、路岩皆被处死，遂在邀刘瞻赴宴时将其毒死。

忠臣纷纷被害，奸臣渐渐专权，随之而来的自然是此起彼伏的暴动。同年十一月，西南地区的南诏军一马当先，举起了反旗。他们侵犯西川后架起了浮桥，准备渡过大渡河。防河都知兵马使兼黎州刺史黄景复虽然奋力抵抗，但最终被击溃。接着，南诏军乘胜攻陷了黎州，然后入邛崃关攻雅州。随后，南诏军本欲攻打成都，闻听高骈率军赶往成都，派人与其讲和后引兵而还。

由于年龄尚幼，刚即位的僖宗根本无力料理朝政。自懿宗以来，朝中奢靡之风日盛，再加上用兵不息，赋税征收愈来愈急。尽管关东连年有水、旱之灾，但地方官员瞒而不报，以至于饿殍随处可见。于是，各地盗贼纷纷蜂涌而起。由于州县兵少，再加上日久未经历战事，每与盗贼战时总是败多胜少。在这种社会背景下，濮州人王仙芝很快聚众数千人，在长垣起兵反唐。

此时的僖宗对朝外局势一无所知，整日与宦官田令孜在宫中玩耍。僖宗即位后，将他身边的小马坊使田令孜提拔为中尉，后又将政事全部委托于他，并称之为"阿父"。田令孜博览群书，巧舌如簧，由于受宠至深，公开招权结党、收受贿赂。每次面见僖宗时，他总是自备两盘果食，与僖宗相对饮啖。僖宗经常赏赐乐工、伎儿，花费数以万计，使得府藏空竭。

乾符二年（875年）六月，王仙芝攻陷濮州、曹州后，聚众已达数万。不久，冤句人黄巢

聚众数千，后依附王仙芝。黄巢年少时曾与王仙芝合伙贩卖私盐，擅长骑射，粗涉书传，因屡试不第而做了盗贼。王仙芝和黄巢会合后，基本上控制了山东，各地不堪重赋者纷纷逃至山东。

尽管唐朝国势日衰、民不聊生，但在宦官的监管下，僖宗听到的尽是歌功颂德的谗言，根本无法了解民间疾苦。七月，国内发生蝗灾。蝗虫自东而西、遮天蔽日，所过之处，树木、庄稼皆被啃食。京兆尹杨知却上奏道："蝗入京畿，不食稼，皆抱荆棘而死。"随后，朝中百官纷纷相互祝贺。

不久，盗贼更加猖狂。他们或千人一帮，或数百人一伙，到处剽掠淫掠，唐朝不断派兵镇压。王仙芝乘乱攻打沂州（今山东临沂），不料被平卢节度使宋威击败。

王仙芝逃走后，宋威上奏说王仙芝已死，率诸军返还青州。顿时，百官入朝庆贺。三日后，州县奏上奏王仙芝未死，仍然在不断攻城略地。当时士兵刚准备休息，又接到出征的诏令，遂对朝廷产生忿怨。

乾符三年（876年）八月，王仙芝攻陷阳翟（今河南禹县）、郏城（今河南郏县），对唐都长安造成了威胁。朝廷立即令忠武节度使崔安潜发兵征讨，并令昭义节度使曹翔、山南东道节度使李福选、邠宁节度使李侃、凤翔节度使令狐绹分别驻守东都宫、东都、汝州、邓州等地。

王仙芝大军势如破竹，一路摧枯拉朽，先后攻克汝州、阳武、郑州、鄂州、郓州、沂州等地。在唐朝的周旋下，占据西南的南诏军和横行浙西的王郢先后被平定。不料，一波刚平，一波又起，盗贼首领柳彦璋剽掠江西。柳彦璋袭陷江州后，令江州刺史陶祥上奏为其封官。朝廷封其为右监门将军，令他散众入京。柳彦璋不从，继续凭借百余艘战舰行剽掠之事。

乾符五年（878年），招讨使曾元裕在黄梅大败王仙芝，并将其斩杀。当时黄巢正在攻打亳州，王仙芝残部前来归附，推举黄巢为王，号冲天大将军。袭陷沂州、濮州后，黄巢屡败。

朝外战火连天，但宫中却歌舞升平。乾符六年（879年）春，左拾遗侯昌业上疏说盗贼充斥关东，指责僖宗不亲政事、专务游戏，赏赐泛滥，而田令孜专权无道，希望僖宗以社稷为重。不料，此时年已18岁的僖宗竟不辨是非，一怒之下将其赐死，令朝中忠臣寒心。

谈起玩乐，僖宗样样在行。无论是骑射、击球、法算、赌博，还是斗鸡、围棋、音乐、赌鹅，僖宗都能够玩出名堂来。僖宗在一次击球时得意地对身边伶人说道："如果把击球作为考取进士的一门科目，我一定会中状元。"由于玩乐开支过大，僖宗竟下令向各地富户和胡商借一半货财。盐铁转运使高骈得知后立即上言道："盗贼之所以蜂涌而起，都是由饥寒造成的。如果向富户、胡商借用货财，富户、胡商也将会作乱。"这才制止了僖宗的荒唐行为。

■ 辗转返都　病死长安

田令孜见关东群盗日益猖獗，遂欲将僖宗移驾蜀地，于是向僖宗奏请以其心腹大将军陈敬瑄、左神策大将军杨师立、牛勖、罗元杲镇守三川。僖宗竟令他们以击球来赌三川，陈敬瑄得胜，取代了崔安潜的西川节度使之职。

淮南节度使高骈攻打黄巢，屡获战绩，被封为诸道行营兵马都统。高骈于是传檄征兵达七万，威望大振，朝廷对其寄予厚望，希望他能灭掉黄巢。高骈虽然能征善战，但因贪功使得唐军失利，黄巢军得以喘息。

黄巢屯兵信州时遇到疫病流行，部众死了很多。高骈部将张璘乘机猛击，黄巢买通张璘向高骈请降，恳求高骈为其保奏。当时昭义、感化、义武等军都赶到淮南，高骈担心他们与自己分功，于是上奏说贼兵易平，不烦劳各路兵马，将他们全部遣归。黄巢闻听各路唐军北渡淮河后，立即向高骈开战，斩杀其猛将张璘。此后，黄巢军士气复振。

广明元年（880年），黄巢自称天补大将军，欲入东都长安。僖宗闻讯，立即召群臣商议，观军容使田令孜建议派神策军弓弩手驻守潼关。僖宗认为神策军只是侍卫将士，不习征战，担心难以守住潼关。田令孜早就想让僖宗移驾蜀地，遂乘机说道："当年安禄山叛乱的时候，玄宗在蜀地避过了战乱。"有人说安禄山只有五万人，不能与黄巢军相提并论。又有人说哥舒翰以十五万的兵力守潼关，结果仍被安禄山攻破，而黄巢聚众六十万，潼关守将又难以与哥舒翰相比，但三川守将都是田令孜的心腹，建议僖宗暂避于蜀地。僖宗听后不悦，令田令孜发兵守潼关。

黄巢率众入关后，田令孜归咎于他人，然后率领五百神策兵护送僖宗出城。当时，僖宗身边仅有福、穆、泽、寿四王和数位妃嫔，境况比玄宗还要落魄。

辛苦打下江山的黄巢虽然善于作战，但并不知道如何治理天下，再加上各路唐军的不断进攻，陷入了内外交困的境地。光启元年（885年），黄巢大势已去，僖宗返还长安。

黄巢军虽然被平定，但蔡州节度使秦宗权又给唐朝的安定带来了威胁。他令部将出兵，攻掠了淮南、江南、襄、唐、邓、东都、孟、陕、虢、汝、郑、汴、宋等地。所到之处皆被烧杀殆尽，远比黄巢军残暴。除了秦宗权外，各路诸侯军也纷纷拥兵自重，各自为政。僖宗返回长安后，见"荆棘满城，狐兔纵横"，凄凉之感顿生。不仅如此，当时"朝廷号令所在，惟河西、山南、剑南、岭南数十州而已"。

面对国土的分崩离析，僖宗无能为力，于文德元年（888年）三月病逝。

唐昭宗李晔——大唐王朝的末代君王

■ 临危受命　苦撑大局

僖宗弥留之际并没有子嗣，只能从诸位皇弟中选择一人继承皇位。吉王李保年长而且贤良，在群臣中素有威望。然而，手握军权的十军观军容使杨复恭自有打算，请求僖宗立寿王李杰。当天，僖宗下诏立李杰为皇太弟，监管军国之事。右军中尉刘季述派兵将其迎入少阳院，宰相以下官员皆前往拜见。数日后，僖宗驾崩于灵符殿，李杰更名晔，即皇帝位，是为唐昭宗。

昭宗"体貌明粹，有英气，喜文学"，见僖宗"威令不振，朝廷日卑"，有光复大唐的志向。他礼待群臣，招贤求才，刚刚即位就使得朝廷内外有一股新气象。

昭宗即位后，一方面对付拥兵自重的各方军阀，如秦宗权、李克用、田令孜、杨行密等；另一方面开始对付身边的权臣，如杨复恭、刘季述等。龙纪元年二月（889年），秦宗权被斩杀。朱温因功被加任中书令，得到东平郡王的封号。

昭宗一向厌恶宦官专权，见杨复恭多为不法之事，渐渐感到不满。遇到政事时，昭宗多与宰相商议。孔纬、张浚等人建议昭宗仿效大中年间宣宗的做法来抑制宦者权势，得到昭宗的同意。一天，昭宗故意与宰相谈起四方的反叛者，孔纬说道："皇上身边就有要谋反的人，更何况四方呢？"昭宗惊慌四顾，问是何人。孔纬指着杨复恭说："杨复恭是皇上的家奴，竟公然乘坐肩舆到前殿，并且养了很多壮士作为义子，令他们掌管禁兵，不是要造反还是要干吗？"杨复恭急忙辩驳道："我之所以这么做，是想收揽壮士之心，令他们保卫国家，怎敢造反？"昭宗驳斥道："卿欲保卫国家，为何使他们姓杨而不姓李呢？"杨复恭无言以对。

杨复恭义子天威军使杨守立原本姓胡，名弘立，勇冠六军，令人畏惧。昭宗想征讨杨复恭，但担心杨守立作乱，于是向杨复恭索要此人作为近臣。得到杨守立后，昭宗赐其姓名李顺节，令他掌管六军要务，不到一年又擢升他为天武都头，领镇海节度使，外加同平章事。同时，孔纬、张浚也得到重用。

僖宗时，张浚在杨复恭的帮助下得以晋升。杨复恭被田令孜废了以后，他开始依附田令孜，逐渐疏远了杨复恭。杨复恭再次握有实权后，对张浚非常痛恨。昭宗知道张、杨二人有隙，于是特别倚重张浚。张浚常常自比谢安、裴度，但李克用却认为他并无才能。起初，李克用听说他做了宰相时曾说："张浚只会夸夸其谈，是一个倾覆之士。"

昭宗常与张浚谈论古今治乱谋略，张浚建议用强兵来征服天下。昭宗采纳其议，很快招募了十万士兵。不久，朱温请求征讨李克用，朝中参议官员多认为不可。张浚想借用朝外势力排挤杨复恭，遂力劝昭宗发兵。在张浚、孔纬二人的劝说下，昭宗任命张浚为河东行营都招讨制置宣慰使，韩建、朱温、王熔、李匡威各为都虞候兼供军粮料使、南面招讨使、东面招讨使、北面招讨使，全面征讨李克用。张浚奏请昭宗任命给事中牛徽为行营判官，牛徽叹道："国家以丧乱之余，欲为英武之举，横挑强寇，离诸侯心，吾见其颠沛也！"遂称年老病衰固辞不受。张浚在发兵前秘密对昭宗说："俟臣先除外忧，然后为陛下除内患。"结果被杨复恭听闻。

张浚毫无作战经验，再加上部将各怀异心，根本无力抵抗李克用的猛烈进攻，兵败而归。李克用在双方交战期间曾上表说如果败给张浚，甘愿归顺朝廷；如果战胜张浚，希望昭宗不要再为难他。等到昭宗收到其秦表后，张浚已败，朝中顿时震惊。

大顺二年（891年），昭宗任太保、门下侍郎、同平章事孔纬为荆南节度使。在上任途中，杨复恭派人在长乐坡将其劫持。李克用再次上表，说张浚"以陛下万代之业，邀自己一时之功"，知道他与朱温间有深仇，于是与朱温私下勾结，而他如今"身无官爵，名是罪人"，只希望昭宗允许他在河中寄寓。昭宗见唐军无力击败李克用，只好委曲求全。他将孔纬、张浚分别贬为均州刺史和连州刺史，并恢复了李克用的官爵，令其返回晋阳。不久，李克用被加任为守中书令，恢复其部将李罕之的官爵，同时将张浚再次贬职。

张浚无奈，于是和逃亡在外的孔纬一起向朱温求救。朱温上表为孔纬、张浚辩说冤情，朝廷此时非常倚重朱温，只得同意朱温的奏请。不过，孔、张二人没有返还朝廷，而是在华州暂居。同年，王建、朱温等人仍如往常一样与割据军阀杨行密、李克用、陈敬瑄等人作战。

时过境迁，六军十二卫观军容使兼左神策军中尉杨复恭此时成为了朝中炙手可热的人物。他总管朝廷卫兵，专制朝政，将自己的众多义子纷纷封为节度使、刺史等，又养了数百名宦官子，令他们为各军监军。这些义子和宦官子成为了杨复恭诛杀异己的工具，帮助他铲除了很多障碍，使得他的朝外势力更加强大。李顺节得到昭宗的恩宠后，不再念及杨复恭的恩情，开始与其争权，将其恶行一一陈述给昭宗听。昭宗怒，任命杨复恭为凤翔监军，欲将其逐出朝廷。杨复恭不愿意离开朝廷，一番软磨硬泡之后，被封为上将军致仕。

杨复恭的居所靠近玉山营，其义子玉山军使杨守信多次去看望他。有人上奏说杨复恭欲与杨守信谋反，引起了昭宗的警觉。昭宗立即在安喜门陈兵自卫，然后命令天威都将李顺节、神策军使李守节率兵围攻杨复恭府第。杨复恭心腹张绾率家众迎战，杨守信引兵相援，李顺节难以取胜。此时正驻守含光门的禁军本想等门开后抢掠集市，兵部侍郎兼同平章事刘崇望前来谕告他们说："皇上正在街东亲自督战，你们都是宿卫之士，应当在楼前杀贼立功，不要贪图小利，自取恶名。"禁军于是跟随刘崇望东去支援。杨守信见昭宗又添兵，于是与杨复恭挈族人奔逃，张绾被擒杀。杨复恭逃至兴元后，其义子杨守亮、杨守忠、杨守贞、杨守厚等人以讨李顺节为名，同时举兵对抗朝廷。

杨复恭离去后，天威都将李顺节开始猖獗。他恃恩骄横，出入常以兵自随，引起了两军中尉刘景宣、西门君的不满。他们以担心李顺节作乱为由，将此事告于昭宗。随后，二人依照旨意设计将李顺节斩杀，朝中百官相互庆贺。

景福元年（892年）春，凤翔节度使李茂贞、靖难节度使王行瑜、镇国节度使韩建、同州节度使王行约、秦州节度使李茂庄同时上言，请求出兵征讨原山南西道节度使杨守亮，并请求加任李茂贞为山南西道招讨使。朝廷认为李茂贞一旦得到山南，就难以控制，于是下诏要他们和解，五位节度使坚决反对。

不久，李茂贞与王行瑜擅自出兵攻打兴元。与此同时，李茂贞见昭宗不愿意任命他为招讨使，遂写信给太尉、门下侍郎、同平章事杜让能、两军中尉西门君，信中尽是凌蔑朝廷之言。昭宗闻讯，召宰相、谏官等人商议。宰相、谏官为了保身，不敢多言。给事中牛徽言以利弊，说李茂贞虽然不听诏令，但也是为了除恶，建议授他招讨使。昭宗无奈，只得应允。

李茂贞屡立战功，于是恃功骄横，上表时言语极为不逊。昭宗大怒，想发兵征讨他。不料，李茂贞又上表说"陛下贵为万乘，不能庇元舅之一身；尊极九州，不能戮复恭之一竖"等等，以此嘲笑昭宗。昭宗更加愤怒，于是削其官爵，令杜让能专门负责征讨李茂贞一事。杜让能竭力推却，并建议昭宗不要与近在国门的李茂贞结怨。然而，昭宗心意已决，杜让能身为朝中元辅，只得领命。不过，杜让能的一举一动都在兵部侍郎崔昭纬的掌握之中。崔昭纬存心陷害杜让能，秘密写信给李茂贞说："对你用兵与皇上无关，都是杜太尉的主意。"不久，李茂贞陈兵于皋驿，上表陈述杜让能的罪状，请昭宗诛杀他。昭宗虽然知道杜让能毫无罪过，但无可奈何，流泪哭泣之余与杜让能告别，贬其为梧州刺史。两军中尉西门君、内枢密使李周潼、段诩等也受到牵连，被先贬后诛于欢州。随后，昭宗再将杜让能贬为雷州司户，并遣使对李茂贞说："惑朕举兵者，三人也，非让能之罪。"

朝中重臣离去后，另一批人粉墨登场。内侍骆全瓘、刘景宣分别被任为左右军中尉，东都留守韦昭度被任命为司徒、门下侍郎、同平章事，御史中丞崔胤被任为户部侍郎、同平章事。崔胤为人"外宽弘而内巧险"，与崔昭纬交往甚密。其季父侍中崔安潜对亲戚说："我父兄辛苦立下的门户，最终将会被缁郎（崔胤的小名）毁坏！"

李茂贞自恃兵众，勒兵不解，非要让昭宗诛杀杜让能。崔昭纬落井下石，劝昭宗诛杀杜让能。昭宗为了保身，于景福二年（893年）十月，赐死杜让能及其弟户部侍郎杜弘徽，并为杜让能安上"举枉错直，爱憎系于一时；鬻狱卖官，聚敛逾于巨万"的罪名。欲加其罪，何患无辞！一代忠臣含冤而死，凡明事理且又忠于朝廷者无不为此而寒心。昭宗身为一国之主，处处受制于人，又令有志为国出力者举棋不定。

随后，李茂贞复为凤翔节度使兼山南西道节度使，并加任守中书令。于是，李茂贞将凤翔、兴元、洋、陇、秦等十五州之地收入囊中。不久，邠宁节度使、守侍中兼中书令王行瑜求尚书令之职，在韦昭度的建议下，昭宗封王行瑜为太师，赐号尚父。

■ 几经辗转　无力回天

昭宗见崔昭纬结党营私，思得骨鲠之士，遂于乾宁二年（895年）夏重新任用分别被贬为均州刺史和秀州司户的孔纬、张浚二人。很快，二人分别被任命为吏部尚书、司空兼门下侍郎、同平章事和兵部尚书兼诸道租庸使。

同年，匡国节度使王行约因兵败逃至京师，与其弟左军指挥使王行实约定抢掠西市。王行实以同化已被攻克，沙陀人将至京师奏请昭宗车驾幸邠州（今陕西彬县）。不料，枢密使骆全瓘却奏请昭宗车驾幸凤翔。昭宗则认为李克用仍然驻军于河中，遂没有移驾离开国都。

李茂贞义子右军指挥使李继鹏见昭宗不肯移驾，遂与骆全瓘密谋将昭宗劫持到凤翔。中尉刘景宣与左军指挥使王行实知道李、骆二人的阴谋后，也动了劫持之心。双方因此起了干戈，李继鹏乘交战之际纵火焚烧宫门，昭宗立即诏令屯兵京师的盐州六都兵入宫护卫。左右两军闻风而走，各归邠州和凤翔。由于城中大乱，昭宗只得离开。在护跸都头李居实的护送下，昭宗赶至李筠营中。随后，昭宗以李筠、李居实两都之兵自卫，出启夏门，迅速赶往南山，暂居于莎城镇。

早在京师大乱之前，李克用已经上奏王行瑜、李茂贞、韩建等人肆意乱燃战火、残害大臣，出兵征讨。李茂贞见李克用部将骁勇善战，心生畏惧，于是斩杀李继鹏，然后上表请罪，得到了昭宗的赦免。昭宗在李克用的护送下返回京师后，将司空兼门下侍郎、同平章事崔昭纬罢为右仆射，不久又贬其为梧州司马。

李克用奉诏平定了王行瑜、王行约、王行实等人的叛乱，因功受赏，顿时李氏满门富贵。此时的昭宗又担心李克用专权，遂令其休兵罢战，并不让被封为晋王的李克用入京觐见。

李克用一走，被赦免的李茂贞和韩建又活跃起来。他们内外勾结，不仅疏于上贡，而且表章骄慢。另外，他们还在神策两军之外另设军圣、捧宸、保宁、宣化等军，以此来扩充自我军备。嗣延王戒丕、嗣贾王嗣周为防不测，也纷纷招募军队。李茂贞怀疑他们要征讨自己，于是扬言率兵去京师讨还公道。京师顿时人心浮动，士民纷纷逃匿山谷。昭宗令通王滋、嗣贾王嗣周、嗣延王戒丕分兵保卫京畿。待李茂贞上表勒兵入朝后，昭宗又遣使告急于河东。

乾宁三年（896年）七月，李茂贞击败官兵，进逼京师。嗣延王戒丕建议昭宗移驾太原，韩建知道昭宗与百官都不愿远离京师，于是屡屡上表建议昭宗移驾华州，最终征得昭宗同意。到了华州后，昭宗倚重韩建，于是按照其意将中书侍郎、同平章事崔胤贬黜。不久，李茂贞入长安，将自中和以后葺建的所有宫室、市肆都焚烧殆尽。

此后，韩建专权，朝中宰相对其万分畏惧。李克用叹道：“如果皇上往年听从了我的建议，怎会有今日之患！”又说韩建是天下痴物，身为贼臣，只能削弱帝室，最终“不为李茂贞所擒，则为朱全忠所虏”。

李茂贞再次诈称改过，与韩建一同辅佐昭宗。他们沆瀣一气，削夺诸王军权，昭宗束手无策。光化元年（898年），他们将昭宗迎往已经修复的长安宫阙。随后，李茂贞复任凤翔节度使，韩建被加封为守太傅、兴德尹。

再次返回长安后，昭宗仍然难以理顺宫廷之乱，更何况朝外战事。不过，昭宗仍在尽力为之。不久，他又将矛头指向了掌权的宦官。不仅如此，昭宗变得喜怒无常，更令幸存宦官感到畏惧。

左军中尉刘季述、右军中尉王仲先、枢密使王彦范、薛齐偓等私下密谋，认为昭宗轻佻又多变诈，难以奉事，商议迎立太子，并将昭宗尊为太上皇，引岐、华兵为援，控制诸藩，谁能害我哉！

光化三年（900年）十一月，昭宗在苑中狩猎，当晚醉归后，滥杀黄门、侍女数人。第二天早上，刘季述见宫门不开，于是对中书崔胤说他身为内臣，要入宫看看情况，然后率禁兵千人破门而入。得知事情缘由后，他对崔胤说：“以皇上当今行为，怎可料理天下！废昏立明，自古有之，为社稷大计，非不顺也。”崔胤怕死，遂不敢反对。

不久，刘季述召百官，并陈兵于殿庭，然后联名请太子监国。崔胤和百官迫不得已，纷纷在联名状上署名。随后，刘季述持联名状向昭宗索取玉玺，然后将昭宗囚禁于少阳院。刘季述对昭宗恨之入骨，多次当面列举昭宗的罪状。为了报复昭宗，他将昭宗禁锢，并派遣左军副使李师虔率兵围住少阳院，令其详细观察昭宗的举动。从此，昭宗的饮食皆通过墙洞传入，兵器针刀、钱帛纸笔等皆不落入昭宗之手。昭宗既不能自杀，也不能求救。

刘季述得势后滥杀无辜，凡受昭宗宠信者，无论什么身份，都难以幸免。由于崔胤是朱温同党，刘季述不敢杀他，遂解其职务。后来，崔胤秘密写信给朱温，要朱温兴兵拨乱反正。

左神策指挥使孙德昭见刘季述、王仲先等宦官无恶不作、欺君罔上而愤惋不平，崔胤听说后立即派判官石戬与之交往。崔胤对孙德昭进行一番考察后，决定与其帮助昭宗复辟。后来又有右军清远都将董彦弼、周承诲参与复辟。他们精心策划，一举除掉了王仲先、刘季述、王彦范、薛齐偓及其朋党二十多人，昭宗由此得以复位，于次年改元天复。

昭宗复位后，对参加复辟者皆给以奖赏，对崔胤也更加宠信。崔胤虽想乘机邀得兵权，但昭宗却任命枢密使韩全诲、凤翔监军使张彦弘为左、右中尉。韩全诲以前也是凤翔监军，朝中军权仍落于李茂贞一派。

虽然朝中内乱已平，但朱温以内乱为由继续发兵。在他的奏请下，昭宗封其为宣武、宣义，天平、护国四镇节度使。崔胤见李茂贞与韩全诲交往甚密，于是暗结朱温，将李茂贞视为仇敌。

韩全诲听说朱温将至京师，于是上奏请昭宗移驾幸凤翔。不久，已至河中的朱温上表奏请昭宗驾幸东都洛阳。韩全诲心急如焚，于是陈兵殿前，逼迫昭宗幸凤翔。适逢冬至，昭宗独坐于思政殿，"翘一足，一足蹋栏干"，然后再次悲恸离开京师。

尽管昭宗吃尽了颠簸之苦，费尽了万般心思，但面对朝臣的叛逆，还是无可奈何，后又被朱温所制。天祐元年（904年），昭宗被迫移驾驻跸洛阳，随后被朱温弑杀。

后梁太祖朱温——乱世枭雄

■ 乡里地痞　战场骁将

在中国历史上，有一个短暂的时期，这就是唐朝之后的五代十国。五代主要指的是中原地区的政权更替，包括梁、唐、晋、汉、周这五个朝代。为了与以往的朝代区分开，这五个朝代的前面皆被添加了一个"后"字，史称后梁、后唐、后晋、后汉、后周。与五代不同的是，十国之间不存在更替现象。当时，以秦岭——淮河为界，此界以南先后出现过九个小国：吴、楚、前蜀、吴越、南汉、荆南、闽、后蜀、南唐。南方的这九个国家加上北方的北汉，并称为"十国"。

后梁是五代的第一个王朝，它的创建者是后梁太祖朱温（又名全忠）。

唐宣宗大中六年（852年）十月，朱温出生于砀山（今安徽砀山）。其祖父和父亲都是乡村里的私塾教师，家境并不富裕。朱温在家排行第三，由此得乳名朱三。

由于父亲早死，朱温家的生活变得更加落魄。其母无法照顾他们三兄弟，无奈之下带着他们前往萧县投靠刘崇家。朱温虽然随母亲寄人篱下，却一点也不觉得丢脸，没有奋发图强的心思。他与二哥朱存虽然有着彪悍的体格，却不务正业，反而以此为资本，到处招惹是非，以至于臭名昭著。为此，刘崇经常责打他们，但他们屡教不改，弄得刘崇毫无办法。刘崇的母亲吃斋念佛，有着菩萨心肠，不仅平等对待朱温，还常劝刘崇好好对待朱温。朱温是家里最小的一个，自然最受母亲疼爱，但其母看到他总是干坏事，一点也不为她争气，忍不住时也会责骂他。

江山易改，本性难移。朱温虽然受过不少打，挨过不少骂，但在外还是一副地痞无赖的样子。不过，为了少受责罚，朱温逐渐变得狡诈起来。在这种环境中，朱温游手好闲，度过了二十四个春秋。

唐僖宗乾符元年（874年），皇帝昏庸无道，朝纲腐败，民生凋敝，黄巢和王仙芝分别发动了农民军起义。后来，王仙芝阵亡，起义军由黄巢一人统率。唐僖宗乾符三年（876年），黄巢起义军打到宋州（今河南商丘市），25岁的朱温和二哥朱存一起投奔了起义军。

一个人的优点和缺点是相对的，不仅包括人与人之间的相对性，也包括人与环境之间的相对性。在一种特定的环境下，一个人的缺点就可能转化成为优点。朱温融入起义军这个环境中，他的骁悍和狡诈有了施展的机会和空间。在作战过程中，朱温是一个骁勇善战的战士，立下了不少战功，逐渐被提升为队长，不过，他的哥哥朱存却没有这么好运，在作战时阵亡。

黄巢起义军在黄巢的率领下，势如破竹，先后攻破了杭州、福建、广州、洛阳，并最终攻陷大唐国都长安城（今陕西西安）后，黄巢建国"大齐"。朱温因战功被提拔过多次，黄巢建国后又任命他为东南行营先锋使，令他驻守东渭桥（今西安东北）。为了确保东南方的稳定，朱温被派往河南作战。朱温到了河南后，顺利攻陷军事要地邓州（今河南邓州），切断了唐军从荆襄方向的进攻路线，圆满完成了任务。朱温回师长安后，受到了黄巢的亲自迎接，使得他在军中的威望大增。到灞上犒赏三军。不久，朱温受命挥师向西，抵御西方来袭的唐军，再次立功。

后来，朱温奉命攻下同州（今陕西大荔）后，以同州防御使的身份驻扎于此。

为了夺回同州，唐朝河中节度使王重荣率数万精兵来攻。朱温兵力不足，寡不敌众，数次被唐军打败。为此，朱温向黄巢告急，请求支援。不料，告急文书在途中被军务处扣压。同州内的起义军见援军迟迟不到，军心涣散，在城内烧杀劫掠，弄得整个城内人心惶惶。

在这种情况下，朱温的幕僚谢瞳向他分析了当前的局势。谢瞳认为，黄巢不过是草莽之人，难成大器，此人之所以能入主长安，关键是因为末唐势衰，易得民心，并不是因为他有什么才德；另外，唐朝根基雄厚，虽然国运不济，但并未到衰亡之时，唐军正从各路逼近长安，大有剿灭黄巢之势。他建议朱温不如弃暗投明，以保存实力。朱温听取了谢瞳的建议，遂杀掉黄巢派来的监军，率部投降王重荣。

暂居于蜀地的唐僖宗得知令唐军害怕的起义军猛将朱温投降唐军后，又惊又喜，因为他从中看到了黄巢起义军的灭亡和大唐江山的失而复得。然而，令唐僖宗没有想到的是，此时的朱温是一只隐忍不发的猛虎，而黄巢只是一只得势的老狼。唐僖宗本想驱虎逐狼，殊不知狼死后老虎还要连他也吃掉。

朱温降唐后，立即被唐僖宗封为左金吾大将军兼河中行营招讨副使，而且被赐名"全忠"。

朱温的叛变使得北齐政权失去了东边屏障，朱温迅速把同州变成了起义军的优势，转眼间又将其变成了起义军的劣势，令长安城内的黄巢坐卧不宁。

不久，朱温率部逼向长安，与唐军一起攻打黄巢。此时的朱温与他的部众将昔日的情分抛诸脑后，向起义军兄弟们举起了屠刀。大兵压境，黄巢见已无回天之力，奋力突围而出，率残部向河南转移。朱温咬定青山不放松一直追至汴州。

后来，朱温以汴州（今河南开封县北）为根据地，继续与黄巢作战。经过大小四十多次的对抗后，黄巢军主力几乎被消灭。朱温在追剿黄巢的过程中立下了大功，除了被加封检校司徒和同中书门下平章事使相外，先后被封为沛郡侯、吴兴郡王。

在追剿黄巢的最后一战中，朱温与实力雄厚的河东节度使李克用在中牟（今河南中牟）王满渡合力大败黄巢。此后，朱温诚邀李克用去汴州。在相处过程中，朱温因李克用对他不敬而生歹心，欲除掉李克用。不料，朱温弄巧成拙，李克用侥幸脱身后成为了他的劲敌。

黄巢起义军败亡后，曾投靠黄巢的唐蔡州节度使秦宗权积蓄力量继续反唐。他在河南不断扩张势力，兵力骤增。唐僖宗见叛乱又起，任朱温为蔡州四面行营都统，前往河南平乱。为了能够打败秦宗权，朱温采取了双管齐下的方式来增加兵力。他一边令人前往山东招兵买马，一边向附近的友军求援。一切准备妥当后，朱温与秦宗权在中原地区开战。朱温大军屡屡战胜秦宗权，使得秦宗权所处的位置由优势转化为劣势。

正在此时，唐僖宗因病逝世，其弟李晔即位，是为唐昭宗。朱温见形势有变，不急于灭掉秦宗权，而是乘机增强自己的实力。他先后拉拢了黄河以北的东、西方势力，实力大增。接着，唐昭宗加封他为检校侍中，令他早日除掉秦宗权。即使唐昭宗不催促，朱温也不愿意放弃扩充实力的好机会。已经处于劣势的秦宗权不堪一击，被朱温灭掉。朱温因功受赏，被晋封为东平郡王，加任检校太尉、中书令。

在多年的战争中，朱温铲除或吞并了一个个势力集团，终于将黄河以南和淮河以北地区尽收囊中，成为中原大地最有实力的地方势力。

光化二年（900年），朝中发生政变。刘季述等宦官将唐昭宗幽禁，然后罗列了唐昭宗的诸多罪状，将其严密看管，随后拥立皇储李裕。次年，宰相崔胤抓住时机将刘季述等宦官诛杀，并立即借假诏宣与他交好的朱温进京护驾，以便彻底铲除祸国殃民的宦官势力。

朱温得诏后立即率军赶往长安城，韩全诲等宦官挟持着唐昭宗前往凤翔（今陕西凤翔）投靠手握兵权的岐王李茂贞。朱温尾随而至，直逼凤翔城下。韩全诲仿效崔胤的做法，传假诏令朱温迅速撤兵。朱温并不听令，加紧围攻凤翔，但久攻不下。考虑到粮草不济、兵马疲惫，朱温暂时撤兵。稍作休整后，朱温再次引兵来攻，将凤翔团团围住。

李茂贞曾开城迎战，然而屡战屡败，只得退回城内，坚守不出。朱温有备而来，凤翔城孤立无援。李茂贞在城中粮草殆尽、兵士斗志皆无之时杀掉韩全诲等人，并将唐昭宗交给朱温。

■ 弑君篡位　暴虐荒淫

朱温将唐昭宗护送回长安城后，因平定长安城政变和尽力护驾得到东平王的封号。此时的唐昭宗已经是一个名存实亡的皇帝，各地藩镇自农民起义军揭竿以来，纷纷拥兵自重，对朝廷号令充耳不闻。唐昭宗非常清楚自己的处境，无奈之下对朱温说："宗庙社稷是爱卿所再造，朕和诸亲属也是爱卿再生。"从此，唐昭宗成为了一个傀儡皇帝，朱温掌握了国政大权。

为了防止宦官再次作乱，朱温斩草除根，将宦官统统杀掉。随后，朱温晋升为诸道兵马副元帅，掌握了朝中一定的兵权。另外，唐昭宗又封他为梁王，赐给他"回天再造竭忠守正功臣"的美名。然而，朱温此时的志向已经远远超过了荣华富贵，一国之主成为了他的目标。他知道自己虽然权倾朝野，但还不能够得到天下响应。为此，他开始消灭或同化异己，处处为减少威胁打算。

在晋升为诸道兵马副元帅之前，朱温与崔胤力劝唐昭宗打消任濮王李长为正元帅的念头，向其推荐辉王李祚，并得到了唐昭宗的许可。朱温之所以要这么做，就是因为濮王稳重老练，容易对他形成威胁，而辉王年幼、易冲动，更容易被他控制。

朱温一步步走向权力的顶峰，狡诈的他并没有沾沾自喜，反而变得更加谨慎。他考虑到长安并不是他的势力范围，担心称帝时会生变故，于是奏请唐昭宗将都城迁至洛阳，唐昭宗只得准奏。到了洛阳后，朱温便可以为所欲为了。

朱温知道自己的野心已被唐昭宗看透，担心他会暗结李克用、李茂贞等人来对付自己，于是暗生杀机。他"明修栈道，暗渡陈仓"，在洛阳布置好弑杀唐昭宗的计划后，大张旗鼓地出兵讨伐异己。待唐昭宗魂飞西天后立即回师，假装痛哭，大骂亲信道："奴辈负我！令我受恶名于万代！"由此可见，朱温用心何等良苦！

朱温杀掉唐昭宗后，奉皇后之命立李柷为帝，是为昭宣帝，又称哀帝。随后，朱温过河拆桥，杀掉弑杀唐昭宗的参与者，以此向天下表明自己的清白。唐昭宗死后，即位的李柷只有13岁，朱温将他牢牢控制住。

次年，朱温先后杀掉了唐昭宗的九个皇子和三十多员朝中重臣。朱温对这些自诩"清流"、不愿意与他同流合污的朝臣切齿痛恨，将他们的尸体投入浊浪翻飞的黄河中，让他们死在"浊流"中。

朱温终于按捺不住了，急于登临帝位。然而，要想名正言顺地夺权篡位，必须要由在位的皇帝出面，待一切禅让礼仪结束后方可。然而，朱温根本不理会这一套，因迟迟不能称帝而迁怒于负责此事的宰相柳璨和枢密使蒋玄晖，毫不留情地将他们杀害。

朝中百官被朱温的残暴征服了，丝毫不敢怠慢，推举朱温为帝。就这样，朱温从一个惹乡人厌烦的地痞无赖成为了令天下人既不敢怒也不敢言的皇帝。

开平元年（907年），朱温正式称帝后，取"日之光"之意，改名"晃"，定国号"大梁"，建元开平，以汴州为京师。

为绝后患，朱晃将被废为济阴王的哀帝迁至曹州（今山东曹县）济阴后杀掉。

朱温称帝前后，各地藩镇不仅没有归附之意，反而纷纷自立为王，与他为敌。902年，杨密行在广陵自立为吴王；907年，马殷在潭州自立为楚王；908年，镇海节度使铁缪和西川节度使王建先后在杭州、成都建立了吴越、前蜀两国。不仅如此，晋王李克用、岐王李茂贞虽然没有独立，但举起了复唐的旗号讨伐朱温。

在多方势力并存的情况下，朱温一边作战，一边治理国家。

朱温从黄巢起义军失败及后来经历的诸多战事中吸取了经验和教训，认识到要想稳定国家政权，不仅要重视军队建设，而且要注重收服民心和发展农业。为此，他在把对民间征税降到最低的同时，采用各种奖励政策来鼓励百姓耕作，从而在一定程度上恢复了中原的经济。同时，朱温赋予地方官吏更高的权力，在涉及到行政方面的事情时能命令地方驻军，保证了农业政策的顺利推行和地方上的治安稳定，并能够防止武将进行地方割据。

然而，朱温的残暴并不能被他的治国安邦之策所掩盖。相对他的残暴而言，这些治国安邦之策显得黯然许多。

五代虽然短暂，却在中国法制史上鼎鼎有名，可以从中想象一下当时的法律究竟有多么严酷。一支军纪严明的军队在任何时候都是稳定政权的保证，更何况是在战乱不断、局势动荡的年代。然而，朱温的治军手法却会让人颤栗。他规定，将领与士兵是一个统一体，将领阵亡后，士兵必须前仆后继，否则回去后同样被杀掉，此军纪名为"跋队斩"。有了这条军纪后，一旦将领阵亡，所属兵士皆不敢归队。即使做了逃兵，同样难免受死。因为在作战前，朱温已经令人在士兵的脸上刺字，一旦被各地关口抓住，命将不久。如果思念家乡逃走，或者战役结束后私自逃命，一旦被关津渡口抓获送回，必死无疑。

朱温对自己的士兵都如此残酷，更何况是敌军。诛杀魏州兵时，他将城中军民全部杀害，妇女、儿童、老人无一幸免。

不仅如此，朱温还滥杀战俘。一次，朱温在取胜后清理战场时忽起狂风，沙尘满天，竟荒唐地对部将说这是因为没有杀够，遂将战俘全部杀死。另一次，朱温因久不能攻破敌城而驱赶周边的十万民众为其筑高地。这些民众用牲畜将石头、木料运到目的地后，朱温竟然下令将人畜木石混筑在一起。当时，那种悲惨景象不堪入目，民众的哭喊之声不绝于耳，城中将士凡有耳目者皆不能自禁。朱温攻下城池后，血洗该城，令天地汗颜，令日月无光！

除了朱温的嗜血好杀外，他的荒淫无道也达到了"登峰造极"的程度，可以称得上是"前无古人，后无来者"。

朱温的妻子张惠死后，朱温淫欲大发，喜新厌旧自然不在话下。不仅如此，他同样没有放过大臣的妻妾。更有甚者，他竟乘儿子出外征战之际抢占儿媳，行乱伦之事。正是因为他的乱伦，他死在了儿子们的争夺皇位中。

朱温的儿子们见朱温乱伦，不仅没有责备父亲，反而争相用自己的妻室来取悦父亲，希冀父亲能传位于他们。

朱温见养子朱友文的妻子王氏别有姿色，顿生淫心。他以侍病为由召王氏入宫，随后便让陪枕。王氏为了帮助丈夫换得帝位，竟忘了羞耻，极力侍奉朱温。朱温的亲生儿子朱友珪并不示弱，他的妻子张氏同样在进行这种勾当，献身为他求帝位。

随着病情的加重，朱温打算传位于朱友文，并让王氏通知他入宫相见。张氏并不是省油的灯，立即将消息传给丈夫朱友珪。朱友珪带着宫廷卫队及他的朝外军队连夜杀入宫中，将61岁的朱温送上西天，这一年是912年。

后唐庄宗李存勖——一介武夫难当大任

■ 不辜厚望　建立后唐

　　唐僖宗光启元年（885年），晋王李克用终于有了后嗣，这个后嗣就是李存勖。李存勖的长相不同常人，而且从小就显得稳重厚道，深讨李克用的喜爱。

李克用非常看重李存勖，对他寄予厚望。李存勖五岁的时候，李克用在一次打猎过程中令人在唐僖宗面前奏乐。当时，伶人们演奏了《百年歌》。此曲的后半部分逐渐显得凄凉萧瑟，沉闷暗淡，大有年老人衰的意味。众人皆愁绪满面，唯有李克用精神抖擞。他指着李存勖对众人说，尽管他自己不能实现平生抱负，但二十年后的李存勖能够继承其遗志，实现大业。

为了磨练李存勖，李克用在他十一岁的时候就带他奔赴沙场，让他多见见刀光剑影。李克用作战胜利后曾带李存勖入宫，唐昭宗看到他的长相后大感惊讶，认为他必成大器，顺手赏赐他一些珍珠玉器。此间，唐昭宗夸他"此子可亚其父"，遂得名"亚子"。

在父亲的精心培养下，李存勖越来越优秀。他既精通骑射，又谙熟《春秋》，称得上文武双全。不仅如此，李存勖对音乐比较感兴趣，在演戏方面一学就会。

"亚子"的名字没有起错，后来的李存勖在带兵作战方面表现出来的大局观和超前眼光的确超出了父亲李克用。他见父亲不怎么约束部将，给父亲讲述了安定民心的重要性，建议父亲一定要严明军纪，杜绝将士恣意扰民的现象发生。占据幽州地区的刘仁恭忘恩负义，反复无常，有难时立即向李克用求援，等到李克用有难时却袖手旁观。后来，朱温的军队再次攻打他，他又寻求李克用的帮助。李克用对刘仁恭这样的无耻小人痛恨之极，不愿意发兵相救。李存勖则认为，如果朱温灭掉了幽州，中原地区又少了一个与朱温抗衡的势力，他们的处境将会更加危险，于是劝父亲发兵救助了刘仁恭。

后梁开平二年（908年），年过半百的李克用与仇人朱温已经相持了好几个年头，始终不能打败朱温，遂积劳成疾，再加上听到朱温称帝的消息，受到了沉重打击，不久便离开人世。李克用死后，李存勖承袭了晋王的封号。

李存勖接任晋王时，在外面临着势力日益壮大的后梁，在内又有掌握军权的权叔李克宁的图谋篡权，既有外患又有内忧。于是，李存勖采取了"攘外必先安内"的策略，不过他的安内方法却是妥协。刚失去父亲的他不愿意看到亲人之间相互残杀，表示把晋王位让给叔叔李克宁。然而，想法总归是想法，只有得到部将的真心支持后，才能有效地付诸实现。前晋王李克用的旧臣张承业力劝李存勖铲除内患，带领大家共图大业。李存勖分析利弊后不再推辞，遂设宴邀请李克宁，在宴席中擒下他后立即斩首，以儆效尤。

铲除内患后，李克用开始对付朱温。当时，晋军和后梁军在潞州（今山西长治）对峙。李存勖认为此时是袭击后梁军的好机会，因为后梁军见晋军首领新亡，必定会认为晋军士气低落，新首领能力有限，从而会放松戒备。于是，他果断决定对后梁军发动一次袭击。晋军在浓雾的掩护下直接扑向后梁军营寨，正如李存勖所料，后梁军根本没有防备。在李存勖的领导下，晋军将士奋勇杀敌，后梁军被打得溃不成军。李存勖首战告捷，让部众们看到了他的能力，晋军将士士气大增。就连朱温听到后梁军大败的消息后，也不得不发出生子当如李亚子这样的感慨！

潞州之危被解后，李存勖率军回晋阳（今山西太原），对军队进行了大规模的整顿。他严明军纪并三令五申，有违反军纪者一律按军法处治。为了显示严格和公正，李存勖将骄横无礼、骚扰百姓的一些将领和将士诛杀。李存勖的这种做法一方面增强了军队的军纪观念，提高了军队的战斗力，另一方面得到了当地百姓的拥护，保证了以后作战过程中后方的稳定。不仅如此，李存勖还采取了惩治贪官污吏、减轻赋税、打击犯罪等具体措施，有效地保证了地方上的安定。随后，李存勖占据的河东地区在经济上得到了很大的发展，保证了前线作战的物资供应。

不仅如此，李存勖还将自己的音乐才华用到了整顿军队上。在空闲的时候，李存勖填词谱曲，然后将歌曲教给将士们。他规定，作战之间，将士必须高唱军歌。当将士们唱着他编的军歌时，个个都会变得精神抖擞，视死如归，在士气上已经压倒了敌军。

李存勖虽然善于作战，但要想彻底击败朱温大军，还是显得力不从心。为此，李存勖决定夺取战略要地河北。当时河北主要有三股势力：占据镇州（今河北正定）的成德节度使王镕、占据定州（今河北定县）的义武节度使王处直和占据幽州（今北京城西南）的卢龙节度使刘守光。这三股势力当时都归顺了称帝后的朱温，以刘守光最为强大。

后梁开平四年（910年），王镕和王处直在李存勖的拉拢下背叛后梁。面对随之而来的朱温大军的讨伐，他们向李存勖求援。李存勖一声令下，晋军立即前去增援。晋军诸将领率领将士奋力拼杀，于911年春在柏乡大败朱温大军，保住了镇州和定州。

收服王镕和王处直后，李存勖的下一个目标是刘守光。刘守光与他的父亲刘仁恭一样，同样是个卑鄙小人。他将父亲刘仁恭囚禁后自任卢龙节度使，并一心想吞掉镇、定二州。见李存勖得到这两个州后，刘守光大为愤怒，遂与李存勖展开了争夺战。朱温得到刘守光的求援讯息后卷土重来，意欲灭掉李存勖。后梁军将士还没有从年初的大败中恢复过来又投入了战斗，再加上朱温在行军途中滥杀文官武将，遂军心涣散。面对士气旺盛的晋军，后梁军节节败退。朱温无心恋战，慌忙逃命。残暴嗜杀的朱温早已经成为了河北百姓的眼中钉、肉中刺，这些百姓见后梁兵败，纷纷拿起农具袭击溃散的后梁军。朱温逃回都城后，于912年便被争夺皇位的亲生儿子朱友珪杀掉。

李存勖两战皆取得大胜，威望和实力立即得到了很大的提高。不过，李存勖并没有志得意满，而是乘后梁军衰弱之际灭掉了刘守光，随后占领了幽州、沧州。

朱友珪做了不到一年的皇帝，就被朱友贞篡权。朱友贞做了皇帝后，在赵岩的建议下将魏博镇（今河北大名县）拆分，引起当地将士的不满。李存勖见有机可乘，立即率兵平定了魏博镇。

此后，李存勖的实力可以与后梁抗衡了。不过，后梁国主朱友贞虽然昏庸无能，但后梁军中却有几个善战的将领，再加上要抗击南下的契丹人，以至于李存勖与后梁打起了持久战。

923年，李存勖在与后梁的数年征战中终于占据了绝对优势，于是建国称帝，设国号为"大唐"（史称后唐），建元同光，国都为魏州（今河北大名县东），后改名为邺都。

称帝后，李存勖举大兵攻打后梁。此时的后梁气数已尽，几个月后被李存勖灭掉。随后，后梁各地的残余势力纷纷来降。李存勖安抚好各地后，将国都迁至洛阳。

■ 不辨忠奸　无力回天

称帝后的李存勖与领兵作战时的他判若两人，日益变得昏庸无度。

事实证明，李存勖只能与人共患难，不能与人同富贵。众将士浴血奋战，为他赴汤蹈火，而他竟昧着良心独揽功劳。渐渐地，"亲贤臣，远小人"的治国良策离他越来越远，他在众多小人的拥护和爱戴下将他与父亲几十年的心血毁于一旦。

李存勖放着忠臣良将不用，偏偏要用祸国殃民的小人，重用唐朝旧臣苏循就是一个典型的例子。苏循是一个擅长阿谀奉承、溜须拍马的小人，在朱温称帝时迅速变节，不断表现着对后梁的忠诚。李存勖称帝后，继续把"唐"设为国号，并下诏要遵循唐朝的礼制。苏循见风使舵，不仅用唐朝的礼仪来拜见李存勖，而且很快献上了数十支御用的"画日笔"。李存勖心花怒放，当即恢复他在后梁时的礼部尚书一职，并加任他为河东节度副使。随后，李存勖继续重用唐朝旧臣，一些奸猾小人用他们的伎俩先后博得了李存勖的信任。小人当道，社会风气日益败坏，百姓本以为灭掉了腐败的后梁后可以安居乐业，可谁知一浪未平，一波又起。

后梁太祖朱温在位时，已经看到了宦官的危害，索性把朝中宦官统统除掉。不过，宦官中也有正直之人，如当初不让他放弃晋王位的张承业。也许是因为张承业的出色改变了他对宦官的看法，遂大量任用宦官。为了加强中央集权，李存勖将宦官视为心腹，派他们前往各地驻军担任监军。殊不知，物极必反，凡事都要适可而止，否则只会犯下以偏概全的错误，导致最后空有遗憾。

另外，由于对音律的喜爱，伶人自然成为了李存勖宠信的对象。他不仅爱看伶人演戏，而且还与伶人同台演出，与伶人相处得非常融洽。伶人们有了皇帝做后台，在朝中显得极为尊贵。他们春风得意，在皇宫内外进出自如，根本不把朝中大臣放在眼里。不过，伶人中同样有正直之人，比如敬新磨。李存勖做了皇帝后，经常外出狩猎，随便践踏百姓的庄稼，百姓们敢怒不敢言。一次，他又带着数十人出外狩猎，敬新磨也在其中。为了追赶猎物，他们慌不择路，直接从老百姓的水田里驰马前进，结果毁坏了不少庄稼。该地的地方县令听说此事后，立即赶来阻止，惹得龙颜大怒。庄宗一怒之下要杀死县令，敬新磨立即将该县令逮起来，当着庄宗的面斥责道："你可知自己犯下了大罪？明知道皇上喜欢打猎，还要让老百姓种庄稼，结果弄得皇上不能追赶上猎物。即使老百姓吃不上饭，交不上赋税，也不能够阻碍皇上狩猎。"斥责过后，他请求李存勖治其死罪。李存勖会心一笑，令其放了县令。

尽管伶人、宦官中还有些许有良知的人，但毕竟是少数。不过，此时的李存勖已经被谗言迷惑，只顾吃喝玩乐，将治理国家视同儿戏。不仅皇帝昏庸，而且皇后也没有母仪天下的风范。在他们的治理下，百姓被各种苛捐杂税压得喘不过气，随李存勖打江山的一些功臣也纷纷落得个"狡兔死，走狗烹"的下场。

郭崇韬在灭后梁时立下战功，看到李存勖如此腐败，屡次进谏。李存勖不仅听不进忠言，而且听信了伶人的谗言，怀疑他有叛乱之心。后来，郭崇韬率军平定四川，处处制约宦官的恶行，又被宦官告了一状。李存勖还没有决定是否除掉郭崇韬，刘皇后却抢先充当了刽子手。不久，功臣朱友谦全家又被枉杀。

在百姓生灵涂炭、将士辛劳作战的情境下，皇帝、皇后、宦官、伶人等却在作威作福，滥杀无辜。在黑暗中呆久了的人，迫不及待地要重见天日，于是有人举起了反旗。当时，攻打四川的将领见郭崇韬、朱友谦先后被杀，按捺不住愤怒，遂起兵造反，为后唐敲响了丧钟。

　　李存勖见四川出现混乱，立即派兵镇压。不料，戍守期已满的魏博镇士兵在回乡途中接到驻守命令后大为不满，遂发生哗变，攻陷邺都。李存勖见远处的四川未平，近处的邺都又生乱，只有继续派兵前去镇压，结果不敌魏博军。李存勖见朝中已无可用之人，此时才想起战功赫赫、忠心耿耿但被他弃置一旁的李嗣源。他将侍卫军交由李嗣源，不料他的做法如同放狗去寻找丢失的羊，结果既丢了羊，又丢了狗。

　　侍卫军指挥使郭从谦此时与李存勖并不同心，因为他的养父睦王李存义和被他视为叔父的郭崇韬两人皆被李存勖杀害，他发誓要为他们复仇。后来，他在与李存勖交谈时感觉到李存勖知道他的心思，顿时惶恐不安，于是在侍卫军内散布谣言，鼓动他们造反。就在这时，李存勖令侍卫军出征，使得郭从谦有了更有利的反击机会。李嗣源到了邺都后，被部众拥立为皇帝，遂顺应民心，召集军队攻打李存勖。

　　李存勖见危机四起，顿时手忙脚乱。为了压制李嗣源，他亲率军队出征。为了鼓舞士气，他被迫"取之于民，用之于民"，将盘剥百姓得到的钱财分发给将士。将士们看着这些赏赐，愤慨道："吾妻子已殍矣，用此奚为！"军心如此动荡，如何能高唱凯歌？作战中，将士要么投降，要么逃跑，李存勖只得退回洛阳。郭从谦见时机已到，立即发动兵变，李存勖在混战中被流矢射伤。不久，李存勖死去，终年42岁。

后晋高祖石敬瑭——认贼作父的儿皇帝

■ 建功立业　图谋篡位

　　唐昭宗景福元年（892年），石敬瑭出生于太原。他原是沙陀族人，后来将名字改成了汉名。

　　石敬瑭从小就不爱说话，但为人稳重，做事认真，而且很勤奋，对兵法书爱不释手。其父擅长骑射，而且骁勇善战，深受晋王李克用的赏识。在这种情况下，他结识了李克用的义子李嗣源，并在李嗣源手下做事。由于他的出色表现，李嗣源非常看重他。

　　李克用死后，李存勖做了晋王，继承父亲遗愿，继续与称帝的朱温作战。在这期间，石敬瑭凭着父亲教给他的骑射本领和天生的骁勇在军队中脱颖而出，很快成长为李嗣源身边的一员骁将。

　　915年，李存勖夺得魏州后，在急援清平（今山东清县）时被后梁军围困。石敬瑭不顾生命危险，仅率领十余名敢死队冲入敌阵，将李存勖救出。此后，石敬瑭又有几次拼杀救主的功劳，在军中的威望越来越高。

　　李存勖做了皇帝后，朝纲腐败。四川、邺都先后发生兵变，李嗣源奉命前往邺都镇压反军。到了邺都后，他率领的部众拥立他为皇帝，被他拒绝，因为他无心背叛李存勖。石敬瑭见他要回洛阳澄清事实，立即进行劝说。他告诉李嗣源，即使他向李存勖表明自己是忠心的，多疑的李存勖也不会相信他，因为部将发动兵变，主将责无旁贷，并建议李嗣源顺应天下大势，召集各路反军，南下攻打李存勖。为表忠心，石敬瑭表示愿做先锋。事已至此，李嗣源不再推托，遂举兵向洛阳进发，并最终做了皇帝，是为后唐明宗。

李嗣源做了皇帝后，任女婿石敬瑭为陕州（今河南三门峡市）保义军节度使兼六军诸卫副使，并赐给他"竭忠建策兴复功臣"的荣誉称号。当时，皇子李从荣任六军诸卫使。此人为人骄横，蔑视功臣，石敬瑭料定他日后必定生乱，为免受牵连，果断将副使一职推掉，坚决不受。

石敬瑭不仅骁勇善战，而且有出色的政治才能。无论是在陕州，还是后来的魏博、河东地区，他都能把当地治理得井然有序，深得百姓爱戴。而且，在办案方面，石敬瑭自有绝招。石敬瑭任河东节度使时，曾遇到过这么一个案子。当时，一妇人状告一军士，说这位军士的马吃了她家门外的谷子，军士并不承认。石敬瑭见他们二人争执不下，令人将马杀掉，从而为这位军士讨还了清白。这位妇女因诬陷他人意欲敲诈而被处死后，当地很少再发生案子。

长兴四年（933年），明宗李嗣源病死，李从厚即位，是为闵帝。次年，李从厚加封石敬瑭为中书令，并将他调到镇州任成德军节度使，令李嗣源的养子凤翔节度使李从珂接任他的河东节度使一职。李从珂当时手握兵权，不愿受任并率军反叛，李从厚派兵镇压。不料，李从珂竟将来兵降服，随后直逼洛阳，李从厚弃城而逃。途中，李从厚遇到正赶往李从珂处议事的石敬瑭，成为了石敬瑭邀功的工具。李从珂杀掉石敬瑭擒住的李从厚后，登上了皇帝的宝座，是为末帝。此时的石敬瑭已有篡位之心，回到河东后就开始积极准备。

清泰三年（936年）四月，石敬瑭待一切准备妥当后，他要求调任，想以此试探李从珂是否怀疑他。李从珂接到石敬瑭的上书后，立即召大臣商议。薛文通认为石敬瑭早晚都要反，建议李从珂先发制人。于是，李从珂答应了石敬瑭，调任他为天平节度使。

石敬瑭得诏后，立即以李从珂为明宗李嗣源养子为由，要求他让位给明宗第四子许王李从益。李从珂大怒，罢其官职，削其爵位，并令建雄节度使张敬达率兵三万前往太原讨伐他。

大兵压境，石敬瑭不计后果，竟向契丹人求援。为了借助契丹人的兵力夺得皇位，他不仅向契丹国主耶律德光称臣，许诺逢年进贡，而且将后唐北部的十六个州划给契丹。更令人感到羞耻的是，石敬瑭竟然在契丹人面前自称儿国，甘愿做一个儿皇帝。

耶律德光一直盯着中原地区，收到石敬瑭的求援信后，立即率兵南下。李从珂被石敬瑭和耶律德光打败后自焚，后唐从此灭亡。

■ 忍辱偷生 忧郁而终

清泰三年（936年）十一月，契丹国主对石敬瑭说："吾三千里赴难，必有成功。观汝气貌识量，真中原之主也。吾欲立汝为天子。"石敬瑭假意辞让数次，见将士劝进不止，于是答应做天子。随后，契丹国主作了册封书，命石敬瑭为大晋皇帝。石敬瑭称帝后，是为后晋高祖。高祖履行承诺，将幽、蓟、瀛、莫、涿、檀、顺、新、妫、儒、武、云、应、寰、朔、蔚十六州割让给契丹，并许诺每年进献金帛三十万。同年，高祖建元天福。

后晋刚刚建立，藩镇大多还未臣服，或者即使服从也反复无常；累年战争使得府库空虚、民间困穷。另外，契丹人还在不断向后晋勒求财物。在中书侍郎、同平章事兼枢密使桑维翰的劝谏下，高祖推诚弃怨，以此安抚藩镇；用卑辞厚礼来侍奉契丹，同时厉兵秣马，加强武备；通过激励农桑来丰实仓廪，通过鼓励经商来促进经济。经过几年的经营，国内逐渐安定下来。

可以说，高祖是一个不折不扣的奴才。他侍奉契丹国主是异常恭谨，不仅奉表称臣，而且还称契丹国主为"父皇帝"。每当契丹使者入朝时，高祖便在别殿拜受诏敕。除了每年进献金帛三十万外，每逢吉凶庆吊，高祖都会将国内珍玩异物奉上。契丹皇族稍有不如意的地方，就会斥责高祖，而高祖却总是用卑辞请罪。后晋使者到了契丹后，契丹君臣皆以傲慢的姿态对待。使者还朝后，将受辱之事告知国内，朝野上下都感到羞愧耻辱，唯有高祖毫无倦意，继续服侍契丹国主。正是因为这个原因，高祖在位期间，一直没有与契丹发生过摩擦。

当初，高祖将雁门以北的区域割让给契丹，吐谷浑由此隶属契丹。吐谷浑见契丹贪婪暴虐，有重归中原之心。成德节度使安重荣乘机诱导，吐谷浑遂率部落千余帐投奔他。契丹国主闻听后大怒，遣使让高祖做个交待。天福六年（941年）正月，高祖派遣供奉官张澄率兵二千将吐谷浑赶回故土。

安重荣耻于向契丹称臣，每见契丹使者便"箕踞谩骂"。等到使者过其境后，他有时会派人暗杀。契丹国主以此事责怪高祖，高祖只是一味谢罪。六月，安重荣抓住契丹使者拽剌，并派遣骑兵劫掠幽州南境，并屯兵于博野，上表称："吐谷浑、两突厥、浑、契苾、沙陀各率其部众归附我；党项等自从今年二月开始厉兵秣马，担心难以灭掉契丹，遂愿意自备十万军士，与后晋合击契丹。朔州节度副使赵崇已将契丹节度使刘山驱逐，并求归命于朝廷。陛下屡次令臣承奉契丹，不要挑衅，但天道人心难以违拒，机不可失，时不再来。被迫归顺契丹的各位节度使都翘首以待王师，希望陛下早做决定。"

在桑维翰的诱导下，高祖非但没有支持安重荣攻打契丹，反而极力削弱其职权，然后派兵攻打。天福七年（942年）春，高祖将安重荣的首级送与契丹。四月，契丹因后晋招纳吐谷浑一事遣使向高祖问罪。高祖忧虑，不知如何是好。五月，高祖因忧致疾。六月，高祖病逝。

 后汉高祖刘知远——五代十国的英雄

■ 忠心耿耿　深受信任

唐昭宗乾宁二年（895年），沙陀人刘知远出生。后梁建立后，他在石敬瑭手下做事。当时，石敬瑭依附于与后梁对立的晋王李克用。为了能够建功立业，石敬瑭不顾生死奋力拼搏。刘知远身为部将，义不容辞地随石敬瑭作战。由于表现出色，石敬瑭被提拔为横冲兵马使。

贞明五年（919年），晋王与梁人不断交战，双方互有胜负。左射军使石敬瑭在作战过程中被梁人砍断战马披甲，刘知远立即与石敬瑭交换战马，并为其殿后。梁人担心设有埋伏遂不敢追，石敬瑭部得以生还。此后，石敬瑭开始亲爱与他同籍的刘知远。后唐建立后，石敬瑭屡屡迁升，作为心腹的刘知远也沾了不少光。长兴三年（932年），石敬瑭到晋阳后任命他为都押衙，并将军事委托给他。

刘知远对石敬瑭忠心耿耿，即使知道他要谋反后仍然站在他一边。不过，与石敬瑭不同的是，刘知远要比他有骨气。当石敬瑭向契丹人求救，表示要进献金帛、割让土地并以待父之礼侍奉契丹国主时，他曾劝谏说："称臣可矣，以父事之太过。厚以金帛赂之，自足致其兵，不必许以土田，恐异日大为国患，悔之无及。"然而，石敬瑭并没有听从其议。

天福元年（936年）八月，石敬瑭以刘知远为马步都指挥使，并将振武西北巡检使安重荣、武宁节度使兼北面行营副总管张敬达部将指挥使张万迪的降兵都交给他掌管。刘知远执法公正无私，使得将士皆无贰心。不久，石敬瑭又先后将他封为军城都巡检使、侍卫军都指挥使、保义节度使、侍卫马步军都虞候等。

石敬瑭即皇帝位后，国内并不安稳。天福二年（937年）七月，魏州、孟州、滑州三地相继反叛，朝野大震。石敬瑭问计于刘知远，刘知远答道："帝者之兴，自有天命。陛下昔在晋阳，粮不支五日，俄成大业。今天下已定，内有劲兵，北结强虏，鼠辈何能为乎！愿陛下抚将相以恩，臣请戢士卒以威；恩威兼著，京邑自安，本根深固，则枝叶不伤矣。"随后，刘知远严格设置禁令，宿卫诸军都不敢违犯。某军士盗得一些纸钱，主人擒获后将其交与刘知远处理。当时左右纷纷劝他放了此军士，他严厉说道："吾诛其情，不计其直。"遂将其杀掉。此后，众人皆畏服于他。

天福四年（939年）三月，归德节度使刘知远、忠武节度使杜重威同时被加任同平章事。刘知远自认为有佐命之功，而杜重威却无大功，仅因身为外戚而被擢升，耻于与他同列，遂固辞不受。石敬瑭大怒，对门下侍郎赵莹说道："杜重威是朕的妹夫，刘知远虽有功劳，但为何坚决拒绝制命！我要削去他的军权，令他告老还乡！"赵莹劝阻："陛下往日在晋阳时兵不过五千，被十余万唐军攻打，危在旦夕。如果没有刘知远对陛下心如铁石、至死不渝，陛下又怎能成就大业！为何要因小过而弃之不用，臣担心此语被外人听到后，一定不利于彰显人君的大度胸怀。"石敬瑭这才解气，令端明殿学士和凝亲自到刘知远府第宣旨。刘知远惶恐，起身受命。

天福五年（940年）二月，归德节度使、侍卫马步都指挥使、同平章事刘知远被任为邺都留守。天福六年（941年）夏，成德节度使安重荣向契丹挑衅。石敬瑭为了压制他，将刘知远任命为北京留守、河东节度使，并再次将辽、沁划为河东区域。如此一来，刘知远的实力更为强大。

不过，刘知远在朝中仍然有劲敌。司徒兼侍中冯道，中书侍郎、同平章事、工部尚书李崧屡荐天平节度使兼侍卫亲军马步副都指挥使、同平章事杜重威，杜重威随后被任为都指挥使，并取代了刘知远的随驾御营使之职。此后，刘知远开始怨恨冯、李二人。

十月，刘知远派人前去游说吐谷浑酋长田承福，田承福率众归附于刘知远。刘知远上表为田承福求得大同节度使的符节后，将其精骑留在自己麾下。达靼、契苾见田承福降于刘知远后，不再与安重荣合兵一处。安重荣兵败被杀，虽然不是刘知远亲手所为，但他当居首功。

■ 不服弱主 拥兵自立

后晋高祖石敬瑭死后，其养子石重贵即皇帝位。石重贵即位不久，契丹已对后晋虎视眈眈，欲将其据为己有。天福七年（943年）十月，契丹入寇太原，刘知远与田承福合兵二万出击。危难之际，石重贵任命刘知远为幽州道行营招讨使。刘知远为了确保战争的胜利，有时不听诏令，因此渐渐被朝廷疏远。刘知远也算识趣，遂移兵河东休养生息。开运二年（945年），石重贵举兵北上，刘知远闻后叹道："国家疲弊，自守恐不足，乃横挑强胡，胜之犹有后患，况不胜乎！"

石重贵与契丹绝交后，数次召吐谷浑酋长田承福入朝，对其大加赏赐。此后，田承福数次随其出征。开运三年（946年）八月，石重贵因天气燥热将田承福部遣还太原。刘知远乘机以谋叛的罪名将其捕杀，收获了大量资财。九月，契丹发兵三万入寇河东。刘知远率众作战，大败契丹并斩首七千。

契丹的攻势越来越猛烈，步步向京师逼近。石重贵无奈，只得向刘知远求援。刘知远乘机招募士卒，步骑兵增至五万人。同年年底，石重贵投降。

天福十二年（947年）春，契丹入汴州。刘知远一边分兵防守，一边遣人向契丹国主连上三表：一，祝贺契丹攻入汴州；二，太原既是夷、夏的杂居地，又是戍兵的聚集地，不敢轻易离镇；三，本想进贡，但适逢契丹将刘九一军屯兵于南川，城中军民忧惧，一旦此军返还，道路就会通畅，贡物迅速奉上。契丹国主赐诏褒奖，并用殊礼厚待刘知远。随后，刘知远只是观望，没有投靠契丹之意。契丹国主乘刘知远派人入献名马之际，让来者转告他："汝不事南朝，又不事北朝，意欲何所俟邪？"蕃汉孔目官郭威对刘知远说："虏恨我深矣！王峻言契丹贪残失人心，必不能久国。"有人劝他举兵进取。刘知远自有打算："用兵有缓有急，当随时制宜。今契丹新降晋军十万，虎据京邑，未有他变，岂可轻动哉！且观其所利止于货财，货财既足，必将北去。况冰雪已消，势难久留，宜待其去，然后取之，可以万全。"

见各道节度使纷纷外依敌国或他国，部将劝刘知远称尊号以号令四方，刘知远不同意。听说石重贵北还后，刘知远声称出兵将其迎归晋阳。数日后，刘知远集合诸军宣布出师日期。军士都说："今契丹陷京城，执天子，天下无主。主天下者，非我王而谁！宜先正位号，然后出师。"争呼万岁不止。刘知远说："虏势尚强，吾军威未振，当且建功业。士卒何知！"遂令左右遏止呼喊。不料，几日后又有部将上笺劝进，刘知远犹疑不决。郭威等人建议："今远近之心，不谋而同，此天意也。王不乘此际取之，谦让不居，恐人心沮移，移则反受其咎矣。"刘知远不再犹豫，数日后即皇帝位。他自称不忍心改晋国国号，但又不喜欢开运这个年号，遂将此年改称为天福十二年。

■ 当年建国 来年辞世

契丹国主听说刘知远即位后，立即派兵控制要塞。晋阳告捷后，刘知远前往此地。他本想聚敛民财来犒赏将士，其夫人李氏说："陛下因河东创大业，未有以惠泽其民，而先夺其生生之资，殆非新天子所以救民之意也。今宫中所有，请悉出之以劳军，虽复不厚，人无怨言。"刘知远大喜，将内府所有蓄积都赐给将士，甚得人心。随后，各地军民纷纷袭击契丹军，顿时烽烟四起。正所谓"强龙难压地头蛇"，契丹军顿感捉襟见肘，陷入难堪境地。不久，契丹国主死于出征途中。此后，刘知远步步为营，稳打稳扎，终于将契丹人逐出国门。

随后，后晋各地藩镇相继来降，刘知远一一安抚。刘知远复以汴州为东京，改国号为"汉"（史称后汉），于次年春改年号为乾祐元年。

后汉高祖刘知远建立后汉后，原为后晋鄴都留守、天雄节度使兼中书令，现被任命为后汉归德节度使的杜重威拒命不受职，高祖削其官爵并派兵镇压，以高行周为招讨使，镇宁节度使慕容彦超副之，以讨杜重威。杜重威兵败后，高祖非但没有诛杀他，反而任命他为太傅兼中书令并授予楚国公的爵号。司马光评道："汉高祖杀幽州无辜千五百人，非仁也；诱张琏而诛之，非信也；杜重威罪大而赦之，非刑也。仁以合众，信以行令，刑以惩奸，失此三者，何以守国！其祚运之不延也，宜哉！"

同年年底，皇子开封尹刘承训病逝。刘承训为人"孝友忠厚，达于从政"，国人都感到可惜。高祖因对其非常疼爱，遂忧伤致疾。乾祐元年（948年）春，54岁的高祖病逝。

北汉世祖刘旻——难有作为的北汉开国之君

■ 拥兵自立 欲收河山

唐昭宗乾宁二年（895年），刘知远（后汉高祖）的弟弟刘崇出生。刘崇虽然一无是处，但其兄长刘知远却有王者之才。在刘知远的庇护下，他累迁至北京马步都指挥使。刘知远即位后，刘崇更是尊贵。他先被封为太原尹，后又担任北京留守，接着又领河东节度使、同平章事之职。后汉乾祐元年（948年）春，高祖死，隐帝即位。身为皇叔的刘崇于次年兼任中书令之职。

乾祐三年（950年），郭威（后周太祖）叛乱，隐帝被乱军所杀。刘崇听说后本想举兵南下，听说郭威要迎立其子湘阴公刘赟后才止，并说道："吾儿为帝，吾又何求！"太原少尹李骧私下劝道："观郭公（郭威）之心，终欲自取，公不如疾引兵逾太行，据孟津，俟徐州相公即位，然后还镇，则郭公不敢动矣。不然，恐为所卖。"刘崇怒道："腐儒，欲离间吾父子！"遂命左右将其拽出斩杀。李骧大呼："吾负经济之才而为愚人谋事，死固甘心！家有老妻，愿与之同死。"刘崇遂将他们夫妻二人一并斩杀，并上奏朝廷以示对朝廷并无二心。

后周广顺元年（951年），刘赟被废，刘崇立即在晋阳（今山西太原）即皇帝位，仍然沿用乾祐年号，史称北汉。不过，北汉仅有并、汾、忻、代、岚、宪、隆、蔚、沁、辽、麟、石十二州之地。

北汉世祖刘崇对部将李存瓌、张元徽说："朕以高祖之业，一朝坠地，今日位号，不得已而称之。顾我是何天子，汝曹是何节度使邪！"遂不建宗庙，宰相的俸钱每月仅有百缗，节度使仅有三十缗。由于俸禄少得可怜，国中很少有清廉的官吏。世祖在这种情况下建国，可谓历尽了千辛万苦。

■ 屡战屡败 举步维艰

由于地域狭小、国力虚弱，世祖不得不向契丹国主求援，以收复后汉国土。不过，尽管有契丹人的入援，世祖仍然是屡战屡败、屡败屡战，直至去世。

北汉乾祐元年（951年）正月，世祖以次子侍卫亲军都指挥使兼太原尹刘承钧为招讨使，与副招讨使白从晖、代州防御使兼都监李存瑰率领步骑万人攻打晋州。后周晋州节度使王晏闭城不出。刘承钧以为王晏胆怯，遂攀墙登城。不料，王晏早已埋下伏兵，乘北汉军登城之际发起了猛烈攻击，北汉兵死伤者达千余人。刘承钧派遣副兵马使安元宝焚烧晋州西城，不料安元宝竟投降了后周。刘承钧无奈，遂移军攻打后周隰州。隰州刺史许迁遣步军都指挥使耿继业迎击北汉兵，并斩杀其将领程筠等。北汉兵继续攻城，然而数日不克且死伤甚多，刘承钧只得引兵退还。

刚打完败仗，契丹国主就遣使前来索求进贡，提出了让北汉每年贡给契丹十万缗的协议。世祖派人以厚礼赠契丹，并自称"侄皇帝致书于叔天授皇帝"，向契丹国主请求行册封之礼。六月，契丹国主遣使册命他为大汉神武皇帝。不久，世祖更名为"旻"。

七月，世祖派遣翰林学士卫融到契丹感谢册礼，并向其请兵。九月，世祖遣招讨使李存瑰率兵自团柏入攻后周。契丹国主想引兵前去与北汉兵会合，于是与酋长商议。见诸部都不愿意南下攻打后周，契丹国主强迫他们执行。契丹国主在出兵途中被部将所杀，耶律述律被立为皇帝。世祖派人道贺后，继续请兵攻打晋州。十月，北汉兵被潞州巡检陈思让打败。

见契丹发兵五万支援北汉，世祖大喜，立即亲率二万兵士攻打晋州，然而久攻不克。时逢大雪，当地居民都上了山寨，北汉兵和契丹军因难以弄到食物而犯愁。契丹军在思归之时又听说后周兵至，于是烧营并连夜逃遁。次日，后周兵火速追击，北汉兵坠崖而死者甚众，契丹军死伤也较为严重。此后，北汉主暂时放弃了进取的想法。

北汉土瘠民贫，不仅要内供军国，还要外奉契丹，使得国内赋繁役重，民不聊生。在这种情况下，北汉百姓纷纷逃入后周境内。

乾祐四年（954年），后周太祖郭威病逝。世祖大喜，又有了大举入寇的打算，遂遣使向契丹请兵。二月，契丹遣其武定节度使、政事令杨衮率领万余骑兵奔赴晋阳。世祖自率兵三万，以义成节度使白从晖为行军都部署，武宁节度使张元徽为前锋都指挥使，与契丹军自团柏向潞州进发。

后周昭义节度使李筠遣其将穆令均率领步骑二千迎战，张元徽用佯败之计战胜穆令均后，北汉兵乘胜进逼潞州。数日后，世祖驻中军于高平之南，令张元徽军居其东，杨衮军居其西，大有军威。

世祖见后周兵少，后悔请契丹援助，对诸将说道："吾自用汉军可破也，何必契丹！今日不惟克周，亦可使契丹心服。"诸将"皆以为然"。杨衮侦查军情后对世祖说："劲敌也，未可轻进！"世祖"奋髯（两腮的胡须竖起）"道："时不可失，请公勿言，试观我战。"当时东北风方盛，忽而南风大起，副枢密使王延嗣唆使司天监李义对世祖说："时可战矣。"枢密直学士王得中谏道："义可斩也！风势如此，岂助我者邪！"世祖却怒道："吾计已决，老书生勿妄言，且斩汝！"遂指挥东军先进，并令张元徽率千骑攻打后周右军。

后周右军在几个回合后便溃散，纷纷向北汉投降。世祖见后周国主不得已亲临阵地，褒赏张元徽一番后令其乘胜追击。不料，张元徽因马倒而坠落于地，被后周兵所杀。张元徽是北汉的骁将，他一死，北汉军士气顿时沮丧。再加上南风越刮越猛，后周兵奋力搏杀，北汉大败。杨衮畏惧后周强兵，不敢前去营救世祖，再加上怨恨世祖战前之语，遂全军而退。

大战之后，世祖只剩下万余兵马，还未待调整休养，后周兵再次攻击，北汉兵又败。世祖无奈，只好乔装改扮，然后骑上契丹国主赠给他的黄骝、率领着百余骑逃跑。途中，世祖迷路，于是捉了一位村民为向导，结果被这位村民带往晋州方向。行了百余里后，世祖才发觉，于是杀了此村民，并昼夜向北逃窜。途中好不容易找到些食物，但还没等到举箸，有人报说周兵赶到，遂仓皇而去。世祖衰老力惫，因昼夜驰骋而难支，好不容易才回到晋阳。

此后，世祖忧愤成疾，将国事全部委托于其子侍卫都指挥使刘承钧。同年十月，世祖病逝。

后周太祖郭威——乱世英杰、短命之君

■ 顺应潮流 乱中立世

唐昭宗天祐元年（904年），郭威出生于邢州尧山（今河北隆尧）。郭威出生后的十几年内战火不断，先有朱温消灭唐朝、建立后梁，又有晋王李存勖誓不归附、与后梁针锋相对。生活在战乱时代的郭威虽然家境贫寒，但却练就了一副健壮的体魄，为以后从军奠定了基础。

龙德二年（922年），李存勖部将李嗣昭战死。李存勖令其诸子护丧并归葬晋阳。其子李继能不受命，率领父亲的数千牙兵自行护丧归潞州，李存勖遣同母弟李存渥前去追还。李继能兄弟气愤不已，要杀李存渥，李存渥急忙逃归。李嗣昭共有七子，其中泽州刺史继俦应当袭其爵位，但李继韬为人凶狡，将懦弱的李继俦囚于别室后，然后告诉李存勖士卒逼他做留后。李存勖虽然知道他的诡计，但考虑到正在用人之际，于是改昭义军为安义军，任命李继韬为留后。

同光元年（923年），李存勖建立后唐。李继韬虽然被李存勖任命为安义军留后，但始终感到不安。在幕僚及其兄弟的劝说下，李继韬投靠了大梁，并开始招兵买马。郭威听说后，立即前去应募。此后，郭威开始了戎马生涯。一次，郭威一气之下杀了人，李继韬因惜其才勇将他释放。同年年底，后梁被后唐所灭。李继韬向李存勖请罪，李存勖将他的部队收编。虽然经历了无数次战争，郭威最终还是活了下来。几经辗转后，他做了石敬瑭部将刘知远的手下。

后晋天福二年（937年）六月，后晋高祖石敬瑭以侍卫使杨光远为魏府四面都部署。郭威此时隶属杨光远，本该随其北征，但却请刘知远留下他。有人问其故，他说道："杨公有奸诈之才，无英雄之气，得我何用？能用我者其刘公乎！"此后，郭威表现突出，逐渐成为了刘知远的亲信。每当遇到大的决策时，刘知远总会与他商议。

开运元年（944年）八月，河东节度使刘知远被任命为北面行营都统，顺国节度使杜重威被任命为都招讨使，督领十三道节度使防备契丹。由于刘知远数次不奉命出兵，出帝石重贵削其实权。郭威见刘知远面带忧色，便对他说："河东山河险固，风俗尚武，士多战马，静则勤稼穑，动则习军旅，此霸王之资也，何忧乎！"刘知远采纳其议。

天福十二年（947年），后汉高祖刘知远称帝后不久，听说契丹国主死后，有北上进取之意。诸将都奏请出师井陉，先攻取镇州、魏州，一旦河北之地被平定，河南之地就会自觉归附。郭威则认为："虏主虽死，党众犹盛，各据坚城。我出河北，兵少路迂，傍无应援，若群虏合势，共击我军，进则遮前，退则邀后，粮饷路绝，此危道也……近者陕、晋二镇，相继款附，引兵从之，万无一失，不出两旬，洛、汴定矣。"刘知远再次采纳其议，取得了决定性的胜利。

■ 人主昏残 取而代之

后汉高祖刘知远做了不满一年的皇帝后便病逝，其子18岁的刘承祐即皇帝位，是为隐帝。隐帝即位前，苏逢吉、杨邠、史弘肇、郭威奉遗诏处死了杜重威父子，消除了杜氏对后汉社稷的威胁。

高祖在位时将军旅之事委于杨邠、郭威，将百司庶务委于苏逢吉和苏禹珪。此后，二苏在决事时皆随心所欲，不按旧制行事。他们虽然在官吏的用舍黜陟方面为所欲为，但非常善于掩饰，能够将各种事务处理得妥妥当当。高祖因此对他们非常倚重，旁人不敢多言。隐帝即位后，二苏身为辅国大臣，更加为所欲为。

乾祐元年（948年）三月，中书侍郎兼户部尚书、同平章事李涛上疏："如今关西纷扰，外御非常紧急。二枢密（杨邠和郭威）皆佐命功臣，官虽贵而家未富，宜授以要害大镇。枢机之务在陛下目前，易以裁决，逢吉、禹珪自先帝时任事，皆可委也。"杨邠、郭威闻后，向太后泣诉："臣等从先帝起艰难中，今天子取人言，欲弃之于外。况关西方有事，臣等何忍自取安逸，不顾社稷。若臣等必不任职，乞留过山陵。"太后大怒，因此事斥责隐帝。

隐帝不想得罪太后，想进一步重用杨邠、郭威，同时考虑到左右忌恨二苏专权，遂以枢密使杨邠为中书侍郎兼吏部尚书、同平章事，枢密使如故；以副枢密使郭威为枢密使。此后，政事皆决于杨邠。七月，郭威被加任为同平章事。

高祖镇守河东时，其皇弟马步都指挥使刘崇因与当时身为蕃汉都孔目官的郭威争权而产生矛盾。刘崇见郭威执政后，立即以防备契丹为名选募勇士、招纳亡命之徒，修缮甲兵、充实府库，并不再上交财赋，屡不接受朝廷诏令。同时，护国节度使兼中书令李守贞也露出了反叛迹象。隐帝虽然遣将讨伐各地反臣，但收效甚微。为此，隐帝决定派遣朝中重臣前去督战。不久，郭威被封为西面军前招慰安抚使，节度各道兵马。郭威发兵前，用财物犒赏士卒，由此深得人心。在作战期间，郭威非常注重抚慰士卒，能够与士卒同甘共苦，"小有功辄厚赏之，微有伤常亲视之"，"违忤不怒，小过不责"。此后，将士对他更加爱戴和拥护。

在郭威的指挥下，国内叛乱被平定。隐帝渐渐开始骄纵，与左右狎昵。飞龙使后匡赞、茶酒使郭允明因谄媚而受宠。尽管太后屡屡劝诫，隐帝始终不以为意。

西京留守、同平章事王守恩为人贪鄙，专好聚敛。乾祐二年（949年）八月，郭威自河中还朝经过西京。王守恩自恃位兼将相，坐车出迎。郭威大怒，认为他怠慢自己，遂以头子（一种可下命令的身份）之命令保义节度使、同平章事白文珂取代王守恩的留守之职，白文珂不敢违命。王守恩还未回府，白文珂已经走马上任。王守恩回家后，其家属已被逐出府门。朝廷竟不过问，不久诏令白文珂兼任侍中，充任西京留守。

欧阳修论道："自古乱亡之国，必先坏其法制而后乱从之，此势之然也，五代之际是已。文珂、守恩皆汉大臣，而周太祖（郭威）以一枢密使头子而易置之，如更戍卒。是时太祖未有无君之志，而所为如此者，盖习为常事，故文珂不敢违，守恩不敢拒。太祖既处之不疑，而汉廷君臣亦置而不问，岂非纲纪坏乱之极而至于此欤！是以善为天下虑者，不敢忽于微而常杜其渐也，可不戒哉！"由此也可以看出，后汉的迅速灭亡也在情理之中。

郭威回朝后，隐帝用金帛、衣服、玉带、鞍马等犒赏他，郭威辞谢。隐帝又要为他加封方镇，他又辞谢道："杨邠位在臣上，未有茅土。且帷幄之臣，不可以（史）弘肇为比。"九月，隐帝大赏群臣后，又欲特赏郭威。郭威再次辞谢道："运筹建划，出于庙堂；发兵馈粮，资于藩镇；暴露战斗，在于将士；而功独归臣，臣何以堪之！"随后，隐帝加任他为侍中，各地节度使也纷纷受封。好言时事者认为："郭威不专有其功，推以分人，信为美矣。而国家爵位，以一人立功而覃及天下，不亦滥乎！"

十月，契丹入寇河北，其游骑很快抵达贝州和鄴都北。隐帝心忧，派遣郭威督诸将抵御，同时令宣徽使王峻监军。正当郭威在前线辛苦抵御外敌时，隐帝却开始对朝中重臣举起了屠刀。

尤其像郭威这样握有重兵的高级将领，隐帝也不会放过，隐帝令鄴都行营马军都指挥使郭崇威、步军都指挥使曹威杀掉郭威和监军宣徽使王峻。做好一切部署后，隐帝急诏诸道节度使入朝守备。随后令人诛杀郭威和王峻的家人。郭、王二家全部被杀，婴孺无免。

镇宁节度使李洪义为人畏懦，得到诏令后担心王殷已经知道此事，不敢动弹，于是引孟业去见王殷。王殷囚禁孟业后，遣心腹将密诏送往郭威处。郭威立即向枢密吏魏仁浦问计，魏仁浦答道："公，国之大臣，功名素著，加之握强兵，据重镇，一旦为群小所构，祸出非意，此非辞说所能解。时事如此，不可坐而待死。"郭威又召来郭崇威、曹威及诸将，具言杨邠等冤死和密诏之事，然后说道："吾与诸公，披荆棘，从先帝取天下，受托孤之任，竭力以卫国家，今诸公已死，吾何忍独生！君辈当奉行诏书，取吾首以报天子，庶不相累。"郭崇威等皆边哭边说："天子幼冲，此必左右群小所为，若使此辈得志，国家其得安乎！崇威愿从公入朝自诉，荡涤鼠辈以清朝廷，不可为单使所杀，受千载恶名。"翰林赵修已对郭威说道："公徒死何益！不若顺众心，拥兵而南，此天启也。"郭威于是留其养子柴荣镇守鄴都，命郭崇威率领骑兵为前锋，自率大军随后。

当天，郭威便抵达封丘，沿路多有归附。隐帝虽然派兵攻打，但一战而败，士气沮丧。到了黄昏时，隐帝手下的兵马大多归附了郭威。当晚，隐帝独与三位宰相和数十位从官在七里寨住宿，其他人都纷纷逃溃。次日，隐帝被乱兵所弑；苏逢吉、阎晋卿、郭允明自杀；聂文进被斩于逃跑途中。

郭威并不急于称帝，而是征求太后的意见，迎立武宁节度使刘赟。随后，郭威将刘铢、李洪建及其党羽斩杀，并枭首于市，但没有赶尽杀绝，赦免了他们的家人。这时，契丹国主乘后汉内乱之际率领数万骑兵南下，郭威奉太后之命发兵。

郭威率军抵达滑州时停留了几日，刘赟遣使前去慰劳。诸将相视不拜，私下议论："我辈屠陷京城，其罪大矣，若刘氏复立，我辈尚有种乎！"郭威听后，立即率兵向澶州进发。刚要从滑州离开时，突然发生了兵变。郭威立即关闭馆门，将士越墙而入道："天子须侍中自为之，将士已与刘氏为仇，不可立也！"有人将黄旗撕裂披在郭威身上，将士开始大呼万岁。郭威无奈，只得照办，太后遂令他监国。次年春，郭威即皇帝位，改元广顺，改国号为"周"，史称"后周"。

■ 摒除奢华 一心治国

后周太祖郭威建国后以史为鉴，针对社会的种种弊端进行了一系列的改革。

后唐衰落时，国内盗贼四起。国家不再使用律文，而是直接制定严厉的刑罚来加大处罚力度，凡窃盗赃物达到或超过三匹绸布者都要被处死；后晋天福年间稍微有些宽松，以五匹为限。凡是与有夫之妇有染者，不论是强迫还是自愿苟和，男女双方都要处以死刑。到了后汉，汉法，凡盗窃一钱以上财物者都要被处死；即使没有犯下反逆罪行，也要被诛灭家族。太祖即位后，首先就革除了这些弊端。

以前，朝廷仅在边地屯田，令戍兵耕种并上交租税。后唐末年，中原守兵也开始开垦土地。其后，朝廷又招募富户来佃地。户部另设的不隶属州县的官司总领目无法纪，为中饱私囊而造成了丁多无役、容庇奸盗等社会现象，州县无法过问。梁太祖进击淮南后，掠得了千万头牛，然后将这些牛分配给东南诸州的农民，每年向他们收租。数十年过后，牛死而租不免，以至于农民苦不堪言。为了根除这些弊端，太祖下诏："悉罢户部营田务，以其民隶州县；其田、庐、牛、农器，并赐现佃者为永业，悉除租牛课。"有了这个政策，户部当年登记的户数增加了三万。另外，由于能够长期耕种土地，农民开始修葺房屋，并用心照顾田地，收入一年比一年高。有人说："营田有肥饶者，不若鬻之，可得钱数十万缗以资国。"太祖则说："利在于民，犹在国也，朕用此钱何为！"

太祖曾对左右说过："朕起于寒微，备尝艰苦，遭时丧乱，一旦为帝王，岂敢厚自奉养以病下民乎！"他认为贡品"积于有司之中，甚为无用之物"，于是罢去了四方向朝廷进贡的规定。有一次，太祖将后汉宫中的数十件宝玉器物拿出，然后在庭院中把它们砸碎，并说道："凡为帝王，安用此物！闻（后）汉隐帝日与嬖宠于禁中嬉戏，珍玩不离侧，兹事不远，宜以为鉴！"然后告诫左右，不得将各种珍奇异宝带入宫中。

为了治理好国家，太祖广开言路。他下诏说："朕生长军旅，不亲学问，未知治天下之道，文武官有益国利民之术，各具封事以闻，咸宜直书，勿事辞藻。"

在文化方面，太祖为儒学的传播作出了贡献。广顺二年（952年）六月，太祖拜谒了孔子祠。将要行参拜之礼时，左右劝道："孔子，陪臣也，不当以天子拜之。"太祖却说："孔子百世帝王之师，敢不敬乎！"于是虔诚叩拜。后来，他又拜谒了孔子墓，命人修葺孔子祠，并禁止国民在孔林中采樵。另外，他还四处查访孔子、颜渊的后代，提拔他们为曲阜令或主簿。

广顺三年（953年）秋，太祖患了风湿，影响到了饮食和走路；广顺四年（954年）春，太祖病故，终年51岁。

 ## 后周世宗柴荣——英年早逝的英明君主

■ 即位显威 颇得人心

后梁末帝龙德元年（921年），柴荣出生于邢州龙冈（今河北邢台）。随着柴荣的长大，原本兴旺的柴家渐渐衰弱。无奈之下，柴荣投奔了自己的姑母，从而与其姑父郭威（后周太祖）成了一家人。柴荣不仅聪明伶俐、善解人意，而且能够吃苦。郭威非常喜欢这个侄子，再加上自己没有孩子，索性收其为养子。

在郭威的影响下，柴荣开始随军作战。由于表现突出，郭威先后提拔他为左监门卫将军、贵州刺史、天雄牙内都指挥使等。

后周广顺元年（951年）二月，后周太祖郭威封柴荣为镇宁节度使。太祖对其非常器重，精心挑选朝士来辅佐他。广顺三年（953年）三月，柴荣被封为开封尹、晋王。同年年底，太祖病重，很少与朝臣相见，引起了朝野上下的恐慌。为了稳定局势，太祖设计除掉了因功自傲的王殷，并于次年正月令柴荣兼任侍中、判内外兵马事之职。柴荣上任后开始典兵，从而安定了人心。不久，太祖病逝，34岁的柴荣即皇帝位，改元显德。

显德元年（954年）春，后周世宗柴荣刚刚即位，北汉便来入侵。世宗本想御驾亲征，群臣都劝道："刘崇（北汉国主）自平阳遁走以来，势蹙气沮，必不敢自来。陛下新即位。山陵有日，人心易摇，不宜轻动，宜命将御之。"世宗反驳道："崇幸我大丧，轻朕年少新立，有吞天下之心，此必自来，朕不可不往。"

急行途中，后周前锋与北汉兵相遇，将其击退。世宗担心北汉兵逃去，于是催促各军迅速进军。当时，北汉国主按兵不动、严阵以待。由于河阳节度使刘词将的后军还未赶到，后周将士有些畏惧，然而世宗却斗志昂扬，令义成节度使白重赞与侍卫马步都虞候李重进率领左军居西，马军都指挥使兼宁江节度使樊爱能、步军都指挥使兼清淮节度使何徽率领右军居东，宣徽使向训、河中节度使王彦超率领精骑居中央，殿前都指挥使张永德率领禁兵保护他。

战了几个回合后，樊爱能、何徽竟率骑兵逃跑，右军顿时溃散，千余名步兵解甲向北汉国主高呼万岁。世宗见局势危急，自引亲兵冒死督战。在他的感召下，将士士气倍增，终于以少胜多，大败北汉军。

世宗欲诛杀樊爱能等人来严肃军纪，但始终犹豫不决，遂向张永德问计。张永德答道："樊爱能等人从未立过大功，不配持有符节；望敌先逃，死不足惜。陛下正要削平四海，如果军法不立，虽有熊罴之士、百万之众，又如何指挥呢？"世宗将枕头掷于地上，大声叫好，立即将樊爱能、何徽及其军使以上官吏七十余人统统斩首。世宗有罚有赏，作战有功者纷纷受赏：李重进兼任忠武节度使，向训兼任义成节度使，张永德兼任武信节度使，史彦超担任镇国节度使。

不久，世宗经过一番休整后再次发兵，直逼北汉晋阳城（今山西太原）。起初，世宗发兵北征，只是想在晋阳城下显耀一下后周兵势，没有想过攻取。北周兵进入北汉境内后，其民泣诉北汉赋役之重并积极提供军需，其州县也有相继归降者。世宗听说后，遂有兼并北汉之意。随后，世宗派遣使者前去与诸将商议，诸将都认为粮草不足，奏请班师待以后再举兵。世宗不听，下令攻城，结果无功而返。不过，世宗让北汉和前来支援北汉的契丹人看到了后周的厉害。在以后的数十年里，北汉和契丹都不敢轻举妄动。

■ 呕心沥血　为民着想

解除外患后，世宗开始治理国家。从他治理国家的策略和结果可以看出，他是一个不折不扣的明君。

由于宿卫之士累朝相承，朝廷以前为了不伤人情而对他们姑息放纵，造成了宿卫中羸老者居多的局面。这些人渐渐骄蹇、不再受命，每遇大敌要么逃跑，要么投降。之所以会失国，这是主要原因之一。世宗从即位后与北汉首次交战的过程中看到了这个弊端，对侍臣说："凡兵务精不务多，今以农夫百未能养甲士一，奈何浚民之膏泽，养此无用之物乎！且健懦不分，众何所劝！"随后，世宗下令整顿军队，将其中的精壮者升为上军，同时将羸弱者斥去。另外，世宗考虑到各地藩镇多有骁勇之士，于是下诏招募天下壮士来壮大朝中的兵力。此后，"士卒精强，近代无比，征伐四方，所向皆捷"。

世宗经常与群臣商议得失，曾对群臣说："朕于卿大夫，才不能尽知，面不能尽识，若不采其言而观其行，审其意而察其忠，则何以见器略之浅深，知任用之当否！若言之不入，罪实在予；苟求之不言，咎将谁执！"在用人方面，世宗有好几个绝招。

第一，用人不疑，疑人不用。世宗曾对侍臣说："诸道盗贼颇多，讨捕终不能绝，盖由累朝分命使臣巡检，致藩侯、守令皆不致力。宜悉召还，专委节镇、州县，责其清肃。"随后，世宗召回了各地的使臣，将各地事务全权委托当地藩侯、守令，取得了明显的效果。

第二，唯才是举，能者居上。世宗曾对宰相说："朕每每思考创造治世的方略，总是不得要领，常常寝食难安。自后唐、后晋以来，吴、蜀、幽、并各拥兵自立，难以统一，应当令近臣著写《为君难为臣不易论》、《开边策》各一篇，朕将亲览。"王朴、窦俨等能臣都受到了重用。

第三，以诚待人。显德三年（956年）十月，在外镇守十多年的山南东道节度使、守太尉兼中书令安审琦入朝。出朝后，世宗问宰相："你们有没有送送他？"宰相答道："送至城南，安审琦深感圣恩。"世宗叹道："近朝多不以诚信待诸侯，诸侯虽有欲效忠节者，其道无由。王者但能毋失其信，何患诸侯不归心哉！"

在治理国家的过程中，世宗处处为民着想。

世宗即位后，因县官很久没有铸造钱币、民间将钱熔化后做成器皿、佛像等原因，国内钱币越来越少。显德二年（955年）九月，世宗下诏铸造钱币，规定除了县官法物、军器及寺观钟磬钹铎之类的物件外，民间铜器、佛像等物件必须在五十天之内上交官府，并由官府按照其价值补给钱币；如果隐匿不交，藏有五斤以上器物者要被处死。世宗向侍臣解释道："卿辈勿以毁佛为疑。夫佛以善道化人，苟志于善，斯奉佛矣。彼铜像岂所谓佛邪！且吾闻佛志在利人，虽头目犹舍以布施，若朕身可以济民，亦非所惜也。"司马光称赞道："若周世宗，可谓仁矣！不爱其身而爱民；若周世宗，可谓明矣！不以无益废有益。"

显德六年（959年）夏天，39岁的世宗病逝。遗憾的是，在收复失地上虽然取得了一定的成就，但并没统一中原。

南唐后主李煜——填词作赋高手，治国理政一塌糊涂

■ 不爱江山和龙袍　唯好美人与辞令

937年，南唐中主李璟又添一子，取名为从嘉，字重光，这就是南唐后主李煜。李煜出生的这一年，正值其祖父李昇登基，可谓是个好兆头。再加上他出生在七巧节（七夕），更是令人称奇。

李璟有11个儿子，李煜排行第六。然而，命运总是让人捉摸不定，除了能给人带来意外惊喜外，更多的是让人意想不到而防不胜防的厄运，李煜的命运便是如此。

李煜有李弘翼、李弘茂等五位哥哥，本来轮也轮不到他继承帝位。然而，他还是成为了南唐的国君。原来，在李煜的五个哥哥中，除大哥李弘翼活到了19岁外，其他四个哥哥都早早去世了。李煜在皇子中的排位由第六变成了第二。不久，19岁的长兄李弘翼也不幸亡故。太子李弘翼去世后，皇太子位虚悬。959年，李煜被封为吴王，以尚书令参知政事，旋册立为太子，移住东宫。这一年，李煜24岁。

李煜不喜政事，在做太子之前，对朝中政务不闻不问。不过，他醉心于文学，喜欢研究诗词歌赋，终日手不释卷，以读书自娱。再加上中主李璟喜好诗文书画，宫中藏有丰富的书画珍品，李煜从中吸取了丰富的养料。凭着自己的热情与专注，李煜后来在文学、书法和美术上都取得了很大的成就。在文学上，他的诗词广为后人传诵，成为了文学史上的一朵奇葩；在书法

上，他发明了"金错刀书"和"撮襟书"；在美术上，他非常擅长绘画墨竹，对当时和后来都有很大的影响。

正所谓"才子爱佳人"，李煜在做皇子时已经娶了东都留守周京的女儿周娥皇为妻。这一年，李煜18岁，周娥皇19岁。周娥皇天姿国色，舌如丁香，嘴如樱桃，千娇百媚，顾盼生情。不仅如此，周娥皇通经史、会琴棋、善歌舞，尤其精通琵琶。李煜对她宠爱无比，曾作词赞美她的美貌：

晚妆初过，沉檀轻注些儿个。向人微露丁香颗，一曲清歌，暂引樱桃破。

罗袖邑残殷色可，杯深旋被香醪涴。绣床斜凭娇无那，烂嚼红茸，笑向檀郎唾。

961年，中主李璟病死，26岁的李煜即位，将名字由从嘉改为煜。李煜做了皇帝后，周娥皇被册封为皇后。从此，才子佳人在深宫纵情享乐。李煜生活奢华，后宫中的金银玉器琳琅满目，令人目不暇接；御苑里广种奇花异草，每当春暖花开，宫室四处都插上各色香花，清香数里；宫廷中常常歌舞彻夜，饮宴不断。

周娥皇纵情玩乐，每日和李煜游乐不够。然而好景不长，几年后，周娥皇突然病倒，而且一病不起。李煜见心爱的人如此憔悴，伤痛不已。就在这时，周娥皇最宠爱的小儿子李仲宣夭折，给原本娇弱的她带来了沉重的打击。随后，周娥皇病情加重，不久便去世，年仅29岁。

周娥皇是不幸的，又是幸运的。不幸的是与李煜相亲相爱10年，过早弃世而去；幸运的是她没有像汉朝的陈皇后那样，在与汉武帝恩爱10年后被打入冷宫，也没有与李煜一起沦为阶下囚。

李煜在对周娥皇痴情的同时，还与周娥皇的妹妹有暧昧关系。这位小妹也有羞花闭月之貌，而且才艺出众，天真好动，极其逗人喜爱。

开宝元年（968年），李煜册封周娥皇的妹妹为皇后，史称小周后。很快，小周后填补了李煜丧妻后的空虚和悲寂，二人整日如漆似胶，纵情欢爱。

虽然小周后的音律比不上姐姐，却是个下棋的高手，酷爱围棋与象棋。李煜也正有此嗜好，二人常常布局厮杀，以此为乐。一天，李煜与小周后要对弈，命卫士守住宫门，不准任何人奏事。一位大臣向李煜奏报国家入不敷出、国库空虚的情况，另一位大臣要奏报宋朝正在调兵遣将的情况，结果都被卫士挡在宫外。三朝元老大理卿萧俨知道后，怒气冲冲地闯入宫中，将李后主的棋局掀翻在地。随同进来的文武大臣不禁愕然，替萧俨担心。李煜见状，勃然大怒道："你想要效仿魏征吗？"萧俨毫无惧色，愤然说道："臣愿做当年的魏征，也请陛下做当年的唐太宗。如果臣不配做魏征，那么陛下也不配做唐太宗！"几句话说得李后主哑口无言，只好罢弈。

■ 国难临头手脚乱　风流才子空悲切

风流成性的李后主做梦也没想到，自己的好日子就要到头了。宋太祖蓄势已久，做好了统一天下的准备。

周娥皇后去世时，宋太祖派使臣魏丕来吊祭，实际上是想借机让魏丕来打探李后主的心思。魏丕在周后灵前吊唁后，李后主设宴款待。席间，李后主与群臣吟诗。他本以为魏丕不过一介武夫，根本不会吟诗赋词，但出于礼节，还是请他赋诗一首。没想到，魏丕竟一挥而就。其中有这样两句：朝宗海浪拱星辰，莫教雷雨损基肩。李后主君臣看罢，惊诧不已，因为这两句诗体现了宋太祖统一天下的宏图大志。按理说，李煜应迅速做出反应才对，然而只会写诗赋词的他早就被吓破了胆！

不久，宋太祖挥师攻破后蜀，俘虏了后蜀主孟昶。消息传到南唐，南唐举国震惊。李煜暗想：孟昶踞剑阁天险，固若金汤，然而宋军一到，竟顷刻陷落、束手就擒，而我仅凭长江天险，恐怕难敌宋朝虎狼之师！

接着，宋太祖在数日间攻破了与南唐唇齿相连的南汉。南汉被灭后，宋太祖移师汉阳，兵锋直指南唐。李后主坐卧不安，惶惶不可终日。

南唐岌岌可危，国内有识之士自然懂得"覆巢之下，安有完卵"的道理，深为社稷担忧。其实，南唐并不是没有忠臣良将，镇海军节度使林仁肇便是一位智勇双全的大将。他身经百战，屡立战功，就连宋太祖也佩服他的军事才能。而且，林仁肇忠君爱国，为保社稷，专程进京密奏应敌之策。

李后主闻听林仁肇来献御敌之策，自然万分高兴，君臣二人在光政殿密谈。林仁肇胸有成竹地说："宋朝刚刚建国，又连年出兵，淮南诸郡防守薄弱。如今又刚刚对西蜀、荆湖用兵，军士疲惫，兵家称之为'有可乘之机'。恳请陛下派精兵数万，由臣率领，出寿春，过淝水、淮河，直取正阳，依靠那些怀念故国的士民和充足的粮草，收复过去失去的疆土，必将大功告成。臣发兵之日，陛下可派快骑飞报宋朝，就说臣私自举兵反叛。此事若成功，国家享其利；若不成，请诛臣的全家，以表明陛下未参与此事。"

李后主听完林仁肇的计策，吓得龙颜失色，连连摆手道："此乃惹火烧身之策，万万使不得。如照此行事，势必会招来宋兵。"林仁肇还想进一步论证自己所献之策的可行性，然而李后主连听都不敢听了。

李后主的胆小懦弱使南唐失掉了一次防御宋朝南侵的良机，进而加速了南唐的灭亡。

宋太祖对南唐虎视眈眈，步步紧逼，致使李后主恐惧得寝食难安。一天夜晚，李后主从美人儿的绵绵絮语中得到启示，想出了一个对付宋太祖的"良策"。他天真地以为，宋太祖无非是要统一天下，如果承认宋太祖是普天之下的皇帝，向他称臣纳贡，他就不会挥师南下了。于是，李后主委任他的七弟韩王李从善为进奉使，向宋太祖朝贡。

可是，他的如意算盘打错了，进奉使李从善去而不返。原来，李从善到了宋都后，宋太祖封他为泰宁军节度使，赏了他一座豪华宅院。李从善虽然身居异邦、久别眷属，但日子过得倒也快活。他吃着山珍海味，到各处观赏名胜古迹，有众多美女相随相伴。不仅如此，宋太祖对他礼遇有加，常常与其一起品茗、闲聊。

宋太祖之所以留李从善在宋朝任职，一是想让李后主入朝，二是想用反间计除掉林仁肇。

一次，宋太祖亲自带李从善来到一处宅第。这所宅第宽敞华丽，在大厅里挂着一幅夺人眼目的肖像。李从善仔细一瞧，竟是南唐的林仁肇。宋太祖在旁边微微一笑："林仁肇不久就要来我朝供职，这是我为他建造的府宅。林将军为了取信于我，还派人把他的画像送来。"

其实这个反间计用得并不高明，试想：如果林仁肇真的与宋太祖私通，宋太祖又怎会把这件事告诉李从善呢？

然而，就是这个不太高明的反间计把李后主吓得大惊失色，他马上联想到林仁肇曾向他请精兵数万，于是认为林仁肇果真存反叛之心，连夜派人前往南都，以鸩酒毒杀了林仁肇。

国难当头，李后主却轻信谗言，诛杀良将，南唐想不灭亡都难。早在宋太祖刚要谋取江南之际，南唐中书舍人潘佑连续向李后主上了六道奏章，指出南唐国势日渐衰弱的原因，并建议李后主将朝中的酒囊饭袋、误国误民之辈逐出朝廷。李后主曾不止一次亲批奏章，对其观点大加赞赏，但一直未能付诸实施。潘佑盼望祖国强盛心切，眼见经呕心沥血写出的奏章如石沉大海，忍无可忍，于是再上奏章，大肆抨击和批判李后主。李后主龙颜大怒，未及看完就将奏章摔在龙案上。其身旁的奸臣徐铉见有机可乘，马上拾起那份奏章作为证据，罗列潘佑罪名，再加上张洎的附和，李后主愈发觉得潘佑该死，当即降旨赐死潘佑。

宋太祖听说李煜诛杀了林仁肇后，认为攻取南唐的时机已到，决定兴师讨伐江南。发兵时，宋太祖先礼后兵。他命人按照当年给孟昶建宅的规格，给李后主建造了一座宅院，而且曾亲临建筑工地指导。待宅第建成后，宋太祖召李后主乔迁，李后主拒而不受。

975年，金陵被宋军攻陷，李后主做了宋军的俘虏。李后主一家300余口登船渡江北上，百官眷属也一道随行。李煜坐在船舱里，紧闭双眼，一声不吭，心中像打翻了五味瓶一般，很不是滋味：南唐建国已有数十年，昔日南唐之主，如今沦为亡国之君……一切都像做梦一样。于是，他在心中暗吟《破阵子》：

四十年来家国，三千里地山河。凤阁龙楼连霄汉，玉树琼枝作烟萝，几曾识干戈？

一旦归为臣虏，沈腰潘鬓消磨。最是仓皇辞庙日，教坊犹奏别离歌，垂泪对宫娥。

吟罢，他暗自伤感：真不该轻信谗言，乱杀忠良！

船到中流，李后主回首故都，不禁泪如雨下。他感慨万分，内心酸楚无比，情不自禁地写下了下面这首哀婉的诗句：

"江南江北旧家乡，三十年来梦一场。吴苑宫闱今冷落，广陵台殿已荒凉。云笼远岫愁千片，雨打归舟泪万行。兄弟四人三百口，不堪闲坐细思量。"

宋朝大将曹彬将李后主押解到汴京，监于明德楼。

圣旨送到，李后主跪伏在明德楼下，浑身瘫软如泥。太监宣读："皇恩浩荡，封李煜为违命侯。"李后主在侥幸之余，感到了侮辱和讥讽。太监读完圣旨后对李后主说："圣上不杀你，并赐园林宅第一座，你还不快接旨谢恩！"李煜连忙拜谢接旨。

此后，李煜一直过着亡国奴的生活。宋太祖设宴时，召他作诗助兴，召小周后表演歌舞。面对宋太祖的侮辱，李煜无可奈何，只能将这些屈辱深藏在心中，过一天算一天。

宋太祖赵匡胤死后，太宗赵匡义即位。

978年，李煜42岁。在七夕（李后主的生日）这一天，他蘸着血和泪写了《虞美人》：

春花秋月何时了，往事知多少？小楼昨夜又东风，故国不堪回首月明中。

雕栏玉砌应犹在，只是朱颜改。问君能有几多愁，恰似一江春水向东流。

这首词传到宋太宗耳中后，惹怒了宋太宗。他令人赐给李煜毒酒，结束了李煜的生命。

第四篇
宋元明清卷

 宋太祖赵匡胤——善于统兵打仗，精于玩弄权术的开国天子

■ 先受指点后蓄势　陈桥兵变建新朝

后唐天成二年（927年）二月，赵匡胤出生于洛阳夹马营，这就是宋朝的开国皇帝。据传说，赵匡胤出生时，有红光绕室闪烁，且有异香充盈室内，经久不散。

赵匡胤的父亲赵弘殷是后唐的一员高级将领，深受后唐庄宗李存勖的赏识。少年时的赵匡胤不但学习成绩不错，而且同父亲一样，在习武方面也表现得相当优秀，"学骑射，辄出人上"。没过几年，他已经是一个骑射非常娴熟并小有名气的骑手了。

赵家因事受到牵连，家道败落，赵匡胤决定外出闯荡，他投靠了后汉枢密使郭威，做了一名普通的士兵。951年，也就是赵匡胤当兵的第二年，郭威发动兵变，以后周取代后汉。在拥立郭威的过程中，赵匡胤作为禁军中的一员，作战表现十分突出，遂被提拔为东西班行首，成为了一名中级禁军军官，有了安身立命之地。

在以后的几年里，赵匡胤每当外出征战时，都身先士卒，冲锋陷阵，加之自己的机智聪明，为后周立下了汗马功劳。更为重要的是，他在大将柴荣（郭威的养子）面前表现得非常忠诚，逐渐取得了柴荣的信任。

后周显德元年（954年），后周太祖郭威病逝，柴荣即位称帝，为周世宗。柴荣即位后，立即调赵匡胤到中央禁军任职。这时候的赵匡胤，和郭威当年在后汉所处的位置是完全一样的。

柴荣即位后的第二年，北汉对后周发动了进攻，赵匡胤受命随柴荣前往迎敌，双方在高平（今山西晋城东北）展开激战。激战中，后周大将樊爱能、何徽不但没有想办法御敌，反而临阵逃脱，导致后周军队阵脚大乱。赵匡胤临危不乱，建议周世宗将身边的禁军分为二部，一部由张永德指挥，抢占制高点，用箭矢压住敌人的进攻；另一部由赵匡胤本人率领，从左翼冲杀敌阵。这一策略非常有效，北汉军队的锐气被压了下去。随后，后周军队转败为胜，击溃了北汉军队。

高平之战，是中原政权由乱而定、转弱为强的开端，颇为后世史学家称道。这场关系到后周生死存亡的大决战，使赵匡胤更加得到周世宗的赏识。周世宗感到，赵匡胤不是一介武夫，而是一个智勇双全、具有战略眼光的将才。于是，他破格提拔赵匡胤为殿前都虞候，并委以整顿禁军的重任。

在整顿禁军的过程中，赵匡胤未雨绸缪，开始扶植自己的势力。他将自己的生死之交罗彦环、郭廷斌、田重进、潘美、石守信、张琼、王彦升等安排在殿前诸军中任领军，同时又以自己高级将领的身份与其他的中高级将领密切来往，并同其中的石守信、王审琦、韩重斌、李继勋、刘庆义、刘守忠、刘廷让、王政忠、杨光义等结拜为兄弟。这样，赵匡胤在军中建立了一个牢固的势力网，为以后的称霸打下了良好的基础。

后来，赵匡胤因战功被提升为忠武军节度使兼殿前都指挥使。这时，赵匡胤不仅注重在军队中结交武将，也开始结交文人了，赵普、王仁瞻、楚昭辅、李处耘等人都是在这期间成为他的心腹幕僚的。除此之外，他一改从前那种不喜诗书的草莽武夫作风，开始翻阅史书。攻打南唐时，他曾在敌人手中收集到了数千卷史书，令专人携带，供他随时阅读。周世宗对赵匡胤的这些变化颇感惊讶，向其询问。他回答说："我受皇上信任，常感力不从心，所以要多学多闻，增加见识，以不辜负皇帝的重托。"世宗听后，不但不起疑心，反而大加赞赏。

赵匡胤在拓展势力范围的同时，还注意打击敌对势力，除掉异己分子。比如，他逼死了与他对立的宰相王朴，借助周世宗之手杀害了殿前都点检张永德等。

显德六年（959年）六月，周世宗因病去世，其7岁的儿子柴宗训即位，是为恭帝。这时的赵匡胤，掌握军政大权已有6年之久，威望极高，基本上达到了"一声令下，余者皆从"的程度。眼下后周这种"主少国疑"的局面，自然为野心勃勃的赵匡胤夺取后周政权提供了极好的机缘。不过，赵匡胤比较稳重，在周世宗去世后半年多的时间里都没有轻举妄动，而是抓紧时间整顿部队，在朝中广泛安插自己的亲信。

显德七年（960年）正月初一，后周朝廷上下正在庆贺新年。赵匡胤派人假传情报：北汉、契丹联兵南下，攻打后周。宰相范质、王溥借小皇帝之名，令赵匡胤统率禁军北上抵御。

正月初二，赵匡胤领兵出城。当大部队行至离国都开封40里的一个叫陈桥驿的地方时，天色已晚，赵匡胤令军队在此驻扎。

大军扎营之后，士卒们无所事事，便聚在一起窃窃私语。有人说："皇上年幼，我们冒死为国抵御外敌，又有谁知道？不如先立点检为天子，然后再北征。"又有人说："军队出发时，京城里的不少人都在谈论要改朝换代，点检就要做天子了，这是上天的安排。我们不如迎合天意、民意，就立他做天子吧。"士卒的这些话也把一些将领们的情绪煽动了起来，纷纷要求拥立赵匡胤。一直在幕后观望的赵匡胤的弟弟赵匡义见此情景，心中大喜，他走到将士们中间说："改朝换代，虽说是上天有命，实则是在人心。只有万众一心，才能共保富贵。"众将士激情昂扬，颇有些迫不及待。赵匡胤的幕僚赵普见时机成熟，派人连夜返回京城通知赵匡胤的亲信、殿前都指挥使石守信和殿前都虞候王审琦，让他们在京城做好准备，以便策应。此时的赵匡胤心情同样非常激动，在帐中思考着如何应付即将发生的事情。

第二天，天刚蒙蒙亮，众将领弓上弦、刀出鞘，威风凛凛地围在赵匡胤的帅帐四周，齐声高喊："诸将无主，愿立点检做天子！"一遍又一遍，不绝于耳。越匡胤披衣起床，刚打开帐门就见一位将领手拿象征皇权的黄袍。这位将领将黄袍披在赵匡胤身上后，门外的将士齐刷刷地跪在地上，一边向赵匡胤磕头一边高呼："万岁，万岁！"

　　赵匡胤缓步走到众将领面前，神色凝重地宣布："你们贪图富贵，立我为天子。如果能够听命于我则可，否则，我不能为你们的新主。"众人齐声高喊："我们一定听从您的指挥！"接着，赵匡胤先是宣布军纪，严戒任何人抢劫公私财物，严禁杀害后周君臣和黎民百姓；接着派亲信潘美启程，向执掌朝政的宰相范质等人通报情况。待一切安排停当后，他率军回京师开封。早已等候在京城的石守信，率部打开城门，欢迎新主的到来。军队列队而入，井然有序，街道两旁的店铺照常营业，所到之处一派祥和，丝毫看不出改朝换代带来的混乱局面。

　　后周君臣见大势已去，只好宣读匆匆草拟的"禅位制书"，将皇位让给了赵匡胤。这就是历史上有名的"陈桥兵变"。

　　显德七年（公元960年）正月初三，赵匡胤正式宣布定国号为宋，定都汴京（今河南开封），改元建隆。

■ 感化融矛盾　杯酒释兵权

　　赵匡胤初建大宋王朝时，并不能让人人信服。特别是后周朝廷中的老臣，还没来得及选择就成了新天子的臣民，难免愤愤不平。另外，五代时期是一个军阀混战、势力角逐的年代，怀有帝王野心的本来就大有人在，而周世宗去世后出现的那种"主少国疑"的局面，无疑又刺激了这种野心。特别是手握军权的人，在陈桥兵变之前，也想采取赵匡胤的手段实现自己的帝王梦。赵匡胤的捷足先登使他们失去了一次机会，但并没有打消他们的野心。

　　面对这种局势，宋太祖与赵普等人认为，目前的首要任务是暂时笼络住后周旧臣，然后再寻找缓解局势的方法。为此，宋太祖对后周旧臣实行了官位依旧、全部录用的政策，并在重大决策上征询他们的意见，使他们基本上消除了戒备、不安的心理，并很快成为新王朝的积极拥护者。

　　为了保证对后周旧臣笼络和收买的成功，宋太祖毫不留情地处理了朝中欺凌旧臣的权贵们。京城巡检王彦升是当时兵变入城的先锋，自恃拥立有功，便横行不法。一天半夜，他以要见宰相之名去敲宰相王溥的门，吓得王溥全家惊恐不安。他让王溥摆酒为他宵夜，并乘机敲诈了一大笔银子。宋太祖知道此事后，立即将王彦升贬为唐州刺史。

　　虽然当上了皇帝，但宋太祖非常清楚，他亲自参加过拥立后周太祖郭威的行动，深知兵权对于皇帝宝座的重要性。现在，他结盟的义社十兄弟以及其他曾同他一起冲锋陷阵的兄弟们，威望并不比他低且又拥有重兵，使他感到了潜在的威胁。他想收缴兵权，又有些不忍心，毕竟这些人曾与他同甘共苦过，为他赴汤蹈火过。宋太祖举棋不定，去找赵普商量。赵普说："他们本人是不会背叛您的。在我看来，他们都不具备您这样统御天下的才能。但万一他们手下的人要拥立他们，也就由不得他们本人了。"赵普的一番话，终使他痛下了决心。

　　建隆二年（公元961年）七月，宋太祖召来石守信、王审琦等高级将领，设便宴招待他们。酒过三巡，太祖以亲切而忧虑的语气说："没有你们的拥戴，我不能有今天。你们的功德，我是永远不会忘记的。但是，做皇帝也太难了，真不如做节度使快乐，我整夜都睡不安稳啊。"

石守信等忙问："有什么难事，让您睡不安稳呢？"

宋太祖说："这还不明白，皇帝的位子谁不想坐？"

宋太祖话音刚落，石守信等惊慌不已，赶紧跪下说："陛下怎么说这样的话呢？现在天命已定，我们哪个还敢有半点异心呢？"

宋太祖说："那也未必。即使你们无异心，你们手下的人难道也没有吗？一旦他们贪图富贵，将黄袍披在你们身上，你们不想当皇帝怕也不行了。"

石守信等人一听此话，吓得不知所措，赶紧叩头，请宋太祖给他们指出一条路来。

宋太祖长叹一声说道："人生如白驹过隙，转眼即逝。那些追求大富大贵的人，不过是想多积些金钱，除了供自己吃喝玩乐外，也使子孙们过上好日子。我想你们也不会不这样想吧？既然这样，你们何不放弃兵权，回去当个地方官，买些好田地，给子孙们创立个永久的基业，快快活活地过完一辈子呢？这样，我们君臣之间上下相安，两无猜忌，不是更好吗？"

石守信等听后无言以对，只得叩头谢恩。第二天，石守信等功臣将领纷纷称病请罢兵权。宋太祖非常高兴，对他们安抚一番后，当即宣布免去石守信、高怀德、张令铎、罗彦环等人的禁军职务，让他们到外地担任有名无实的节度使。

为了进一步"安抚"被释去兵权的石守信等人，宋太祖还表示要和他们结为亲戚。不久，赵匡胤把他的妹妹嫁给了高怀德，女儿延庆公主、昭庆公主则分别下嫁石守信之子和王审琦之子。赵匡胤的这些措施不仅使石守信等人获得了心理平衡，而且也避免了"鸟尽弓藏、兔死狗烹"历史悲剧的重演。

这就是历史上被传为趣谈的"杯酒释兵权"。

宋太祖解除禁军将领军权后并不安心，因为他感到这种禁军军事制度仍然是一块能够产生新生实力人物的土壤，必须加以改良，才能从根本上铲除隐患。因此，宋太祖在解除禁军将领军职的时候，顺便撤销了一些重要职务。比如，他在任命慕容延钊为节度使时，撤除了殿前都点检一职；在解除石守信等军职时，又撤销了侍卫马步军都指挥使一职。经过一番改制后，禁军中形成了由官职较低的殿前都指挥使、侍卫马军都指挥使、侍卫步军都指挥使分别统领的"三衙分立"制度。它们之间互相牵制，均直接听命于皇帝。这样一来，就限制了权力的过分集中，使那些武将们难以在禁军中形成根深蒂固的势力。

■ 脱下龙袍换战袍　南方刚定与世辞

安定国内后，曾为沙场战将的宋太祖并没有收起甲胄和刀戟。因为他的抱负不限于目前这个小小的国家，他要创立秦始皇那般统一天下的伟业。

当时，在割据政权并存的中国大地上，还有一个远在北方的辽国。辽和宋是当时两个国力最强、最具备统一中国条件的政权。与辽国相比，宋朝的经济和军事实力都不如辽国。宋朝建国时，辽已立国四十余年，幅员辽阔，"城郭相望，田野益辟"，经济实力远比饱受五代战乱之害、尚未得以恢复的宋强大；军事上，宋初只有禁军19万，且以步兵为主，而辽有军队50万，且以擅长骑射的骑兵为主。如果在两国交界的燕山以南、一望无际的华北大平原上交战，辽军在数量上和兵种上都处于有利地位。若正面交手，宋军必败无疑。并且，除了辽以外，北有北汉，南有南汉、南唐、吴越、荆南等小国。要想统一全国，必须将它们一个个拿下。

宋太祖采纳了丞相赵普的建议，决定采取"先南后北"的战略方针。待平定南方、实力雄厚后，再举兵北上，完成统一大业。

宋太祖征伐的第一个目标是由高继冲盘踞并统领的荆南。荆南主要位于今天的湖北一带，不但"仓廪充实"、"五谷丰登"，而且"东距建康"，"西达巴蜀"，是连接南唐和后蜀的战略要地，也是宋太祖西征南下的要冲。荆南兵力不强，民困于暴敛，不难攻取。尽管如此，宋太祖还是想师出有名。

建隆三年（962年），割据湖南的周行逢病死，由11岁的儿子周保权袭位。诸大将不服，纷纷起来反对。周保权一面派兵抵抗，一面向宋朝求援。宋太祖当即派兵，借假道荆南、援助周保权的名义，一箭双雕，灭掉了这两个割据政权，取得了统一中国的首次胜利。

平定了荆、湖以后，"水陆皆可趋蜀"。乾德二年（964年）十一月，宋太祖以后蜀欲勾结北汉伐宋为由，派大将王全斌、曹彬分兵两路，仅用了66天的时间，就消灭了号称"天府之国"的后蜀。

宋太祖在南征时，念念不忘恢复后唐旧疆，平定北汉，收复燕云十六州，故在攻灭后蜀后，曾两次出兵讨伐北汉，但均因契丹（辽国）的增援而未成功。此志未遂，宋太祖便把平定江南诸国所得到的金帛运回汴京，建立了专门的库房，准备贮满500万缗之后，向契丹赎回燕云十六州；或以此为军费，建立更强大的军队，打败契丹，夺回失地。

开宝三年（970年），宋太祖调兵越过五岭，灭掉了定都番禺的南汉。这时，江南的大部分割据政权已被平定，只剩下定都金陵的南唐和定都杭州的吴越了。此时的南唐，处于三面受敌的窘势之中。迫于压力，南唐中主李璟在位时已主动要求取消国号，并放弃了皇帝的称号而改称"江南国主"。但是，宋太祖仍不善罢甘休，派重兵围困南唐。只会吟风弄月的南唐李后主对宋朝的进攻不知所措，就派大臣去问宋太祖为何要讨伐江南？宋太祖笑而答道："江南无罪。只不过天下应为一家。卧榻之侧，不容他人鼾睡。" 开宝八年（975年），宋军发起总攻，金陵城破，南唐自此灭亡。

灭掉了南唐后，南方只剩下吴越一国。宋太祖没有急于出兵，因为他对频繁的战争也非常厌倦。开宝九年（976年）春，宋太祖召吴越王（在灭掉南唐以前，吴越政权已上表称臣，接受宋朝官职，不再称帝）钱镠入朝，表示见面之后即发归，决不食言，钱镠诚惶诚恐地携带妻子北上。此时，吴越上下一片惊慌，均认为此去凶多吉少。为了祈求神明保佑钱王平安无事，臣僚们在西湖边宝石山上建造了"保俶塔"。钱镠进京后，宋太祖并没有难为他，如约将其放回，只是临走时赐给他一个黄包，让他途中拆看。钱镠打开黄包看后才知道，这些全都是宋朝臣僚们要求扣留他的章疏，使得他对宋太祖既感激又恐惧。不过，宋太祖没有看到吴越向宋朝献地的那一天。

同年十月，宋太祖去世，其弟赵光义即位。赵光义即位后，吴越王自愿将吴越的土地献给宋朝。至此，南方得到统一。

宋太宗赵炅——功大于过的宋朝二代君王

■ 兢兢业业 文武兼备

后晋天福四年（939年），宋太祖赵匡胤之弟赵匡义出生。长大后，赵匡义开始跟随其兄赵匡胤出征。在他22岁的时候，赵光胤建立大宋。为了避讳，赵匡义更名为"光义"。开宝九年（976年），宋太祖暴死，赵光义即皇帝位，于同年十二月改元太平兴国，随后更名为"炅"。

太宗即位后，就开始兢兢业业地工作。他派人对各地官吏进行考察，大力罢免为政懈怠懒惰者。太宗对戎事特别关注，每次罢朝后都会亲自检阅禁兵，后又令人建筑讲武台，然后与文武大臣一同登台观看士卒操练。检阅过程中，士卒按号令列阵，南北绵延二十里，甚为雄壮。在太宗的经营下，宋朝的军事实力迅猛增强。太宗曾兴奋地说："此朕藩邸时所服者也。"

在文化遗产的保留上，太宗也作出了很大的贡献。太祖刚建国时，朝中三馆所藏书卷仅有一万二千多卷。等到削平诸国后，太宗将蜀、江南等地的大量图籍收入宫中，共获得蜀书一万三千卷，江南书二万多卷。同时，太宗还下诏鼓励各地献书。经过一番搜集后，宫中图籍达到了前所未有的盛况。太宗去三馆巡视时，觉得三馆狭窄，对左右说："此岂可蓄天下图籍，延四方贤俊邪！"于是诏令有司另外再修建三馆。新三馆竣工后，太宗赐名"崇文院"，并将旧馆中的书卷全部搬往其中，多达八万卷。

在财用方面，太宗将左藏北库划为内藏库。之所以要这么做，他对左右解释说："朕另置内库，是考虑到负责财务的大臣不能节约，一旦超支又要向百姓多征收赋税。"

在治理国内事务的同时，太宗还想完成太祖统一天下的遗愿。太平兴国四年（979年）正月，太宗问枢密使曹彬："周世宗及我太祖，皆亲征太原（北汉京师，代指北汉）而不能克，岂城坚壁完，不可近乎？"曹彬回答道："世宗时，史超败于石岭关，人情震恐，故师从。太祖顿兵甘草地中，军人多被腹疾，因是中止。非城垒不可近也。"太宗又问如今是否可以举兵，曹彬回答："国家兵甲精锐，人心欣戴，若行吊伐，如摧枯拉朽耳。"太宗遂决定攻城。

交战时，太宗身披甲胄，亲冒矢石指挥军队。左右有人劝谏，太宗说："将士争先恐后地在刀箭下为朕效命，朕岂能坐观！"诸军听后更加勇猛，都冒死登城。不过，由于太原城异常坚固，宋军还是花了几个月的时间才将其攻下。

■ 无为而治 勤政爱民

平定北汉后，太宗意识到，战争过于频繁，天下需要休养生息。所以太宗暂时不再征讨，而是忙于治理内部，保证了国内的安定繁荣。太宗亲自审决案件，能够从隐微处发现冤情。在他的感召下，国内很少出现冤案。太宗曾对赵普说："朕每读书，发现古代帝王多妄自尊大，这样一来，谁敢犯颜言事！如果不放下架子来纳取良言，就是自蔽聪明。有些帝王以自己的喜怒来进行赏罚，这样如何能得民心！"又曾对近臣说："朕每读《老子》时，一读到'兵者不祥之器，圣人不得已而用之'，未尝不再三思索，以此为戒。王者虽以武功克定，但终要用文德来创造治世。朕每退朝都不忘看书，就是想以古鉴今，尽量不犯错误。"

太平兴国八年（983年），太宗览阅了福建的版籍后对宰相说："陈洪进统治漳、泉二州时，赋税过重，百姓难以生存。朝廷免除了那里的赋税后，那里的百姓都对朕感恩戴德，朕一想到此事就会感到高兴。"又曾对赵普说："以前朝廷有几百种赋敛形式，朕要将其全部废除。再过几年，朕还要尽减百姓租税。爱卿记住朕说的这些话。"赵普说："陛下爱民之意发自天心，只要能力行，就是天下的大幸！"

太宗喜欢读书，诏令史馆纂修《太平总类》，并令其每天呈上三卷。有人建议："日阅三卷，恐圣躬疲倦。"太宗则说："开卷有益，不为劳也。此书千卷，朕欲一年遍读。"不久，将此书改名为《太平御览》。

雍熙元年（984年）五月，太宗去城南巡视百姓收麦，并赐钱给割麦者。回朝后，太宗在玉津园观鱼时对近臣说："朕观五代以来，帝王开始时都很勤俭，晚年便会忘掉创业的艰难，导致国家覆亡。在人上者，当以此为戒。"

太宗于雍熙三年（986年）再遭败绩后彻底打消了攻伐的念头，开始一心一意地治国安邦。在此期间，太宗重用贤臣、罚不避亲、体恤百姓、勤俭持国，值得后人称赞。

端拱元年（988年）五月，太宗在崇文院内设置密阁，并从三馆中抽出万余卷书存放其中。他对臣子说："人君应当淡然无欲，不能在众人面前露出嗜好，否则身边就会有奸佞之人。朕无其他爱好，只是喜欢读书，多见古今成败，善者从之，不善者改之，如此而已。"

开封尹许王赵元僖因受到御史中丞的弹劾而感到不平，于是向太宗奏请："臣是天子之子，因冒犯中丞被审，希望能得到宽恕。"太宗说："这是朝廷的仪制，谁敢违反！朕若有过，臣下尚加纠摘；你身为开封府尹，怎可不依法受惩？"

端拱二年（989年），右正言直史馆王禹偁上奏："备边之策，在外任其人而内修其德耳。在外者，一曰兵势患在不合，将臣患在无权……二曰侦逻边事，罢用小臣。小臣虽有爱君之名而无爱君之实，边疆涂炭而不尽奏，边民哀苦而不尽言……三曰行间谍以离之，因衅隙以取之……四曰边人自相攻击，中国之利也……五曰下哀痛之诏以感激边民。在内者，在省官吏，慎选举，信用大臣，禁止游惰。望陛下少度僧尼，少崇寺观，劝风俗，务田农，则人力强而边用实矣。若军运劳于外，游惰耗于内，人力日削，边用日多，不幸有水旱之灾，则寇不在外而在内也。惟陛下熟计之。"太帝阅览后深加叹赏，宰相赵普对其也非常器重。

同年，自三月至五月都没有下雨。太宗颁布了一些赦免措施后，竟然下起了雨。太宗遂对侍臣说："为君当如此勤政，即能感召天和。如后唐庄宗畋游经旬，大伤苗稼，及还，乃降敕蠲放租税，此甚不君也。"枢密副使张宏说："庄宗不独如此，尤惑音乐，乐籍中获典郡者数人。"太宗说："人君节俭为宗，仁恕为念。朕在南府，音律粗亦经心，今非朝会，未尝张乐；鹰犬之娱，素所不好也。"

淳化元年（990年），太宗令左藏库毁掉所有储藏的金银器皿。有司建议："中有制作精巧者，欲留以备进御。"太宗拒绝道："汝以奇巧为贵，我以慈俭为宝。"太宗本性节俭，退朝后常穿平民衣服，也很少增添给用。

淳化二年（991年），并州上报说有四百多名契丹人内附。太宗遂对近臣说："国家若无外扰，必有内患。外忧不过边事，皆可预防；惟奸邪无状，若为内患，深可惧也。"

淳化三年（992年），太师赵普去世。太宗闻后悲悼，对近臣说："普事先帝与朕，最为故旧。向与朕尝不足，众人所知；朕君临以来，每待以殊礼，普亦倾竭自效，真社稷之臣也。"随后废朝五日，以尽哀悼。

至道三年（997年），太宗去世，终年58岁。

 宋真宗赵恒——有帝王之缘、无帝王之能的平庸天子

■ 文治出色 武略平庸

开宝元年（968年）十二月二日，太宗第三子赵恒出生。赵恒幼时聪睿，与诸王嬉戏时喜欢摆阵并自称元帅。太祖赵匡胤非常疼爱他，曾抚摸着他的头问他："天子好作否？"答道："由天命耳。"

至道三年（997年），太宗病逝，28岁的赵恒即皇帝位，是为宋真宗。

真宗即位后，采取了一系列获取民心的措施：罢黜奸臣李昌龄、王继恩、胡旦、潘阆等人；放归长期被幽闭于宫中的嫔御；诏令天下不准再献珍禽异兽及各种祥瑞等。

为了方便询问各地政务，真宗还将全国分为京东路、京西路、河北路、河东路、陕西路、淮南路、江南路、荆湖南路、荆湖北路、两浙路、福建路、西川路、峡路、广南东路、广南西路等十五路。

在朝中大臣的辅佐下，真宗减免租税、严格选拔官吏、肃清朝中奸党。在治国的过程中，真宗令人修纂《太宗实录》，并常常阅读《太祖实录》和《太宗实录》，向伯父和父亲学习治国经验。

在处理政务上，真宗做得不错；但在处理军务上，真宗却没有多大能耐。真宗即位后，辽国仿佛摸到了宋朝的软肋，于是开始侵扰宋朝边境，而且规模越来越大。

景德元年（1004年）九月，萧太后以大将萧挞凛、萧观音奴为先锋，率大军20万，倾全国兵力南征。辽军避重就轻，直抵黄河北岸的澶州（今河南濮阳）。澶州的对岸，就是北宋的都城——开封汴梁。战报传到宋廷，朝野上下一片惊慌，宰相寇准建议真宗御驾亲征。

鉴于宋太宗高梁河惨败的教训，宋真宗一直有畏辽如虎的心理，听到寇准的话后立即要回内宫。翌日，朝中争执不下。不少大臣不但不主张真宗亲征，甚至还力劝真宗做迁都之议。参知政事王钦若是江南人，主张迁都金陵；金枢密院事陈尧叟是四川人，主张迁都成都。堂堂副宰相级别的中枢重臣竟公然主张不战而逃，宋人对辽国的畏惧程度可见一斑。寇准大怒，声色俱厉地要求将主张迁都的人斩首，逃跑派的气焰才一时被遏制。此时，寇准再一次提出要宋真宗领兵亲征："皇上亲征，人心振奋。文武大臣通力合作、同仇敌忾，辽军自可退去。若辽

军来攻，我们可出奇计骚扰，打乱其进攻计划；也可以坚守不出，使辽军疲惫不堪，再乘机打击。若退至江南或是四川，则人心动摇，辽军乘势深入，大宋江山还能保得住吗？"寇准的意见得到了宰相毕士安、武将高琼等人的支持。宋真宗虽不情愿，但受形势所逼，遂同意亲征。真宗在寇准陪伴下出现在两军阵前，宋朝士兵高呼"万岁"，声传数十里。

萧太后见宋军斗志昂扬，再加上先锋官萧挞凛在察看地形时被宋军伏弩射死，感觉到此战不利，遂要与宋军议和。宋真宗本来就对亲征三心二意，终日提心吊胆，见萧太后同意议和，便急忙派曹利用前去磋商。萧太后见宋使前来，故意吊宋廷的胃口，提出要宋朝退出后周柴荣时收复的关南之地，曹利用当即回绝，并回去复命。这期间，宋辽之间的摩擦不断，互有胜负。萧太后见天气逐渐转冷，担心旷日持久会生变异，于是开始了第二次谈判。宋真宗告诉曹利用只要不割地，就是多献100万金帛也无所谓。

宋辽经过谈判，终于达成协议——"澶渊之盟"。澶渊之盟规定：辽宋为兄弟之国，辽圣宗年幼，称宋真宗为兄，宋真宗尊萧太后为叔母；以白沟河为国界，此后凡有越界盗贼逃犯，彼此不得收匿；两朝沿边城池，一切如常，不得创筑城隍；宋每年向辽提供"助军旅之费"银10万两，绢20万匹；双方于边境设置榷场，进行互市贸易。

澶渊之盟后，宋辽各自罢兵。从此，宋辽双方进入了百余年相对稳定的和平时期。萧太后在第二年下令在双方边境开设榷场进行贸易，加强了两国的经济文化交流，对宋辽双方社会经济的稳定发展和人民生活的改善乃至民族融合都有积极意义。

■ 粉饰太平 自欺欺人

随着战事的平息，真宗开始渐渐腐败，最突出的是听信奸臣之言，采用自欺欺人的方法来粉饰太平。

王钦若与寇准一向不和，见其因平息战乱有功受宠而心生恨意。景德三年（1006年）的一天，寇准在真宗会朝时先行告退。真宗目送寇准离开，王钦若乘机进言："陛下敬畏寇准，为其有功社稷邪？"真宗："然。"王钦若说："澶渊之役，陛下不以为耻，而谓准有社稷功，何也？"真宗愕然，王钦若解释道："城下之盟，《春秋》耻之。今以万乘之贵而为澶渊之举，是盟于城下也，何耻如之！"见真宗有不悦之色，王钦若继续说道："陛下闻博乎？博者输钱欲尽，乃罄所有出之，谓之孤注。陛下，寇准之孤注也，斯亦危矣！"此后，真宗渐渐疏远寇准，更加亲近王钦若。不久，寇准被罢为刑部尚书、知陕州，参知政事王旦被擢升为工部尚书、同平章事。

自从听了王钦若的那番话后，真宗常常怏怏不乐。一日，他问尚书左丞王钦若该如何为国雪耻。王钦若知道真宗没有心思举兵，于是故意说只要夺回燕云十六州就可以洗刷耻辱。真宗立即找借口："河朔生灵，始得休息，吾不忍复驱之死地。卿盍思其次？"王钦若遂建议真宗封禅，以此来镇服四海、夸示戎狄。然而，要想封禅，必须要等到天降祥瑞。王钦若知道真宗会考虑到这一点，于是建议采用人为的方式得到天瑞，说得真宗有些心动。

很快，真宗决定采用王钦若之意。不过，要想保证封禅的顺利进行，必须要征得宰相王旦的同意。为此，真宗召其入宫赴宴。宴毕，真宗赐给他一壶酒并说道："此酒极佳，归与妻孥共之。"王旦回到家中打开一看，发现酒壶中装满了珍珠。此后，王旦对封禅一事不再持有异议。

此后，真宗不断地耗费大量人力、物力和财力大行封禅之事。真宗沉浸在自己编织的太平梦中"只愿长睡不愿醒"，结果将战后本可以用来增强国力的大好时光白白浪费掉，为宋朝的繁荣富强增添了更多阻力。

乾兴元年（1022年）二月二十日，55岁的真宗去世。

宋神宗赵顼——有心强国、无为而终

■ 苦心孤诣 推行新法

庆历八年（1048年）四月，英宗长子赵顼生于濮王宫。赵顼天性勤学好问，以致废寝忘食，英宗曾遣内侍去劝止。治平元年（1064年），赵顼晋封为颍王，十二月被立为皇太子。治平四年（1067年），英宗病逝，20岁的赵顼继位，是为神宗。

神宗是位胸有大志的青年君王，刚刚坐上皇帝宝座的他就决心改变北宋王朝积弱不振的局面。神宗痛定思痛，觉得唯有改革才能重振朝纲、富裕百姓。

王安石做了翰林学士后，神宗常与他言及政治。经过一段时间的考察后，神宗觉得王安石是个人才，就拜王安石为参知政事，令其具体实施变法。王安石首先设置了制置三司条例司，作为变法的总机构。变法以理财为中心，对政治经济进行全面改革。此后，一场继"庆历新政"后的革新运动轰轰烈烈地全面铺展开来。

王安石充分表现出了政治家的果敢，对那些企图阻止变法的人毫不手软，坚决驳斥甚至外贬。同时，他把一些政治地位较低、资历较浅而又赞成新法且有才能的人提拔上来，集结在自己周围，使他们成为了变法派的中坚力量。韩琦、富弼、欧阳修等人纷纷自求外任或隐退，吕惠卿、曾布、章惇等人纷纷被升迁。面对如此频繁的人事调动，苏轼十分不满，为曾巩、欧阳修鸣不平。

熙宁四年，苏轼借机向神宗进言，劝他不要"求治太急，听言太广，进人太锐"。在神宗的支持下，王安石将苏轼降为事务繁杂的开封府推官，"以多事困之"。

王安石虽然在大刀阔斧地进行改革，但有用人不当的地方，使得一些奸诈之徒乘机爬了上来，如谢景温、吕惠卿、舒亶、曾布、章惇等人。这些小人打着变法的幌子，疯狂迫害反对变法的正直官吏，苏轼就是被迫害致死。另外，变法的彻底性危及到皇族的利益，而新法又非尽善尽美，从而使反对变法的人有了借口。在这种情况下，王安石本人遭到了诬陷和迫害。经过两次罢相后，王安石不再参与政治。

但变法并没有结束，失去了王安石这个得力助手的神宗苦心孤诣，继续坚持着王安石的变法路线，并且不断完善新法。在王安石和神宗的努力下，宋朝的社会面貌得到了很大的改观。

不过，神宗在支持王安石的时候，并没有对其言听计从。对于有能力而又坚决反对变法的大臣，神宗虽然没有听取他们的建议，但却能庇护他们。比如，王安石多次弹劾司马光，神宗不为所动，仍然对其非常器重。后来，司马光完成了《资治通鉴》，为后人留下了宝贵的历史资料。

■ 主动出击　壮志未遂

熙宁元年（1068年），前建昌军司理参军王韶呈《平戎策》三篇，陈述了收复边疆的策略：先以恩信招抚沿边诸族，再以威令制服河湟，然后便可对西夏用兵。神宗大喜，以其为夏管句秦凤经略司机宜文字。

在王韶的劝导下，青唐城最大的蕃部俞龙珂于熙宁四年（1071年）率领所属的12万人口内附宋朝。俞龙珂归朝后奏请，"臣平生听说包中丞（包拯）是朝廷忠臣，乞赐姓包氏。"神宗遂赐其姓包，并为之取名为顺。

熙宁五年（1072年），因功擢升为秦凤路沿边安抚使的王韶引兵攻打渭源羌人，先后攻破蒙罗角、乞神平、抹耳水巴族等部，并最终收复了河州。收复河州后，王韶又攻克宕州，并继续向洮州进发。等到王韶攻入岷州后，叠、洮二州的羌酋立即前往军中投降。这次战争，宋军经过了54天，行程达1800里，收复五州，斩首数千级，获得的牛羊马匹数以万计。

此后，在对边疆的战事中，神宗没有太多的建树。元丰八年（1085年），神宗因病去世，年仅38岁。

宋徽宗赵佶——重文轻武，客死他乡

■ 勤奋好学　擅长书画

元丰五年（1082年），宋神宗第十一子赵佶出生，这就是后来的宋徽宗。

据史料记载，赵佶在做皇帝之前，是一个多才多艺且好学上进的皇子。当时的皇家贵戚子弟大多追逐声色犬马，唯独他每日潜心研究书法、丹青、图史、射御等，在朝廷内外都有着很好的口碑。

元符三年（1100年）正月，宋哲宗病死。哲宗死后，向太后与几位朝廷重臣经商讨后，决定立哲宗同父异母的弟弟赵佶继位。赵佶之所以能即位，主要得力于向太后的支持。

向太后是神宗皇后，河内（今天河南沁阳）人。她是真宗朝名相向敏中的曾孙女，因知书达礼、端庄贤惠而被选入宫立为皇后。元丰八年（1085年），宋神宗崩于福宁殿，太子赵煦即位，是为宋哲宗。宋哲宗即位后，向太后在朝中的威望不减。

哲宗死后，在朝宰相章惇主张立简王似（宋神宗第十三子，与哲宗同为神宗朱德妃所生），向太后以"老身无子，诸王皆神宗庶子"为由，反对章惇。章惇又提出若按长幼，应立申王，向太后以"申王病，不可立"为由，反驳章惇，并认为端王赵佶仁孝端正，且有福寿之相，于是坚决主张由赵佶即位。章惇则认为赵佶太轻佻，不适合做君临天下的皇帝。不过，章惇在朝中并不能一手遮天。向太后在知枢密院事曾布、尚书左丞蔡卞等人的支持下，还是立了赵佶。

宋徽宗是一个不合格的皇帝，却是一个合格的艺术家。

在书法上，宋徽宗独创了独步天下的瘦金体书法，为后世留下了《瘦金体千字文》、《欲借风霜二诗帖》、《夏日诗帖》、《欧阳询张翰帖跋》等作品。宋徽宗在绘画领域也有很高的造诣，称其为大师毫不过分。《祥龙石图》、《芙蓉锦鸡图》（现藏于故宫博物院）、《翠竹双雀图》（藏于美国大都会博物馆）、《瑞鹤图》（藏于辽宁博物馆）、《柳鸦图》、《四禽图》（藏于上海博物馆）、《雪江归棹图》等都是他的作品。

■ 宠信奸臣 民不聊生

宋徽宗即位之前就爱好书画，即位之后更是痴迷。他在宫中专门设立了一个御前书画所，由著名书法家米芾等人掌管，其中收藏了数以千万计的珍品，一万余件钟鼎，全是商周秦汉之物。在他贮藏文房四宝的大砚库中，仅端砚就有3000余方。他命人将历代著名书画家的资料加以整理，编写成《宣和书画谱》，为后世美术史研究留下了珍贵的史料。

为了使自己在绘画领域"雄冠天下"，宋徽宗置朝政于脑后，用整整三年的工夫临摹了宫中所藏的汉代毛延寿等37位名家的全部传世佳作。

人一旦有了偏好，就容易被人控制和利用，更何况是当朝皇帝。宋徽宗醉心于书法和绘画，一些奸臣自然会投其所好，从中获利。也正因为如此，朝中奸臣当道，朝纲腐败不堪。

当时，蔡京、朱勔、王黼、李彦、童贯、梁师成并称为"六贼"。其中，以蔡京为最。蔡京满腹才华，但人品却不佳。他是一个奸诈狡猾的投机分子。神宗时，他积极支持新法；司马光废除新法时，他又积极响应；哲宗上台后，恢复新法，他同样积极响应。向太后看清了他这个"变色龙"的真面目，将其赶出朝廷。不料，徽宗即位后，竟重新起用蔡京。原因有二：其一，蔡京写得一手好字，能够与徽宗同乐；第二，蔡京既有才华又会察言观色，常能引经据典为徽宗开脱，甚讨徽宗欢喜。《听琴图》是宋徽宗的代表作之一，这幅画的描绘技法出神入化，令人叹为观止。画面上有两个主要人物，弹琴者他本人，而听琴者则是大奸臣蔡京。由此可见，他们的关系非同一般。

大概是艺术家与生俱来的天性所致，宋徽宗酷爱稀奇古怪的石头。其实，赏玩石头倒无可厚非，可一旦皇帝的爱好与奸臣的逢迎结合后，就会产生可怕的后果。

以蔡京、童贯、梁师成为首的几大奸臣抓住徽宗的癖好，搞了一场轰轰烈烈的"花石纲"运动，把北宋引上了灭亡的道路。当时，成批运送的货物被称作"纲"。用大批船只向京城运送奇花异石，遂被称为"花石纲"。据史料记载，向朝廷进贡花石的现象并不普遍，而且数量有限。可宋徽宗见到奇石便赞赏不已，给进贡者加官晋爵，从而在当时掀起了一股热潮。

政和年间，安徽灵璧县进贡一块巨石，高、宽均两丈有余，用特制大船运送到京师汴梁。因石头太大，在拆了城门后才被运进城。徽宗大喜，亲笔御题"卿云万态奇峰"，并加金带一条悬挂石上。不久，太湖鼋山采得一奇石。此石玲珑剔透，巧夺天工，长4丈、宽2丈。另有一树，据说是唐代大诗人白居易亲自栽种，名曰公桧。为了把这两个"尤物"运抵汴梁，特造了两艘大船，花费了八千贯钱（相当于当时200户人家一年的生活费）。

"花石纲"持续了20多年，形成了一场真正的灾难。

宋徽宗还有一个嗜好，即"微服潜行"———偷偷溜出皇宫去逛妓院。虽然宫中佳丽三千，但青楼粉佳对他更有吸引力。特别是自从见到京师名妓李师师后，他简直到了神魂颠倒、如醉如痴的地步，将后宫佳丽尽抛脑后，闹得满城风雨。

■ 玩火自焚 国破家亡

徽宗虽然没有什么治国安邦的才能，但却患有好大喜功的毛病。在国力不断虚耗的同时，徽宗又要履行与金朝联合攻打辽朝的约定。身为堂堂一国之君，徽宗竟然不明白唇亡齿寒的道理。随着辽朝的没落，金朝为北宋敲响了丧钟。

宣和七年（1125年），金朝铁骑踏入大宋，直逼汴京，宋军一触即溃。

宋徽宗见时局难以收拾，发布罪己诏，罢各地花石纲，并将帝位禅让给儿子赵桓，即北宋皇朝的第九位皇帝——宋钦宗。宋钦宗即位后，改年号为靖康。北宋军民顽强抵抗，暂时将金人赶出国门。

靖康元年（1126年）冬，金人再次攻打宋朝，并迅速攻破汴京，徽、钦二帝被金人废为庶人。靖康二年（1127年）四月，金人将徽、钦二帝连同后妃、宗室百官数千人，以及教坊乐工、技艺工匠、法驾、仪仗、冠服、礼器、天文仪器、珍宝玩物、皇家藏书、天下州府地图等全部押送北方。汴梁被掳掠一空，北宋灭亡。由于这件事发生在靖康年间，故称"靖康之变"。

据说在押送途中，徽宗听说国内财宝被金人洗劫一空后毫不在乎，但在听说皇家藏书也被掳掠后不禁仰天长叹。到达金国都城后，金国皇帝命徽宗、钦宗穿着丧服去拜祭金太祖完颜阿骨打的庙宇。而后，徽宗被金帝辱封为昏德侯，关押于韩州(今辽宁省昌图县)，后又被迁到五国城(今黑龙江省依兰县)囚禁。被囚期间，赵佶受尽精神折磨，写下了许多凄凉衰苦的诗句，如：

彻夜西风撼破扉，萧条孤馆一灯微；

家山回首三千里，目断山南无雁飞。

在9年的囚禁生活后，54岁的徽宗客死于五国城。死前，这位可称作天才艺术家的皇帝曾写过一首怀念故国与往昔岁月的词——《燕山亭·北行见杏花》。此词格调悲怆，真情毕露，可能是徽宗所写的最好的一首词：

裁剪冰绡，轻叠数重，淡著胭脂匀注。新样靓妆，艳溢香融，羞杀蕊珠宫女。易得凋零，更多少无情风雨。愁苦！问院落凄凉，几番春暮？

凭寄离恨重重，这双燕何曾，会人言语。天遥地远，万水千山，知他故宫何处？怎不思量，除梦里有时曾去。无据，和梦也新来不做。

宋徽宗带着家国梦想、浪漫情怀客死他乡，为后人留下无数感慨和惋惜。或许，这就是艺术家做帝王要付出的代价吧。

 宋钦宗赵桓——临危受命，难挽狂澜

■ 临危受命 替罪羔羊

元符三年（1100年）四月，徽宗刚刚登基就喜得贵子，取名为亶。赵亶刚出生就被封为韩国公，次年六月被晋封为京兆郡王。崇宁元年（1102年）二月，赵亶更名为烜，于十一月又更名为桓。大观二年（1108年）正月，赵桓被晋封为定王；政和三年（1113年）正月，被加任太保；政和五年（1115年）二月，被立为皇太子。

宣和七年（1125年）十二月，徽宗任太子赵桓为开封牧。徽宗之所以要这么做，是因为他想让赵桓即位，以便自己东逃。给事中直学士院吴敏知道徽宗的心思后上奏说："以臣计之，今京师闻金大入，人情震动，有欲出奔者，有欲守者，有欲因而反者，以三种人共守，一国必破。"徽宗无计可施，问吴敏该怎么办。吴敏说："陛下定计巡幸，万一守者不固，则行者必不达。"徽宗正为此事担忧，吴敏又说道："陛下使守者威服足以专用其人，则守必固；守固，则行者达矣。"见徽宗有所心动，吴敏遂向徽宗推荐了太常少卿李纲。

李纲见了徽宗后，献上御戎五策："正己以收人心，听言以收士用，蓄财谷以足军储，审号令以尊国势，施惠泽以弭民怨"。同时，他对吴敏说："敌势猖獗，如果不传位于太子，不足以招来天下豪杰。"吴敏提出令赵桓监国，李纲反对："肃宗建号之义，不出于明皇，后世惜之。主上聪明仁恕，公言万一得行，将见金人悔祸，宗社底宁，天下受其赐。"

徽宗虽然昏庸，但在关键时刻倒还精明，敢于任用贤臣。很快，徽宗令吴敏起草禅位诏书，令李纲辅佐赵桓，并以宇文虚中为保和殿大学士、河北东路宣谕使。宇文虚中原是童贯的参议官，曾上书说朝廷以王黼为主帅会造成纳侮自焚的祸害，遭到了王黼的厌恨。后来，他又数次上奏防边策略，王黼公报私仇，将其奏文全部扣押。金兵南下后，宇文虚中随童贯还朝，并劝徽宗颁布罪己诏书来感动人心，得到徽宗的赞成。此时，被委以重任的宇文虚中立即召熙河经略使姚古、秦凤经略使种师道率领本路兵与其会于郑州、洛阳，以便外援河阳、内卫京城。

二十三日，徽宗下诏内禅，16岁的赵桓在福宁殿即位。

■ 去留不定 反复无常

钦宗赵桓即位后，立即诏令武泰军节度使何灌率兵二万与内侍梁方平同守浚州河桥。军士皆心惊胆战，上马后便两手紧紧捉住马鞍不敢放手。

太学生陈东等上书，乞请诛杀蔡京、王黼、童贯、梁师成、李彦、朱勔六贼："今日之事，蔡京坏乱于前，梁师成阴谋于内，李彦结怨于西北，朱勔结怨于东南，王黼、童贯又结怨于辽、金，败祖宗之盟，失中国之信，创开边隙，使天下危如丝发。此六贼异名同罪，伏愿陛下擒此六贼，肆诸市朝，传首四方，以谢天下。"

太常少卿李纲也上奏说："陛下履位之初，当上应天心、下顺人欲。攘除外患，使中国之势尊；诛锄内奸，使君子之道长……"钦宗没有表态，将此事搁置一旁。同时，为了能够保住大宋江山，他只好倚重李纲。第二天，他任命李纲为兵部侍郎，令其负责指挥作战。

靖康元年（1126年）正月，金宗弼先取汤阴，后攻浚州。当时内侍梁方平屯兵于黄河北岸，见敌骑突然抵达，不战而溃。南岸的守桥者望见金人旗帜后烧断桥缆，使得金兵不能渡河。梁方平军逃跑后，何灌军也望风溃散。至此，黄河以南已无守军。

钦宗无奈，只得下诏亲征，以吴敏为亲征行营副使，以兵部侍郎李纲、知开封府聂山为参谋官。随后，钦宗以吴敏为知枢密院事，以吏部尚书李棁同知枢密院事。为了安抚人心，钦宗下诏将朱勔放归田里，贬王黼为崇信军节度使，并赐李彦死。此时的钦宗已经显得手忙脚乱，不久又以兵部侍郎李纲为尚书右丞、东京留守，以李棁为副职，以聂山为随军转运使。

当时钦宗受朝中宰相所诱，有出京之意。李纲听说后力谏："闻诸道路，宰执欲奉陛下出狩避敌，果有之，宗社危矣。且道君皇帝以宗社之故传位陛下，今舍之而去，可乎？"随后，李纲又提出如何坚守城池的方案。李纲据理力争，钦宗哑口无言，不好再提出京一事，遂问李纲谁可担当重任。李纲进言："朝廷平日以高爵厚禄富养大臣，盖将用之于有事之日。今白时中、李邦彦等，虽书生未必知兵，然藉其位号，抚驭将士以抗敌锋，乃其职也。"太宰白时中厉声问道："李纲莫能出战否？"李纲答道："陛下不以臣为懦，傥使治军，愿以死报；第人微官卑，恐不足以镇服士卒。"钦宗遂任命他为右丞，然后再与诸宰相商讨去留之计。李纲借古喻今，力陈不能离京的原因："唐明皇闻潼关失守，即时幸蜀，宗社朝廷，碎于贼手，累年后仅能复之，范祖禹谓其失在于不能坚守以待勤王之师。今陛下初即大位，中外欣戴，四方之兵，不日云集，敌骑必不能久留。舍此而去，如龙脱于渊，车驾朝发而都城夕乱，虽臣等留守，何补于事！宗庙朝廷，且将丘墟，愿陛下审思之。"钦帝有心悔改，而内侍王孝竭却在旁边奏道："中宫、国公已行，陛下岂可留此！"钦宗脸色大变，下榻说："卿等毋执，朕将亲往陕西，起兵以复都城，决不可留此！"

不过，此时的钦宗已经六神无主，求生的欲望使他变得反复无常。次日，他又要出京。李纲入朝拜见时，见"禁卫擐甲，乘舆服御皆已陈列，六宫襆被将升车"后厉声对禁卫吼道："尔等愿以死守宗社乎？愿扈从以巡幸乎？"禁卫大呼："愿以死守！"随后，李纲与殿帅王宗濋等入见钦宗，力劝道："陛下已许臣留，今复戎行，何也？六军之父母妻子，皆在都城，岂肯舍去，万一中道散归，陛下孰与为卫？且敌骑已逼，彼知乘舆之去未远，以健马疾追，何以御之？"钦宗有所感悟，下命止行。李纲遂传旨左右："上意已定，敢复有言去者斩！"禁卫闻后"皆拜伏呼万岁"。

钦宗命李纲为亲征行营使，侍卫亲军马军都指挥使曹曚为副职；罢免太宰兼门下侍郎白时中，令李邦彦取而代之；以张邦昌代李邦彦少宰兼中书侍郎之职，以赵野为门下侍郎、翰林学士王孝迪为中书侍郎、同知枢密院事蔡懋为尚书左丞。

数日后，金人渡过黄河，钦宗遣使督促诸路勤王率兵入援。太学生陈东又上书："臣窃知上皇已幸亳社（位于今安徽境内），蔡京、朱勔父子及童贯等统兵二万从行。臣深虑此数贼遂引上皇迤逦南渡，万一变生，实可寒心。盖东南之地，沃壤数千里，其监司、州县官，率皆数贼门生，一时奸雄豪强及市井恶少，无不附之……臣窃恐数贼南渡之后，假上皇之威，振臂一呼，群恶响应，离间陛下父子，事必有至难言者。望速追数贼，悉正典刑；别选忠信可委之人，扈从上皇如亳，庶全陛下父子之恩以安宗庙。"钦宗赞成。

梁方平焚桥遁逃后，金人不得渡河，于是用能载数人的小舟渡河，一共用了五天时间才将骑兵运到河对岸，步兵还没有渡河。金监军渡河后对宋降将沈琯说："南朝可谓无人，若以一二千人守河，我辈岂得渡哉？"不知沈琯听到这句话后，心中是何等滋味！

很快，金人抵达城下，要钦宗派遣亲王、宰相到军前议和。钦宗环顾诸宰执，诸宰执皆沉默不言。李纲请行，钦宗不许，而派李棁前去议和。李纲认为："敌气太锐，吾大兵未集，固不可以不和。然所以和者得策，则中国之势遂安；不然，祸患未已。宗社安危，在此一举。李棁柔懦，恐误国事。"又说，"敌人贪婪无厌，又有燕人狡狯以为之谋，必且张大声势，过有邀求。如朝廷不为之动，措置合宜，彼当戢敛而退。若朝廷震惧，一切与之，彼知中国无人，益肆凯觎，忧未已也。"李纲深谋远虑，吐尽肺腑之言，而钦宗一意孤行，令人扼腕叹息！

钦宗本想以每年向金朝献金币三五百万两、以银币三五百万两犒军、以金一万两和酒果赐给宗望来换得和平，不料，这些根本不能满足金人的欲望。经过一番商议后，金兵副元帅翰不离提出了如下议和条件：第一，宋向金献金500万两，银5000万两，牛马万头，绸缎100万匹；第二，宋帝尊称金帝为伯父；第三，割让中山、太原、河间三镇。

金人如此霸道，李纲力争："犒师金币，其数太多，虽竭天下之财且不足，况都城乎？太原、河间、中山，国家屏蔽，号为三镇，其实十余郡地塘泺险阻皆在焉，割之何以立国……"又言："金人所须，宰执欲一切许之，不过欲脱一时之祸，他日付之何人？陛下愿更审处，恐后悔无及。"钦宗不听，派人前去与金人交涉。

李纲将发往中山、太原、河间三镇的诏书暂时扣下，等到诸勤王集兵后再作商议。靖康元年正月，勤王兵集，秦凤经略使种师道也率兵赶来。金人孤军深入宋境，见宋朝各路兵马纷纷聚集，遂向北稍作迁移，开始构筑防御工事。

李纲上奏："勤王之师渐集，兵家忌分，非节制归一不能济，愿敕师道、平仲两将听臣节制。"钦帝又不听，并另置宣抚使，由种师道管理。当天，李纲、李邦彦、吴敏、种师道、姚平仲、折彦质同在福宁殿商议如何用兵。李纲奏道："金人张大其势，然兵实不过六万，又大半皆奚、契丹、渤海部落。吾勤王之师集城下者二十余万，固已数倍之矣。彼以孤军入重地，犹虎豹自投槛阱中，当以计取之，不可与角一旦之力。为今之策，莫若扼关津，绝粮道，禁抄掠，分兵以复畿北郡邑，俟彼游骑出则击之。以重兵临敌营，坚壁勿战，如周亚夫所以困七国者，待其粮尽力疲，然后以将帅檄取誓书，复三镇，纵其北归，中渡而后击之，此必胜之计也。"得到钦宗的赞同。在军民的英勇抵抗下，金人暂时北退。

■ 求和破国 客死他乡

靖康元年（1126年）九月，金人攻破太原府。钦宗不愿意再战，将主战的李纲罢免后便与金人讲和。金人佯装同意，继续攻城略地，宋军诸将皆不出兵。御史中丞吕好问请集合沧、滑、邢、相四地的戍卒来守住要塞，并将诸勤王之师列于畿邑以卫京城，钦宗毫不理睬。金人攻破真定、进攻中山时，京师内外才开始震骇。

金监军宗望遣使来议割地，要以黄河为界，钦帝勉强同意。金使要求令北宋亲信大臣前去谈判，一向主和的门下侍郎耿南仲、开封府尹聂昌先后找理由搪塞。尚书右丞陈过庭站出来说："主忧臣辱，愿效死！"钦宗感动，挥泪叹息，遂迁怒于耿、聂二人，遣耿南仲前往河北的宗望军，聂昌前往河北的宗翰军。聂昌说："两河之人，忠义勇劲，万一为所执，死不瞑目矣。"行至绛州后，当地人"抉其目而脔之"。在这期间，老将种师道阵亡。

很快，金人攻破京师，要求割河北之地，并向宋朝索金一千万锭、银二千万锭、帛一千万匹。钦宗对其言听计从，尽力办。靖康二年（1127年）正月，抗金名将宗泽仍在继续作战。自大名至开德，他与金人先后十三战，屡战屡胜，并劝康王檄诸道兵会于京城，使北道总管赵野、两河宣抚范讷、知兴仁府曾楙合兵入援。赵、范、曾三人都认为宗泽猖狂，对其置之不理。宗泽遂孤军深入，在卫南大败金兵后又向东进发。金兵越来越多，宗泽部将王孝忠战死。宗泽下令："今日进退等死，不可不死中求生。"士卒遂放手一搏，无不以一挡百，斩杀数千。金人大败，退却数十里。宗泽料定金兵一定会再来，遂迁营移兵。金人本想乘夜偷袭，不料仅得空营，此后对宗泽有所忌惮，不敢再出兵。宗泽出敌不意，遣兵过河袭击，又大败金兵。尽管宗泽及众多正义之士仍在为国拼搏，但由于昏君的存在，北宋始终难以拯救。

二月，金朝国主下诏废钦宗与太上皇为庶人。随后，钦宗与太上皇（徽宗）被金人带往金朝。绍兴二十六年（1156年），钦宗客死异乡。

宋高宗赵构——南宋王朝的建立者

■ 贪生怕死 主张议和

大观二年（1108年）五月，徽宗第九子赵构出生。同年八月，赵构担任建武军节度使、检校太尉，被封为蜀国公，后又先后被封为广平郡王、康王。金兵抵达汴京后，在议和时曾要求以他为质，后又因其不是亲王而将其放归。靖康元年（1126年）八月，钦宗又令其在军前议和。赵构宁死不赴，遂留在相州。同年闰十二月，钦宗以他为兵马大元帅。靖康二年（1127年）四月，钦宗被金人北迁。不久，赵构前往临安（今浙江临安），百官上表劝进。五月，赵构即皇帝位，是为宋高宗。

高宗和其父兄一样，害怕和金兵打仗。他所重用的大臣汪伯颜、黄潜善二人也是主张屈膝议和之人。南宋朝廷刚刚建立，宋高宗就急不可耐地向金朝求和，以割让河东、河北州郡为条件。送与金朝。

老将宗泽在滑州保卫战中采取了"联合抗金"的策略，与各地义军联合击退了金兵的南犯。为了再次迎战金军，宗泽在开封修建了许多防御工事，并且招募了大批兵马。高宗考虑到宗泽的兵力日趋强盛，身为前朝重臣的他一旦迎回徽、钦两位皇帝，自己的皇位很难保住，于是任命郭仲苟为东京副留守，用他来监视宗泽。怀有满腔报国热忱的宗泽对高宗的做法感到不满，但敢怒而不敢言，不久便一病不起，后因背上毒疮发作身亡。

宗泽死后，高宗任命杜充为东京留守。杜充上任不久便将宗泽采取的抗敌措施一一废除，而且还刻意打击义军将领。就这样，宗泽费尽心血组织的百万武装力量在一月之内被销毁得无影无踪。

不久，金国再次南犯。金统军大将粘罕率金兵连克开封、大名、相州、沧州等地后，直逼扬州。高宗仓皇而逃，在御营司将领苗傅、刘正彦等人的护送下落足杭州。

昏庸的高宗不但没有吸取这次落败的教训，反而变本加厉地宠信腐败无能的王渊、康履等人。苗傅、刘正彦等人见高宗无意收复河北，一气之下举行了武装暴动。在暴动中，他们趁机杀死了无能的王渊，后又带兵直闯宫中，杀了百余名宦官。他们对高宗说："陛下赏罚不明，将士们为国流血流汗，不见奖赏，而宦官逆臣不见为国做事，却得以厚赏。宦官王渊遇敌不战，抢先逃走，其同党内侍康履，更是贪生怕死之徒，这样的人居然得到重用，如何服众将士？现我二人已将王渊斩首，唯有康履仍在陛下身边，为谢三军，请陛下将其立斩。"高宗见形势不妙，只得斩康履而求自保。随后，苗、刘二人逼迫高宗退位。高宗无奈，借隆太后手诏禅位皇太子，并由隆太后垂帘听政。后来，在宰相朱胜非的策划下，高宗才得以复位。

高宗刚刚复位，就遇到了从金国返还的北宋御史中丞秦桧。靖康之变中，奸臣秦桧也被金兵迁徙，在金世宗弟弟挞懒处为奴。秦桧之所以能够回到宋朝，是因为金人想用他做内应。

秦桧声称自己是从金国逃出来的，尽管受到了种种猜疑，但还是在朝中大臣的拥护下取得了高宗的信任。秦桧向高宗介绍了徽、钦二帝在金国的情况，并献上了早已准备好的《与挞懒求和书》。高宗仿佛见到了救星一般，大喜道："秦桧南归，使朕闻之二帝、母后消息，且桧忠实，与其一谈，朕高兴得夜不能寐，真乃天赐朕一良臣也。"不久，高宗令宰相范宗尹封其为礼部尚书。

绍兴元年（1131年）二月，秦桧被升为参政知事（副宰相）。此后，他伺机除掉范宗尹。不久，宰相范宗尹建议废除徽宗崇宁年间兴起的滥赏恶习。秦桧先是附和，见朝中大臣不满后立即以"宰相之意恐动摇民心"为由，向高宗进谏。高宗思虑再三，罢免了范宗尹。范宗尹被罢免后，秦桧被提升为右相兼知枢密院事。后来，秦桧"河北之人归金，中原之人归刘豫"的建议遭到了大臣士民的公开反抗。高宗以专主和议、植党专权的罪名罢免了秦桧的宰相职务。

■ 迫害岳飞 苟且偷生

绍兴五年（1135年），金主粘罕死，其弟挞懒得势。挞懒恃兵威胁南宋，宋高宗无奈，只好重新起用秦桧为相，让他主持议和。秦桧见高宗议和态度明朗，不顾群臣反对，与高宗二人强行推行了议和政策。转年，金国突然发生政变。议和国书墨迹未干，挞懒死于政敌金兀术之手。金兀术以"与宋交通、倡议割地"为理由，处死了挞懒。随后，金兀术率大军南下。

抗金名将岳飞与刘锜相互配合，击败金军数次。金兵精锐死伤过半，金兀术的女婿也在混战中被杀。高宗并没有因岳飞抗金的胜利而打消向金人妥协的念头，反倒担心岳飞会不会给他失而复得的皇位造成威胁。因为每当他想到苗傅、刘正彦两位将军的叛乱时就心有余悸，深恐武将难以控制。

正当岳飞准备大举进攻之际，秦桧以高宗的名义命令其"择日班师，不可轻进"。岳飞以"将在外，君命有所不受"为由，执意进攻，在朱仙镇大败金兀术后准备乘胜追击。秦桧顿时慌了手脚，竟在一天之内连下十二道金牌。岳飞无奈，只得仰天长叹，痛惜十年之功，毁于一旦。

绍兴十一年（1141年）四月，高宗在秦桧的唆使下，任命韩世忠、张俊为枢密使，岳飞为枢密副使，以论功行赏之名行明升暗降、削夺兵权之实。

金兀术闻讯大喜，立即卷土重来，威胁南宋割让淮河以北的土地，并处死抗金将领。得此消息后，秦桧开始精心组织谋划，准备杀掉岳飞等人。秦桧一面通过诬陷将岳飞打入大牢，一面代表南宋同金兀术签订了"和约"：两国以淮水为界，割让唐、邓二州与陕西诸地；每年进贡银两、绢匹各25万；北方人流寓江南者，任其归回旧地。这就是宋金对峙史上的第二个"和约"，史称《绍兴和约》。随后，秦桧在没有任何证据的情况下处死了岳飞、张宪、岳云等人，并将岳飞的亲朋故旧杀戮流放。因被罢职而赋闲在家的韩世忠当面质问秦桧岳飞有何罪时，秦桧竟以"莫须有（也许有）"作答。

此后，秦桧权倾朝野，高宗对其非常倚重。绍兴二十五年（1155年），秦桧病逝。百姓本以为高宗摆脱了秦桧的蛊惑，能够在贤臣的劝导下为大宋洗刷耻辱，不料高宗转而倚重同样主张议和的大臣，以便能够继续稳坐皇位。

绍兴三十一年（1161年），金朝国主完颜亮举兵南下。幸好朝中还有骁勇善战的武将，遏制了金兵的攻势。高宗见想做个安稳皇帝如此困难，索性于绍兴三十二年（1162年）禅位，自己退为太上皇。过了二十多年的舒服日子后，高宗于淳熙十四年（1187年）病逝，终年80岁。

宋恭帝赵㬎——饱经磨难、客死异国的南宋末代君王

■ 幼年即位 灾难重重

咸淳七年(1271年)九月，度宗第二子赵㬎出生。咸淳九年（1273年），赵㬎被封为嘉国公。咸淳十年（1274年）七月，度宗去世。度宗有三个儿子：长子赵昰（7岁）、次子赵㬎、幼子赵昺（3岁）。众人欲立长，而贾似道主张立嫡。就这样，4岁的赵㬎即皇帝位。由于年幼，皇太后临朝听政。

恭帝赵㬎七月即位，八月便下起大雨。天目山崩溃，大水猛泻，安吉、临安、余杭等地的百姓溺死众多。九月，元左丞相河南行省巴延在襄阳会师，然后分兵三路向临安进发。宋朝唯有孤儿寡母，却要面对这祸不单行的岁月。

尽管南宋不乏血性男儿，但元军势众，一路过关斩将，并不断逼近长江北岸。

很快，鄂州沦陷，朝廷大惧。群臣纷纷上疏，要求师相亲征。贾似道迫于社会舆论，遂亲自在都督府坐镇，同时以孙虎臣总统诸军，令黄万石等人参议军事。德祐元年（1275年）正月，元兵先后占领了黄州、义城、蕲州、江州、安庆等地。

贾似道不会用兵，有意和元军讲和，他派人送给元军统帅巴延荔枝和黄柑，表示愿意向元军称臣并年年献币。巴延传话给贾似道："未渡江时，议和入贡则可。今沿江州郡皆已内附，欲和则当来面议。"并向其索要答复。贾似道惜命如金，没有作答。

元军攻打池州时，知州王起宗逃跑，通判赵卯发临时管理州事。他令人修缮城垣、聚集粮草，打算全力固守。见元军渐渐逼近，都统张林屡劝赵卯发投降。赵卯发义愤填膺，怒视张林，张林不敢复言。随后，张林奉命率兵巡江，偷偷遣人与元军议和，同时假装助赵卯发坚守，从而控制了守军。赵卯发深知城不可守，于是置酒与亲友诀别，并对其妻雍氏说："城将破，吾守臣，不当去，汝先出走。"雍氏虽为女流，却有男儿的气魄："君为忠臣，我独不能为忠臣妇乎！"赵卯发笑道："此非妇人女子所能也。"雍氏针锋相对："吾请先君死。"第二天，赵卯发将家资散发给弟侄，并将仆婢全部遣散。第二天早上，赵卯发起床后在纸上写道："国不可背，城不可降。夫妇同死，节义成双。"然后与雍氏一同在从容堂自缢。

池州告急，贾似道立即令宁武军节度使孙虎臣率领七万精锐屯兵于池州之东，并令夏贵率领2500艘战舰横亘江面。夏贵在鄂州一战失利，担心贾似道获得战绩后自己难脱罪名，又妒忌孙虎臣刚刚被提升就超过自己，遂毫无斗志。不料，孙虎臣在其先锋将姜才刚要与元军接战时便跳上了其妾所乘的舟船。有人大呼"步帅遁矣"，军中顿时大乱。夏贵不战而逃，向贾似道大呼："彼众我寡，势不支矣！"贾似道惊慌失措，立即鸣金收军。元军乘乱攻击，众多宋军或被杀死，军资器械尽失。

夏贵的目的达到了，宋军却遭到了如此大的损失。随后，贾似道听取了他的建议，独与孙虎臣撑船奔还扬州招募士卒。当时情况万分危急，各地勤王和各州将领虽握有重兵，但都按兵不动。当元军攻占饶州时，只有鄂州守将张世杰率兵援助，并将饶州夺回。

江淮招讨使汪立信听说贾似道军大溃、江、汉守臣望风降遁后叹道："吾今日犹得死于宋土也！"于是置酒与宾僚诀别，并将家事嘱托给儿子。当晚，他在院中慷慨悲歌，反复地握拳、抚案，抚案、握拳。此后，汪立信三日不言不语，接着扼喉而死。

为了保卫临安城，江西安抚副使文天祥招募郡中豪杰、山蛮等万人前去援助。其友劝道："今元兵三道鼓行，破郊畿，薄内地。君以乌合万余赴之，是何异驱群羊而搏猛虎？"文天祥说："吾亦知其然也。第国家养育臣庶三百余年，一旦有急，征天下兵，无一人一骑入关者。吾深恨于此，故不自量力而以身殉之，庶天下忠臣义士将闻风而起。义胜者谋立，人众者功济。如此，则社稷犹可保也。"文天祥生性豪放，此时倾尽家资以作军费。每当与宾客、僚佐言及时事时，他常说的一句话是："乐人之乐者忧人之忧，食人之食者死人之事。"

潭州兼湖南安抚使李芾临危受命，欲赶往湖南上任。当时，湖北诸郡皆被元军攻占，其友劝止。李芾说："吾岂拙于谋身哉？第以世受国恩，虽废弃中，犹思所以报者。今幸用我，我以家许国矣！"

■ 大势不妙 被迫离乡

在贾似道出征期间，朝中的陈宜中逐渐专权用事。陈宜中以前虽然受到过贾似道的提拔，但并不念及昔日恩情，见贾似道失踪后便开始弹劾贾似道及其亲信。后来，贾似道自己上表自劾，并声称受夏贵、孙虎臣误导，威望渐衰，同年被杀。

同月，沿江制置大使兼建康行宫留守赵溍、知宁国府赵与可、知隆兴府吴益弃城而逃，建康都统徐王荣、知太平州孟之潽、知和州王善、知无为军刘权、知涟州孙嗣武相继投降，右丞相章鉴闻风而逃。

三月，巴延攻入建康，一边分兵驻守建康、扬州，一边令人断绝淮南对宋军前线的支援。

四月，文天祥率兵抵达吉州。江西制置副使黄万石担心其声望高出自己，遂进言说文天祥的军队都是乌合之众，朝廷遂令其屯于隆兴府。同月，江陵、峡、归、复、澧、郢、鼎、辰、常德、沅、随、均、靖、房等州先后投降。由于天气转热，战争告一段落。

八月，战火复燃。在张世杰、刘师勇、文天祥等将领的奋勇作战下，宋军取得了一些胜利。不过，这些胜利只是暂时的。九月，元兵进入泰州，孙虎臣自杀。不久，吕城失陷，扬州都统姜才投降，常州形势更加危急。

十月，常州告急，朝廷派张全率兵二千前去援助，知平江府文天祥也派部将尹玉、麻士龙、朱华三人率兵三千增援。尹玉、麻士龙、朱华全力以赴，张全竟隔岸观火。结果，尹玉、麻士龙、朱华全部阵亡，其部将皆死，无一人投降。文天祥悲愤交集，要斩张全警众，陈宜中不许。不久，元军攻取了江西十一座城池，江西制置使黄万石出逃。

巴延到了常州后合兵围城，知州姚訔、通判陈炤、都统王安节、刘师勇力战固守。见招降无望，巴延大怒，派人逼迫城外的南宋居民搬运土石筑垒。这些居民把土石运来后，巴延将他们与土石浇筑在一起，然后日夜攻城。元军攻城越急，守军志气越坚。两日后，城破，姚訔阵亡。陈炤、王安节誓死不屈，继续与元军展开巷战。有人对陈炤说："城北东门未合，可走。"陈炤拒绝："去此一步，非死所矣！"中午时，陈炤死。巴延尽屠城内居民，王安节因不屈被杀。刘师勇仅带着八骑突围，向平江逃奔。

陈宜中成事不足、败事有余，只会遮掩，最终落得个捉襟见肘的后果。当初，他曾数次与巴延议和，结果巴延派来的使者都被大宋军民所杀，由此惹怒了巴延。见宋军节节败退，陈宜中派柳岳前去与元军修好。柳岳在无锡见到巴延后，哭着说道："嗣君幼冲，在衰绖之中，自古礼不伐丧。凡今日事至此者，皆奸臣贾似道失信误国尔。"巴延说："汝国执戮我行人，故我兴师……汝国得天下于小儿（赵匡胤从后周孤儿寡母手中夺得天下），亦失之于小儿，天道如此，尚何多言！"柳岳返还后，陈宜中又遣他与宗正少卿陆秀夫、侍郎吕师孟等人一同出使元军，恳求向元朝称侄纳币；如果元朝不同意，称侄孙也可。然而，巴延并不同意。陈宜中无奈，于是奏请太皇太后奉表求封为元朝小国，太皇太后只得同意。

随后，巴延在临安北关会师。文天祥、张世杰请求使三宫退至海上，然后由他们率众背城一战。陈宜中不同意，征得太皇太后的同意后令监察御史杨应奎向巴延呈上传国宝玺。张世杰、刘师勇等人见朝廷不战而降，遂各自引兵离去。随后，张世杰忧愤不已，纵海而死。二月，恭帝与太皇太后一起被押往元大都。

元至治三年（1323年），年过半百的恭帝因思念故土作诗一首，结果被元人看作谋反之辞，遂含冤被杀。

辽太祖耶律阿保机——大漠中的契丹英雄

■ 以武立威　建国契丹

唐咸通十三年（872年），契丹人耶律阿保机出生。契丹是一个悠久的部落，虽然历经数朝，屡受磨难，仍然顽强地在大漠中生存了下来。随着岁月的延续，耶律氏逐渐成为了契丹部族中的统治阶级。

随着年龄的增长，耶律阿保机逐渐长成为一个骁勇善战、满腹谋略的杰出将领，威望逐日增长。后被推举为契丹王。起初，契丹共有八部，每部都设有大人。八位大人约定，从他们八人中推举一人为王，每三年推选一次。咸通末年，习尔为王，契丹部开始强大。钦德为王后，乘中原时有变故不断入寇。耶律阿保机为王后，尤为雄勇，将五姓奚、七姓室韦、达靼咸全部收复。三年过后，耶律阿保机不愿意让位，遭到其他七部大人的攻击。耶律阿保机迫不得已，只得退位，不过提出了一个要求："我为王九年，得汉人多，请率部落居古汉城（后魏时的滑盐县，今河北承德县南），与汉人守之，别自为一部。"得到其他七部的允许。

当时，大唐岌岌可危，各地节度使纷纷拥兵自重，在保存实力的同时不断扩张势力。卢龙节度使刘仁恭对契丹人了解得非常透彻，经常偷袭契丹。每逢霜降，刘仁恭就会派人焚烧塞下野草，使得契丹的马匹被饿死。契丹人无奈，常用良马贿赂他，以便能够买到牧地。耶律阿保机对其恨之入骨，总想报仇雪恨。

古汉城既适合种植五谷，又有盐池之利。后梁开平元年（907年），耶律阿保机以其为根据地，先后击灭七部，建立了契丹国。接着，他又北侵室韦、女真，西取突厥故地，并灭掉了奚部，使东北诸夷畏服。

同年，称帝后的后梁太祖朱温开始兴兵讨伐不愿归附后梁的各地藩镇。四月，北路行军都统李思安率兵抵达刘仁恭的根据地幽州城。刘仁恭为人骄奢贪暴，常担心幽州城不牢固，于是在大安山构筑新馆。李思安来攻时，他正在大安山。其子刘守光先登城拒守，后又出兵苦战，终于将李思安击退。刘守光因与其父刘仁恭的小妾私通而与刘仁恭产生隔阂，击败李思安后便自称节度使，并令部将攻打大安山，后将刘仁恭囚禁在别室里。

五月，耶律阿保机派人与朱温修好。之前，他曾与晋王李克用约为兄弟，并表示要在这年冬天合击后梁。李克用见耶律阿保机负约，遂与其为敌。后梁开平二年（908年），李克用死，其子李存勖承袭晋王封号。

后梁乾化元年（911年）八月，刘守光在幽州建大燕国。在其受册之日，耶律阿保机发兵攻陷大燕平州。乾化二年（912年）十一月，晋王李存勖攻入幽州城，刘守光携妻带子而逃。在此期间，北燕军民因刘守光残虐而多归附契丹。刘守光被围困后，耶律阿保机乘机大肆抢掠大燕北边的士民，使契丹变得更为强大。

后梁贞明元年（915年）八月，耶律阿保机率百万大军（实为30万）攻掠晋地。后来遭到晋大同防御使李存璋的顽强抵抗后撤兵北归。不过，契丹通过此次战役扩大了疆土。

贞明二年（916年），耶律阿保机正式称帝，建元神册，是为辽太祖。

天显元年（926年）七月，太祖在夫馀城突然病逝，终年55岁。

西夏景宗李元昊——能建国、不善治国的党项枭雄

■ 不甘居下 图谋自立

北宋咸平六年（1003年），党项羌人李元昊出生。羌族原本是一个东邻匈奴的游牧民族，后来在汉人的逼迫下向西南迁移。历经数朝后，羌人的一个分支落脚于夏州，这便是党项羌人。

随着时间的延续，党项部逐渐发展壮大起来。唐朝初年，党项土地横亘三千里，细封氏、拓跋氏、米擒氏、往利氏、野辞氏等皆为党项大姓。唐太宗时，党项向唐朝称臣。随后，拓跋氏在党项部中声望日增。唐朝末年，党项部首领拓跋思恭因平乱有功被封为夏国公，并被赐姓李氏。此后，李氏一直在党项部中处于首领位置。自唐末至宋初，李氏一直担任着中原历朝封任的定难节度使之职。

北宋太平兴国三年（978年）五月，定难节度使李克睿去世，其子李继筠袭职。次年，李继筠死，其弟李继捧袭位。

太平兴国七年（982年）五月，夏州留后李继捧入宋朝献上银、夏、绥、宥四州。自唐末李思恭以来，夏州首领从未亲入朝中原。因此，宋太宗非常高兴。不过，李继捧的举动引起了其族弟李继迁的不满。李继迁有勇有谋，善于团结民众。但由于实力不足，遂变得反复无常，时而向宋朝投降，时而又侵扰宋朝边境，成为了宋太宗的一块心病。同时，辽朝也在想方设法拉拢他。李继迁仿佛意识到了自己的重要性，始终不愿意老老实实地向其中一方称臣。在这个过程中，李继捧权势日衰，而李继迁却步步高升。

至道三年（997年），宋太宗去世，其子真宗即位。同年年底，真宗将夏、绥、银、宥、静五州赐封给李继迁。咸平三年（1000年）十一月，李继迁之子、李元昊之父李德明被真宗封为朔方节度使。咸平六年（1003年）五月，李继迁在攻打西蕃后因箭伤去世。李继迁一死，李德

明又成了宋、辽双方争夺的对象。不过，李德明最终臣服于宋朝。

在父亲李德明的抚养下，李元昊渐渐成熟。李德明有三个老婆，分别是卫慕氏、咩迷氏和屈怀氏。其中，卫慕氏生李元昊。在羌语中，"嵬"代表着珍惜，而"理"代表着富贵。李元昊的小名叫做"嵬理"，可见李德明对他的重视程度。李元昊虽然性格凶狠、猜忌心重，但却通晓浮屠和蕃、汉文字。他数次劝谏李德明不要向中原称臣，李德明告诫他说："吾久用兵，终无益，徒自疲耳。吾族三十年衣锦绮衣，此宋天子恩，不可负也。"李元昊却说："衣皮毛，事畜牧，蕃姓所便。英雄之生，当王霸耳，何锦绮为！"

明道元年（1032年）正月，李德明战死，30岁的李元昊被宋仁宗封为检校太师兼侍中、定难节度使、西平王。李元昊袭封后，开始谋划叛乱。同年，他瞒着宋朝建元显道，西夏国由此建立。

■ 穷兵黩武 立足西夏

西夏显道三年（1034年）十月，景宗仿照宋朝制度设置了官僚机构，并且制定了秃发令。景宗自己先剔光头发，然后令国人照做，凡三日之内不秃发者都要被杀。每次举兵前，景宗都会先与各部酋长一同狩猎，然后下马环坐并生吃猎物，同时听取各人见解，然后择善而从。

不过，景宗并不能够百战百胜，有时候甚至会败得很惨。显道四年（1035年），景宗遣部将苏奴儿率领二万五千士卒攻打北宋保顺军节度观察留后嘉勒斯赉，结果伤亡殆尽。同时，景宗自攻猫牛城，见一月不克遂诈称议和。城门开启后，景宗大肆杀戮。随后，景宗又攻打青唐、安二、宗哥、带星岭等城池，嘉勒斯赉部将安子罗以十万大军绝其归路。景宗昼夜连战二百多日，虽然打败了安子罗，但其麾下将士溺死、饥死者过半。

显道五年（1036年），景宗自制了十二卷蕃书，在国内推广蕃文。同年，景宗夺取了瓜州、沙州和肃州（今甘肃境内），基本控制了河西地区。为了防止嘉勒斯赉乘其入侵中原之际袭击后方，景宗先举兵收复了兰州诸羌，并在瓦川会筑城防守。至显道六年（1037年），西夏占有夏、银、绥、静、宥、灵、盐、会、胜、甘、凉、瓜、沙、肃等州。景宗设置了十八处监军司，以便防备宋、辽和自守。

显道七年（1038年）十月，景宗筑坛受册，正式称帝，并派人告知宋仁宗。西夏显道八年（1039年）六月，宋仁宗下诏削去李元昊的官爵，在国内募人擒拿他。宋仁宗许诺，如果有人能够献上李元昊的头颅，此人将被封为定难节度使。此后，景宗转守为攻，公开向宋朝宣战。

显道九年（1040年）春，景宗攻打金明寨，当时防守此寨的是拥兵近十万的被称为"铁壁相公"的李士彬。景宗先派人与李士彬暗通，李士彬将来人杀掉。接着，景宗又派人去诈降，李士彬告诉知延州范雍，请求将这些人迁徙到南方去。范雍认为强迫敌人顺从自己不如让敌人心甘情愿地投靠自己，于是用金帛赏赐给这些"降民"，并将其分编各寨。景宗见第一步计划已经成功，又令将士每次与李士彬相遇时都不战而逃并高呼："吾士卒闻铁壁相公，胆坠于地。"在景宗的安排下，李士彬日益自傲，再加上惯用严刑统御将士，招致了众多将士的怨愤。同时，景宗又暗中收买了一部分李士彬各部将帅，李士彬竟毫无察觉。有了这番精心准备后，景宗率领骑兵猛攻金明寨。范雍闻讯后令李士彬分兵守卫三十六寨，李士彬之子李怀宝建议聚兵抵御才是上策，但李士彬不听。在西夏兵的里应外合下，李怀宝战死。

接着，景宗乘胜移兵攻打军事要地延州。围攻七日后，损失两位大将，又赶上天下大雪，景宗遂班师返还。同年五月，景宗先后攻克塞门寨和安远寨。

显道十年（1041年），景宗再次举兵，以诱敌深入之计大败宋军，斩杀了北宋环庆副部署任福、泾原驻泊都监桑怿、泾原都监武英、行营都监王珪、参军事耿傅等诸多勇将。

由于不断征战，西夏国内民生凋敝，本想与北宋议和，但难以启齿。当时，北宋考虑到国家利益，对西夏也有所妥协。显道十三年（1044年）十二月，景宗被北宋册封为夏国国主。

景宗是一个敢于挑战的人，在情况还未变得无法挽救的时候总是毫不妥协。虽然辽国一直在不断拉拢他，他却毫不在意，数次援助辽国边境的党项叛党，使得辽国损失了萧普达、张佛怒等征讨将领。显道十三年（1044年）夏，辽国国主亲率大军征讨西夏。景宗见辽国势盛难敌，于是上表谢罪，并表示要为辽国收服叛党。见景宗为辽收服了党项三部，辽国国主欲班师回朝。北院枢密使、先锋军统帅萧惠劝道："元昊忘奕世恩，萌奸计，车驾亲临，不尽归所掠。天诱其衷，使彼来迎，天与不图，后悔何及！"辽主醒悟，立即督促各路兵士攻袭西夏。西夏兵士虽已有防备，但无法抵御辽军攻势。幸运的是西风忽起，辽军军士睁不开眼，遂大溃，自相践踏而死者不计其数，驸马萧呼敦被西夏擒获，辽国国主侥幸逃脱。此后，景宗将萧呼敦送回辽国，与辽国之间的矛盾得到缓解。

随着战争的平息，宋、辽、西夏三足鼎立的局面从此形成。在以后的几年里，景宗没有再进行大规模的征讨，只是就国界问题与辽宋展开了交涉。不幸的是，景宗没有死在血肉横飞的战场上，而是死在没有刀光剑影的家中。景宗有七个老婆，分别是米母氏、索氏、都罗氏、咩迷氏、雅尔氏、耶律氏和玛伊克氏。其中，米母氏生下一子，景宗因小儿貌似他人而杀掉米母氏母子；索氏、都罗氏早死；咩迷氏之子阿理欲谋杀景宗而被沉入河中，咩迷氏也被杀。雅尔氏才貌双全，生有宁明、宁令格、薛埋三子，其中宁明、薛埋二人早死。玛伊克氏姿色颇佳，景宗原本将其许配给太子宁令格，后又将其据为己有。宁令格异常愤怒，遂起杀心，仓促之下割了景宗的鼻子后逃跑，结果被杀。不久，46岁的景宗因鼻伤创而死。

金太祖完颜阿骨打——白山黑水间的女真英雄

■ 能征善战 不卑不亢

辽咸雍四年（1068年）七月一日，金朝的建立者完颜阿骨打出生。谈到完颜阿骨打，要从其祖先说起。

完颜阿骨打的祖先是靺鞨氏，其本号为勿吉。北魏皇族改姓元氏时，勿吉有粟末、伯咄、安车骨、拂涅、号室、黑水、白山七部。隋朝时，这七部被统称为靺鞨。唐初，仅有黑水靺鞨和粟末靺鞨，其他五部销声匿迹。粟末靺鞨刚开始依附高丽，姓大氏。唐将李靖攻破高丽后，粟末靺鞨退保东牟山，后在渤海称王，相传十余世，拥有五京、十五府和六十二州。黑水靺鞨在肃慎地居住，东临大海、南接高丽，也依附高丽，曾以十五万兵力援助高丽抵御唐太宗。唐玄宗开元年间，黑水靺鞨入唐朝觐见。唐玄宗在其地设置黑水府，以其部长为都督、刺史，并设置长史进行监督。唐玄宗还赐都督姓李氏，名献诚，充任黑水经略使。其后，随着渤海粟末靺鞨的强盛，黑水靺鞨遂转而依附渤海，不再向唐朝进贡。五代时，契丹尽取渤海之地，粟末靺鞨遂附属于契丹。在渤海之南者被列入契丹籍，被称为"熟女真"；在渤海之北者没有被列入契丹籍，被称为"生女真"。生女真所处的地域与混同江、长白山相互交杂，由于混同江又被称为黑龙江，从而有了"白山黑水"的称呼。

后来，粟末靺鞨中一位名叫函普的长者带着部落中的一部分人迁移到契丹完颜部居住，后又与完颜部人通婚，成为了完颜部人。函普做了完颜部首领后，完颜部更加强大。函普共有乌鲁、跋海、绥可、石鲁、乌古乃五个儿子。其中，乌古乃是完颜阿骨打的祖父。当时，契丹已经改国号为辽，乌古乃做了辽国节度使。按照生女真的习俗，儿子年长后要与父母分居。乌古乃有九个儿子，其元配唐括氏先后生了劾者、劾里钵、劾孙、颇剌淑、盈歌五个儿子。到了分居的时候，乌古乃说："劾者柔和，可治家务。劾里钵有器量智识，何事不成。劾孙亦柔善人耳。"于是命劾者与劾里钵同居，劾孙与颇剌淑同居。辽咸雍十年（1074年），劾里钵袭节度使之位。此时的完颜阿骨打已经7岁。

完颜阿骨打是劾里钵的第二子，据说在其出生前，五色云气屡次出现在辽国东方，有二千斛囷仓那么大，辽道宗司天孔致和私下对人说："其下当生异人，建非常之事。天以象告，非人力所能为也。"幼时的阿骨打比同龄小孩的力气要大出许多，并且举止端重，得到劾里钵的宠爱。10岁的时候，阿骨打开始喜欢弓矢，并且很快成为高手。一天，辽使在劾里钵府中闲坐，见他手持弓矢，便让他射鸟，结果三发全中。辽使顿时精神矍然，大呼道："奇男子也！"又一天，劾里钵带阿骨打外出赴宴。劾里钵在外散步时，看见南方有一个高高的土山，顿时兴致大起，令众人比试箭术，看谁能射到土山那里。结果，众人都不能射那么远，唯有阿骨打不同，竟超出土山三百二十步。随着年龄的增长，阿骨打逐渐成长为一名战场骁将，更加受到劾里钵的器重。

劾里钵死后，颇剌淑袭位。临死前，劾里钵摸着阿骨打对颇剌淑说："乌雅束（阿骨打兄长）柔善，唯此子足了契丹事。"颇剌淑也非常器重阿骨打，常令他跟随左右。阿骨打远出而归，颇剌淑一定会亲自出门迎接。

颇剌淑死后，乌雅束于辽乾统三年（1103年）奉辽国之命袭节度使。乌雅束袭位后的第七年，部落歉收，盗贼四起。欢都等首领欲加大惩处力度，将为盗者全部杀死。太祖说："以财杀人，不可！财者，人所致也。"遂以征税三倍来抑制为盗者。民间多有欠租，即使卖妻子也不能偿还。阿骨打又为他们出头，下令道："今贫者不能自活，卖妻子以偿债。骨肉之爱，人心所同。自今三年勿征，过三年徐图之。"众人皆听从其令，闻者皆感激泣零。同年十月，乌雅束梦见自己在驱赶野狼，屡射不中，而阿骨打却能射中。第二天，乌雅束以此梦问于僚佐，僚佐都回答说："吉。兄不能得而弟得之之兆也。"同月，乌雅束去世，阿骨打袭其位。

由于没有向辽国报丧，辽国派使者前来问罪。太祖反问辽使："有丧不能吊，而乃以为罪乎？"不久，辽使复来，在乌雅束的殡所看中了送葬的马匹，想将其据为己有。阿骨打恼怒，要杀辽使，后来被劝止。此后，阿骨打不再听从辽命。

起初，与完颜部作对的纥石烈部人阿疏逃奔辽朝。阿骨打以此为由，数次派人前往辽朝索要。派出去的人回来都说辽主如何骄肆废弛，阿骨打闻后，立即召官僚耆旧商议伐辽之事，下令防备冲要，修建城堡，修缮戎器等。辽统军司听到完颜部备军的消息后，派遣使者来询问，阿骨打回答道："设险自守，又何问哉！"辽国再派使者前来诘问，阿骨打又答道："我小国也，事大国不敢废礼。大国德泽不施，而逋逃是主，以此宵小，能无望乎？若以阿疏与我，请事朝贡。苟不获已，岂能束手受制也。"此后，辽国也开始防备。

■ 与辽对抗 建立金朝

阿骨打派人侦察到辽国火速集兵的消息后，决定先发制人。辽天庆四年（1114年）九月，阿骨打进军江州。数日后，阿骨打汇合了二千五百人。举兵前，他申告天地："世事辽国，恪修职贡，定乌春、窝谋罕之乱，破萧海里之众，有功不省，而侵侮是加。罪人阿疏，屡请不遣。今将问罪于辽，天地其鉴佑之。"十月，阿骨打攻克江州。初战告捷，士气大增。

十一月，辽都统萧糺里、副都统挞不野率领步骑十万在鸭子河北列兵，阿骨打亲自率领部众迎敌。还未抵达鸭子河天就黑了，阿骨打令部众就地休息。正要入睡时，阿骨打感到有人在他的头上拍了三下，惊醒后说了一句"神明警我也"，接着令部众鸣鼓举火出发。黎明时，阿骨打抵达鸭子河，正遇到辽兵破坏冰道。阿骨打立即令人将辽兵击走，使得大军能够登岸。当时，阿骨打拥有三千七百甲士，而抵达鸭子河的只有三分之一，根本难以与辽军抗衡。然而，双方正要交锋时，忽然刮起了大风，尘埃蔽天。阿骨打率领部众乘风势猛击辽兵，打得辽兵溃散，获得了大量俘虏和车马。

辽天庆五年（1115年）正月，阿骨打即皇帝位。他向群臣说道："辽以镔铁为号，取其坚也。镔铁虽坚，终亦变坏，惟金不变不坏。金之色白，完颜部色尚白。"于是定国号为"大金"，建元收国。

建国后，金太祖穿上战袍继续征战。辽主派遣都统耶律讹里朵、左副统萧乙薛、右副统耶律张奴、都监萧谢佛留率领骑兵二十万、步卒七万戍守边疆。面对如此庞大的军队，太祖镇定自若，毫无忧色。在金太祖的指挥下，辽步卒全军覆没。金太祖将缴获的数千耕具分发给诸军，以便屯田自给。

收国元年（1115年）八月，太祖亲征黄龙府（今吉林农安）。抵达混同江时，金兵无舟渡河。太祖派一人在前面带路，并令此人沿着他马鞭所指的方向前进。诸军紧随，水深竟然只达马腹。天眷二年（1140年），金熙宗把黄龙府改名为济州，将金军改称利涉，就是因为这个缘故。

九月，金兵攻克黄龙府。辽主惊慌，于十一月自率大军七十万抵达驼门。辽驸马萧特末、林牙萧查剌等率领骑兵五万、步兵四十万抵达斡邻泺。太祖与诸将商议策略，诸将都认为辽兵号称七十万，而金兵远道而来、人马疲乏，应该避开辽军锋芒，就地筑起深沟高垒来以静制动，得到了太祖的同意。数日后，辽国出现内乱，辽主西还。诸将说："今辽主既还，可乘怠追击之。"太祖说："敌来不迎战，去而追之，欲以此为勇邪？"诸将都感到惭愧。太祖见状又说道："诚欲追敌，约赍（带着恨意）以往，无事饟馈（不需要携带军粮）。若破敌，何求不得。"众将士顿时精神抖擞，而此时金兵只有二万。太祖告诫诸将："彼众我寡，兵不可分。视其中军最坚，辽主必在焉。败其中军，可以得志。"结果，金兵以少胜多，大破辽军，获得了大量的舆辇帟幄、兵械军资、宝物马牛等。

太祖不仅善于征伐，而且善于安抚。收国二年（1116年）正月，太祖下诏："自破辽兵，四方来降者众，宜加优恤。自今契丹、奚、汉、渤海、系辽籍女真、室韦、达鲁古、兀惹、铁骊诸部官民，已降或为军所俘获，逃遁而还者，勿以为罪。其酋长仍官之，且使从宜居处。"如此一来，依附金朝者更多。

辽国见金兵难以抵挡，遂假意向金国求和。太祖并不吃这一套，并于四月再次御驾亲征辽国。金兵势如破竹，直逼辽国京师上京。随后，太祖向当地官民下诏说："辽主失道，上下同怨。朕兴兵以来，所过城邑负固不服者即攻拔之，降者抚恤之，汝等必闻之矣。今尔国和好之事，反复见欺，朕不欲天下生灵久罹涂炭，遂决策进讨。比遣宗雄等相继招谕，尚不听从。今若攻之，则城破矣！重以吊伐之义，不欲残民，故开示明诏，谕以祸福，其审图之。"随后，太祖本想继续前进，群臣劝道："地远时暑，军马罢乏，若深入敌境，粮馈乏绝，恐有后艰。"太祖这才止步。

随后，太祖先后攻克了上京（今吉林宁安县东南）、中京（今河北省平泉县东北）和西京（今山西大同）。天辅六年（1122年）六月，太祖与宋朝合兵攻打辽国，于同年十二月平定燕京（今北京）。虽然太祖在有生之年没能彻底消灭辽朝，但却使得辽朝再无还击之力，完成了其父劾里钵的遗愿。

天辅七年（1123年）八月，56岁的太祖病逝。

元太祖成吉思汗——神州大地上的一代天骄

■ 历经磨难 称霸四方

南宋高宗绍兴三十二年（1162年），铁木真出生于一个存在已久的贵族家庭。在他的家族中，早从六世祖海都开始，不断有领袖人物出现，维持着整个家族的尊贵和兴旺。他的父亲也速该姓孛儿只斤，是蒙古族的乞颜部首领，享有拔都（指勇士）的荣誉称号。铁木真出生时，其父也速该打败了塔塔儿部，并将该部首领"铁木真"生擒。为了表示对这次战争的纪念，他用此人的名字给自己的儿子起名。

铁木真的童年生活一直是幸福而美满的，但当他9岁的时候，他的生活发生了翻天覆地的变化。那年，与乞颜部有仇的塔塔儿人见始终不能战胜勇猛的也速该，于是投毒害死了他。铁木真的父亲死后，乞颜部群龙无首，在一些叛离者的带动下，整个部落顿时如一盘散沙，不久便分崩离析。从此，铁木真的母亲带着他们一家人过起了艰苦的生活。为了维持生计，他们不得不靠挖野菜和渔猎度日。另外，他们还要躲避与乞颜部有仇的部落的追杀。13岁的时候，铁木真被一个部落活捉，幸好他本人聪明机智，乘天黑逃了出来。

艰苦岁月磨练了铁木真，使他变得勇敢而刚毅。他下定决心，要像父亲那样骄傲地活着。为了方便拉队伍，他决定先找到后台。不久，铁木真依附了父亲的至交脱里，称其为义父，得到了脱里的收留。脱里是克烈部首领，而克烈部是当时蒙古高原上最为强大的部落。在脱里的影响下，铁木真没有花费多少工夫就将父亲也速该的旧部召集起来。不仅如此，铁木真还善于与其他部的首领建立友好关系。比如，他与札答阑部首领札木合结为安答(指兄弟)。

铁木真一面发展自己的势力，一面筹划着夺回被蔑儿乞部抢走的妻子。待时机成熟后，他征得脱里和札木合的同意，借用他们的兵力突袭了蔑儿乞部，击溃了该部，将被俘的妻子夺回。从此后，铁木真声名远播，成为蒙古高原上另一只霸气十足的秃鹰。

南宋孝宗淳熙十六年（1189年），铁木真毅然脱离克烈部，带领本部兵马移至营怯绿连河(今克鲁伦河)上游，大张旗鼓地扩张势力。众多蒙古部众闻风而动，纷纷来投。

南宋光宗绍熙三年（1192年），盟友札木合因铁木真的扩张而心生忌恨，决定灭掉铁木真。他召集了13部联军，合兵30万，浩浩荡荡向铁木真杀来。铁木真将3万军队分成13翼迎敌，这就是历史上有名的"十三翼之战"。由于兵力悬殊，处于劣势的铁木真战败。不过，札木合嗜杀成性，虐杀战俘，他的一些部众因不满他的行为而倒戈相向，投靠了铁木真。正所谓"塞翁失马，焉知非福"，铁木真作战中损失的兵力不仅得到了补充，而且实力比以往壮大了许多。

南宋宁宗庆元二年(1196年，金章宗承安元年)，与铁木真有杀父之仇兼乞颜部宿敌的塔塔儿部入侵金朝，兵败后逃亡。受金朝丞相完颜襄之约，铁木真和脱里毅然率兵出击，凯旋而归。铁木真立下战功，被金朝封为"札兀惕忽里"。不久，铁木真与脱里再次强强联手，将正在会盟的11部联军击溃。

南宋宁宗嘉泰元年（1201年，金章宗泰和元年），铁木真率军狠击札木合，击败了扎木合组织的联盟军。次年，铁木真遭到乃蛮联军的袭击后退至金朝边境，然后后发制人，在阔亦田(今哈拉哈河上游)一带大破敌军，并乘胜重创塔塔儿部。

随着实力的增强，铁木真的势力渐渐赶上了脱里。与铁木真曾经的盟友札木合一样，脱里将铁木真视为敌人，于1203年突袭铁木真。铁木真被脱里打败，逃至班朱尼河(今呼伦湖西南)。为鼓舞士气，他与从者同饮浊水，立下同渡患难的誓言，后整顿残部，以牙还牙，乘夜突袭脱里，击溃脱里大军，脱里在只身逃亡中遭乃蛮部杀害，昔日最为强大的克烈部从此消失在广阔的蒙古高原上。此后的几年里，铁木真先后吞并了蒙古族五大部（克烈、塔塔儿、蔑儿乞、乃蛮和蒙古五部）。

1206年，铁木真召集各地将领，于斡难河(今鄂嫩河)召开大会。在大会中，铁木真被推举为"成吉思汗"，是为元太祖。铁木真宣布正式建国，是为"大蒙古国"。

■ 威猛无敌　所向披靡

铁木真建国后，立即进行了大规模的制度改革，如建立千户制、扩充护卫军、创制了蒙古文等等。但与他的武功比起来，这些要逊色得多。

铁木真的第一个攻打目标是西夏。1205年，铁木真曾率军攻打西夏边境，攻破了力吉里寨和经落思城，抢掠了很多人口和牲畜。

成吉思汗二年（1207年），铁木真再次入侵西夏，因西夏国右厢诸军的强烈抵抗而退回。成吉思汗四年（1209年），铁木真第三次发兵，对西夏发动了猛烈的进攻。西夏军不敌蒙古军，西夏襄宗李安全被迫投降言和。此后，西夏国向蒙古国称臣，按年进贡。

在这期间，深受西辽欺凌的一些西辽属国纷纷投附蒙古国，如别失八里（今新疆济木萨尔）、高昌（今吐鲁番地区）、海押立和阿力麻里（今新疆霍城西）等。

成吉思汗六年（1211年），铁木真见金朝国内外矛盾复杂、国主完颜永济平庸无能，于是御驾亲征，统率大军攻金。蒙古军士气旺盛，所向披靡，先后占领了金朝的乌沙堡、乌月营、昌州（今内蒙古太仆寺旗九连城）、桓州（今内蒙古正蓝旗北）、抚州、野狐岭（今河北万全膳房堡北）等。金朝为守野狐岭，在该地布下了30万金兵。然而，在铁木真的猛烈进攻下，金军被打得溃不成军，精锐尽失，"死者蔽野塞川"，最后退至浍河堡（今河北怀安东）。与此同时，由铁木真之子术赤、察合台、窝阔台率领的另一路蒙古军同样势不可当，先后抢占了金朝的净州、丰州（今内蒙古呼和浩特东白塔镇）、云内（今内蒙古托克托东北）、东胜（今托克托）、武州（今山西五寨北）、朔州等地，战功显赫。次年，铁木真号令继续进军，又攻取了宣德（今河北宣化）、德兴（今河北涿鹿）等地。攻打西京（今山西大同）时，铁木真不幸被流矢射伤，遂班师而还。

成吉思汗八年（1213年），铁木真重新整顿军队，再次攻金。蒙古军以排山倒海之势压向居庸关，随后兵分三路，对居庸关进行包夹。在包夹过程中，蒙古军对金朝大地进行了一次大扫荡，"凡破九十余郡，所过无不残灭。两河山东数千里，人民杀戮几尽，金帛、子女、牛羊马皆席卷而去，屋庐尽毁，城郭丘墟矣"。次年春，蒙古军从三面包围中都（今北京），要求金朝向蒙古称臣。此时，金朝元帅胡沙虎已弑完颜永济，将完颜珣推上皇位，是为金宣宗。金宣宗向蒙古军进献了巨额财物和许多童男童女，并献上了女歧国公主（完颜永济的妻子）。铁木真见金朝停战求和，于是撤出居庸关。同年五月，金宣宗迁都汴京（今河南开封），铁木真再围中都（今北京），又抢占了金朝的一些地盘。第三年五月，蒙古军占领中都，将城中大量珠宝绸缎运走。

成吉思汗十一年（1216年）春，铁木真安排好镇守任务后，率领大军撤回漠北。次年，铁木真抽调大军，继续伐金。这次，他双管齐下，一面令大军进攻，一面招降金朝的地方武装势力，取得了显著效果。经过11年的长期征讨，截至成吉思汗二十一年（1227年），除山西太原、平阳等地，金朝的其他地方已被蒙古尽收囊中。

成吉思汗十二年（1217年），铁木真开始调兵讨伐西北各部，先后平定了秃麻、斡亦剌、乌斯、撼合纳、康合思、秃巴思、不里牙惕、客失的迷、帖良古、失必儿等部，基本上统一了西北地区。

　　成吉思汗十三年（1218年），铁木真任哲别为将，率军征讨西辽。西辽人民对当时的统治者屈出律充满愤怒，在他兵败逃亡时将其捕获并交给了蒙古军。从此，西辽划入了蒙古国的版图。

　　蒙古国吞并西辽后，与花剌子模（中亚古国，位于阿姆河下游）接壤。十一世纪中叶，该国向塞尔柱帝国称臣；1141年，塞尔柱帝国被西辽军打败，花剌子模国转而臣服于西辽。后来，花剌子模国乘塞尔柱帝国虚弱之时不断扩张，并于十二世纪末灭掉该国。吞并塞尔柱帝国后，花剌子模国继续扩张，直至波斯西部。1215年，花剌子模国与蒙古国开始进行友好往来，互通贸易。1218年，蒙古国的商队抵达该国边境讹答剌（今哈萨克斯坦锡尔河中游东部的齐穆耳）时，讹答剌城长官谋财害命，将商队成员统统杀害，仅有一名骆驼夫逃返。铁木真从这名骆驼夫口中得知这一消息后，派遣使者向花剌子模沙摩诃讨个公道。不料，花剌子模沙摩诃不但毫无诚意，反而杀掉三名使者中的一位，把另两位使者剃须后逐出花剌子模国。

　　成吉思汗十四年（1219年）夏，铁木真统领20万蒙古精骑兵进军花剌子模国境。铁木真分兵四路，向花剌子模国展开了全面进攻。蒙古军势如破竹，花剌子模军节节败退。花剌子模沙摩诃四处逃窜，最后藏身于宽田吉思海（今里海）附近某个岛屿，于次年年底病死。花剌子模沙摩诃死后，其子札兰丁即位。

　　成吉思汗十五年（1220年）秋，铁木真令幼子拖雷为先锋，率军渡过阿姆河作战。拖雷渡河后，攻克了呼罗珊地区的诸城，随后又攻陷了马鲁、你沙不儿、也里等城池；术赤、察合台、窝阔台三兄弟另率一军，激战数月后将玉龙杰赤攻克；成吉思汗自率一军，沿着阿姆河征讨，将阿姆河沿岸诸城一一攻陷。其后，花剌子模沙札兰丁虽然组织了猛烈的反攻，但最终不敌蒙古军，被迫退至申河（今印度河）。成吉思汗十六年（1221年）冬，花剌子模沙札兰丁彻底被打垮，遂逃入印度。次年春，铁木真一边平定被攻克诸城的叛乱，一边继续扩大战果，到秋天时返回西域，设置好镇守官后启程返回。成吉思汗二十年（1225年）春，铁木真抵达蒙古。在此期间，铁木真令速不台、哲别二人继续率军挺进，攻打波斯中西部的诸城。此后，他们率领的蒙古军先后经过了谷儿只（今格鲁吉亚）、打耳班（今格鲁吉亚巴库西北部的捷尔本特）、太和岭（高加索山）、阿速（高加索北麓部落）、钦察（里海至黑海之北的部落）、阿里吉河（今乌克兰共和国日丹诺夫市北）、勒河（伏尔加河）、里海、咸海等地。

　　在铁木真西征期间，西夏见蒙古大军久出未归，遂与金朝结盟，欲合力对抗蒙古国。成吉思汗二十一年（1226年），待蒙古军调养完毕，铁木真再次出兵，决定彻底灭掉西夏。蒙古军勇猛无比，连克数城，于同年年底消灭了西夏军主力。次年七月，铁木真不待灭掉西夏而病故。随后，蒙古军在半年多的时间内攻破中兴府，西夏国主李晛投降后被杀，西夏从此灭亡。

元太宗窝阔台——把元朝推向繁荣的有为之君

■ 消灭金朝　威慑四方

南宋淳熙十三年（1186年），成吉思汗铁木真第三子窝阔台出生。在铁木真的教导下，窝阔台与他的兄长一样，从小学习骑射本领。随着年龄的增长，窝阔台开始跟随父亲作战。在成吉思汗讨伐金朝、平定西域的过程中，卓沁、察罕台、窝阔台、拖雷兄弟四人皆上阵杀敌。不过，要数窝阔台的战绩最为辉煌。

成吉思汗二十一年（1226年）夏，铁木真在围攻西夏的过程中病逝，拖雷临时监国。三年后，耶律楚材召集诸王宣读太祖铁木真的遗诏，请立窝阔台。见诸王犹豫不决，耶律楚材对拖雷说："此社稷大计，若不早定，恐生他变。"不久，拖雷与诸王在和林（今蒙古国库伦西南）东奎腾阿喇勒奉迎窝阔台即大汗位。窝阔台即位后，是为元太宗。

窝阔台即位后，立即开始执行成吉思汗未完成的遗愿，继续征讨四方、攻城略地，为元朝的发展和壮大作出了巨大贡献。

太宗元年（1229年）九月，金朝使者带着财物前往蒙古国参加成吉思汗的丧礼，窝阔台说："汝主久不降，使先帝老于兵间，吾岂能忘也！何为哉！"同年年底，窝阔台出兵攻打金朝庆阳（今甘肃境内）。

太宗二年（1230年）春，蒙古大军在大昌原与金军交战。金军前锋将领完颜彝身先士卒、奋勇作战，使得金军士气倍增。结果，八千蒙古兵竟被四百金骑兵击破。在与蒙古交战的二十年中，这是金军唯一的战绩。金军统帅伊喇布哈见庆阳之围被解，志气骄满，并告知蒙古作战将领："我已准备军马，能战则来。"窝阔台大怒，遂派遣其皇弟拖雷讨伐金国。

伊喇布哈统军无方且贪图小利，曾为了抢夺少量财物而令士兵在一日内猛行两百里，使得人马俱疲。完颜彝甚为担忧，曾私下对同列说："副枢以大将为剽掠之事，今日得生口三百，明日得牛羊一二千，士卒喘死者则不复计。国家数年所积，一旦必为是人确除尽矣。"伊喇布哈从旁人口中得知完颜彝对他的不满后，在一次酒会上乘行酒之际问完颜彝："汝曾短长我，又谓国家兵力当由我尽坏，信有之乎？"完颜彝喝完酒后缓缓答道："有之。"伊喇布哈见他毫无惧色，于是开玩笑说："有过当面论，无后言也。"尽管如此，伊喇布哈毫无悔改之意。

攻克金国京兆城后，窝阔台派人出使金国，以便视探该国国情。使者返朝后将金国的地理状况、民生兴衰等一一告知窝阔台。窝阔台大喜："我得金于汝手中矣！"

太宗三年（1231年）正月，蒙古军围攻金朝凤翔府（今陕西凤翔）；四月，攻陷该城。随后，蒙古军一路摧枯拉朽，金兵节节败退。金兵之所以会败得如此迅速，其实与金朝的官吏制度有关。自金宣宗完颜珣开始，朝廷多以内侍为耳目，用来伺察百官，朝中如此，军中亦如此，一直延续到现在。在军中，这些内侍被称作"监战"。他们虽有将帅之实权，却无将帅之才能。作战常常要因地制宜、灵活应变，但在他们的牵制下，部将难以随机应变。而且，每次遇敌时，他们都会先逃。因此，金军作战多有丧败，金国灭亡的命运与其有着直接联系。

九月，拖雷攻破饶风关，并将逼近汴京（今河南开封县）。诸宰相都说："北军冒万里之险，历二年之久，方入武休，其劳苦已极。为吾计者，以兵屯睢、郑、昌武、归德及京畿诸县，以大将守洛阳、潼关、怀、孟等处，严兵备之，京师积粮数百万斛，令河南州郡坚壁清野，彼欲攻不能，欲战不得，师老食尽，不击自归矣。"金哀宗叹息说："南渡二十年，所在之民，破田宅，鬻妻子，以养军士。今敌至不能迎战，徒欲自保京城，虽存何以为国！天下其谓我何！朕思之熟矣，存亡有天命，惟不负吾民可也。"遂分兵固守。

当时，完颜哈达、伊喇布哈奉命率兵入邓州。在蒙古兵欲渡汉水时，完颜哈达、伊喇布哈与诸将商议："由光化截汉与战，及纵之渡而后战，孰与？"张惠、阿达茂等部将都说："截汉便。纵之渡，则我腹空虚，恐为敌所溃。" 伊喇布哈刚愎自用、自高自大，于是尽放蒙古军渡河。

蒙古军刚上岸就袭击金军，结果被金军击退。完颜哈达说："彼众号三万，而辎重居其一。今相持二三日，彼不得食，吾乘其却而摧之，必胜矣。" 伊喇布哈则说："江路已绝，黄河不冰，彼入重地，将安归乎？何以速为！"遂下令追逐蒙古军。第二天，蒙古兵突然消失。正当完颜哈达、伊喇布哈要入邓州取用军粮时，蒙古军发动突然袭击，抢掠辎重后再次隐去。

完颜哈达、伊喇布哈二人掩饰败绩，上报大捷。正当百官相互称贺时，蒙古游骑再次突袭，俘获甚多。至太宗四年（1232年）春，蒙古军先后经略金国商、汝、虢、洛、许、嵩、陕、亳、睢、郑、陈、颍、寿、永等州。窝阔台乘胜追击，金军将士伤亡惨重。

同年，窝阔台与宋军联合攻打金朝。太宗六年（1234年），金哀宗在蔡州传位于完颜承麟，完颜承麟泣拜不受。金哀宗说："朕所以付卿者，岂得已哉！以朕肌体肥重，不便鞍马驰突。卿平日矫捷有将略，万一得免，祚嗣不绝，此朕志也。"

不久，蔡州城南门被宋军攻破，金哀宗在幽兰轩自缢。完颜仲德得知后对将士说："吾君已崩，何以战为！吾不能死于乱兵之手，吾赴汝水从吾君矣，诸君其善为计！"遂跳河自尽。将士都说："相公殉国，吾辈独不能耶？"随后，完颜仲德率领的五百多将士全部尾随而死。

当时，金末帝完颜承麟退保子城，听闻金哀宗死讯后对众人说："先帝在位十年，勤俭宽仁，图复旧业，有志未就，可哀也已！宜谥曰哀。"祭奠还未结束，蔡州被蒙、宋两国联军攻破。随后，金末帝被乱兵所杀，金朝灭亡。

至太宗六年（1234年）七月，蒙古军已经征服了西夏、中原、高丽、回鹘诸国。此后，窝阔台虽然没有御驾亲征，但仍然遣兵远征近讨。无论是攻打匈牙利、波兰，还是征讨南宋，都卓有成效。

■ 重用能臣 创造治平

在运用武力扩大疆土、增强国力的同时，窝阔台亦忙于治理国内。太宗在位期间，"性宽恕，量时度力，举无过事。境内富庶，旅不赍粮，时称治平"。太宗之所以受到这么高的评价，与耶律楚材的尽心尽力是分不开的。

铁木真征讨西域时，国内府库连斗粟尺帛的储备都没有。群臣都说："虽得汉人，亦无所用，不若尽杀之，使草木畅茂，以为牧地。"耶律楚材力排众议："夫以天下之广，四海之富，何求而不得！但不为耳，何名无用哉？"并建议："地税、商税、酒、醋、盐、铁、山泽之利，可得银五十万两，绢八万匹，粟四十余万石。"铁木真说："诚如卿言，则国用有余矣。"太宗二年（1230年），耶律楚材开始在国内实施课税、酒税制度，"息十取一，杂税二十取一"，大大增加了国内的财用。为了如期征收税息，窝阔台于同年十一月设置了燕京、宣德、西京、太原、平阳、真定、东平、北京、平州、济南十路征收课税使。而且，窝阔台采用耶律楚材的建议，开始任用士人。耶律楚材并乘机进说周孔之学，以可以在马上得天下、但不可以在马上治天下的道理说服了窝阔台。

太宗三年（1231年）八月，蒙古国才开始设立中书省，耶律楚材任中书令之职。由于课税征收顺利，窝阔台将中书省印授给他，并将大小事情统统委托给他。当时，钮祜禄重山、镇海受到耶律楚材的举荐，位居左、右丞相，朝中权贵遂不得志。皇叔乌珍在燕京路长官舒穆噜咸得卜的唆使下上奏说"楚材用南朝旧人，恐有异志，不宜重用因诬构百端"，想置耶律楚材于死地。镇海、重山等人开始感到恐惧，埋怨耶律楚材："何为强更张？必有今日事。"耶律楚材正色道："即立廷以来，每事皆吾自为，诸公何预焉！若果获罪，吾自当之。"窝阔台查清事实后，将舒穆噜咸得卜交给耶律楚材处治。耶律楚材拒绝道："此人倨傲，故易招谤。今方有事南方，他日治之未晚也。"后来，窝阔台私下对近侍说："楚材不校私仇，真宽厚长者，汝曹当效之。"

太宗七年（1235年）六月，窝阔台兵分三路：皇子库端、库春等入取蜀汉、江淮等地；皇子库裕克、侄莽赍扣讨伐西域；唐古娄库齐讨伐高丽。同时，窝阔台下令蒙古人每甲（户口编制单位，每二十户为一甲）中征调一人西征、一人南征，中州户每户一人南征、一人征高丽。起初，有人建议派遣西域人征讨江南、汉人征讨西域，认为这样可以起到制御作用。耶律楚材反对说："不可。中原、西域，相去辽远，未至敌境，人马疲乏，兼水土异宜，疾疫将生。宜各从其便。"窝阔台采纳其议。

太宗八年（1236年）四月，群臣商议以丁为户，耶律楚材认为不可。众人都说："我朝及西域诸国，莫不以丁为户，岂可舍大朝之法而从亡国之政？"耶律楚材辩道："自古有中原者，未尝以丁为户。若果行之，可输一年之赋，随即逃散矣。"得到窝阔台的认可。

当窝阔台要将各州民户分赐给诸王、贵戚时，耶律楚材建议："裂土分民，易以生隙。不如多与金帛，足以为恩。"窝阔台说已经许下承诺，不好更改。耶律楚材说："若置官吏，必自诏命，除恒赋外，不令私自征敛，差可久矣。"

在赋税方面，耶律楚材进行了一番改革，"每二户出丝一斤，以供官用；五户出丝一斤，以给受赐贵戚、功臣之家。上田每亩税三升半，中田三升，下田二升半，水田亩五升，商税三十分之一，盐价银一两四十斤，以为永额。"群臣都认为赋税太轻，耶律楚材则说："作法于凉，其弊犹贪，将来必有以利进者，则今已重矣。"

太宗十年（1238年）六月，窝阔台近臣诬陷耶律楚材庇护逃军。窝阔台怒，将耶律楚材逮捕，随后又命人将其释放。耶律楚材不肯松绑："臣备位公辅，国政所属。陛下初令系臣，以有罪也；当明示百官，罪在不赦。今释臣，是无罪也；岂宜轻易反复，如戏小儿！国有大事，何以行为！"窝阔台说："朕虽为帝，宁无过举耶？"于是用温言安慰他。随后，耶律楚材奏陈时务十策，分别是信赏罚、正名分、给俸禄、官功臣、考殿最、均科差、选工匠、务农桑、定土贡和制漕运，窝阔台下令一一实施。

太宗十三年（1241年）二月，窝阔台病逝，时年56岁。

 元世祖忽必烈——建立元朝的蒙古英雄

■ 广纳幕僚　羽翼渐丰

成吉思汗十年（1215年），拖雷第四子、宪宗蒙哥之弟忽必烈出生。拖雷之兄太宗窝阔台在位时很注重利用人才资源，忽必烈以藩王的身份与蒙古国中的汉官交往，对汉族的人文历史、国土风情颇为了解，为他建立元朝、完成统一大业打下了很好的基础。

太宗去世后，蒙古国诸王相互讨伐，国内大乱。先后有太宗皇后临朝称制（1242年～1245年）、太宗长子定宗库裕克即大汗位（1246年～1248年）、定宗皇后（1249年～1250年）临朝称制。直到宪宗蒙哥被推上大汗位（1251年），局势逐渐稳定下来。

经过一番经营，忽必烈身边聚集了一大批幕僚，如赵璧、董文用、窦默、姚枢、王鹗、刘侃等人。其中，窦默擅长三纲、五常，认为帝王之道在于"正心、诚意"。姚枢著有《治道书》，将治国、平天下分为修身、力学、尊贤、亲亲、畏天、爱民、好善、远佞等八目。另外，姚枢还列出了三十条消除社会弊端的策略，深受忽必烈赏识。王鹗为金朝左右司郎中，金朝灭亡后被蒙古军俘获，忽必烈将其迎入府中。此人谙熟《孝经》、《书》、《易》，对齐家、治国之道颇有研究。忽必烈经常与他交谈到深夜才作罢，并对他说："我虽未能即行汝言，安知异日不能行之耶！"

邢台人刘侃在年少时曾担任令史之职，经常郁郁不乐。一天，他投笔叹道："丈夫不遇于世，当隐居以求其志，安能汩没为刀笔吏乎！"此后，他先是归隐山林，后又出家为僧，更名子聪。忽必烈早就听说此人博学多才，并最终将其留在藩邸。子聪手不释卷，对《易》学尤其精通，而且还旁通天文、律、算、三式等学问，谈论天下事时如同数手指般清晰明了。

忽必烈不仅善于从幕僚那里吸取治国经验，而且善于将各种理论知识运用于实践之中。定宗二年（1247年），忽必烈得到邢州封地。邢州地处要冲，各种赋役层出不穷，百姓难以忍受。在僧子聪的举荐下，忽必烈任命张文谦为王府书记，负责治理当地。张文谦建议："今民生困敝，莫邢为甚。盍择人往治之！"遂选用了乌托、刘肃、李简三人。在他们的同心协力下，百姓安居乐业，户数增至十倍。此后，忽必烈更加注重任用儒士的才能。

张德辉同样是当时的贤者，忽必烈同样将其纳为幕僚。忽必烈与他讨论儒学与治国："孔子殁已久，今其性安在？"张德辉答道："圣人与天地相终始，无往不在。殿下能行圣人之道，性即是矣。"又问："或云辽以释废、金以儒亡。有诸？"对曰："辽事臣未周知，金亡乃所亲睹。宰执中虽用一二儒臣，余皆武弁世爵，及论军国大事，又不使预闻。大抵以儒进者三十之一，国之存亡，自有任其责者，儒何咎焉？"忽必烈赞成他的观点，并顺势问道："祖宗法度具在，而未尽设施者甚多，将如之何？"张德辉指着银杯比喻道："创业之主，如制此器，精选白金，良匠规而成之，界后人传之无穷，当求谨厚者司掌，乃永为宝用。否则不唯缺坏，亦恐有窃而去之者矣。"忽必烈沉默良久后说道："此正吾心所不忘也。"又问："农家作苦，何衣食之不赡？"对曰："农桑，天下之本，衣食之所从出者也。男耕女织，终岁勤苦，择其精者输之官，余粗恶者将以仰事俯育，而亲民之吏，复横敛以尽之，则民鲜有不冻馁者矣。"此后，在张德辉的举荐下，魏璠、元裕、李冶等二十多位汉人贤才聚拢在忽必烈麾下。

宪宗即位后对忽必烈非常倚重，令其总治汉南。忽必烈很高兴，于是设宴祝贺。宴席中，群臣庆贺不止，唯有姚枢沉默不语，忽必烈在宴后向其询问缘由。姚枢说："今天下土地之广，人民之殷，财赋之阜，有如汉地者乎？王若尽有之，则天子何为！异时必悔而见夺。不若但持兵权，凡事付之有司，则势顺理安。"忽必烈恍然大悟。

宪宗二年（1252年），忽必烈采纳姚枢的建议向宪宗恳请在与宋朝接壤的河南地区设立经略司，随后"以孟克、史天泽、杨淮中、赵璧为使，俾屯田唐、邓等州，授之兵牛，敌至则战，退则耕屯"，有效治理了河南地区。

宪宗三年（1253年）春，忽必烈在宪宗大封同姓时得到关中封地。随后，他采用以汉治汉的方式推动了当地经济的繁荣，为统一中国奠定了很好的物质和经济基础。同年九月，忽必烈参加了南征大理的战争。攻克大理后，忽必烈班师北还。

■ 心机过人　建立元朝

宪宗六年（1256年），宪宗打算修建宫室。忽必烈的幕僚僧子聪精于天文和地理，受宪宗委托营造宫室一事。三年后，宫室建成，取名为"开平府"，不久又被称为上都。同时，燕京被称为中都。

忽必烈在汉地深得人心，遭到了宪宗的猜疑。忽必烈主动澄清事实，及时消除了暗藏的危机。宪宗八年（1258年），宪宗决定南侵。当时，阿里不哥奉命留守和林，忽必烈奉命攻取鄂州。出发前，僧子聪、张文谦嘱咐他说："王者之师，有征无战。当一视同仁，不可嗜杀。"忽必烈将这些肺腑之言牢记心中，并传令诸将不准妄杀、焚人室庐和放还所获牲口。

宪宗九年（1259年）夏，宪宗在合州（今广东海康县）城下病逝。忽必烈得到消息后没有立即北归，而是继续南下攻打鄂州（今湖北武昌）。当时，阿里不哥已经在为称汗做准备。郝经建议他"以社稷为念，与宋议和，令割淮南、汉上、梓、夔两路，定疆界岁币，置辎重，率轻骑而归，直造燕都"，得到了忽必烈的认同。随后，忽必烈扬言要直逼临安，宋朝急忙遣使议和。忽必烈顺水推舟，很快与宋朝达成协议。忽必烈返回燕京后并没有急于赶往和林，而是先控制了阿里不哥的军队，从而架空了阿里不哥。

1260年3月，忽必烈一改以往即大汗位的旧制，在开平称帝。次月，忽必烈设立中书省，任命王文统为平章政事、张文谦为左丞。同时，巴崇、廉希宪、商挺、赵良弼、钮祜禄纳哈、张启元等人都得到重用。

自太祖以来，蒙古官制非常笼统。忽必烈即位后令僧子聪、许衡二人设定内外官制，从而有了总管政务的中书省、掌握兵权的枢密院和行使黜陟的御史台。其次，监、寺、院、司、卫、府、行省、行台、宣慰、廉访、路、府、州、县等均设立完备，"官有常职，位有常员，食有常禄"。

五月，忽必烈建元中统，蒙古开始有年号。接着，忽必烈设立了燕京、益都、济南、河南、北京、平阳、太原等共十路宣抚使来督促农业的发展。同年，忽必烈御驾亲征，将阿里不哥赶出了和林。尽管后来阿里不哥继续与他作对，但已经不能对他构成任何威胁。

此后，忽必烈一边攻打宋朝，一边建设自己的国家。中统五年（1264年）八月，忽必烈下诏改中统五年为至元元年。至元八年（1271年）十一月，忽必烈取《易》中的"大哉乾元"之义，建国号"大元"。

至元十一年（1274年），元朝开始大规模地攻打宋朝。至元十六年（1279年），宋朝灭亡，忽必烈统一中国的大业终于实现。在忽必烈统治期间，元朝的农业、手工业、外交等方面都得到很大的突破。至元三十一年（1294年），80岁的忽必烈病逝。

元顺帝妥懽帖睦尔——难挽大厦将倾的元朝末代君王

■ 饱受劫难 少年称帝

仁宗延祐七年（1320年）四月，明宗长子妥懽帖睦尔出生。明宗是武宗的长子，武宗死后，明宗之弟仁宗继承皇位。仁宗死后，其嫡子英宗即位。至治三年（1323年）九月，英宗因推行新政被杀。英宗死后的5年时间内，先后有泰定帝、天顺帝、文宗即位，皇权争斗的残酷可见一斑。

天历二年（1329年），明宗在武宗旧部的支持下前往上都即皇帝位，结果在途中被其同父异母的弟弟燕帖木儿毒死，10岁的妥懽帖睦尔成为了孤儿。明宗死后，文宗复位，改元至顺。至顺元年（1330年）四月，11岁的妥懽帖睦尔被迁徙至高丽；次年，被迁徙至广西静江（今桂林）。至顺三年（1332年）五月，文宗病逝，明宗次子、7岁的宁宗即位。不料，宁宗即位不到两个月病逝。

自文宗复辟始，燕帖木儿手握大权。宁宗死后，燕帖木儿建议文宗皇后立文宗之子燕帖古思为皇帝。文宗皇后认为燕帖古思尚幼，建议迎立13岁的妥懽帖睦尔。至顺四年（1333年）二月，燕帖木儿在迎接妥懽帖睦尔的时候与妥懽帖睦尔并马而行。当时，燕帖木儿在马上举鞭指划，告诉妥懽帖睦尔国家多难和朝中遣使奉迎他的原因，妥懽帖睦尔默不作声。燕帖木儿无法探得他的深浅，于是感到害怕，担心他做了皇帝后会追究明宗被毒杀的案子。为此，燕帖木儿反对立妥懽帖睦尔为皇帝。两个月后，燕帖木儿因荒淫无度而死，14岁的妥懽帖睦尔顺利即位。

■ 矛盾重重 手忙脚乱

顺帝妥懽帖睦尔即位后，任命伯延为太师、中书右丞相、监修国史，同时以萨敦为太傅、左丞相。此后，他深居宫中，将政务全部交由宰相处理。

顺帝即位后，先有关中、河南地区发生水灾，两淮地区发生旱灾；后又有徽州、秦州、凤州相继发生山崩。除了要处理这些灾情外，顺帝还要面对朝内的权力争斗和国内有待兴起的百业，难免会力不从心。然而，朝中权臣却趁火打劫，不断扩张自己的势力。至顺四年（1333年）十月，元朝改元元统。元统二年（1334年），国内先后又出现白毛雨、山崩、蝗灾、水灾等事件。当时有民谣："天雨线，民起怨，中原地，事必变。"尽管灾情与灭国的预兆没有根本的联系，但元朝在不久的将来还是破灭了。

为了能够治理好国家，顺帝对伯延、萨敦二人更加倚重，分别封他们为秦王、荣王，并且诏令他们统管百官和庶政。随着伯延的坐大，燕帖木儿之子唐其势愤愤不平："天下，吾家之天下，伯延何人而位吾上！"元统三年（1335年），萨敦病逝，伯延开始独揽朝政。再加上伯延严厉打击燕帖木儿家族中的不法分子，唐其势怒不可遏。后来，他索性与叔父造反，打算另立新主。结果计划泄露，燕帖木儿的势力被铲除殆尽。顺帝本来就对与自己有杀父之仇的燕帖木儿充满恨意，正好借这个机会报仇，以至于燕帖木儿的女儿、当时的皇后也难保性命。唐其势被擒时，紧拽着殿槛不肯出门。其弟塔喇海急忙之中躲在皇后座下，皇后用衣服掩蔽他。伯延令人将其拽出斩杀，并将皇后擒下。皇后向顺帝呼救，顺帝说道："汝兄弟为逆，岂能相救！"同年七月，皇后被鸩杀。此后，顺帝以伯延为中书右丞相，不再设置左丞相之职。

在顺帝的宠爱下，伯延集权力与荣耀于一身，渐渐变得飞扬跋扈。他虽然知道停办科举不合理，仍然我行我素，朝中大臣敢怒不敢言。在以后的几年里，顺帝下诏为其立碑，赐给他"元德上辅功臣"的称号，同时赐给他七宝玉书和龙虎金符。伯延并不满足，在党同伐异、扩张权势的过程中竟然开始构陷诸王，并且在顺帝未允许的情况下随意处置王室成员，渐渐引起了顺帝的不满。

伯延将其侄子脱脱视为心腹，将其安排在顺帝身边做宿卫，以便监视顺帝的举动。当时，天下人只知道伯延而不知道顺帝，脱脱感到害怕，于是私下对其父满济勒噶台说："伯父骄纵已甚，万一天子震怒，吾族赤矣，曷若于未败图之！"得到了父亲的同意。后来，在脱脱的计划下，顺帝终于控制住了伯延。至元六年（1340年）二月，伯延被罢为河南行省左丞相。三月，伯延在上任途中病死。

伯延刚死，顺帝开始为其父明宗翻案。他下诏废掉文宗庙主，将文宗皇后迁出皇宫，将文宗之子燕帖古思流放到高丽。不久，太后去世，燕帖古思在流放途中遇害。

在大局面前，顺帝表现得手足无措；在私事面前，他睚眦必报。如果没有像脱脱这样的忠臣为其排忧解难，他这个既没有大局观又没有大胸怀的皇帝或许会让元朝灭亡得更加迅速！

此后，元朝朝政更加混乱。顺帝根本无法应付这种局面，也根本不愿意看到这种局面，于是及时行乐，不问政事。元至正二十八年（1368年）七月，顺帝在上都被攻破之际北逃，元朝从此灭亡。明洪武三年（1370年），顺帝病逝。

明太祖朱元璋——布衣开国帝王

■ 出身贫寒 借梯登高

元文宗天历元年（1328年），朱元璋出生在一个贫苦家庭。其父为求生计，辗转几番后，在濠州（今安徽凤阳）长住下来。

元顺帝至正四年（1344年），国内瘟疫盛行。朱元璋的父母兄长因感染上瘟疫而先后死去，朱元璋成了一名孤儿。为了保住性命，他削发为僧，在当地的皇觉寺熬日子。然而没过多久，当地闹起了饥荒。朱元璋开始四处流浪，以乞讨为生。至正八年（1348年），朱元璋回到寺庙，在空无一人的寺庙里做了住持。

至正十一年（1351年），红巾军农民起义在全国范围内如火如荼地展开，以至于无人不知，无人不晓。朱元璋深受反元思潮的影响，大有跃跃欲试之激情。

至正十二年（1352年），郭子兴自称节制元帅，在濠州举起了义旗。朱元璋顺应时势，立即赶往郭子兴处投军。守城将士误以为他是元军奸细，把他绑去见郭子兴。身强力壮、气度不凡的朱元璋往那儿一站，就把郭子兴吸引住了，遂让他做帐下亲兵。朱元璋没有辜负郭子兴，不仅苦练武艺，听从指挥，而且处事沉稳，计虑周详，能独当一面。郭子兴把他当作知己，时常把他叫到内宅议事，信宠有加。

郭子兴身边有个养女，她是郭子兴的老友马公的独生女。马公夫妇死后，郭氏夫妇收养了他们的女儿。马姑娘勤劳贤惠，深得郭氏夫妇的喜爱，将其视为己出。此时，马姑娘已是待嫁的年龄，郭氏夫妇决心把她嫁给一个有出息的人，以了却自己及死去的老友的心事。朱元璋的到来使郭子兴眼前一亮，郭夫人也很喜爱朱元璋。征得了马姑娘的同意后，郭子兴夫妇择日给他们成了亲。马姑娘与朱元璋结婚后，对朱元璋的事业很有帮助，后来成为了明朝的开国皇后。

不久，起义军里又发生了内讧事件。当初，郭子兴等一起举事，倒也能协同作战，相安无事。然而取得胜利后，在立名号、排座次的问题上，各方均不相让，相互猜疑。当时，元帅郭子兴与歃血为盟的副帅孙德崖因意见不和发生了冲突。孙遂设下圈套，将郭子兴骗到家中，想秘密处死他后自立为帅。朱元璋出征归来，闻讯后立即带兵追到孙家，拔剑而指："敌人逼近城下，副帅不去杀敌，却要谋杀主帅，这是什么道理？"遂指挥兵士砍断锁链，救出郭子兴。有此救命之恩，郭子兴对朱元璋更加宠信和厚待了。

■ 果断决策 自树旗帜

从上次的内讧事件上，朱元璋对时局有了更加清醒的认识。他认为郭子兴、孙德崖、俞某、鲁某、潘某等人都不能成大事，要想成就一番大事业，还得靠自己。于是，朱元璋说服郭子兴，单身回家乡招募新兵。

至正十三年（1353年）春，朱元璋回到久别的故乡，在十几天内拉起了一支七百多人的队伍。郭子兴喜出望外，当即升任朱元璋为镇抚，并把这七百多人的精壮部队交给他率领。这是朱元璋独自带领的第一支队伍。朱元璋握有兵权后，再也不愿待在多事的濠州。

至正十四年（1354年）正月初一，朱元璋得到郭子兴的允许后，从军中精心挑选了24名士兵，将其他士兵留给了郭子兴，随后便离开濠州向南奔向定远（今安徽定远县东）。这24人分别是：徐达、汤和、吴良、吴祯、花云、陈德、顾时、费聚、耿再成、耿炳文、唐胜宗、陆仲亨、华云龙、常遇春、郭兴、郭英、胡大海、张龙、陈桓、谢成、李新、张赫、张铨、周德兴。他们曾经都是受尽苦难的穷苦庄稼汉，后来都成了朱元璋打江山的骨干。其中，除3人封公外，其余21人皆封侯（其中，耿再成和花云在开国前战死，公与侯为追封），全都成了名垂青史的开国功臣。

南下定远后，朱元璋智取驴牌寨，收编了3000多人的地主武装，拥有了一支名副其实的武装部队。

这时，定远县同其他混乱地区一样，兵匪如蝗，军寨林立，有的是游兵团聚，有的是财主结寨自保。收降这些散兵游勇，是壮大势力的途径。朱元璋看准了这一点，凭着自己手中的3000人马，说降了盘踞豁鼻山的秦把头，得部众800人，又乘胜夜袭拥兵数万余众的义兵元帅缪大亨。缪大亨从睡梦中惊醒后慌忙迎战，因摸不清对方虚实而伤亡惨重，只好率领剩下的两万多人投降。收编了这支人马后，朱元璋的队伍更加雄壮，顿时威名大震，四方归附。

冯国用、冯国胜兄弟见朱元璋如日中天，于是邀请他共商大计。冯氏兄弟是两个20岁上下的青年，靠着祖上留下的一些产业，习弄刀箭，攻读兵书，钻研攻防计略，结交天下豪杰，成为远近闻名的文武全才。元末群雄并起，他们也拉起了队伍。得知朱元璋智取驴牌寨、义说秦把头、夜袭缪大亨后，他们很是佩服，有投靠朱元璋之意。朱元璋见冯家兄弟举止得体，温文尔雅，早已猜到他们是读书人，便向他们请教取天下的大计。冯国用回答："书生有六字相告。"朱元璋洗耳恭听，冯国用说："'有德昌，有势强。'建康（今南京）虎踞龙蟠，帝王之都，拔而取之以为根本，成有势之强。然后命将出师，倡仁义，收人心，不贪子女玉帛，则为有德之昌。而后天下可定。"听到这番议论后，朱元璋茅塞顿开。自打从军以来，朱元璋接触的都是些莽汉，还没有听见过这样清晰明白、高瞻远瞩的谈话，第一次感到了读书人的高明。此后，他将冯氏兄弟留在了身边，作为他的幕中参谋，为他出谋划策。

同年，朱元璋得到了两个栋梁之才：李善长和刘基。有了二人的辅助，朱元璋更是如虎添翼，坚定了统一天下的决心。

1355年，韩林儿在起义军领袖刘福通的拥护下在亳州称帝，号小明王，定国号为大宋，改元龙凤。就在这一年，郭子兴去世，朱元璋统率了他的部队后，又被韩林儿封为左副元帅。随后，朱元璋挥师渡江，破采石（今安徽马鞍山西南）、克太平（今安徽当涂）。次年，朱元璋占领了集庆（今江苏南京），将其改为应天府。有了应天府这个根据地，再加上刘福通的北伐军这个北方屏障，朱元璋便可以大肆扩张势力范围了。

在当时，要想顺利扩张领土，必须要兼并其他势力集团。其中，能对朱元璋构成威胁的两大势力主要是陈友谅和张士诚。朱元璋采取了刘基的建议，先攻打野心勃勃的陈友谅，然后再对付相对保守的张士诚。

龙凤二年（1356年），陈友谅率军欲取池州（今安徽贵池），朱元璋设计斩杀陈军万余，生擒三千，使得陈友谅难以前行。后陈友谅挟徐寿辉进攻太平，攻占了采石，随后杀死徐寿辉自称皇帝，定国号大汉，改年号大义。陈友谅弑君称帝后，派人约张士诚一起进军应天。当时，陈友谅拥有混江龙、塞断江、撞倒山和江海整等一百多艘大舰和数百条战舸，水师力量是朱元璋的十倍。面对危急形势，朱元璋与刘基商议，决定实行战略转移，集中兵力向东北和西线出击，并与刘基一起制定了一个诱敌深入、设伏歼敌的作战方案。陈友谅果然中计，汉军伤亡严重，并有二万人被俘，巨舰和战舸尽被朱元璋缴获，主力尽失。

■ 看清形势 谋定后动

龙凤八年（1362年）二月，朱元璋返回应天。他指出："友谅剽而轻，其志骄，士诚狡而懦，其器小，志骄则好生事，器小则无远图。若攻士诚，友谅必空国而来，使我疲于应敌，事有难为，先取友谅，士诚必不能逾姑苏一步，以为之援。"

龙凤九年四月，陈友谅亲率水陆大军六十万，携带大小家眷及文武百官，顺江而下，直逼洪都（今江西南昌）。

洪都位于赣江下游，北接与长江相通的鄱阳湖，西南紧靠赣江，是防御陈友谅的重要据点。陈友谅前番可以夺取此城，完全是借涨潮之时，从船上攀墙而入。朱元璋夺取洪都后，将原城墙拆除，后移三十步筑墙，并特命亲侄子朱文正统领虎将赵德胜、邓愈以及其他诸将镇守洪都。

四月二十三日，陈友谅率军抵达洪都城下，见城墙远离江面，战船无法靠近，下令用云梯攻城。如此一来，人多的优势便发挥不出来。朱文正利用这一优势率众将奋力抵抗，整整守了八十五天，从士气上压倒了陈友谅，并为朱元璋赢得了反攻时间，为消灭汉军创造了难得的战机。

七月初六，朱元璋率舟师二十万，统领徐达、常遇春等诸勇将及儒士刘基、陶安、朱升等增援洪都。七月中旬，朱元璋的部队在没有任何阻拦的情况下到达鄱阳湖北口。陈友谅撤洪都之围，转兵东出鄱阳湖。

七月二十日，两军水师在康郎山（今江西鄱阳湖内廉山）开战。经过近四十天的激战，陈友谅粮草已绝，被困鄱阳湖。八月二十六日，他亲率百余艘战舰突围，与朱元璋在湖口展开生死搏斗。激战中，陈友谅想察看一下外面的战况，谁知刚把头伸出窗外，竟被敦莫一箭射中头部，当场毙命。主帅一死，汉军溃不能战，纷纷投降。

　　1368年正月，40岁的朱元璋在文武百官的欢呼声中正式登上皇位，定国号大明，年号为洪武，以应天为南京，汴梁为北京。同时，他册封马氏为皇后，长子朱标为太子；任命李善长、徐达为左右丞相，刘基为御史中丞兼太史令。至此，一个出身农家、横笛牛背的牧童，终于成了中国历史上继汉高祖刘邦之后的又一位布衣皇帝。

■ 以威立法　不徇私情

　　朱元璋做了皇帝后，开始着手巩固政权。他翻阅史籍，发现汉、唐两朝的祸乱都是宦官所为，意识到必须严厉限制宦官的活动。

　　一次，朱元璋和几位知己大臣讨论如何防止宦官为害天子后代。朱元璋说："这种人虽然在宫廷里是必不可少的，但只能让他们洒水扫地，奔走效劳，而且人数也不能过多。驾驭的办法，就是让他们知法守法。同时，也不能让他们建立功劳，否则就难于管束了。"

　　朱元璋说完后，刘基接话："陛下吸取历史教训、对宦官严加约束的想法十分可贵，这是国家之幸、百姓之福啊！但臣以为，陛下的子孙没有经过创业艰难的磨炼，未必能理解陛下的良苦用心。如果能够定下条规，令后世永远遵守，那么各种事情就好办多了。"

　　朱元璋听后深表赞同，随即与大臣商讨订下了限制宦官的几条"家法"。

　　第一、宦官都不能够读书识字。这样就可以防止其中的奸诈狡猾之徒祸乱政治。

　　第二、不许宦官兼外朝的文武职衔，不许穿外朝官员的服装，做官品级不许过四品。这样可以使他们永远处于中下级官吏之列，无法掌握大权。

　　第三、外朝各衙门不许和宦官有公文往来。如此一来，防止了宦官与外朝相互勾结、内外串通情况的出现。

　　朱元璋还觉得不够，又让人铸一块铁牌立在宫中，上面刻着："内臣不得干预政事，犯者斩。"

　　朱元璋立法后，并不是把它当作形式，而是严格执行。洪武十年（1377年）五月，一个跟随朱元璋多年的宦官，倚仗自己久侍内廷，有功于朱元璋，便在朱元璋面前言及政事。朱元璋听后大怒，当天就将这个宦官遣返回家，不再录用。朱元璋还就此事教育群臣说："这些人整天跟随左右，他们的小忠小信，虽然可以取悦君心，但时间久了，就会弄权干政。我所以要遣返这个宦官，就是为了让其他人有个借鉴，避免重蹈覆辙。"

　　朱元璋统治的几十年里，当朝的宦官皆小心守法，谨慎行事，这与朱元璋制定的法律制度是分不开的。

　　朱元璋不仅对宦官有严格限制，而且对外戚干政的限制也很严格。

　　洪武元年（1368年）三月，朱元璋令翰林学士朱升编写《女诫》一书。他告诉臣下说："要治天下就应以治家为先，而正家的途径应从严格夫妇之间的界限开始。从历史上看，历代不明之君，对后妃恩宠有加，是造成她们骄恣犯法、上下无序的主要原因。而明君却能防患于未然，使她们不会得逞。你们修纂《女诫》，应将古代贤慧后妃的事迹整理出来，也好让后代子孙效仿她们。"

《女诫》规定：皇后只能管宫中嫔妃的事情，宫门之外的事一律不能干预；宫人不许和外边通信，犯者处死；皇帝不接见外朝命妇；皇族婚姻须选配良家女子，有私进女子的不许接受；外戚只给以高爵厚禄、做地主，不许参与政事等等。一旦有人触犯法制，便要遭受惩罚。

洪武三十年（1397年）六月，朱元璋亲自发布一道圣旨，将自己的女婿欧阳伦处死。

欧阳伦是朱元璋的女儿安庆公主的丈夫，官封驸马都尉，是地道的皇亲国戚。一直以来，欧阳伦倚仗着自己是皇帝的女婿，经常违法乱纪。最典型的是，他在西北地区从事私茶贩卖，横征暴敛，牟取私利。

欧阳伦利用自己的特殊身份，每年都要派亲信押运从江浙和四川一带巧取豪夺来的大批茶叶，由陕西一带出境。陕西边境上的各级官吏畏惧他的权势，大开方便之门。后来，欧阳伦私欲膨胀，竟强令陕西一带的地方政府拨出人力来为他运送私茶。

明朝初年，为加强对西北边疆地区的防卫和作战能力，明政府派兵戍边。当时，戍边部队所用的马匹主要来自西北游牧民族聚居的地区。这些游牧民族以肉类和奶类为主食，离不开茶叶，但西北地区并不产茶，这就给中原商人制造了赚钱的机会。他们经常偷运私茶到西北地区换取马匹、皮革、金银，再把这些内地极缺的货物运回，从中牟取暴利。

茶叶走私泛滥造成了茶价降低和马价的大幅度提高，严重地影响了明政府控制的茶、马贸易。洪武三十年（1397年）二月，朱元璋发布禁令，严禁私自贩运茶叶，违者一律处死。

不料，欧阳伦视禁令如儿戏，依然我行我素。同年四月，欧阳伦强迫陕西地方政府从民间征集几十辆大车，满载私茶赶往西北。令他没有想到的是，赶至兰州河桥时，河桥巡检司的一个小官吏挡住去路。遭到一顿毒打后，桥吏义愤填膺，直接向朱元璋上了一份紧急边报，列举了欧阳伦多年来大规模走私茶叶、欺压地方官吏、多次打伤巡察官吏的事实。

朱元璋见自己的女婿竟然无视国家法度，十分震怒。毫不犹豫地拿笔做了批示：欧阳伦身为皇亲国戚，竟目无国法，触犯禁令，骚扰地方，殴打官吏，赐死。与此同时，朱元璋对兰州河桥吏不避权贵、严格执法、勇于报告的行为给予了嘉奖。六月，在朱元璋派出的专使监视下，欧阳伦被处以死刑。

在历史上，宦官和外戚干政往往是王朝政治走向衰败的主要原因之一。作为开朝皇帝的朱元璋能吸取历史教训，严明约束宦官和外戚的法制，并严格执行既定的法制，并不是任何一个皇帝都能做到的。

■ 兢兢业业　劳碌一生

朱元璋在即位后的第二天就告诉身边侍臣说："你们知道创业之初是怎样的困难，但不知道守成将会更加困难。"第三天，他在奉天殿内大宴群臣时，又专门讲了保持忧患意识的重要性："处天下者，当以天下为忧；处一国者，当以一国为忧；处一家者，当以一家为忧。身担天下国家之重，不可顷刻忘却警畏。"朱元璋不仅这样说，而且也是这么做的。他在登基以后，凌晨就开始批阅奏章，然后接见大臣，一直忙到深夜。

元末明初是一个漫长的战争年代，人们转徙流离，或死于饥荒，或亡于战火，到处都呈现着荒凉。同时，元政权垮台后，蒙古贵族虽退居漠北，但仍然保存有一定的实力，其"引弓之士，不下百万也；归附之部落，不下数千里也"，随时准备卷土重来，严重威胁着明朝边疆的安全。在明王朝内部，伴随着新政权的确立，统治集团之间因争权夺利产生的矛盾与日俱增。这一切，都危及着新王朝的统治。

面对严酷的现实，朱元璋决心在幅员广阔的大明帝国内建立起一套权力高度集中、运转自如的统治政权。于是，他首先大刀阔斧地开始了改革旧制，以建立高度发展的中央集权制。

洪武初年的官僚机构，基本上沿袭了元朝的建制，仍然设立中书省和行中书省。在实践中，朱元璋逐渐感到，现行的政治体制潜伏着十分严重的危机。中书省总管天下政事，掌管中书省的丞相统率百官，对政务有专决权力，位居一人之下万人之上，容易造成大权旁落。行中书省统管一省军政、民政、财政大权，形成了枝强干弱、地方跋扈的局面。

朱元璋把行中书省改为布政司，设左、右布政使各一人。布政司和行中书省的性质有着根本的不同：行中书省是中书省的分出机构，布政司则是皇室的派出机构。前者是中央分权于地方，后者是地方集权于中央。布政使是中央派驻地方的使臣，负责宣传、执行朝廷的政令，秉承朝廷的意旨。同时，朱元璋在地方设置了掌管军事的都指挥使司和管理司法的提刑按察使司。这三个机构合称"三司"，彼此互不统辖，既各自独立，又相互牵制，都直接听命于朝廷的指挥。

实现了对地方行政机构的改革之后，朱元璋又开始集中精力改革中央政府机构。中书省在中央各机构中位置最重要，其行政长官左、右丞相又负有统率百官之责，容易激起相权与君权间的矛盾。明初的第一任丞相李善长、徐达，因与朱元璋一同打江山，遇事时必请示朱元璋，得到朱元璋的首肯后才执行，与朱元璋能够和睦相处。

但是，相位传至胡惟庸时就不同了。洪武六年（1373年），定远人胡惟庸被晋升为中书省丞相。他是朱元璋建国的第一号功臣李善长的亲戚，深得朱氏的宠信，于是在朝中结党营私，组成了一个淮人官僚集团。他独揽大权，独断专行，对官员升降、生杀之事皆自作主张。刘基曾对朱元璋说："胡惟庸是一头难驯的小犊，将来会愤辕而破犁。"朱元璋念及李善长，又从内心里欣赏胡惟庸，就没有采纳刘基的意见。这样一来，胡惟庸更是有恃无恐，妄图与朱元璋分庭抗礼，终于引起了朱元璋的警觉。

洪武十三年（1380年），有人告发胡惟庸阴谋叛乱。朱元璋毫不留情地将胡惟庸抄家灭族，并乘机下令废除中书省，声称今后永不再设丞相一职。同时，他提高了吏、户、礼、兵、刑、工等六部的地位，由六部分理朝政，各部尚书直接对皇帝负责，奉行皇帝的命令。六部分任而无总揽之权，政务由皇帝亲裁。

朱元璋在继废中书、罢丞相之后，对中央监察、审判机构也进行了一系列改革调整。中央的监察机关在明初为御使台，洪武十五年（1382年），朱元璋把它改为都察院，下设十三道监察御史，其职权是：纠察百官，辨明冤枉，凡有大臣奸邪、小人构党，擅作威福，扰乱朝政，或贪污舞弊、变乱祖制的，都要随时检举弹劾。这实际上是"天子耳目风纪之司"，起着为皇帝搏击异己的鹰犬作用。

朱元璋即位时，中央军事机关为大都督府，统领全国所有的卫所军队。他认为大都督府的权力太大，在废除中书省时就把它一分为五，设立左、右、中、前、后五军都督府，分别统领所辖的卫所军队。另外，他规定，都督府只管军籍和军政，而由兵部掌握军令颁发和军官任免之权。若遇战事，调遣军队和任命将帅将由皇帝决定。只有在皇帝做出决定、兵部发出调兵命令后，都督府长官才可奉命出为将帅，调军出征。一旦战事结束，将帅即要交还帅印。这样一来，军权也集中到了皇帝手里。

经过这番改革，朱元璋把全国军政大权都集中到了自己手中。他认为这套严密的统治制度是确保朱家王朝"万世一统"的最好制度，特地编订一部《皇明祖训》，要求子孙后代必须世代遵守，不可妄加改变。

这样一来，朱元璋的皇权确实强化了，但政务也随之繁重起来。过去，政务有丞相协助；现在，他独揽大权，事无巨细，一切事情都要亲自处理。洪武十五年（1382年），朱元璋设置了华盖殿、文华殿、武英殿、文渊殿、东阁殿等殿阁大学士，帮助自己阅读奏章、处理起草文书等。

洪武三十一年（1398年），朱元璋病逝。

明成祖朱棣——文武兼备的篡位之君

■ 心有异志　篡位称帝

元顺帝至正二十年（1360年）四月，朱元璋第四子朱棣出生。朱棣出生时，朱元璋正忙于与陈友谅作战，无暇顾及他。朱棣七岁时，朱元璋终于吞并了各方势力，在称帝前才给他取了名字。

明洪武三年（1370年），朱棣被封为燕王。洪武十三年（1380年），21岁的朱棣去了朱元璋封给他的藩镇。朱棣容貌奇伟，并且蓄有漂亮的胡子。他智勇双全，胸怀大略，能够以诚待人、用人不疑。洪武二十三年（1390年），他与晋王一起征讨乃儿不花。晋王因胆怯不敢前进，而他却倍道兼行，俘获了全部敌军。朱元璋大喜，每逢出征时都令他统率诸将，并令他节制边境兵马。由于表现出色，朱棣威名大振。

洪武三十一年（1398年）闰五月，朱元璋病逝，皇太孙朱允炆（其父皇太子朱标早逝）即位，是为惠帝。遗诏中要求诸王不准前往京师。朱棣本想从燕京赶来奔丧，闻听遗诏后未发。当时诸王拥有重兵，常做违法乱纪之事。惠帝与近臣齐泰、黄子澄商议，打算依次废掉诸王。由于畏惧燕王朱棣的强大实力，于是先从与朱棣交好的周王朱橚身上开刀，想以此来治朱棣的罪。很快，国内告讦四起，湘、代、齐、岷四王都因罪被废。朱棣意识到了危险，于是装出一副精神失常的样子，侥幸没有被废。

建文元年（1399年）六月，朱棣的藩镇发生事变。惠帝下诏责怪他，并派人前往其府邸召其入朝，朱棣以病重为由回绝。见惠帝要置自己于死地，朱棣立即与僧道衍密谋，决定先发制人。七月，朱棣设伏兵杀掉了负责守卫王宫的布政使张昺后立即上书指明齐泰、黄子澄二人为奸臣，并以《祖训》中"朝无正臣，内有奸恶，则亲王训兵待命，天子密诏诸王统领镇兵讨平之"为由举兵。随后，朱棣自设官属，称其师为"靖难"。

当时，都督宋忠奉惠帝之命以三万边兵屯守开平，与分别屯守临清和山海关的都督徐凯和耿昞形成犄角之势，共同防备朱棣。在张昺、谢贵密谋擒拿朱棣的同时，宋忠已经率兵赶往北平。不料，还未抵达北平，朱棣大军已经攻占了居庸关。宋忠无奈，只好退守怀来。朱棣考虑到宋忠一定会竭力夺回居庸关，于是率领八千精兵，轻装兼道赶至怀来。当时，宋忠为了让来自燕京附近的一些将士奋力作战，于是对他们谎称："（你们的）家属并为燕屠灭，盍努力复仇报国恩。"朱棣查知此事后，急忙以这些将士的家人为前锋，以此打乱了宋忠的计划。这些将士见到自己的家人后大喜："我家固亡（无）恙，宋总兵欺我。"随后便毫无斗志。接着，朱棣率军大破宋忠军队，宋忠被杀。首战告捷，朱棣声势大振，邻近的守军先后变节，纷纷向其投降。

惠帝见开平防线已经被攻破，立即以65岁的元功宿将耿炳文为大将军，令其与副将军李坚、宁忠率军十三万北伐朱棣。八月，耿炳文军抵达真定，分营驻守滹沱河南北。当时，都督徐凯驻军河间，潘忠、杨松驻守鄚州，另有先锋九千人驻守雄县。中秋之日，朱棣乘敌军没有防备的情况下进行偷袭，歼灭了耿炳文的九千先锋军。随后，朱棣在水中设伏兵，将前来救援的潘忠、杨松擒获。接着，朱棣从降将口中得知耿炳文军的虚实，采用奇袭大败敌军。身经百战、作战经验丰富的耿炳文处变不惊，立即下令退守真定城。朱棣虽然给耿炳文造成重创，但耿炳文仍然有十万大军。再加上耿炳文擅长守城，擅长野战的燕骑兵要想攻破城池谈何容易。朱棣深知这一点，围城三日后便撤兵。惠帝本可以借助耿炳文来对付朱棣，然而此时的他急于求成，竟然在此关键时刻以赵括式的李景隆替换耿炳文，使得朱棣喜出望外。

李景隆只会纸上谈兵，结果屡战屡败，燕兵壮大得极为迅猛。惠帝见燕兵屡屡取胜，遂心生畏惧，通过罢免谋臣的措施希望朱棣罢战息兵。然而此时的朱棣毫无收手的念头，并于建文二年（1400年）在白沟河大败李景隆的60万大军。此后，朱棣占据了决定性的优势。经过长达三年的征战，朱棣于建文四年（1402年）六月彻底击败惠帝的军队，并在奉天殿即皇帝位，是为明成祖。

■ 文治出色　武功过剩

成祖即位后，采取了减免租税、诛杀奸臣、奖赏忠臣、恢复诸王爵号、复用前朝被斥官员等措施来安定内外，并于次年改元永乐。

在文治方面，成祖表现出色。自永乐元年（1403年）始，包罗百科、规模宏大的巨著《永乐大典》历经四年半的时间终于问世，直至今天仍然有着极高的学术价值；自永乐三年（1405年）始，"三保太监"郑和先后六下西洋，促进了明朝与海外数十个国家的友好往来，同时促进了中国航海业的发展。另外，自永乐十五年（1417年）始，成祖花了三年多的时间在北平修建皇宫，并于永乐十九年（1421年）迁都于此。

成祖因出色的文治名垂史册的同时，也因暴虐而给他原本完美的形象染上了污点。

惠帝谋臣黄子澄、齐泰二人力主削藩，成祖对他们非常愤恨。称帝后，他以磔刑处死了黄子澄，并将其族人全部斩杀，将其姻党全部迁外戍边。齐泰身为同谋，同样难脱干系，被成祖杀掉。

成祖发兵燕京时，姚广孝恳求他放过侍讲学士方孝孺："城下之日，彼必不降，幸勿杀之。杀孝孺，天下读书种子绝矣。"成祖答应了他，并履行了承诺。称帝前，成祖令其起草诏书。方孝孺悲恸不已，放声大哭，响彻殿陛。成祖安慰道："先生毋自苦，予欲法周公辅成王耳。"方孝孺问道："成王安在？"成祖回答："彼自焚死。"方孝孺又问："何不立成王之子？"成祖回答："国赖长君。"方孝孺再问："何不立成王之弟？"成祖再答："此朕家事。"随后，成祖环顾左右示授笔札，并说道："诏天下，非先生草不可。"方孝孺将笔扔在地上，边哭边骂："死即死耳，诏不可草。"成祖大怒，将其处以磔刑。

御史大夫景清为人偶傥且崇尚大节，因才华出众而受到成祖宠爱。成祖攻破南京后杀害了众多大臣，景清对其行为感到不满，遂与方孝孺等人密谋殉国之事。一日早朝，景清身穿绯衣怀刃而入。成祖对其早有防范，早朝上又见唯独他一人身穿绯衣，于是疑心更重，结果从他身上搜出了凶器。成祖诘责景清，景清愤愤而起道："欲为故主报仇耳！"成祖大怒，同样将其磔杀。不仅如此，成祖还向其家族乡邻问罪，被称为"瓜蔓抄"，很多无辜百姓含冤而死。

在即位后的十几年中，成祖几乎没有停止过杀戮。与此同时，成祖也在积极防御蒙古部落。永乐二十二年（1424年），成祖在第五次亲征漠北的途中病逝，享年65岁。

 # 明宣宗朱瞻基——英年早逝的太平天子

■ 天性聪慧 顺利登基

洪武三十一年（1398年），仁宗长子朱瞻基出生。朱瞻基出生前的那天晚上，其祖父成祖梦见太祖对他说："传之子孙，永世其昌。"满月后，成祖看着朱瞻基说："儿英气溢面，符吾梦矣。"长大后，朱瞻基酷爱读书，从而具备了杰出的智慧和学识。

永乐八年（1410年），成祖远征沙漠之地，命朱瞻基留守北京。永乐九年（1411年）十一月，13岁的朱瞻基被立为皇太孙。此后，成祖无论是巡幸还是征讨，都将他带在身边。学士胡广等人曾奉命到军中为朱瞻基讲论经史，发现他是个奇才，数次对仁宗说："此他日太平天子也。"仁宗即皇帝位后，立他为皇太子。

洪熙元年（1425年）四月，南京屡次发生地震，仁宗令朱瞻基前往居守。五月，仁宗身体不适，将其召还。六月，仁宗病逝，28岁的朱瞻基奉遗诏即皇帝位，以次年为宣德元年。

■ 平叛立威 创造盛世

宣宗即位后就遇到了麻烦，然而智慧与经验备具的他却能当机立断，成功平定汉王朱高煦的叛乱，在国内树立了威信，为以后的统治奠定了基础。

汉王朱高煦是成祖朱棣第二子，也就是宣宗的伯父。此人生性凶悍，厌恶学习，并且言词轻佻，太祖朱元璋对其有不满情绪。太祖去世后，惠帝即位。惠帝即位不久，成祖起兵夺权。朱高煦虽然个性顽劣，但却骁勇善战，在随成祖征战期间屡立战功，并数次为成祖解围，从而得到了成祖的褒奖。朱高煦因此非常自负，恃功骄恣，多有不法行为。

成祖即皇帝位后，令朱高煦率兵前往开平防备边疆。朝中商议立储之事时，与朱高煦交好的淇国公丘福、驸马王宁等人提议以朱高煦为嫡。成祖考虑到仁宗为人仁贤，而朱高煦过失颇多，最终于永乐二年（1404年）立仁宗为太子，封朱高煦为汉王，以云南为其封国。朱高煦满腹牢骚："我何罪！斥万里。"见其不愿意动身去封国，成祖也不再勉强。随后，朱高煦开始在朝中培植势力。永乐十三年（1415年）五月，成祖为其改封青州，朱高煦仍然不愿意离京。成祖对其产生了怀疑，下敕道："既受藩封，岂可常居京邸！前以云南远惮行，今封青州，又托故欲留侍，前后殆非实意，兹命更不可辞。"然而朱高煦置若罔闻，继续待在宫中。不仅如此，他还私自从宫中各卫中挑选健士，并募兵三千，不受兵部节制。朱高煦目无法纪，纵容手下大肆劫掠，并且僭用乘舆器物。成祖听说后大怒，要将他废为庶人，幸亏有仁宗为其求情。不久，他被贬至乐安。仁宗一向仁厚，即位后对朱高煦更加厚待。然而朱高煦并不领情，一心想夺权篡位。

仁宗死后，朱高煦本想在途中拦截从南京赶来奔丧的宣宗，因准备不及时而未能得逞。随后他装出一副忠心耿耿的样子，处处为国为民着想，骗得了宣宗的信任。

宣德元年（1426年）八月，朱高煦举起了反旗。宣宗经过查实后，开始与群臣商议平叛之事。英国公张辅奏道："高煦素懦，愿假臣兵二万，擒献阙下。"宣宗拒绝说："卿诚足擒贼，顾朕初即位，小人或怀二心，不亲行，不足安反侧。"遂御驾亲征。途中，宣宗向从臣询问朱高煦会采取什么样的措施，有人说朱高煦会先取济南作为巢窟，有人说他会引兵南下，宣宗却说道："不然。济南虽近，未易攻，闻大军至，亦不暇攻。护卫军家乐安，必内顾，不肯径趋南京。高煦外夸诈，内实怯，临事狐疑不能断。今敢反者，轻朕年少新立，众心未附，不能亲征耳。今闻朕行，已胆落，敢出战乎？至即擒矣。"接着，宣宗采用怀柔政策招降朱高煦及其部众。见朱高煦不降，宣宗仍然按兵不动，再次敕谕朱高煦。朱高煦见兵临城下，并且城中很多人要将他执献给宣宗，遂出城请罪。很快，其余党全部落网。

当时，成祖第三子、宣宗叔父赵王朱高燧也有反意。宣宗擒拿高煦返京途中，前来迎驾的尚书陈山说："赵王与高煦共谋逆久矣，宜移兵彰德，擒赵王。否则赵王反侧不自安，异日复劳圣虑。"宣宗犹豫不决。后来，尚书陈山、蹇义、夏原吉再次请求擒拿赵王，宣宗仍然不忍心："先帝友爱二叔甚。汉王自绝于天，朕不敢赦。赵王反形未著，朕不忍负先帝也。"后来，宣宗兵不血刃，使得赵王主动交出兵权，彻底解除了藩镇对其皇位的威胁。

消除皇位威胁后，宣宗开始一心一意地治理国家。他重用贤臣，唯才是举，使得吏治清明，国运昌盛。杨士奇、杨荣、杨溥、蹇义、夏原吉都是不可多得的人才，乐于被其所用。在这几位股肱之臣的相互配合下，明朝很快迎来了一个盛世。另外，宣宗本人以仁治国，处处为民着想，受到了国民的爱戴。

宣德九年（1434年）冬，宣宗一病不起；次年年初，38岁的宣宗病逝。

 ## 明英宗朱祁镇——好大喜功、无才无德的短命天子

■ 年幼无知　宦官当道

宣德二年（1427年），宣宗长子朱祁镇出生。四个月后，朱祁镇便被立为皇太子。宣德十年（1435年）正月，宣宗驾崩，9岁的朱祁镇即皇帝位，以次年为正统元年。英宗的即位，成为了明朝由盛而衰的分水岭。

由于英宗年幼无知，朝中大权仍掌握在太皇太后和内阁阁臣杨士奇、杨荣、杨溥等累朝元老重臣手中。然而，明朝并没有太平。太祖时，宦官不得干预朝政。成祖即位后，破坏了明朝祖制，宦官逐渐掌握了一部分权力，但一旦犯法就会被处以极刑。英宗即位后，宦官王振逐渐坐大。由于他曾经在东宫伺候过英宗，再加上他的狡黠，很快受到了英宗的宠信。他诱导英宗用重刑来统御朝臣，以防大臣欺蔽皇帝的现象发生。在这种情况下，大臣中不断有人被下狱，王振乘机招揽权力。

正统七年（1442年），太皇太后去世。当时杨荣已死，杨士奇因家事而退隐不出，杨溥年老多病，而新阁臣马愉、曹鼐权势轻微。在这种情况下，王振变得飞扬跋扈，难以控制。他大兴土木、挑起战火、公报私仇、欺下瞒上，然而此时的英宗对其却不断褒美。英宗不分黑白，混淆是非，最终玩火自焚，尝尽苦果。正统十四年（1449年），王振因在贸易中削减蒙古马价一事引起了蒙古首领也先的不满。随后，也先大举入寇明朝。英宗不顾众臣劝谏，在王振的唆使下御驾亲征。土木堡一战，王振被乱军所杀，而英宗则成为了阶下囚。

■ 虽得复辟　但无功绩

英宗被俘后，其弟朱祁钰被拥立为帝，是为代宗。代宗即位后，英宗被尊为太上皇。景泰元年（1450年），廷臣朝毕后相互道贺，唯有鸿胪寺卿杨善流涕道："上皇在何所，而我曹自相贺乎！"在杨善的巧妙斡旋下，英宗才被放归。

英宗回到明朝后成了有名无实的太上皇，在南宫度过了七年的幽禁岁月。景泰八年（1457年），石亨乘代宗病重之际与张轨、曹吉祥等人迎立英宗。英宗复辟成功后，石亨因功受赏，其家族被加官晋爵者多达五十余人。另外，还有四千多人因此次"夺门"之功而得到官职。在这种趋势下，两京大臣被斥殆尽。石亨权倾朝野，大肆党同伐异，很快掌握了朝中大权。英宗虽然对其渐生恨意，但却不知所措。

天顺三年（1459年）秋，石亨的侄子石彪想谋求镇守大同的职位。石亨认为如此一来有助于自己扩大权势，遂令千户杨斌等人一起奏保此事。英宗对杨斌等人严加拷问，查得实情后将

石彪下狱。很快，石亨也被牵连进来，并最终被禁止参与朝政。同时，通过石亨得到官位的人全部被罢黜， 朝中顿时变得清明起来。然而，不待英宗睡个安稳觉，曹吉祥又发动了政变。

曹吉祥先是依附王振，后来与石亨交好，因帮助英宗复辟有功而与石亨权势相当，被人们并称为"曹石"。石亨、石彪叔侄二人死后，曹吉祥感受到了威胁，索性举兵叛乱，最后同样难逃死罪。

在王振、石亨、曹吉祥的先后掌权下，明朝国运日益衰弱。忙于维护皇权的英宗既没有时间也没有财力来关心民生，在碌碌无为中于天顺八年（1464年）正月去世，时年38岁。

 ## 明世宗朱厚熜——治国无能、善于享乐的昏庸之君

■ 因私忘公 亲佞斥贤

正德元年（1506年），宪宗朱见深第四子、孝宗朱祐樘之弟、武宗朱厚照之叔父朱祐杬的长子朱厚熜出生。亲王朱祐杬不仅"嗜诗书，绝珍玩，不畜女乐，非公宴不设牲醴"，而且爱民如子，深受孝宗器重。正德十四年（1519年），朱祐杬去世，其世子14岁的朱厚熜袭其亲王爵位，拥有了作为亲王的诸多特权。

正德十六年（1521年）三月，武宗朱厚照病逝。武宗虽然风流不羁，但却无子嗣。在这种情况下，身为首辅的内阁大学士杨廷和不得不将选择皇位继承人作为重中之重。群臣商议立储时，杨廷和拿出《皇明祖训》以示众人："兄终弟及，谁能渎焉！兴献王（朱祐杬）长子，宪宗之孙，孝宗之从子，大行皇帝之从弟，序当立。"梁储、蒋冕、毛纪等人一致赞同。很快，中官捧着遗诏和太后懿旨向群臣宣谕迎立朱厚熜为皇太子。

武宗在位时，有两处玩乐的地方：豹房和宣府。除了乐妓、和尚、稀世珍宝外，武宗还在这两处收养了很多义子。这些义子在武宗的庇护和宠爱下，权势发展得极为迅速。此时的杨廷和临危受命，尽心竭力地正本清源。他用遗诏抽调各营士兵分守皇城四门、京城九门以及南北要害，同时用遗命解散在宣府组建的威武营团练，并通过赏赐将武宗义子、边将江彬调入宫中入卫的边兵全部遣归各镇。解除了这些军事势力后，杨廷和又将哈密、吐鲁番等各地贡使遣送还国，将豹房中的番僧、少林僧、教坊乐人、南京快马船等违反明朝祖制的种种现象统统罢遣，释放南京被逮的囚犯，放归各地进献的女子，停修京城中可以缓解的工务，将宣府行宫中的所有金宝收入内库，朝中内外顿时充满了喜悦的气象。拥有重兵的平虏伯江彬知道天下人都对他不满，遂心不自安。其党羽都督金事李琮尤为人狠毒狡黠，劝江彬寻找时机聚集家众谋反，一旦失败就向北方塞外逃奔，江彬犹豫不决。杨廷和毫不手软，与同官蒋冕、毛纪和司礼中官温祥合谋除掉了江彬。可以说，如果没有杨廷和的鞠躬尽瘁，就没有朱厚熜的皇帝生涯。

杨廷和在总揽朝政近四十日之后，16岁的朱厚熜入京师即皇帝位，是为世宗。杨廷和功不可没，被加封为左柱国。此后，杨廷和继续对明朝政府忠心耿耿。有人认为杨廷和太过专权，

但杨廷和认为世宗虽然正值冲年，但生性英明敏锐，于是无论针对何事都会据理力争，没有担心会引起世宗的猜忌。当时，钱宁、江彬这两位最受武宗宠爱的义子虽然被诛杀，但下狱的张锐、张忠、于经等人迟迟未被处决。杨廷和与一些大臣进言："不诛此曹，则国法不正，公道不明，九庙之灵不安，万姓之心不服，祸乱之机未息，太平之治未臻。"世宗遂将这些乱臣贼子的资产全部没收。此后，杨廷和上疏陈请"敬天戒，法祖训，隆孝道，保圣躬，务民义，勤学问，慎命令，明赏罚，专委任，纳谏诤，亲善人，节财用"，其言辞中肯切实，都被批准。

世宗虽然年幼，但并不是一个愿意妥协的人。按照礼制，世宗要想即皇帝位，必须过继给孝宗。这样一来，他就要称自己的亲生父母为叔父、叔母。在这个问题上，世宗与朝中大臣发生了持续的争执。世宗先是妥协，接着便公开与朝臣对抗。在这个过程中，他的父母尊称中先是去掉了"叔"字，被称为"兴献帝"和"兴国太后"。世宗并不满足，于嘉靖元年（1522年）冬要尊其父母为"兴献皇帝"和"兴国皇太后"，杨廷和、毛澄等人极力反对。特别是毛澄，干脆辞去礼部尚书之职。

在这期间，朝廷内部出现了两个对立派，一派以杨廷和、毛澄为首，一派以张璁、桂萼为首。嘉靖三年（1524年）三月，世宗与杨廷和一派达成妥协：加称"兴献帝"为"本生皇考恭穆献皇帝"，加称"兴国太后"为"本生圣母章圣皇太后"。这场风波本该过去，但心术不正的张璁、桂萼等人为了彻底挤垮杨廷和派，再次在这个问题上制造矛盾。此时，毛澄、杨廷和等人要么去世，要么离京，张璁、桂萼的上疏使得世宗喜上眉梢。同年七月，朝中宣谕去掉世宗父母尊号中的"本生"二字；九月，下诏尊称孝宗为"皇伯考"，称献皇帝为"皇考"。为了维护明朝礼制，士大夫纷纷反对，要么辞职，要么跪哭太祖和孝宗，不过这并没有改变世宗的念头。很多正直官员要么被处死，要么被革职，要么被贬谪到边疆，张璁、桂萼等人迅速在朝中得势。

■ 昏聩无能 国运不济

虽然明朝在天顺年间曾出现衰落景象，但后来在孝宗的英明治理下出现了中兴盛世。武宗即位后虽然迷恋酒色，时有荒诞不经的举动，但却能够以大局为重，仍然维持着明朝的兴旺与安稳。世宗从先祖手中接过来的是一片大好河山，但经过他近半个世纪的折腾后，明朝的兴盛已经毫无踪迹，给后人留下的是一个动荡不安的局面。

尽管杨廷和殚精竭虑，但刻薄寡恩的世宗丝毫不懂得感激和珍惜。随着忠臣的被疏远，大明王朝充满着黑暗和腐败。张璁因议礼得势，严嵩因青词受宠。在这类"人才"的治理下，要想有一个清明的政治从何说起！另外，世宗崇尚道教，道士邵元节、陶仲文因此受宠。在世宗对健身、长生的渴望下，无数的民间女子被选入宫中作为炼丹的原料。然而，世宗采用斋醮、丹药以及房中术等方法并没有起到任何作用，反而在嘉靖四十四年（1565年）染上重病。次年冬初，世宗病逝。

明思宗朱由检——煤山遗恨的末代君王

■ 不堪重负　国破家亡

万历三十八年（1610年）十二月，光宗朱常洛第五子、熹宗朱由校之弟朱由检出生。天启二年（1622年），13岁的朱由检被熹宗封为信王。天启六年（1626年），朱由检前往信王府邸居住。次年八月，比朱由检仅大5岁的熹宗病逝。熹宗临死前没有子嗣，兄弟也只剩下朱由检一人。如此一来，熹宗便将他视为唯一的继承人。朱由检在良师的指导下不仅有着端正的品行，而且擅长书法、弹琴等，在朝臣中的口碑很好。在这种情况下，朱由检顺理成章地登上了皇帝宝座。朱由检即位后，是为思宗。

光宗的悲惨命运和熹宗的英年早逝在给思宗带来创伤的同时，也使他养成了谨慎和警惕的习惯。谨慎和警惕使他成功铲除了天启年间以魏忠贤为首的阉党，体现出了他的英明果敢。

天启年间，魏忠贤逐渐专权。至天启六年（1626年），朝内朝外大权由魏忠贤一人独揽。内廷有王体乾、李朝钦、王朝辅、孙进、王国泰等三十多位宦官是他的死党，外廷有崔呈秀、田吉、吴淳夫、李夔龙、倪文焕（"五虎"）五位文官为他出谋划策，还有田尔耕、许显纯、孙云鹤、杨寰、崔应元（"五彪"）为其铲除异党。另外，"十狗"、"十孩儿"、"四十孙"都是为他卖命的。自内阁、六部至四方总督、巡抚，他遍置死党。

思宗对魏忠贤的恶行了如指掌，魏忠贤渐渐感到了危险。杨所修、杨维垣、陆澄原、钱元悫、史躬盛见新主刚立，不愿意继续韬光养晦，将矛头指向了魏忠贤及其党羽。思宗考虑到时机还不成熟，并没有做出任何举动。接着，一位名叫钱嘉徵的贡生弹劾魏忠贤，列举了魏忠贤的十大罪：并帝、蔑后、弄兵、无二祖列宗、克削藩封、无圣、滥爵、掩边功、伤民和通关节。思宗收到上疏后召来魏忠贤，然后令内侍诵读。魏忠贤非常害怕，向其赌友、原信王府内的太监徐应元求救。思宗得知此事后，将徐应元罢黜。天启七年（1627年）十一月，思宗将魏忠贤贬至凤阳。思宗见其虽然被贬仍然大有排场，不待其赶往凤阳就下令逮治他。魏忠贤闻讯后惶恐不已，结果畏罪自缢。除掉魏忠贤后，思宗又下诏笞杀了熹宗的乳母客氏这个不安分且歹毒的女人。

崇祯二年（1629年），思宗命令大学士韩爌等人了结阉党逆案，魏忠贤党的残余势力很快被剿灭。然而，就在这一年，山海关外的满洲人开始进攻明朝。此时的思宗没有因谨慎和警惕化解危机，反而因过度谨慎和警惕而犯了猜疑的毛病。满洲人正是看中了这一点，利用反间计使得思宗错杀了令满洲人感到畏惧、战功赫赫的袁崇焕，从而加速了明朝的灭亡。

正在思宗为抵抗满洲人忙得焦头烂额时，国内出现了大规模的农民起义。崇祯三年（1630年），陕西延安府米脂人李自成率领当地饥民起义，于崇祯九年（1636年）被推为闯王，于崇祯十七年（1644年）正月建国大顺。此后，大顺军继续攻打明军，很快逼近明都北京城。

思宗拒绝投降，李自成下达全面进攻的命令，大顺军于当晚攻破广宁门（广安门）。接着，德胜门、阜成门、宣武门、正阳门、朝阳门均被攻破。思宗知道大势已去，匆忙来到煤山（今景山）上俯瞰，见整个北京城已经是"烽火彻天"，顿时觉得王朝末日来临。徘徊许久后，他回到乾清宫，然后秘密召来太子、永王、定王这三个儿子，嘱咐一番后命人保护他们秘密外逃。不久，皇后与他诀别后自缢。他几近崩溃，用宝剑杀死幼女昭仁公主，并砍伤了长女乐安公主。

三月十九日凌晨，思宗"鸣钟集百官，无至者"。心腹太监王承恩劝思宗乘天不明逃出京城，怎奈各城门均有大顺军把守。思宗带着沉重的心情重返皇城，在煤山自缢。思宗之死，宣告明朝彻底灭亡。

 # 清太祖努尔哈赤——靠十三副盔甲起兵的女真英雄

■ 步步为营　统一女真

明嘉靖三十八年（1559年），努尔哈赤出生，这就是大清王朝的奠基人清太祖。

努尔哈赤是隶属女真族的建州部左卫部人，他的家族生活在赫图阿拉(今辽宁省新宾县境内)一带，是建州部中的贵族世家。

努尔哈赤的父亲塔克世有三个妻子，喜塔喇氏是他的生母。幼年时候的努尔哈赤过着幸福的生活，总是无忧无虑。努尔哈赤10岁的时候，生母喜塔喇氏不幸逝世，失去了母亲的宠爱和照顾，努尔哈赤的生活开始变得艰难。为了能够养活自己，他必须要用自己的双手挣钱。在这段时期内，努尔哈赤尝尽了苦头。他挖过人参，采过蘑菇和松子，摘过榛子，然后把它们拿到集市上卖掉。当时他常去的集市是抚顺马市，那里的汉人比较多。在与汉人交往的过程中，努尔哈赤不仅能够说汉语，而且还能够认识一些汉字。在这种情况下，努尔哈赤生活了几个年头。

明万历元年（1573年），努尔哈赤的祖父觉昌安见自己势单力薄，官低位卑，于是依附了努尔哈赤的外祖父王杲，15岁的努尔哈赤也随家人前往。王杲有"强酋"之称，由于树大招风，再加上他多次侵扰明朝边境，很快遭到了明朝的围剿。明朝大军赶来后，努尔哈赤的祖父觉昌安和父亲塔克世为求自保，主动给明军引路，从而加速了王杲部的灭亡。

在明军围剿王杲期间，努尔哈赤遇到了明军统帅李成梁。他的聪明乖巧给李成梁留下了好印象，随后做了李成梁的书童。由于受到家庭环境的影响，努尔哈赤从小勤习武、学骑射，练就了一身过硬的本领。在后来的随军作战中，努尔哈赤的能力得到凸显，深受李成梁的赏识。不过，努尔哈赤并不愿意一直待在军中。

明万历五年（1577年），努尔哈赤回家成亲，终于脱离了李成梁的军队。在以后的几年里，努尔哈赤过着自由自在的生活。经过这段时间的闯荡，他对女真各部落和中原地区的基本情况都有所了解，为以后统一女真、逐鹿中原埋好了伏笔。

努尔哈赤的外祖父王杲死后，他的舅舅阿台逃生后开始积蓄力量，以图为父报仇。经过数年的蓄势后，阿台成了古勒城城主，屡犯明朝边境。

明万历十一年（1583年），明朝再次派大军讨伐，努尔哈赤的祖父和父亲本想再次替明军出力，不料竟被误杀。此时，努尔哈赤已经成长为一个25岁的小伙子。面对强大的明朝，努尔哈赤是没有能力为祖父和父亲报仇的。为了能够获得暂时的慰藉，他将祖父和父亲被杀的责任推加在图伦城主尼堪外兰身上，上奏称明兵是在其指使下杀害了他的祖父和父亲，希望驻守边境的明朝大臣帮他上传奏章。努尔哈赤的这种做法不免有些天真，因为此时的尼堪外兰除了是图伦城的城主外，还在明朝担任建州左卫指挥使一职。明朝边臣不仅没有理会努尔哈赤，还要在建州为尼堪外兰建立一个"满洲国"，立他为国主。努尔哈赤此时的处境更加艰难，因为越来越多的人纷纷归附了尼堪外兰，甚至包括他的亲人和族人。

努尔哈赤并没有妥协，面对尼堪外兰的招抚，他更是怒不可遏。他收拾起祖父和父亲遗留的十三副盔甲，带领数十名部众，怀着仇恨和怒火冲向图伦城，从此一发不可收。

努尔哈赤虽然势单力薄，但他矢志不移，终于攻破了图伦城。尼堪外兰弃城逃跑，最后逃至鹅尔浑。随后，努尔哈赤攻下了兆佳城、马儿墩寨，击败界凡、萨尔浒、东佳、巴尔达四路联军，不久又征服了浑河部的播一混寨和哲陈部的托漠河城。这时，努尔哈赤打听到了仇人尼堪外兰的下落，将其斩杀。

明万历十五年（1587年），努尔哈赤在呼兰哈达的东南部修建赫图阿拉城，自立为王。称王后，努尔哈赤一方面制定各种礼仪来显示王者的尊贵，一方面通过制定各种规章制度来保证后方的稳固和安定。次年，努尔哈赤击败了哲陈部。随后，哈达、辉发、乌拉、叶赫等部先后被努尔哈赤吞并或消灭。至明万历二十二年（1594年），努尔哈赤几乎统一了女真各部。

■ 改制称帝　壮志未酬

万历二十三年（1595年），努尔哈赤以"女真国建州卫"的身份自居，十年后又自称为建州王或建州国汗。

当时，女真族人虽然有自己的语言，却没有自己的文字。努尔哈赤在向女真各部发布政令时，要用蒙古文书写，然后再翻译成女真语言。文字与语言的不统一不仅给女真族内部的交往带来麻烦，而且影响到女真族与明朝和朝鲜的交往。

为了解决这个问题，努尔哈赤派人创制了文字，这就是以后的满文。文字的产生促进了女真内部以及女真与外部之间的交流沟通，为努尔哈赤的统治提供了便利。

在军队编制上，努尔哈赤创建了八旗制度。八旗是在原有黄、白、红、蓝四旗的基础上，增设镶黄、镶白、镶红、镶兰四旗而形成的。

八旗的编制单位有旗、甲喇和牛录。其中，每牛录有300人，每甲喇有5牛录，每旗有5甲喇。每牛录中设立7位将领：1位额真、2位代子和4位章京。每甲喇中设1位额真，每旗中设2位额真：1位固山额真和1位梅勒额真。

八旗制度建立后，在努尔哈赤统治下的所有女真人、蒙古人和汉人都必须加入各旗，服从统一管理。所有人必须使用女真族创制的语言文字，严格遵守既定的法律法规，后来清朝男子留辫子的规定就是从这时开始的。

除了统一语言和管理外，努尔哈赤还非常注重发展女真族人的经济。他因地制宜，在管辖范围内大力发展农业和手工业。此外，他还鼓励本族人与汉族人进行贸易上的往来，换取女真人需要的生活用品。

在努尔哈赤的统治下，女真族发展得极为迅速，在各个方面都取得了很大的成就。

万历四十四年（1616年）正月初一，58岁的努尔哈赤在赫图阿拉城召开女真族部落大会，宣布建国"后金"，建元天命，努尔哈赤本人被尊为"抚育列国英明汗"。努尔哈赤即大汗位后，封了四个贝勒：努尔哈赤第二子代善、弟舒尔哈齐之子阿敏、努尔哈赤第五子莽古尔泰和第八子皇太极。除此之外，努尔哈赤还选任了五大臣：费英东、何和里、额亦都、安费扬和扈尔汉。努尔哈赤死后，他们成为了后金的政权核心。

天命三年（1618年）春，努尔哈赤认为攻打明朝的时机已到，遂整顿军队，向抚顺进发。在发兵前，努尔哈赤在众将士面前宣读了女真族对明朝的"七大恨"，以此来激发将士对明朝的仇视和与明朝作战到底的斗志。努尔哈赤列举的"七大恨"包括：其一，他的祖父觉昌安和父亲塔克世与明朝毫无瓜葛，结果竟无缘无故被明人杀害；其二，明朝本与他有约在先，双方各守其界互不干涉，但明朝违约背誓，在他与叶赫部争斗时"遣兵出边"，支援叶赫部；其三，明人越界抢夺女真财物，他依照盟约捕杀，明朝混淆事实，反而诬陷他擅杀，并将女真使臣扣押，逼他斩杀本部人10名；其四，叶赫本将其女许配给他和他的儿子，在明朝的支持下竟将其女"转嫁蒙古"；其五，明朝派兵驱逐本属他部统管土地上的女真人，使得他们不能种田、收获；其六，他依照天意去征讨叶赫部，明朝皇帝却不辨是非，听信叶赫谗言，通过书函辱骂他；其七，明朝逼他交出已被他吞并的哈达地区，不料却成为了叶赫部的地盘。

同年四月，努尔哈赤采用里应外合之计轻松攻占抚顺，并将引兵来救的明辽东总兵张承胤所率部众全部歼灭，收获颇丰。随后，努尔哈赤将已降的抚顺守将李永芳提拔为副将，并将孙女嫁给他，然后令其继续统管抚顺。

努尔哈赤的进攻震惊了沉睡中的明朝，明廷立即四处调兵准备讨伐建州。为了鼓舞将士斗志，明廷用重金和授官来赏赐有军功者。在这段时间内，努尔哈赤继续攻城略地，先后攻下十余堡并智取了清河城。此时，明廷并没有立即反击，而是与努尔哈赤言和，由于不能接受努尔哈赤提出的条件，遂罢和宣战。

天命四年（1619年）二月，明廷集兵十万，备齐粮草辎重后便向后金都城赫图阿拉推进。努尔哈赤闻讯后并没有被明军的强大攻势所吓倒，立即谋划应敌策略，最终在短短5天的时间内击溃明军。由于敌众我寡，努尔哈赤将各屯寨的士卒都集中起来统一作战。布置好南路和东路的防御工作后，努尔哈赤率领八旗劲旅攻打从西向进军的明军主力杜松部。努尔哈赤知道浑河下游是明军必经之路，于是令人在浑河上游堵塞河流，然后在浑河下游的山林深处设下埋伏，静待杜松部的到来。杜松率军至此后，令士卒涉水过河。明军大多入水后，后金军决堤放水，明军淹死者不计其数。明军刚窘迫上岸，山林中的后金伏兵一跃而起，杀得明军手足无措，杜松在混战中被杀。随后，在努尔哈赤的灵活指挥下，后金军又击溃了明军的北路军和东路军。

与明军协同作战的朝鲜军元帅姜弘立见后金军锐不可当，索性投靠了后金。努尔哈赤指挥的这次以少胜多的战役，便是清史上著名的"萨尔浒之战"。此次战役中，明军付出了惨重的代价：上至总兵、道臣，下至千总、把总，共损失官员三百余人；损失士卒多达四万五千余人，马骡、骆驼、火器、枪炮等皆数以万计。与此同时，后金的实力得到大大增强，已经具备了与明廷抗衡的能力。不仅如此，双方在斗志上也存在很大的差别，后金军愈战愈勇，而明军则士气低落，毫无斗志。

随后，后金军势如破竹，一路摧枯拉朽，先后攻克了开原、铁岭等地，一步步吞噬着明朝的版图。努尔哈赤每攻克一处后，立即通过各种有力措施进行安抚，以保证后方根据地的稳固。除此之外，努尔哈赤还有意与建州西的蒙古部族交好，以便集中精力攻打明廷。

天命五年（1620年）三月，努尔哈赤开始采用明朝的官僚制度封官授爵。这样一来，八旗军以前的官职发生了转变，固山额真改称总兵，梅勒额真改称副将，甲喇额真改称参将、游击，牛录额真则改称备御。努尔哈赤还规定，这些官职可以世代承袭，更加增强了各级军官为后金效力的决心。除了改革官僚制度外，努尔哈赤还推行了很多其他有利于后金发展的措施，如亲自审理诉讼案件、派人煮盐等。

九月，后金皇族内部发生纠纷。硕讬贝勒和斋桑古贝勒打算投靠明朝，努尔哈赤察觉后立即派军阻拦，将他们二人拘禁。努尔哈赤后来了解到这两位贝勒只是因为分别对大贝勒代善、二贝勒阿敏心生厌恨遂口不择言，根本没有反叛之心。经过一番调查后，努尔哈赤认为代善责无旁贷，遂取消了大贝勒代善的太子身份，然后设立了八位和硕额真，要求这八位和硕额真共同执政，一旦其中有人扰乱政务，其他额真共同征讨，严惩不贷。缓和了皇族内部的矛盾后，努尔哈赤又着手缓和身为奴隶主的八旗人和身为奴隶的阿哈人之间的矛盾，令各家主不得再虐待阿哈，供给他们必需的生活用品，收到了一定的效果。

经过各方面的调整后，努尔哈赤于天命六年（1621年）春，再次向明廷宣战。沈阳城城郭坚固，陷阱、壕沟、栅栏、火炮等防御工事一应俱全，明守军完全可以固守城池，以逸待劳。然而，沈阳守将因轻敌而出城迎战，被后金军打得落花流水。努尔哈赤攻下沈阳后，不久又用计攻下了辽阳。随后，在努尔哈赤的诱降下，海州、镇江、汤站、长静、三河、威远、草河、平房、懿路、鞍山等地的军民纷纷来降，辽西的绝大部分地区被后金吞并。同年，努尔哈赤迁都辽阳。天命七年（1622年），后金军再次出征，激战数日后攻下了辽东重镇广宁。随后，辽东四十多个城的官民纷纷投降。

以后的几年内，努尔哈赤没有急于扩张，而是忙于治理广袤的辽西、辽东地区和镇压当地的各种反抗势力。天命十年（1625年），努尔哈赤迁都沈阳，于次年再次引兵伐明。

后金军在没有遇到任何抵抗的情况下轻松占领锦州、大凌河、小凌河、松山、塔山等地，直逼宁远城。宁远城守将袁崇焕誓不投降，借助有利地形与城中军民同仇敌忾，顽强抵抗后金军的凶猛攻势。努尔哈赤首遇强敌，于是全力攻城，后见损失惨重且没有取胜的迹象，遂撤军回师。

天命十一年（1626年）夏，68岁的努尔哈赤突发痈疽，不久便病逝。

清太宗皇太极——奠定后世兴旺的英明君主

■ 宝剑锋从磨砺出　初试牛刀锋芒露

　　明万历二十年（1592年），努尔哈赤第八子皇太极出生。皇太极出生那年，父亲努尔哈赤34岁，生母那拉氏18岁。据清代官书记载，太极音同台吉，台吉前有黄、红等颜色覆盖。另外，汉族把皇位继承人叫做皇太子，发音与"皇太极"相似。由此可以推断，皇太极是一个吉利而显贵的名字。

　　皇太极的生母叶赫那拉氏深受努尔哈赤恩宠，幼小的皇太极也由此得到努尔哈赤的疼爱。由于家境条件好，皇太极从小就开始接受文化教育。他天资聪慧，善于独立思考，一学就通。正因为这个阶段的学习，使他后来成为了努尔哈赤军中少有的较通文墨的战将。

　　皇太极的少年时代正是父亲努尔哈赤驰骋疆场、征服四方的年代，因年龄尚小，他不能随父作战，只能在家里主持家务。不过，要想把家务事打理妥当并不是一件容易的事情。努尔哈赤拥有众多的妻妾、子女、奴仆、财产，而且当时家事与国事划分得并不十分清楚，两者常相互混杂。面对繁杂的家政，皇太极的天赋表现了出来。在没有父亲指点的情况下，他将一切家务都主持得井井有条，令努尔哈赤感到非常满意。

　　明万历四十年（1612年）秋，21岁的皇太极首次随父兄出征作战，并开始了他的戎马生涯。在这次对乌拉部的征伐中，努尔哈赤下令四处焚毁敌军粮草，而不与对方直接对抗。皇太极对此并不理解，努尔哈赤为他解释说："要放倒大树，不能直接把它扳倒，必须要用斧子一下一下地砍。对付乌拉部这样的强敌，也应该这样。只有剪掉它的羽翼，渐渐消耗它，最后才能灭掉它。"这一策略果然奏效，努尔哈赤在第二年就吞并了乌拉部。皇太极在这次战争中获益匪浅，在以后独自征战时基本上沿用了他父亲的这种作战策略。

　　在努尔哈赤的众多战将中，皇太极的兄长褚英显得非常出色。褚英骁勇无比，在战场上总是身先士卒，奋勇杀敌。努尔哈赤非常赏识他，曾有意培养他为自己的继位人。然而，褚英有一个致命的弱点。他心胸狭窄，为人傲慢，拥权自重，常欺凌兄弟和群臣。皇太极等人义愤填膺，把情况如实禀报了努尔哈赤。努尔哈赤震怒，将褚英监禁，听说他有篡权意图后，又将其处死。

　　褚英失势，为年轻的皇太极提供了一个发展的机会。他冷静机敏的个性得到了进一步的发挥，逐渐受到重用。

　　明万历四十四年（1616年），努尔哈赤称汗，建立后金，建年号为天命。接着，努尔哈赤从众位子侄中选定皇太极、次子代善、侄子阿敏、五子莽古尔泰为四大贝勒，佐理国家政务。按照规定，四个人按月轮流负责处理机要事务。在处理军机要务期间，皇太极毫不懈怠，积极参与政务、军事的谋划和决策，成为努尔哈赤的得力助手。

　　天命三年（1618年），努尔哈赤公开向明朝宣战，准备进兵攻打抚顺。皇太极在此次作战中初露锋芒，显示了自己的军事才能。他建议努尔哈赤采用里应外合的策略，预先派军卒扮作马贩混进城内，然后在夜间带领大军攻城。努尔哈赤采用了他的计策，轻松地攻下了抚顺城。

随后，皇太极的才能得到进一步显现，凭着冷静的头脑和机敏的性格将政务处理得井然有序，不仅得到努尔哈赤的宠爱，而且在全军树立了很高的声望。

天命十一年（1626年）八月，68岁的努尔哈赤去世。诸兄弟子侄经共同协商，一致推举35岁的皇太极即汗位。

■ 安抚民心　加强集权

皇太极即位后，改年号为天聪。当时，局势相当混乱。其一，早在努尔哈赤在位时存在的女真族和汉族之间的矛盾相当尖锐，直接影响着社会的稳定；其二，百姓因连年对外战争承受了繁重的兵役负担，对战争充满了恐惧和厌倦，怨言四起；其三，后金上层统治集团内部不稳定，充满了钩心斗角。

面对错综复杂的形势，皇太极没有采取父亲努尔哈赤的高压政策，而是从实际出发，大胆冲破旧法度和传统习惯的约束，对政治、经济、军事等各个领域实行了全面改革和调整。

他强调要治理好国家，首先必须安抚民众，因为民是国家的根基。为了缓解女真族与汉族间的对立情绪，他把女真族改为满洲族，取得了良好的效果。从此，满洲族（简称满族）的名称正式出现在中华和世界的史册上。同时，他又颁布法令，宣布满汉平等，享有同样的政治、经济权利，这是历史的一大进步。

皇太极即位时，努尔哈赤时期的产物奴隶制庄园仍然存在。皇太极规定每个庄园只能拥有8个农奴，其余的汉人则从庄园移居出去，编为民户。这一政策的推行，使大批汉人农奴重新获得了人身自由。

努尔哈赤统治时期，对逃跑的汉人采用了严厉的惩治措施，规定无论是逃跑还是谋划逃跑，一旦被逮住，一律处死。皇太极却如此规定：以前有私逃的，或是与明朝暗中来往的，一概不予追究；想逃但未行动的，不予治罪；在逃而被捕的人，处死。随着形势的发展，皇太极又进一步放宽了"逃人法"，不再对逃跑的汉人治罪，但不允许逃到明朝统治地区的汉人返回。

崇德三年（1638年），皇太极下令解放农奴，使他们成为独立生产的个体农户，这对后金的农业生产起到了积极的作用。

努尔哈赤时，汉官从属满洲大臣，一旦病故，其妻子要在贝勒家为奴。皇太极以此为突破口，优待汉官。他规定，对归降的汉官给予田地并分配马匹，同时进行赏赐。皇太极量才录用，对汉官中的范文程、鲍承先、宁完我、高鸿中等这些富有政治经验和管理才能的人授予高官。另外，他表示对自动归降的汉族地方首领封王。这些措施的实施，在很大程度上稳固了皇太极的统治基础，安定了辽东汉族人的心。

皇太极在选拔人才时听取了汉官的建议，于天聪三年（1629年）首次开科取士，参考人员为满、蒙、汉等各族读书人。另外，皇太极下令为奴人员也可参加考试，各家主人不得阻挠，结果得中者共二百余人。他们通过考试被提拔，不仅获得自由，而且被加以重用。在以后的开科中，皇太极吸收了大批汉族知识分子，并且在政治上赢得了他们的支持和拥护，这对巩固其统治具有重要的意义。

为了在汉人心目中留下好的印象，皇太极在每次出征前总要详细申明军纪，坚决杜绝八旗军以往烧杀抢掠的行径。他宣布不得杀害降民，不能离散降民父子、夫妇，不允许奸淫妇女，不准践踏禾苗等等。如果士兵违犯了军纪，不仅本人受罚，领兵的将官也要受罚。

经过皇太极10多年的励精图治，人民生活安定，国力增强，为进一步扩张和统一天下建立了比较坚实的物质基础。

也许是为了互相牵制，努尔哈赤晚年制定了八旗旗主联合共同主政、社会财富由他们平均分配的体制。但是，随着形势发展，这种政治制度已经严重地阻碍了后金的发展。由于没有一个统一的领导，在大多数时候彼此间互相掣肘，降低了办事效率。

努尔哈赤死后，后金出现了"八王共治"的局面。军政大事由各旗旗主贝勒商议定夺，汗王不能独自决定。皇太极虽然是汗王，但四大贝勒并坐同受朝贺，从而使他缺乏足够的权力。雄心勃勃的皇太极不能长期容忍这种局面，就即位开始，就积极筹划如何加强君主集权。

皇太极即汗位不久，就开设了文馆。文馆的职能有二：其一，翻译汉文典籍，进行文化交融；其二，记录本朝政事，协助皇太极处理往来书信及奏章，还可以参政议政。这是皇太极的重大创举。文馆表面上是办事机构，实际上是国家内阁的雏形。

皇太极一边保持着对三位兄长的谦恭和礼敬，另一边优待四小贝勒，对两白旗的多尔衮、多铎兄弟更加优待，从而增强了与三大贝勒抗衡的力量。

没过多久，他向每旗派设一名大臣，并赋予参与国政、稽查旗内一切事务的权力，直接向汗王负责报告；同时，扩大议政会议的范围，所有贝勒都可以参与议政，每旗再增派三名议政大臣，打破了八旗旗主对国政的控制权。这些举措的实施，初步形成了君主集权的模式。

天聪三年（1629年），他以政事繁杂、不应使兄长过于劳累为由，免去三大贝勒按月分掌国事的旧例。不过，三大贝勒的实力仍不可小觑。于是，皇太极开始依次削弱他们的权势。

阿敏是皇太极的堂兄，舒尔哈齐之子。在统一女真的战争中，他屡立战功，后金立国时被努尔哈赤封为四大贝勒之一。阿敏因其父亲、兄弟皆死于努尔哈赤之手，在内心深处非常仇视努尔哈赤父子。皇太极即位之初，他曾以"出居外藩"作为拥立皇太极的条件，被皇太极拒绝了。

天聪元年（1627年），阿敏奉命攻打朝鲜。朝鲜国王已经遣使请和，而他却执意进兵，提出要在朝鲜屯田耕种，并拉拢获罪而死的褚英之子杜度一起留下。他的做法显示出了他自立王国、"出居外藩"的野心。遭到拥戴皇太极的年轻贝勒们的激烈反对后，阿敏的企图再次落空。

他心有不甘，常违背旨意，在大庭广众之下含沙射影地攻击皇太极，令皇太极难以容忍。

天聪四年（1630年）三月，阿敏大肆杀降屠民。皇太极忍无可忍，议得其十六项大罪后，免其死罪，革除其大贝勒和旗主贝勒之称，终身幽禁。

莽古尔泰英勇善战，为统一女真立有汗马功劳，亦被封为四大贝勒之一。不过此人凶暴蛮横，在诸兄弟中并无很高威望。天聪五年（1631年）八月，后金进攻大凌河。在调动各旗兵问题上，他与皇太极发生激烈争执。皇太极指责他违犯军令，他却抗辩皇太极差遣不公，最后竟恼羞成怒，猛地把佩刀从身后转到前面，手按刀柄怒视皇太极。

目睹全过程的大贝勒代善气愤地说："如此悖乱，简直不如去死！"不久，莽古尔泰因"酒醉后御前露刃"罪被革去大贝勒名号，降为一般贝勒。

同年，皇太极仿效明朝，设立吏、户、礼、兵、刑、工六部，由一名贝勒负责各部事务。随着后金的不断发展强大，国家机构也随着扩大。由于形势的需要，文馆改为内三院，即内国史院、内秘书院、内弘文院，设大学士和学士等官，由皇太极直接主政。为了便于管理和监督，设都察院和理藩院，形成了比较完整的国家机构。但是，皇太极的改革调整还是有限的，没有从根本上除旧立新，这是由当时的客观条件造成的。

天聪六年（1632年）正月，只剩下大贝勒代善与汗王并坐受朝贺。代善在诸多压力和暗示下，主动表示退出并贺仪式，皇太极欣然接受。

天聪十年（1636年），皇太极于四月十一日正式即皇帝位，定国号为大清。

■ 驰骋疆场　锐意扩张

皇太极即汗位时，后金面临着两种威胁。一种威胁是明显的，即位于后金西方的、已经处于对抗状态中的明朝；一种威胁是潜在的，即对后金多年扩张活动感到不满的位于后金东边的朝鲜和北边的蒙古。为使后金摆脱险恶处境，皇太极经过反复的权衡与思考，决定先解决掉朝鲜和蒙古的威胁，然后再来对付明朝。

多年来，朝鲜一直是明朝的忠实盟友。后金崛起后，明朝打算利用朝鲜牵制后金。明军毛文龙部驻扎在朝鲜境内，凭借着朝鲜的物质资助，经常骚扰后金。

天聪元年（1627年）一月，皇太极命二大贝勒阿敏率军东征朝鲜。阿敏统率大军，过鸭绿江，占领平壤。三月，双方在江华岛杀白马、黑牛，焚香、盟誓，定下"兄弟之盟"。崇德元年（1636年），皇太极举行称帝大典，改国号为清。朝鲜使臣前来称贺，但并不跪拜。皇太极认为这是朝鲜国王对清的蔑视，于同年十二月亲自统率清军渡鸭绿江。朝鲜国王李倧见清军难以抵挡，遂逃至南汉山城，皇太极尾随而至。第二年初，李倧不得不请降，向清帝朝贡。

平定朝鲜后，皇太极开始图取蒙古。

明清之际，蒙古分为三大部：漠南蒙古（即内蒙古）、漠北蒙古（即外蒙古）、漠西蒙古（即厄鲁特蒙古）。其中，漠南蒙古地处明朝与后金之间，位置尤为重要，成为明与后金争夺的重点。为了抵御后金，明朝每年拿出大量钱财，送给漠南蒙古各部。

漠南蒙古察哈尔部林丹汗，是元太祖成吉思汗的后裔。他势力强大，自称为全蒙古的大汗，并倚仗明朝在政治、经济上的支持而坚决与后金为敌。林丹汗虽然实力雄厚，但对属下各部的统治却十分残暴，经常恃强凌弱，滥施淫威，向其他各部索取财物，以致挑起诸多争端。天聪二年（1628年），皇太极利用漠南蒙古诸部的矛盾，同反对林丹汗的喀喇沁等部结盟，统大军进攻林丹汗，获得胜利，俘获一万余人。四年后，皇太极再次率军远征林丹汗。天聪八年

（1634年），败逃的林丹汗在青海死去，其部众纷纷逃散。天聪九年（1635年），皇太极命多尔衮统军三征察哈尔部。林丹汗的儿子额哲率部民千户归降，并献上传国玉玺。从此，漠南蒙古完全被皇太极所控制，明朝失去了蒙古一线的屏障。

1628年，明天启帝死，崇祯皇帝即位。这时的朝鲜和蒙古已经无力对后金造成威胁，皇太极认为攻击明王朝的时机到了。

天聪三年（1629年）十月，皇太极亲率大军，避开山海关，绕道内蒙古进攻明朝国都北平（今北京城）。大军从喜峰口越过长城，攻陷遵化等城，直逼北平。早在皇太极兴兵前，明兵部尚书、蓟辽督师袁崇焕就上奏说辽东防守坚固，敌军不易通过，而蓟镇一带防务空虚，应当予以重视。明廷对其奏报置之不理，造成了严重后果。袁崇焕在山海关巡视时得到皇太极进攻京师的军报后，急率不足一万的骑兵奔救北平。

袁崇焕身先士卒，顽强抵御，连获广渠门和左安门两捷，京师转危为安。皇太极见强攻不行，于是巧施反间计，借崇祯帝之手除掉了袁崇焕。随后，明朝各路兵马来救，被皇太极一一击溃，永平、遵化、迁安等城被皇太极占领。后金捷报连连，随征将领们纷纷建议皇太极一举攻下北平。皇太极则认为尽管集中力量能攻下北平，但明朝国力尚未倾颓，不如整顿军队，从长计议。于是，他在永平、迁安等城处理好防守事宜后，返回沈阳。

随后，皇太极一面假意讲和，一面不断向明进攻，以消耗它的国力。天聪八年（1634年），皇太极亲统大军，蹂躏宣府、大同一带；崇德元年（1636年），皇太极命阿济格率军入塞，经延庆，取昌平，逼京师。接着，阿济格统军克房山，破顺义，陷平谷，占密云，围攻明都。56战皆捷，共克16城，俘获人畜17万。崇德三年（1638年），皇太极派多尔衮和岳托等人率领清军攻入明朝内地，转战半年，攻克70余处城池，俘虏人畜46万有余。

皇太极采取的边打边谈策略很有效，使后金慢慢强健起来。皇太极因势利导，最终抛弃了对明朝议和的幌子，用武力彻底征讨明朝。崇德四年（1639年），松锦大战拉开了帷幕。

锦州是明军关外防御体系中的坚强堡垒，在其周围分布着松山、杏山、塔山等城，成为了锦州的附翼。皇太极首先对松山发起强攻，明军被围困，明守将祖大寿向明廷告急。崇祯帝令洪承畴为总督，率8位总兵、13万步骑前去解锦州之围。洪承畴采取"步步为营，且战且守，待敌自困，一战解围"的战略，清军一度失利。关键时刻，皇太极带病急援，亲临战场指挥。经一系列部署和激战后，清军终于扭转了战局。在最后的10天决战中，明朝13万大军损失殆尽，洪承畴率领1万多残兵败将困守松山城。崇德七年（1642年），松山城中的明朝副将夏承德降清，清军攻破松山城，洪承畴被俘。接着，锦州守将祖大寿献城出降。历时两年多的松锦战役，以皇太极的决定性胜利而告终。

另外，努尔哈赤统治期间，黑龙江下游地区已经被统一，但黑龙江中、上游地区仍在其控制范围之外。皇太极即位后，采用了"慑之以兵，怀之以德"的策略，使众多的部落纷纷归附，纳贡称臣。崇德年间，皇太极两次发兵索伦，征讨博穆博果尔。双方在黑龙江上游雅克萨等地遭遇，经过激战，清军获胜。到崇德七年（1642年）时，东自鄂霍次克海滨，西至贝加尔湖的广阔地区都被纳入了清的版图。

崇德八年（1643年）八月九日，52岁的皇太极撒手人寰。正是由于他的殚精竭虑，清军牢牢控制了明朝关外的局势，为入关埋下了伏笔。

 清世祖福临——第一个入主紫禁城的大清皇帝

■ 命如其名　福临即位

崇德三年（1638年），皇太极第九子福临出生。福临之所以能即皇帝位，实际上是两大势力妥协的产物。

崇德八年（1643年）八月九日，为大清定鼎中原作出杰出贡献的皇太极突然逝世，满洲贵族在帝位继承人上出现矛盾。大清入关以前，皇位的继承人不是由皇帝生前指定，而是由议政大臣在诸皇子中选定。皇太极死后，争夺皇位的两股主要势力是皇太极长子肃亲王豪格和努尔哈赤第十四子睿亲王多尔衮。这两个人的势力不相上下，皇太极生前亲率的正黄、镶黄、正蓝三旗，力主拥立肃亲王豪格，而多尔衮及其胞弟豫郡王多铎统率的正白、镶白两旗，则誓立多尔衮。

八月十四日，代善在崇政殿主持会议，召集大清亲贵及重要大臣讨论继承人选。镶黄旗护军统领鳌拜于当天清晨与两黄旗大臣在大清门盟誓，坚决拥立豪格，并命两旗精锐护军全副武装环卫崇政殿。实际上，鳌拜、索尼等人是以武力威胁多尔衮不得觊觎帝位。

当时，除了豪格和多尔衮外，还有几股势力：掌管正红、镶红两旗的礼亲王代善父子，掌管镶蓝旗的郑亲王济尔哈朗，英郡王阿济格和颖郡王阿达礼。其中，代善父子支持豪格，阿济格不支持多尔衮。不过，虽然豪格的竞争力已经在多尔衮之上，但多尔衮并不善罢甘休。

双方僵持不下，大有兵戎相见之势。幸好有孝庄皇后（皇太极皇后）和济尔哈朗从中极力斡旋，才避免了武力冲突。在这种形势下，多尔衮不得不作出让步，提出自己不当皇帝，但豪格也不能当皇帝。经协商后决定，皇太极第九子福临继位，由多尔衮和济尔哈朗共同辅政。

八月二十六日，6岁的福临即位，改年号为顺治元年，是为清世祖。

■ 顺利入关　问鼎中原

由于多尔衮手握朝政大权，清世祖在即位的前几年里一直扮演着傀儡皇帝的角色。多尔衮摄政后，立即采取种种措施来加强集权。在他的调整下，八旗贝勒不再参与朝政大事的商议和管理，两位摄政王总揽朝中政务。不仅如此，他还削弱了郑亲王济尔哈朗的摄政权，进一步将权力集中在自己手里。有了足够的权力后，他开始打击豪格势力，不仅肃清了镶黄、正黄两旗的首脑人物，而且找借口加罪于豪格，并将其幽禁。

虽然多尔衮在内部的权势斗争上有所过失，但他率领清军入关、迁都北京的功劳是不可磨灭的。

明朝末年，吏治腐败，民不聊生，农民起义风起云涌。崇祯三年（1630年），李自成在米脂率领饥民起义，然后投靠另一支起义军高迎祥的队伍，号八队闯将。崇祯九年（1636年），高迎祥被俘后，李自成被推为闯王。至崇祯十三年（1640年），李自成已经拥有数十万军队，手下有牛金星、宋献策、李岩等众多谋士。尤其是他采用了李岩"均田免赋"的策略，深得民众拥护，有歌谣为证："迎闯王，不纳粮"（《明史 李自成传》）。崇祯十六年（1643）正月，李自成改襄阳为襄京，建立政权，以"三年不征，一民不杀"来安抚民众。随后，李自成亲自督师北上，在汝州与明军大战，共歼明军4万余人。大批明军败逃陕西，李自成乘势追击，破潼关、占西安，以得胜之师连克延安、汉中、榆林等重镇。

崇祯十七年（1644年）正月，李自成改西安为西京，定国号大顺。随后，他派兵强渡黄河，东进山西，破汾州、太原；而后兵分两路，遣大将刘芳亮率军攻大名（今属河北）、真定（今正定），自己与刘宗敏率军北上，在宁武关（在今山西宁武境）与明军血战，击杀明总兵周遇吉。稍作休整后，李自成攻克大同、宣府（今河北宣化）、昌平（今属北京）等地。同年三月十七日，两路大军会师于北京城下。

大顺军精神抖擞，士气旺盛，很快攻破了外城。李自成派人入内城劝降，遭到崇祯帝的拒绝后，立即下达了总攻命令，最终攻破内城，崇祯帝自缢而亡。不久，李自成"登皇极殿（今太和殿），据御座，下令大索帝后"，开始处理政务。

李自成攻下北京后，积极招抚吴三桂。吴三桂见明朝大势已去，遂向李自成投降。李自成劝降吴三桂后，本该善待其家属、然后立即派嫡系将领率精兵前往山海关镇守才是，但李自成手下的将领或忙于勒索前朝官吏，或沉醉于酒色之中，无暇顾及于此。结果，吴三桂降而复返。之所以如此，有以下几种说法：一是吴三桂听说父亲（吴襄）被拘捕，遭拷打追赃；二是从京城逃出的家奴仆人谎报全家被大顺军抄没；三是爱妾陈圆圆被大顺军将领霸占。总之，吴三桂誓与李自成血战到底。

在这期间，多尔衮这个既有军事头脑又有政治头脑的摄政王正密切注意着李自成、崇祯以及吴三桂的举动，等待着发兵的时机。四月十三日，李自成、刘宗敏率大军10万人向山海关进发。此时的吴三桂既失去了后台，在兵力上又不及李自成，遂节节败退。吴三桂眼看支撑不住了，决定引清军入关。多尔衮密令清军将士做好战斗准备，但并不急于出兵。吴三桂虽知多尔衮如此是为了招降，但为大势所趋，只好降清。多尔衮大喜，立即进行了战略部署。

据史料记载：清军入关后，多尔衮见大顺军从北山至山海关海边排成一字长蛇阵，即令清军沿近海处鳞次布列，吴三桂军排列于清军右侧，采取重点突破的战术。当时，大风突起，沙尘漫天，清军呼啸而出，犹如万马奔腾，飞矢如蝗。大顺军虽然进行了拼死抵抗，但由于已经同吴三桂军激战了一天一夜，再加上清军的突然袭击，结果大败。

四月二十六日，李自成撤回北京城，责令军民火速拆除城外马墙及护城河旁房屋。在紫禁城武英殿举行登基典礼后，李自成从阜成门向西撤离北京城，退守陕西。两天后，多尔衮由朝阳门进北京城。多尔衮在北京站稳脚跟后，并没有给李自成喘息之机，立即派英亲王阿济格率兵至西安，派豫亲王多铎率兵经河南至潼关，对大顺军形成了钳形攻势。李自成边战边退，在湖北境内遇袭身亡。

与此同时，在多尔衮的策划下，清朝迁都北京。清世祖虽然没有什么功劳，却成为了第一个人关的清朝皇帝，更印证了他的命运如同他"福临"的名字一样。

顺治二年（1645年），清军先后攻破扬州、镇江，给以南京为国都的南明政权沉重的打击。同年，张献忠建立的大西政权被清政府剿灭。尽管清朝政府具备镇压各地起义军的实力，但由于他们血洗扬州城（史称"扬州十日"）、颁布"剃法令"、圈地运动等一系列行为激起了民愤，从而导致了关内各地的抗清斗争此起彼伏。

■ 及早亲政　治国安邦

顺治七年（1650年）冬，39岁的多尔衮出猎时因不慎而坠马受伤，不久便死去，清世祖的傀儡生涯宣布结束。次年正月，14岁的清世祖开始亲政。

在用人方面，清世祖对汉人的任用比清太宗还要开明。清太宗时，汉人可以为官，但永远是副职。清世祖唯才是举，敢于向汉官放权。不仅如此，他还将内阁大学士的汉官由二品改为一品，将六部尚书中的满官由一品改为二品，使同一级别的汉官和满官享有一样的待遇。

除了重用汉人外，清世祖还敢于重用洋人。清兵入关后，德国传教士汤若望为大清修编了《时宪历》，并因此在清朝为官。清世祖与他见了一次面后，便对他产生了好感，经常向他请教各种学问和治国方略。博学多识的汤若望不负重望，尽量将自己知道的东西传授给清世祖，使清世祖受益匪浅。

在安抚民众方面，清世祖一改明末繁重的苛捐杂税，大大减轻了百姓的负担。同时，清世祖还鼓励耕种，大面积地开垦土地，促进了农业的发展，为百姓的安居乐业提供了根本保障。另外，清世祖将多尔衮执政时圈给满洲贵族的土地、清兵霸占的民房纷纷归还给了当地人。

在吏治方面，清世祖严明法纪，从中央派出监察御史对各地总督、巡抚等进行严格考核，然后亲自听取汇报。如果监察御史玩忽职守，定当严惩不贷。对于贪污腐败的官僚，清世祖按照情节轻重做出合理的处决，决不姑息放纵。

在清世祖的治理下，关内的百姓渐渐看到了生活的希望，对清兵的抵触情绪缓和了许多。

顺治十八年（1661年），24岁的清世祖病死于养心殿。

清圣祖玄烨——将大清带到鼎盛的一代明君

■ 亲政即显能　鳌拜败下阵

顺治十一年三月十八日，爱新觉罗·玄烨出生，他就是未来的康熙帝。玄烨天资聪颖，而且勤奋好学，5岁起开始读书识字，8岁时便能熟读儒家经典，并能够背诵其中一部分。

顺治十八年（1661年）正月，24岁的顺治帝病逝。初九，被立为皇储的年仅8岁的玄烨正式即帝位，改年号为康熙，是为清圣祖。

清圣祖即位时才刚刚懂事，没有能力处理国家政务。顺治帝在死前为他安排了四位辅臣，以索尼为首。

索尼，姓赫舍里氏，满洲正黄旗人。在努尔哈赤统治时期，他就随父归附了后金。其父硕色、其叔希福都在文馆任职，是清朝的开国元勋。由于政绩卓著，到皇太极时，他已成为心腹之臣，负责办理蒙古事务，日值内院。

苏克萨哈，姓纳喇氏，满洲正白旗人。他在努尔哈赤创业初期随父亲归附努尔哈赤，其父苏纳被招为额驸。

鳌拜，姓瓜尔佳氏，满洲镶黄旗人。从皇太极时他就是一员勇猛的战将，军功最多，为清朝立下了汗马功劳。

遏必隆，姓钮祜禄氏，属镶黄旗人。其父额亦都是努尔哈赤的五大臣之一，被招为额驸。遏必隆出生在战争年代，作战勇敢，屡建战功，以军功升至议政大臣、领侍卫内大臣，累加少傅兼太子太保。

辅政大臣都是功勋卓著的元老重臣，代行皇帝的职务，掌握着国家的最高权力。康熙帝登基后，他们开始辅政。在最初几年里，他们遵循誓言，同心协力，为清政权的巩固和稳定发挥了积极作用。但是，四辅臣联合辅政的局面并未维持很久。随着形势的发展，他们之间的矛盾和斗争日益公开而激烈。

康熙六年（1667年）六月，索尼因病去世。这一年，14岁的康熙帝举行亲政大典。鳌拜企图继续把持朝政，遭到苏克萨哈的反对。他怀恨在心，借机诬陷苏克萨哈，要康熙帝下令灭掉苏克萨哈的全家。康熙帝本不答应，但受鳌拜所迫，改判苏克萨哈为绞刑。

这时，四辅臣仅剩遏必隆和鳌拜，而遏必隆又站在鳌拜这边。于是鳌拜更加为所欲为，肆无忌惮。他完全控制了国家军政大权。一面培植死党，一面不择手段地排斥异己。朝野上下人人自危，无人敢说"不"字。鳌拜的权势直接威胁到了皇帝的绝对权威，引起了康熙帝和孝庄太后的警惕。

康熙帝从亲政开始，就有意逐步摆脱鳌拜的控制。他每次亲临乾清门听政理事时，总是直接召见满汉大臣，使鳌拜的权势有所下降。与此同时，他也在考虑如何除掉鳌拜集团。

为稳操胜券，康熙帝首先迷惑鳌拜。他下令封赏辅臣，授鳌拜为一等公，其二等公爵位由他的儿子那摩佛承袭。后来，康熙帝又加封鳌拜为太师，加封那摩佛为太子少师。

随后，康熙帝召见亲信侍卫、索尼次子索额图进宫秘密策划。计议决定后，康熙帝下令挑选身体强健的少年进宫做扑击、摔跤等游戏活动，陪他娱乐，以此麻痹鳌拜。不久，康熙帝以各种名义将鳌拜的亲信派往外地，准备对鳌拜采取行动。

康熙八年（1669年）五月二十六日，康熙帝宣鳌拜进宫。鳌拜毫无防范，被早已埋伏好的这群少年生擒。鳌拜被捕后，康熙帝马上清剿鳌拜党羽，以鳌拜为首的政治集团迅速瓦解。

鳌拜犯下三十条大罪，本该受诛，但康熙帝考虑到他为国家建树的功勋，不忍加诛，于是改死刑为拘禁，其子免死，同受监禁。遏必隆被列罪十二条，康熙帝同样宽大处理，仅仅革去了他的爵位。

为了稳定大局，康熙帝对鳌拜的党羽没有赶尽杀绝，对班布尔善、鳌拜弟侄等数人均处死，对尔马、阿南达等这些无大恶的人从轻处置。与此同时，他给苏克萨哈平反昭雪，恢复其原官职及世爵。

■ 运筹帷幄　根除国患

顺治初年，东南沿海、两广和云贵政局不稳，威胁到清政府的统治。清政府依次封汉官名将吴三桂、尚可喜、耿精忠为平西王、平南王和靖南王，分别镇守云贵、广东和福建。当时，这三王并称"三藩"。

东南地区安定下来后，清政府统治集团认为，只有让吴、尚、耿等人继续镇抚南方，才能保证那里的长治久安。于是，当定南王孔有德要求解职引退时，顺治帝以南疆未平为由不予批准；尚可喜于顺治十年（1653年）、十二年（1655年）两度申请北归，顺治帝则以广东刚刚安定、许多事务需要处理为由加以挽留。

顺治帝在建藩初期，为了安抚他们辅弼皇室，赐与他们种种特权，使其得以不断壮大。耿精忠利用海运同荷兰及东南亚各地进行贸易，所得全部归为己有；尚可喜则在广州私自征收奇捐杂税。与耿、尚二人相比，吴三桂享有更多的特权。顺治十六年（1659年），他总管云南军民一切事务。康熙元年（1662年），索尼四辅臣又命吴三桂兼辖贵州，总领其境内的一切人事财政，云、贵两省成了吴三桂的独立王国。

随着三藩势力的日益增长，与清廷的矛盾也更加尖锐。康熙帝亲政之初，就把三藩同河务、漕运列为三件大事，以三藩为最。虽然康熙帝有撤藩的意向，但由于三藩实力强大，不便贸然采取行动。

康熙十二年（1673年）三月，已经看出朝廷意图的平南王尚可喜首先提出撤藩。他上疏朝廷，请求归老辽东，这为久思撤藩的康熙帝提供了一个难得的良机。康熙帝顺水推舟，立即批准，并对他大加赞誉。尚可喜本想回东北养老，让儿子尚之信承袭自己的位置，继续留镇广州，遭到康熙帝的拒绝后，只好整体迁移。

吴三桂得知尚可喜被撤藩后，非常震惊。这时他的儿子吴应熊从京师派人驰书给吴三桂，要他依计而行。吴三桂反复思忖后，上疏请求撤藩。不过，他认为自己劳苦功高，朝廷应该不会撤去他的位置。与此同时，耿精忠也给朝廷上了一份撤藩奏疏。

康熙帝认为这是难得的机遇，准备一概批准奏疏。但在是否撤吴三桂的问题上，朝臣中产生了不同意见，仅有户部尚书米思翰、兵部尚书明珠等人支持康熙帝。康熙帝见意见难以统一，果断决定撤掉吴三桂的藩号，并向吴三桂保证，可使其永保荣誉，共享太平之福。

吴三桂见康熙帝如此举动，立即与其党羽密谋起兵，并做了一系列准备，如调集人马、断绝邮传、封锁消息等。同年十一月二十一日，吴三桂杀死云南巡抚朱国治，逼迫云贵总督甘文焜自杀，同时扣留了康熙帝的使臣折尔肯，正式起兵反清。为笼络民心，他脱下清朝王爵的穿戴，换上明朝将军的盔甲，打起了为明王朝报仇雪恨的旗号。

吴三桂起兵的消息传到北京后，清廷上下为之震惊。康熙帝从容应对，首先杀死在京的吴应熊，以坚定削藩抗吴的决心，同时增派八旗精锐前往咽喉要地荆州固守，并通知停撤广州与福州的两藩，以孤立吴三桂。接着，他将散布各地的原属吴三桂的官员一律罢免。

清政府还没有准备好，吴三桂的前锋已抵长江南岸，与清军隔江对峙。与此同时，多个地方发生了叛乱。康熙十四年（1675年），耿精忠控制了福建、浙江、江西，陕西提督王辅臣控制了四川、陕西、山西、甘肃。在这种形势下，康熙帝制定了明确的战略方针：清军以荆州为战略立足点，与湖南战场的吴军主力周旋，待除掉耿精忠、王辅臣两股势力后再集中兵力同吴军决战。

王辅臣在顺治年间曾反叛过清廷，归降后到吴三桂手下当差。后因对吴三桂不满，他前往陕西任提督。吴三桂反清后，又将其拉拢。根据这一情形，康熙帝认为王辅臣虽是第二次反叛清朝，但叛心不坚，于是专敕慰勉，最终感化了他，使他重新归顺了朝廷。

继西北招抚成功之后，福建耿精忠也被招抚归降。康熙十六年（1677年）四月，后叛的尚之信也被招抚。同年六月，康熙帝向各地统帅、督抚部署：凡在贼中文武官员兵民，悔罪归正，前事悉赦不问，仍照常加恩。如有擒杀贼者，投献军前，或以城池兵马归附者，仍论功奖赏。

吴三桂失去支援后，处境孤立，匆忙于康熙十七年（1678年）三月在衡州称帝，建国号为大周。八月，74岁的吴三桂得病暴亡。吴世璠即位后，根本无力统领军队，吴军溃败。

康熙二十年（1681年）十一月，清军攻破昆明城，吴世璠服毒自杀，其党羽四散。

在吴军已经没有回天之力的情况下，康熙帝已经有了下一步计划，即收复台湾和肃清国内的沙俄势力。

1681年春，郑经猝死，台湾岛内局势混乱。郑氏重臣冯锡范杀死郑经长子，把郑经次子（他的女婿）郑克爽推上了王位。康熙帝认为这是收复台湾的好机会，于是剿抚并用，一边做好武力解决台湾问题的准备，一边令福建总督姚启圣派人赴台谈判。郑氏集团根本没有谈判的诚意，仍然"照朝鲜等外国例，称臣纳贡"。康熙帝震怒，命郑军降将施琅为福建水师提督，"谋划进取台湾事宜"。福建总督姚启圣与施琅和衷共济，保证了施琅出征的粮食和物资供应。

1683年6月14日，熟悉海战的施琅率水师由福建铜山进发，直插郑军的咽喉——澎湖。第二日，水师抵达澎湖西南的猫屿、花屿和草屿等岛屿，夜泊澎湖岛。不料遭飓风袭击，前锋船只被郑军围困，初尝败绩。

七日后，施琅整顿兵马再次出击，他将水师分成左、中、右三路：左右两翼各率战船50艘，分别攻牛心湾和鸡笼屿，自己率战船136艘为中路，大败郑军。

澎湖失守后，郑氏集团精锐尽失。康熙帝在军事进攻的基础上展开了政治攻势，郑克爽于7月5日向清政府上表投诚。8月13日，清军兵不血刃登陆台湾岛。

与此同时，与沙俄的战争也拉开了帷幕。

早在明朝末年，沙俄就开始向东方扩张。明崇祯九年（1636年）以后，沙俄政府不断派遣远征军，对我国黑龙江地区进行肆意掠夺，随后不断扩张，一直延续到康熙帝亲政。

在面对沙俄问题上，康熙帝坚持采取和平外交的方针。从康熙六年（1667年）起，在十余年间，他用满、蒙、俄三种文字致信彼得一世，阐述了清朝对中国领土主权的严正立场，呼吁沙俄停止侵略，但沙俄不予理睬，反而继续扩大侵略活动，不断挑衅，窜至黑龙江中游的精奇里江各处筑室盘踞。

　　康熙帝见沙俄如此藐视大清，立即备战，加强东北边防。康熙十五年（1676年），康熙帝一方面把宁古塔将军衙门移至吉林市，并增加满洲八旗兵二千人，另一方面开始建造战船，屯积粮草，并组建水师营。

　　为了掌握实际情况，康熙帝不畏艰辛，于二十一年（1682年）二月从北京出发东巡，经盛京，出柳条边，到吉林的乌拉，登舟巡行松花江。在吉林期间，他还接见了宁古塔将军巴海、副都统萨布素等高级将领，听取了他们对防务的看法和沙俄入侵的最新情况。

　　回京后，康熙帝曾同廷臣讨论征剿沙俄事宜，没有得到响应。他力排众议，当即做出反击沙俄的战略决策，并派遣副都统郎坦等人深入雅克萨地区侦察沙俄入侵军的情况。

　　同年底，郎坦等顺利完成侦察任务，回报康熙帝说，只须发兵三千，便可击败沙俄驻军。康熙帝没有立即下令进攻，而是调集乌拉、宁古塔兵一千五百人，并携带大炮，由巴海、萨布素率领至黑龙江清军驻地后，进行屯田耕种。康熙帝又令开辟辽河、松花江与黑龙江的水陆联运，保证作战时期的军粮供应。

　　康熙二十四年（1685年）四月二十八日，康熙帝命令都统彭春、副都统班达尔善统兵三千，水师将领林兴珠率兵五百，分批开赴雅克萨。激战后，沙俄军首领托尔布津投降。

　　清军撤离雅克萨后不久，沙俄又派遣侵略军再次返回雅克萨据守。康熙二十五年（1686年）五月，萨布素奉康熙帝之命率部攻打雅克萨城。沙俄军损失严重，其头目托尔布津被击毙，且被清军包围在雅克萨城中，至严冬仅剩下一百五十余人。

　　康熙二十五年（1686年）九月二十五日，沙俄派人到北京向康熙帝呈交了沙皇彼得一世的信件。信中表示希望和清政府和谈，请求清军撤围雅克萨。同年冬天，清军撤离雅克萨。

　　在双方达成一致协议的基础上，双方使臣于康熙二十八年（1689年）在尼布楚谈判边界问题。

　　康熙帝对规定划界的原则是：尼布楚、雅克萨、黑龙江上下及通此江之一河一溪，皆归我国所属。清方代表坚持按照康熙帝的指示谈判，最终与沙俄代表签订了《中俄尼布楚条约》。

　　清政府反击沙俄的侵略，是一场民族自卫的战争，从开始至结束都是在康熙帝筹划和指挥下进行的。

　　在人类历史上，除了极少数君主好大喜功、穷兵黩武外，大多数明智的统治者在军事问题上基本秉承着以战去战的态度，目的主要在于平息战争。

　　说及战争，康熙帝曾有一个形象的比喻："譬之人身疮疡，方用针灸。若肌肤无恙而妄寻苦楚，可乎？治天下之道亦然。乱则声讨，治则抚绥，理之自然也。"此言说明了战争的必要性。一旦不可避免地发生战争，国家处于危难，老百姓处于水深火热之中，"欲安民生，必除寇虐，必事师旅"将成为必然。

■ **外治朝政　内修学问**

　　康熙帝认为：在马上可以得天下，但不能在马上治理天下。康熙帝是这么想的，也是这么做的。为保天下太平，他主要采取了惩治贪官污吏、提拔优秀官员、抑制挟私报复之风、加强自身文化素质等措施。

据史料记载，从康熙二十年（1681年）到康熙四十五年（1706年）近25年的时间里，康熙帝惩办的总督、巡抚多达26人。各级在任官员见康熙帝毫不徇私，不得不有所收敛。

康熙帝认为，为官之人"德胜于才，始称可贵"。为了选拔好官，他曾多次训谕臣下，要向朝廷多荐举清官。同时，他自己也常表彰清官。据不完全统计，经他亲口称赞的清官就有几十人。

对于各地官员的实际政绩考核，康熙帝并不是一味看折子。他通过钦差大臣、外官升迁调动、来京朝觐等打听各地官员的表现。

在康熙帝大力整饬吏治的情况下，从康熙二十年（1681年）至四十年（1701年）中，清廷贪风受到抑制，官场变得比较清明。

自古以来，官吏因一己之私诬陷诽谤之事层出不穷，以致小人得志、忠良遇害之事常有。康熙帝对此严加明查，除恶扬善，故能开一朝正直之风。

康熙末年，江南总督噶礼贪婪而骄横，尤好诬陷他人。当时，苏州知府陈鹏年为官清廉，刚正不阿，常与噶礼意见相左。噶礼由此怀恨在心，欲置陈鹏年于死地而后快，屡屡未能得逞。康熙帝觉得陈鹏年很有才学，便将其调到京城编修图书。噶礼仍不肯罢休，密奏康熙帝说陈鹏年写过一首"游虎兵"的诗，诗中有对康熙帝怨恨不满之嫌，宜从重整治，并将原诗密封附上。

康熙帝仔细阅读陈鹏年的诗后，并没有发现诗中有任何对自己怨恨悖谬之意，再细读噶礼的密奏，看出噶礼完全是深文周纳，挟嫌诬陷。

于是康熙帝召集众臣，在朝堂上当众宣布："噶礼惹是生非，苏州知府陈鹏年稍有一点声誉，他就想方设法加以诬陷，居然密奏陈鹏年的'虎兵诗中有怨恨悖谬之心'。我细读之后，见诗中根本没有这种意思，这不是诬告，又是什么？凡卑鄙猥琐的小人，其手段伎俩大都是这样的，我岂能受这种小人的欺骗？"康熙帝说完，将噶礼的密奏和陈鹏年的虎兵诗公布于众，让各位大臣们传阅。噶礼自讨没趣，窘困之极。

除了管理朝政外，康熙帝也严格要求自己。他认为如果不钻研儒家思想，不通晓"帝王之学"，便不能有效治理天下。正是在这种理念的支持下，即便是严冬酷暑，他都能坚持不懈地学习。

对于外来文化，康熙帝也是持积极态度的。对于自明末始传入中国的西方先进科学技术，他表现出了极大的关注；对于西洋人，只要不犯法度又精通科技，他都主动加以任用。在这一点上，康熙帝开创了中国帝王的先河。

他曾拜比利时传教士南怀仁为师，向他学习天文和数学。在那段时期内，玄烨学到了天文历算的基础知识，了解了当时天文学的最新研究成果。另外，他还曾向法国传教士白晋、张诚学习过几何、代数、三角等课程。他不仅自己学习，而且还积极组织数学家编写了《律历渊源》和《数理精蕴》，为传播西方科学技术作出了贡献。不仅如此，他还学习过西方医学。

除此以外，康熙帝对音乐、美术也很感兴趣。根据法国传教士白晋的回忆，康熙帝曾经学习过西洋乐理，并且能够演奏西洋乐器。

为了更好地学习，他仿效法国科学院，在宫中建立了由画家、雕刻家、制造钟表和天文仪器的工匠等人参加的科学院。他兴趣很高，还曾经举办过西方美术作品展览。

康熙六十一年（1722年），康熙帝与世长辞，结束了辉煌圆满的一生。

 清世宗胤禛——承上启下的改革之君

■ 隔岸观火　后发制人

康熙十七年（1678年），清圣祖第四子爱新觉罗·胤禛出生。胤禛为了当上皇帝，颇费了一番周折。

清圣祖从小便养成了读书的好习惯，很少因事中断，从而学习了各方面的知识。在如何选择继承人上，他没有像清世祖那样仓促和果断，而是以史为鉴，仔细斟酌。他一边处理政务，一边考虑皇储问题。不过，在具体实行的过程中，清圣祖在有些时候也会感情用事。

在清圣祖的前六子中，除了皇长子胤禔和皇次子胤礽外，其他四子皆未序齿便夭折。胤礽生母、22岁的皇后赫舍里氏难产而亡后，清圣祖为了表示对她的思念，遂将胤礽立为皇储。随着胤礽的渐渐长大，其舅父大学士兼侍卫内大臣索额图开始为他培植势力，在朝中拉帮结派。清圣祖认为胤礽有篡权之心，于康熙四十七年（1708年）将其废除。此时的清圣祖已年过半百，而各位皇子也逐渐成年。胤礽被废后，一场皇储之争由此开始。

当时，在清圣祖的众多儿子中，12个年长的皇子卷入皇储之争中。他们分别是皇长子胤禔、皇次子胤礽、皇三子胤祉、皇四子胤禛、皇五子胤祺、皇七子胤祐、皇八子胤禩、皇九子胤禟、皇十子胤䄉、皇十二子胤祹、皇十三子胤祥和皇十四子胤禵（皇六子、皇十一子幼殇）。

在这12个皇子中，皇八子胤禩内有才德，外有武功，比较出众。皇储被废后，他竟不吸取教训，私下结交朋党。除鄂伦岱、王鸿绪等大臣外，皇长子胤禔、皇九子胤禟、皇十子胤䄉、皇十四子胤禵也纷纷支持胤禩。皇长子胤禔在培植势力时被清圣祖发觉，激起了清圣祖的愤怒。清圣祖不仅削去了胤禔的爵位，而且将他幽禁起来。皇八子胤禩自然也脱不了干系，被痛打一顿。

清圣祖见一日不立皇储，皇子们就会为此相互争斗，于是又打算立储。不过，他并没有选择众大臣推举的皇八子胤禩，而是复立皇次子胤礽。不过，清圣祖的做法并没有平息皇子间的蓄势和争斗。因为众皇子认为，既然皇储可立可废，就有可能随时发生变故。随后，以皇次子胤礽为核心的集团和以皇八子胤禩为核心的集团开始明争暗斗。清圣祖再次被皇次子胤礽争权夺势的行为所激怒，于是在康熙五十一年（1712年）再次废掉了他的皇储身份，并用酷刑处决了他的亲信和党羽。

在这期间，另一股势力开始出现，这就是以皇四子胤禛为核心，以大臣科隆多、年羹尧、皇十三子胤祥等人为辅的集团。在皇次子和皇八子进行争斗的过程中，胤禛没有参与其中，而是静观时势变化。他通常保持中立的态度，既不偏向于皇次子，也不偏向于皇八子，并且深藏不露，因此没有遭到这两大集团的排挤和打击。

另外，胤禛身边还有一位城府很深的心腹，他就是戴铎。戴铎认为"处英明之父子也，不露其长，恐其见弃；过露其长，恐其见疑"，由此建议胤禛采取中庸之道，在清圣祖面前要掩露得当，既不要因才大引起清圣祖的猜疑，也不要因无才而使清圣祖不屑一顾。戴铎还认为"处众多之手足也，此有好竿，彼有好恶，此有所争，彼有所胜"，并由此建议胤禛不要与众位皇兄弟争强斗胜，而要通过宽容大度的待人方式来对待他们，既可以不引起皇子中强者的忌恨，又可以拉拢皇子中的弱者，在保身的同时还能够团结到一批人。戴铎的建议给了胤禛很大的启发，使他能够妥善处理好与父皇和皇兄弟之间的关系，从而赢得了更多人的支持。

清圣祖驾崩后，胤禛这匹黑马一跃而出，登上了大清皇位，是为清世宗雍正皇帝。清世宗即位后，改元雍正。至于胤禛如何登上皇位，尚无定论，有人说是名正言顺，有人说是矫诏篡位，也有人说是夺权篡位，有待进一步考究。

■ 尽心改革　突然逝世

清世宗即位后，首先开始集中皇权。为了避讳，他将其他皇兄皇弟名字中的"胤"字统统改为"允"字。随后，他采取各种方式来对付众多皇子，或削爵，或幽禁，或发配，很快消除了这些皇子对他皇位的威胁。清世宗在位时，清圣祖皇长子允禔、皇次子允礽、皇三子允祉、皇五子允祺、皇七子允祐、皇八子允禩、皇九子允禟等都先后死去。至于是不是为清世宗所害，还有待考证。

随后，清世宗开始大刀阔斧地进行改革。他的改革为清政府的巩固和发展起到了承前启后的作用，他本人也以此著称于清朝诸位皇帝中。

在中央机构方面，清世宗设立了军机处。军机处设立之前，议政处设有议政大臣，由王公贵族担任，负责管理军务；内阁设有大学士，负责管理政务。并且，议政处逐渐失去实权，权力逐渐向内阁转移。军机处设立之后，内阁的权力又逐渐向军机处转移，军机大臣除了管理军务外，而且分领大学士的权力。另外，军机大臣由皇帝统一指挥。至此，议政处和内阁成为了名存实亡的机构，皇权得到了彻底的集中。

在奏事方面，清世宗在清圣祖奏折制度的基础上推行了密折制度。在官员人数上，清世宗将有资格具折奏事的官员人数由清圣祖时的百余人增加至千余人；在奏事内容上，清世宗了解的情况比清圣祖更加广泛，涉及到社会的方方面面，从而能够使他更加全面而且客观地处理和解决问题。除此之外，为了防止朝中大臣专权、欺压其他官吏以致上奏失真，清世宗要求所上奏折一律密封，除他本人外，其他人等不许拆封。批阅完毕后，清世宗又将奏折直接下传至上奏人手中。

在选储方面，清世宗吸取了前朝的经验和教训，不再公开选立皇储，而是将选定的皇位继承人写在传位诏书中，然后将传位诏书束之高阁，置于乾清宫中的"正大光明"匾后，并由专人监管。皇帝去世后，传位诏书方可取下，并按照诏书所写传位。如此一来，皇子们并不知道谁将成为皇位继承人，失去了攻击目标，从而减少了宫廷内的争斗。

在吏治方面，清世宗针对清圣祖晚年朝中盛行的腐败贪污现象通过多种形式进行治理。

为了防止朝中官员贪污造成国库亏空，清世宗令户部严格落实库存量。一旦登记数量与实际库存量发生出入，立即追究责任，并按照情节轻重给予严厉的处罚。这一措施实行后，国库亏空现象立即得到扭转。国库得到充实后，当地方上出现灾情时，中央能够立即调拨国库钱粮去赈济，使灾民能够得到更多的关怀和温暖。

对于知法犯法的官员，清世宗不徇私情，严惩不贷。清世宗登基之初命年羹尧接替允禵担任抚远大将军职务。年羹尧才华出众，多年在西北前线为朝廷效力，因平定西藏被加封三等公爵兼太保，后因平乱有功晋一等公，外加太傅衔。

年羹尧居功自傲，开始胡作非为。他不但霸占了蒙古贝勒七信之女、斩杀四品以上官员多人，还让蒙古王公见他时下跪。他的张狂行为终于遭到了群臣的攻讦，其中以内阁、詹翰、九卿、科道合奏年羹尧的罪恶"罄竹难书"最有力度。雍正皇帝对年羹尧的行为早有耳闻，只是没有得到真凭实据，如今见其罪证摆在面前便顺水推舟，下令将其革职查办。历时九个月之久的调查，议政王大臣等为其定下大逆之罪五、欺罔之罪、僭越之罪、狂悖之罪、专擅之罪等92条罪状。

半年后，雍正帝派兵统领阿尔图，并给年羹尧下诏："历观史书所注，不法之臣有之。然当未败露之先，尚皆为守臣节。如尔公行不法，全无忌惮，古来镫有其人乎？朕待尔之恩如天高地厚，愿以尔实心报国，尽诛猜疑，一心任用。尔乃作威作福，植党营私，辜恩负德，于绍果忍为之乎？……尔悖逆不臣至此，若枉法曲宥，曷以彰安典而服人心？今宽尔碟死，令尔自裁，尔非草木，虽死亦当足也。"

在战事方面，清世宗绝不容许大清版图被分化或割让。一旦有人蓄意破坏大清版图，清世宗会毫不留情地动用武力平乱。雍正元年（1723年），罗卜藏丹津率领蒙古和硕特部造反，对青海西宁发动了攻击。清世宗闻讯后，立即派兵镇压，很快将叛乱平定。雍正三年（1725年），西藏地区又发生叛乱。清世宗再次发兵平叛，巩固了清政府对西北地区的统治地位。

雍正十三年（1735年），58岁的清世宗突然驾崩于圆明园。与他的即位一样，他的死亡同样是一个谜，给后人留下了猜想的空间。

 高宗弘历——善治国、会享乐的长寿天子

■ 功过参半　是非难定

康熙五十年(1711年)八月十三日，世宗第四子爱新觉罗·弘历出生于雍亲王府邸。清圣祖对这个皇孙非常钟爱，令他在宫中读书。弘历聪明伶俐，能够过目不忘。后来，弘历又学会了射箭、火器等技能。

雍正元年（1723年）八月，世宗秘密写下皇位继承人，并将其缄藏在乾清宫"正大光明"匾额后。雍正十一年（1733年），23岁的弘历被封为和硕宝亲王。当时准噶尔战役还未完结，再加上黔苗出现兵事，世宗令其总理军机，参决国家大计。雍正十三年（1735年）八月，世宗身体不适，在圆明园静养，弘历朝夕谨慎侍奉。数日后，世宗病笃，立即召庄亲王爱新觉罗·允禄、果亲王爱新觉罗·允礼、大学士鄂尔泰和张廷玉、领侍卫内大臣丰盛额和讷亲、内大臣户部侍郎海望入朝，不久驾崩。在众位顾命大臣的辅佐下，弘历奉遗诏即皇帝位，是为清高宗。

在圣祖和世宗的经营下，大清王朝国势日益昌盛，为高宗开创大清盛世奠定了良好的基础。高宗不辞辛劳，通过编修文化典籍、著写诗文、抵御海潮、豁免租税、武力征讨等方式为大清的文化、农业、国土统一等作出了巨大贡献，将清王朝推向了鼎盛时期。然而，高宗时期却成了大清由弱而盛和由盛而衰的分水岭。这是因为高宗虽然在文治武功上都有着突出的成就，但与其同时，他的文治武功也威胁着清王朝的统治地位：文字狱的不断兴起破坏了社会的和谐，穷兵黩武式的征讨耗费了大量财力，皇家园林（颐和园、香山、圆明园、玉泉山、宁寿宫）的修建同样加大了国用的支出；由于执政时间过长（60年），高宗晚年逐渐昏庸，以和珅为代表的贪官污吏逐渐败坏了社会风气，等等。月盈则亏，水满则溢，没想到的是，大清的盛衰会转化得如此迅速。

■ 吏治腐败 起义四起

高宗一生所做的事情太多太多，难以一一描述。在此着重讲述和珅的发迹，从侧面来反映高宗在位时的统治情况。

和珅凭借着察言观色、揣测上意、机智灵活而逐渐得势。和珅当政20余年，疯狂敛财，搜刮的财富总价值可达亿两白银。

和珅不但自己贪婪，而且倚仗高宗的宠信公开庇护贪官。查找有关史料，乾隆年间的许多贪污大案要案均发生在和珅专权之后，且均以和珅为后台。

乾隆四十六年（1781年），浙江巡抚王亶望贪污被告发，负责办案的官员在其家中搜出金银百万两之多。通政司副使钱沣查明勒尔谨、王亶望皆为和珅私党，陕西巡抚毕沅又经常奔走和门，与勒、王两人狼狈为奸，且知情不报。于是，钱沣上奏疏弹劾毕沅。和珅没能保住勒尔谨、王亶望的性命，但却保住了毕沅的性命。

乾隆四十七年（1782年），御史钱沣弹劾山东巡抚国泰贪赃枉法、营私舞弊。高宗大怒，命和珅、御史刘墉和钱沣一起去查办。国泰的营私舞弊之事，人人皆知，只是有和珅做后台，没人敢向上反映。此次查办，高宗下旨，负责督办的官员不敢怠慢，和珅怕事情露馅，事先给国泰通风报信，让其早做准备。三人到山东后，马上盘查库府中的银子，一看数目不缺，就要草草收场。钱沣觉得这里面有蹊跷，因为他发现，这里的库银规格不一，便知有诈。又见和珅如此草率盘库，知其暗中袒护国泰，如果就这样收场，不光是贪官得不到惩处，他自己还要以所劾不实而获罪。因此，他再三请求封库再查。和珅无奈，只好同意封库。第二天，钱沣贴出告示，通知借钱给府库的各商号赶快前来认领，否则银两一律充公。结果各商号纷纷前来领银，原来库银是从商铺暂时借来充数的。国泰贪污库银200万两的内幕终于大白于天下。在铁一般的证据面前，和珅竭力营救也未能奏效，国泰、于易简都被高宗下旨处死了。

高宗中后期，吏治更为腐败，贪污之风更甚，内阁学士尹壮图请旨"密查亏空"。和珅怕尹壮图的"密查亏空"之火会烧到自己头上，于是决定整整他。和珅奏请高宗派户部侍郎庆成和尹壮图同赴各地清查仓库，其目的在于暗中监视和牵制尹壮图。每到一地，庆成并不急于盘查，而是先拖延时间，令尹壮图枯坐馆舍，使其行动受到限制，然后设法给当地官员通风报信。事先得到消息的地方官吏，则赶紧东挪西借，暂时补足亏空，结果自然查不出任何漏洞。没有查出漏洞，尹壮图的麻烦自然来了，刑部以挟诈欺公、妄生异议罪判处尹壮图死刑。最后还是高宗免去了他的死罪，这使和珅的气焰更加嚣张。

对于不依附自己的人，和珅千方百计地予以迫害打击。就连仁宗的老师朱珪及大学士董诰，和珅也不放过。嘉庆元年，高宗下诏调朱珪来京任大学士，仁宗得知后，写诗给老师表示祝贺。和珅盯上这首诗，把它拿给高宗看，说仁宗早就想"示恩于师傅"。高宗大怒，幸亏董诰在旁解劝："圣主无过言。"高宗虽未治仁宗和朱珪的罪过，但降朱珪为安徽巡抚，并谕令"不得内召"……

吏治的腐败和黑暗激化了大清统治阶级与平民之间的矛盾，起义军到处"开花"，大清"应接不暇"。乾隆末年如此，嘉庆初年仍然如此。嘉庆元年（1796年），湖北当阳、孝感等地先后发生暴动；嘉庆二年（1797年），贵州、四川、陕西等地先后出现叛乱。尽管这些武装起义还不足以威胁到清王朝的统治，但它反映了当时的一种黑暗现状。如果只是一味采取武力镇压这种治标不治本的策略来达到社会的稳定与和谐，无疑是天方夜谭。不过，高宗已经驾鹤西去（嘉庆四年春），至于未来的清王朝兴衰与否，就要看他的子孙后代有什么绝招了。

清仁宗颙琰——一心为国的太平天子

■ 励精图治 难救大局

乾隆二十五年（1760年）十月初六，高宗第十五子爱新觉罗·颙琰出生。乾隆五十四年（1789年），30岁的颙琰被封为嘉亲王；乾隆六十年（1795年）九月初三，36岁的他被策立为皇太子。次年正月，86岁的高宗举行了内禅之礼，颙琰由此登上皇位，是为清仁宗。高宗身体状况良好，虽然退为太上皇，但仍然总揽朝政大权。直到嘉庆四年（1799年）正月，高宗去世，已有40岁的仁宗才开始亲政。

仁宗亲政时，高宗在位时所采取举措的弊病逐渐显露出来，比如吏治腐败、民生凋敝等。在这种情况下，社会底层人士与清政府统治阶级之间的矛盾日益突出化、尖锐化。针对父亲在位时遗留下来的种种社会问题，仁宗不敢有丝毫懈怠，亲政后立即投入到了繁忙的政务之中。

嘉庆四年（1799年）二月，仁宗惩治了大学士和珅。当时，给事中王念孙首先站出来揭发和珅的种种罪状。亲政前，仁宗碍于高宗而没有立即审核和珅。仁宗早就不满和珅的贪赃枉法，此时高宗已死，又有朝臣弹劾，遂立即下令有司立案调查。经调查显示，和珅犯下二十条大罪：其一，乾隆六十年（1795年）九月初二，不待仁宗被封为皇太子的消息宣布，和珅便在初二告知仁宗，以拥戴之功自居；其二，骑马径直进入圆明园左门并过正大光明殿；其三，乘坐椅轿进入大内，乘马车直入神武门；其四，将出宫的女子纳为次妻；其五，任意压搁各路军报，有心欺蔽皇上；其六，见太上皇（高宗）身体不适竟毫无忧戚之色，并谈笑如常；其七，见太上皇病危时批答章奏字迹不清，竟开口说不如撕去重拟；其八，以兼管户部报销之名、行统管户部事务之实；其八，接到贼匪肆劫青海的奏折后驳回，隐匿不办；其九，仁宗曾向蒙古王公宣谕说没有出痘（天花）的人不必来京，他却传令已出痘或未出痘的人都不必来京；其十，大学士苏凌阿重听衰迈，他因此人与其弟的琳姻亲遂隐匿不奏；其十一，拉结朋党，肆意擢升侍郎吴省兰、李潢，太仆寺卿李光云等人；其十二，任意撤去军机处的记名人员；其十三，房屋的构造仿照宁寿宫，装饰酷似圆明园的蓬岛、瑶台；其十四，在蓟州坟茔设享殿、置隧道；其十五，藏有珍珠手串二百多件，是大内的几倍之多，且所藏的大珍珠大于御用冠顶上的珍珠；其十六，藏有本不该拥有的宝石顶数十件，整块大宝石更是不计其数；其十七，银、衣服的数量超过千万；其十八，房屋夹墙中藏有二万六千多两黄金，私库中藏金六千多两，地窖中埋银三百多万两；其十九，他在通州、蓟州所开当铺、钱店的资本达十多万，与民争利；其二十，家奴刘全的家产多达二十多万，并且有大珍珠、手串等珍宝。

顿时，朝中内外诸臣都上疏说应该治和珅大逆之罪，仁宗考虑到和珅曾任首辅，不忍心在肆市公开处决他，于是赐他自尽。他曾询问直隶布政使吴熊光："有人说和珅有不臣之心，你认为呢？"吴熊光答："凡心怀不轨者，一定会收买人心，而和珅既没有拉拢满人也没有拉拢汉人，即使中怀不轨，又有谁肯听从他呢？"仁宗又问："那么，惩处他要不要迅速呢？"吴熊光答："不速治其罪，无识之徒观望贪缘，别滋事端。发之速，是义之尽；收之速，是仁之至。"于是，仁宗诛杀和珅后便向廷臣宣谕说不追究被和珅荐举及在其家做事的人，望他们悔过自新。诛除和珅后，仁宗将其任职时所采取的一些措施纷纷加以修整，消除了一些弊端。随后，吏治得到了很大改善。

除了惩治贪官外，仁宗在土地划分、鼓励农业、减少军费、安抚灾区等方面都采取了一定的措施。不过，尽管仁宗励精图治，但仍然无法改变清政府日益衰败的现状。随着白莲教、天理教等起义的先后发生，仁宗只得将大量精力、财力投入到镇压起义中去。

早在仁宗即位之初，白莲教因地方官吏对劳动人民的残酷剥削而迅速壮大起来，坚决不向清廷妥协。直到嘉庆十二年（1807年），白莲教才被彻底镇压下去，清政府因此大伤元气。还未待休养生息，天理教又揭竿而起。仁宗一鼓作气，天理教起义亦被镇压。另外，随着外交的发展，鸦片开始进入国内，外国殖民者在从我国国内捞取巨额利润的同时严重摧残着我国人民的身心健康。

面对内忧外患，仁宗毫不退缩，始终能够勇敢面对，的确是一位忧国忧民的君主。不过，尽管如此，清朝已经暮色沉沉，再也难以出现生机勃勃的局面了。嘉庆二十五年（1820年）夏，操劳一生的仁宗带着遗憾离开了人世。

清宣宗旻宁——近代第一个不平等条约的签订者

■ 大力禁烟 卓有成就

乾隆四十七年（1782年）八月初十，仁宗第二子爱新觉罗·旻宁生于撷芳殿。年幼时候的旻宁非常好学，先后受到编修秦承业、检讨万承风、礼部右侍郎汪廷珍、翰林侍读学士徐颋的指导和教育，因此早早为以后治国安邦打下了基础。另外，宣宗还从小学习骑射。高宗对这个皇孙非常喜爱，于乾隆五十六年（1791年）八月赐给他黄马褂和花翎。

嘉庆十八年（1813年）九月，林清党人发难，攻入紫禁城。旻宁处乱不惊，以长矛杀死两人。仁宗深感欣慰，封他为智亲王，并将他使用的长矛称为"威烈"。嘉庆二十五年（1820年）秋，仁宗在热河去世，当时旻宁随扈。仁宗病笃时，御前大臣、军机大臣、内务总管等人按照仁宗在嘉庆四年（1799年）写下的御书，立旻宁为皇太子。不久，旻宁奉皇太后懿旨即皇帝位，是为清宣宗。

宣宗也是一位志向远大的皇帝，即位后便针对社会现状采取了一系列措施，如整顿吏治、杜绝买官，提倡节俭、以身作则等。不过，宣宗的这些措施并不能挽救清政府的命运。在外国侵略者的武力挑衅下，宣宗由抗争到妥协，最终抱恨死去。之所以会如此，还要从鸦片讲起。

早在雍正年间，清政府已经意识到了鸦片的危害性，并开始采取各种措施抵制鸦片流入国内。但由于军备松弛、官吏唯利是图等原因，使得鸦片在清朝的市场越来越大。在宣宗即位后的前十八年内，运入国内的鸦片数量不断猛增。尽管宣宗心忧如焚，加大了打击力度，但贩卖鸦片的巨大利润像磁石一样牢牢吸引住了外国侵略者和清朝腐败官吏的眼球，使得他们不能自拔，从而使得宣宗的治理难度加大。

为了能够成功制止鸦片的输入，宣宗开始重用林则徐。道光十八年（1838年），鸿胪寺卿黄爵滋奏请禁烟，中外大臣议论纷纷。政绩昭著的湖广总督林则徐请求严治。他说："此祸不除，十年之后，不惟无可筹之饷，且无可用之兵。"宣宗深表赞同，先后令林则徐十九次入觐，以便与他商议实施方案。同年，林则徐被授任钦差大臣，前往广东查办禁烟事宜。

道光十九年（1839年）春，林则徐走马上任。当时，广东总督邓廷桢已经严申了禁令，并缉拿了一些烟犯。洋商查顿见清政府加大了禁烟力度，只好先回国退避。林则徐素知水师提督关天培忠勇，是个可用之材，遂令其严整兵备。林则徐以檄文谕告英国领事义律查缴烟土并将运输鸦片的货船驱逐出境，共收缴二万多箱烟土。林则徐请亲自到虎门验收，并将这些害民伤财的烟土在海滨焚烧，一直销毁了四十多天。接着，林则徐奏请制定有关洋商夹带鸦片的罪名，并严厉惩处与洋商勾结的官吏。除了义律外，其他各国的领事都表示奉命行事。

为了防止外敌入侵，林则徐一边销烟，一边在沿海关口设置炮台，英国商船不敢再肆无忌惮地向中国运入鸦片。不过，英国人并没有善罢甘休，而是蓄意挑衅。适逢英国不法商人将华民殴打致死，并坚决不交出主犯。林则徐义愤填膺，遂断绝英领事馆的食物来源。七月，义律以索取食物为名，竟用货船载兵进犯九龙山炮台，参将赖恩爵将其击退。宣宗收到奏章后很高兴，并勉励林则徐等人："既有此举，不可再示柔弱。不患卿等孟浪，但戒卿等畏葸。"有了宣宗的批准，林则徐显得更有底气。九月，义律再次派兵攻打炮台，被关天培击败。十月，义律又侵犯虎门官涌，大清官军兵分五路进攻，结果六战六胜，林则徐由湖广总督调补为两广总督。

■ 瞻前顾后 步步妥协

在清政府的强力抵御下，英国船队只得暂停在外洋，同时用利益来诱惑海边的奸民继续走私烟土。道光二十年（1840年）春，林则徐令关天培秘密安装炮械，并雇渔船出洋设伏，在夜间顺风纵火，焚毁了众多匪船，切断了英国的走私线。英国政府为了保证鸦片贸易的顺利进行，迅速集结了大量兵船，决定用武力来征服大清，第一次鸦片战争由此爆发。六月，英军攻陷浙江定海，并劫掠宁波。林则徐认为自己失职，遂向宣宗请罪，并密奏不可中止军事："英夷所憾在粤而滋扰于浙，虽变动出于意外，其穷蹙实在意中。惟其虚憍性成，愈穷蹙时，愈欲显其桀骜，试其恫喝，甚且别生秘计，冀售其奸；一切不得行，仍必帖耳俯伏。第恐议者以为内地船炮非外夷之敌，与其旷日持久，不如设法羁縻。抑知夷情无厌，得步进步，威不能克，患无已时。他国纷纷效尤，不可不虑。"并请求赶往浙江戴罪立功。

七月，抵达天津的义律向清总督琦善写了封信，将后来发生的这些事情全部归咎于林则徐和邓廷桢二人的虎门销烟之举。宣宗见英人有议和的意向，遂有了息事宁人的想法。殊不知，前线作战的官兵已经将无耻的英人击败数次。九月，宣宗下诏："鸦片流毒内地，特遣林则徐会同邓廷桢查办，原期肃清内地，断绝来源，随地随时，妥为办理。乃自查办以来，内而奸民犯法不能净尽，外而兴贩来源并未断绝，沿海各省纷纷征调，糜饷劳师，皆林则徐等办理不善之所致。"随后，琦善接替了林则徐的职位，开始与义律协商。不料，义律竟要求大清向其赔偿烟价，同时要求清政府在厦门、福州开埠与其通商。宣宗大怒，遂要求沿海地区积极备战，并于道光二十一年（1841）春授予林则徐四品卿的头衔，令其奔赴浙江协助防守。

在与英军相持期间，义律数次遣人向琦善挑战，琦善却尽力妥协，并表示要言和。义律说："战后再议，未为迟也。"并派人进犯虎门的外沙角和大角炮台，清军副将陈连升奋力搏击，壮烈牺牲，炮台失陷。当时，镇守靖远炮台的提督关天培，镇守威远炮台的总兵李廷钰向琦善求援。在剑拔弩张之时，琦善竟不敢公然发兵救助，而是乘夜派出二百人。宣宗大怒，于道光二十一年（1841年）正月派御前大臣贝子奕山、户部尚书隆文、湖南提督杨芳等人前去协助围剿英军。

宣宗虽然对琦善的行为感到不满，但并没有立即革他的职。之前，义律数次向琦善索要香港，琦善为了解围竟然瞒着宣宗假装同意将香港划给他。外沙角、大角炮台先后失陷后，义律以交还这两处炮台和交还定海为条件来换取整个香港岛。在琦善的一手操办下，双方达成协议。等到英人占据香港后，琦善才上疏："地势无可扼，军械无可恃，兵力不固，民情不坚，如与交锋，实无把握，不如暂事羁縻。"宣宗更加愤怒，下令将其革职查办。不久，虎门靖远炮台失守，关天培阵亡。奕山等人率兵到了广东后竟一再失利，为了解除广州之围，竟以赔偿英国白银六百万两的烟价为条件。虽然广州之围被解，但福建、浙江又开始受到英军的侵扰。

奕山等人谎报军情，使得宣宗错误地认为英军在广州不战而退是因为敬畏大清的威严。宣宗遂不辨忠奸，在将林则徐、邓廷桢发配到伊犁戍边的同时竟赦免了贪生怕死的琦善，并令其奔赴军营效力。另外，为了节约军费，宣宗撤掉了一部分守军。宣宗做作的一切，都是导致鸦片战争以失败而告终的直接或间接原因。

道光二十二年（1842年），浙江军再次战败，吴淞失守。江宁的耆英、伊里布等人奉宣宗之命与英人和议。海内人士莫不认为，琦善是罢战言和的罪魁祸首。最后，清政府与英人签订了丧权辱国的《江宁条约》（史称《南京条约》）。

鸦片战争虽然告一段落，但清政府已经破败不堪，贪污腐败之风再次兴盛，各地起义也随之而来。此时的宣宗已经心力交瘁，只能眼睁睁看着大清江山日益破落。道光三十年（1850年），69岁的宣宗去世。

清文宗奕𬣞——无远见、无胆识、无才能、无作为的不称职皇帝

■ 全力平乱 无所成就

道光十一年（1831年）六月初九，宣宗第四子爱新觉罗·奕𬣞出生。道光三十年（1850年）正月，宣宗去世，被册立为皇太子的奕𬣞即皇帝位，是为清文宗。

文宗可以称得上是临危受命，但与仁宗、宣宗一样，他并不能扭转乾坤。随着太平天国运动和第二次鸦片战争的先后发生，文宗渐渐感到力不从心。

早在道光年间，广东花县人洪秀全就开始在国内宣扬和组织拜上帝会，并打着人人平等的旗号召集教徒，规模扩展得非常迅速。咸丰元年（1851年）正月，洪秀全等人在广西金田起义，自称天王，并开始侵扰广东各县。文宗立即令广州副都统乌兰泰出兵，并临时任命大学士赛尚阿为钦差大臣，率领都统巴清德、副都统达洪阿前去镇压。

闰八月，洪秀全向北攻陷永安后，僭号太平天国。洪秀全自为天王，并封杨秀清为东王、萧朝贵为西王、冯云山为南王、韦昌辉为北王、石达开为翼王、洪大全为天德王；同时，洪秀全还设置丞相、军师共四十八人。当时清兵阵容宏大，起义军感到寡不敌众，有散去之意。在这种情况下，擅长谋略的杨秀清独树一帜，建策封王，使得起义军没有走散。此后，起义军兵分数路，不断向南移动。咸丰二年（1852年）二月，天德王洪大全被擒杀。同月，广州副都统乌兰泰阵亡。三月，南王冯云山中炮而亡。八月，西王萧朝贵在攻打长沙南门时被清兵所杀。洪秀全听到萧朝贵的死讯后立即从郴州赶来督促攻城。十月，起义军攻陷岳州，得到吴三桂曾经储存于此的大量军械，实力大增。

咸丰三年（1853年）春，文宗以两广总督徐广缙为钦差大臣，取代赛尚阿。当时翼王石达

开正在攻打武昌，徐广缙不敢进兵，遂在岳州逗留。文宗又更以向荣为钦差大臣，这才使得局势得到缓解。在向荣的猛攻下，石达开放弃武昌，率兵东下，先后攻克黄州、武昌、蕲水等十多个州县。两广总督陆建瀛率领二万余众、一千五百只船上溯，遇到起义军却不战而走，前军全部丧失，陆建瀛狼狈逃还金陵。不久，金陵失陷。

■ 难挽狂澜　心忧而死

　　洪秀全在金陵建立国都，并改金陵为天京。随后，他举行祀典，并大封将卒。另外，他还制定了军制、阵法、旗帜、号令、服饰等各种礼仪制度。

　　同年二月，起义军攻陷镇江、扬州。向荣率军自武昌东下，抵达天京后在孝陵卫驻军，被称为"江南大营"。同时，都统琦善也以钦差大臣的身份率领各路马步兵屯于扬州城外，被称为"江北大营"。三月，向荣击退起义军，进逼金陵。

　　随后，清军与太平军进行了长达三年的苦战，结果以失败告终，向荣战死。咸丰八年(1858年)，文宗下令再次攻打天京。在此次攻城中，和春为钦差大臣，与提督张国梁并肩作战。抵达天京后，二人指挥清兵在城外高筑营垒，深挖壕沟，并重建江南和江北两大营，气势和规模都相当庞大，大有不攻破天京誓不罢休的气势。

　　咸丰九年(1859年)，江北大营被太平军攻破。但洪秀全并没有安心，因为江南大营仍然屹立在城外。为了攻破江南大营、解围天京，太平军各路将领共同商讨破营战略，得一可用之计。咸丰十年(1860年)，起义军将领李秀成依计行事，率领精兵对杭州城发起了猛烈进攻，浙江巡抚被打死。浙江告急，清政府无可奈何，只得从江南大营中抽调部分兵力前去援救杭州。随后，李秀成火速赶往天京，与天京城内的太平军对清军进行内外夹击，攻破了江南大营。

　　面对日趋紧张的局势，文宗寝食难安。早在咸丰四年（1854年），文宗见安徽、湖北纷纷告急，就接二连三地令曾国藩出兵救援，但曾国藩始终按兵不动。自咸丰二年(1852年)始，曾国藩按照文宗旨意办起了团练。次年，在文宗的许可下，曾国藩主持组建军队，规模越来越大，湘军很快就组建完毕，但这远远没有达到他的要求。曾国藩认为，太平军是一支训练有素的军队，八旗兵和绿营兵根本不能够抵挡气势汹涌的太平军，更不用说消灭他们了。因此，曾国藩在训练士兵时，要求很高。直到咸丰十年（1860年），曾国藩才开始率领湘军镇压太平军。到咸丰十一年(1861年)，湘军经过近两年的持久战，最终将安庆攻陷，对太平天国运动的平定起了决定性的意义。

　　在镇压起义军的同时，外国列强也开始威胁清政府的统治地位。早在咸丰六年（1856年），在英法列强的蓄意谋划下，第二次鸦片战争爆发。最终，文宗无法收场，遂委托恭亲王奕䜣处理议和事宜，自己逃往热河避乱。咸丰十一年（1861年）夏，文宗病逝。

清穆宗载淳——碌碌无为的少年天子

■ 受制慈禧 华年早逝

　　咸丰六年（1856年）三月二十三日，文宗长子爱新觉罗·载淳生于储秀宫。咸丰十一年（1861年），文宗在病逝前令载垣、端华、景寿、肃顺四位御前大臣和穆荫、匡源、杜翰、焦佑瀛四位军机大臣宣谕册立6岁的载淳为皇太子。文宗死后，载淳即皇帝位，是为穆宗。

　　穆宗即位后，四位御前大臣和四位军机大臣辅政。不久，清廷内发生了政变。穆宗生母慈禧太后那拉氏和恭亲王相互勾结，将八位顾命大臣囚禁，并在后来将其中四人处死、另外四人革职，这便是"辛酉政变"。

　　辛酉政变后，清廷内部权势格局逐渐明朗。圣母皇太后钮祜禄氏和母后皇太后那拉氏（慈禧）正式开始垂帘听政，恭亲王主要负责国内大局的调控。接受了很多西方思想的恭亲王主张改革，在国内提倡创办洋务，洋务运动由此而来。洋务运动的开展以恭亲王为核心，由曾国藩、左宗棠、李鸿章和沈保桢四人分别在各地创办。慈禧太后为取得清廷的绝对控制权，采用阴谋逼迫恭亲王下台，最终独揽大权。

　　由于太平天国运动尚未平定，慈禧太后对曾国藩非常倚重。咸丰十一年（1861年）冬，曾国藩被授职两江总督，执掌江苏、安徽、江西、浙江四省军权。同治元年（1862年），他被加授"协办大学士"头衔。此时，曾国藩已经是大清建朝以来权势最高的外臣。曾国藩并没有辜负清廷对他的期望，最终于同治三年（1864年）九月彻底平定了太平天国运动。

　　湘军作战长达十年，士气渐衰、积习已深，再加上湘军擅长在山区打游击而不擅长平原作战，曾国藩果断裁减湘军，并迅速组建了淮军。正当曾国藩分期分批裁撤湘军之际，蒙古王爷僧格林沁马队被捻军在湖北牵着鼻子走，接连损兵折将。捻军最初由山东游民组成，经过对光、固、颍、亳、淮、徐等地进行了一系列剽掠后势力大增。其首领共有四人：张总愚、任柱、牛洪和赖文光。

　　清廷万般无奈，命令曾国藩率军增援湖北。朝廷的这次调遣，对湘军非常不利，所以曾国藩的态度也十分消极：其一，攻陷天京以后，清廷咄咄逼人，大有卸磨杀驴之势，曾国藩不得不避其锋芒，自剪羽翼，以释清廷之忌；其二，僧格林沁骄横刚愎、不谙韬略，向来轻视湘军，如果曾国藩统兵前往作战，势必会形成湘军送死有份、论功行赏无缘的情形。万难之中，曾国藩采取拖延之法。他上奏折推辞说："臣自咸丰四年躬亲矢石，屡次败挫，厥后十载，久未亲临前敌。即元年秋间大疫，群贼纷乘，曾国荃被围四十六日，鲍超绝粮二日，臣俱未亲行援救。本年奉谕旨，饬臣督攻金陵，臣亦未亲往围攻，非漠视也。自揣临阵指挥，非臣所长，不得不自藏所短，俾诸将得展其才，此次臣若自赴楚界，未必有益，而僧格林沁、官文同驻蕲、黄，四百里之内，以钦差三人萃于一隅，恐启贼匪轻视将帅之心。"

　　僧格林沁大军在黄淮大地上对捻军穷追不舍，曾国藩得知后断言："此于兵法，必蹶上将军。"因此，曾国藩按兵不动，静坐江宁，观其成败。果然，高楼寨一战，僧格林沁全军覆灭，这位皇亲国戚竟然被一个年轻的捻军战士杀死。经过这一仗，捻军声势更加浩大，他们纵横山东、河南，威逼津京。朝廷不得不立即请出曾国藩，命他办直隶、河南、山东三省军务，三省八旗、绿营、地方文武官员尽归其节制。两江总督由江苏巡抚李鸿章署理，为曾国藩指挥的湘军、淮军筹办粮饷。同治四年（1865年）六月十日，曾国藩北上剿捻。

同治五年（1866年），捻军首领牛洪战死，捻军开始分散：任柱、赖文光窜至湖北，张总愚窜至陕西，被称作东、西捻。曾国藩剿捻一年有余但没有大成效，朝廷遂以李鸿章为钦差大臣。在李鸿章的指挥下，淮军在湖北击败东捻军。

经过半年的围剿，李鸿章终于平定西捻军。此后，李鸿章成为了清政府的中流砥柱。同治九年（1870年）七月，李鸿章剿平北山土匪。

同治八年（1869年），穆宗14岁，已经到了亲政的年龄。然而，慈禧太后并不放权，直到同治十二年（1873年）。此时的穆宗已经纵情声色而不能自拔，并染上了天花。同治十三年（1874年），穆宗病逝。

清德宗载湉——有心治国、无力回天的夹板皇帝

■ 国势日衰 忠臣竭力

同治十年（1871年）六月，醇贤亲王奕譞之子、穆宗之从弟爱新觉罗·载湉出生于太平湖邸第。穆宗因早逝而并无子嗣，慈禧太后遂立载湉为帝。这样一来，她仍然可以凭着皇太后的身份继续把持朝政，而不会因被尊为太皇太后而移交权柄。载湉即位后，是为清德宗。

德宗即位时仅有4岁，慈禧太后总揽朝中事务。此时的清政府面临着更多的外交事务，慈禧太后继续倚重李鸿章。

李鸿章在主持国事期间，能够扛住压力、力排众议，为清政府的统治延续作出了很大的贡献。他积极组织大清学生研究探讨外国的政学、法制、兵备、财用、工商、艺业等各个方面，先后创办过方言馆、机器制造局、轮船招商局等；开发国内的煤铁矿，广建铁路、电报及织布局，开设医学堂；从国外购进铁甲兵舰，修筑炮台营垒；通商日本，并派人前往驻守，等等。他首开清政府之先河，促进了清政府在各个方面的发展。

李鸿章认为列强的威胁来自海上，于是建议清政府组建近代化海军，得到了清政府的认可。光绪十一年（1885年），清政府成立海军衙门，醇亲王总理海军事务，李鸿章为会办。在这种情况下，北洋海军建设成军。北洋海军拥有舰艇25艘，官兵4千余人，是亚洲当时最强大的海上力量。与此同时，李鸿章加紧旅顺、大沽、威海等海军基地的建设，以加强海防。尽管李鸿章等官员做出了诸多努力，但清廷的腐败使他们的努力付诸东流。慈禧在修缮颐和园、过生日时大肆挪用海军经费，户部以经费难支为借口，要求停止添船购炮，自此，北洋海军的建设

陷于停顿、倒退的窘境。

光绪十年（1884年），朝鲜爆发"甲申事变"，光绪二十年（1894年）引发了中日黄海大战。经过近五小时的鏖战，北洋舰队不敌日本舰队。此后，清军在鸭绿江、九连城等战场与日军连续激烈交战，都以失败告终。最终，旅顺、威海等重要海军基地失守，北洋舰队覆灭。

光绪二十一年（1895年）二月，清政府见无法战胜日军，于是派李鸿章赴日本议和。出行前，清廷授予李鸿章割地赔款的全权。在谈判过程中，李鸿章始终抱着"争得一分有一分之益"的念头，以致于多轮谈判后未达成协议。在第三次谈判后，李鸿章在回住处的途中遇刺。由于受到世界舆论的压力，日方在和谈条件上有所让步。在第四轮谈判后，议和条款基本达成。中国向日本赔款2万万两白银，将辽东半岛及台湾、澎湖等地割让给日本，这就是令国人痛心的《马关条约》。

此后，国人大骂李鸿章是卖国贼。在"国人皆曰可杀"的汹汹舆论下，李鸿章成了清廷的替罪羊。李鸿章有冤难申，从而更加仇视日本人，发誓终生不再履日地。腐败无能的清政府只会维护他们的权益，遂解除了李鸿章任职长达25年的直隶总督兼北洋大臣职务。

光绪二十二年（1896年）春，俄皇尼古拉二世加冕，李鸿章作为清廷特使前往祝贺。同年四月二十二日，李鸿章在莫斯科与俄方代表签订了《中俄密约》，与俄结盟对付日本。

■ 主持维新 惨遭打击

《中俄密约》签订后，李鸿章先后访问德、荷、法、比、英、美、加诸国，对西方社会制度由衷赞叹，发出"五洲列国，变法者兴，因循者殆"的呼声。在李鸿章的呼吁下，变法运动在国内兴起。德宗自光绪十五年（1889年）开始亲政，对外国侵略者极端蔑视，大有一展宏图之志。这时候，广东南海人康有为出现了。康有为积极提倡拒和、迁都、变法，并秘密向德宗上书，得到了德宗的赏识。

光绪二十四年（1898年），康有为在京师成立了保国会。在李端棻、徐致靖、高燮曾等朝臣的反复推荐下，德宗召见了康有为。康有为见到德宗后力陈："四夷交侵，覆亡无日，非维新变旧，不能自强……"德宗叹道："奈掣肘何？"康有为答："就皇上现有之权，行可变之事，扼要以图，亦足救国。唯大臣守旧，当广召小臣，破格擢用；并请下哀痛之诏，收拾人心。"德宗遂重用康有为，并秘密召来侍读杨锐、知府谭嗣同、主事刘光第、中书林旭等人共同商讨变法之事。随着变法运动的深入，朝中旧臣感到恐惧，于是群起指责康有为，慈禧太后很快介入其中。后来，维持了仅百日的戊戌变法以失败告终。戊戌变法失败后，康、梁流亡海外，慈禧太后一再下令捕杀康梁余党。

慈禧太后本想废掉德宗，结果受到中外人士的指责，两江总督刘坤一也认为"君臣之分已定，中外之口难防"。在这种情况下，德宗才侥幸保住了皇位。光绪二十六年（1900年），义和团反帝斗争兴起。在慈禧太后及其爪牙的误导下，义和团竟打着灭洋人、杀新党的旗号开始对付洋人。随后，英法美日等国组成八国联军，发动了侵华战争。

在国家危难之际，慈禧携德宗逃至西安，北方局势一片混乱。为收拾八国联军之役的残局，清廷再度授李鸿章为直隶总督兼北洋大臣，催其北上主事。此次，李鸿章吸取了《马关条约》事件的教训，行至上海后，以身体不适为由迁延观望，部下也劝其以马关为前车之鉴，不要再做替罪羊。怎奈，慈禧在逃亡途中电催李鸿章北上抵京收拾残局，李鸿章无奈，一个月后抵京，向八国联军求和。李鸿章、奕劻代表清廷签署了《辛丑条约》，中国向各国赔偿白银4.5亿两。光绪二十七年（1901年），各国军队纷纷撤还。

光绪三十四年（1908年），德宗身体状况也日益恶化，不久便离开人世。

宣统皇帝溥仪——从皇帝到平民的坎坷一生

■ 复辟不成反遭罪　静心改造重做人

光绪三十二年（1906年）正月十四日，溥仪出生于清都北京的醇亲王府（又称北府），其父是光绪帝的弟弟载沣。

光绪三十四年（1908年）十月，光绪帝和慈禧太后几乎是在同时患上重病。不久，光绪帝奄奄一息，慈禧太后的身体状况也进一步恶化。由于光绪帝没有后嗣，皇储迟迟没有定下。慈禧太后见光绪帝行将就木，立即召集军机大臣商议皇储一事。当时，清政府面临着内忧外患，政权摇摇欲坠。军机大臣考虑到当前的危急形势，建议立年长之人，以便主持大局。不料，慈禧太后听后大怒，力排众议。最后商议决定，将光绪帝的亲侄子溥仪立为皇储，即位后由溥仪的父亲载沣监国。光绪帝当日从大臣口中闻讯后比较满意，于第二天离开了人世。光绪帝死后的第二天，慈禧太后也撒手人寰。

十几天后，3岁的溥仪在太和殿即皇帝位，建元宣统，光绪皇后隆裕被尊为"太后"。此后，溥仪在隆裕太后和载沣的辅助下开始治理清王朝。

宣统三年八月十九日（1919年10月10日），孙中山领导同盟会在湖北武昌起义，并迅速得到全国的响应，清政府的统治地位在这次运动的冲击下动摇。不久，孙中山在会议上被推选为中华民国临时大总统。另外，会议还决定改用公历纪元法。同年十一月十三日，中华民国临时政府在南京成立，这一天是公历1912年1月1日。

宣统三年十二月二十五日（1912年2月12日），隆裕太后迫于当时的反清形势，只得以溥仪的名义颁布《退位诏书》。《退位诏书》的颁布，不仅标志着清朝政府的灭亡，而且意味着统治中国人民长达两千多年的封建君主制度的结束。

溥仪退位后，民国政府并没有继续为难他，不仅没有废掉他的皇帝尊号，而且还允许他继续住在宫中。此后的一段时间内，溥仪一直在紫禁城内的养心殿闲居。

1915年12月12日，北洋军阀袁世凯窃取了辛亥革命的果实后称帝。不过，袁世凯的皇帝梦并不长久，在不到三个月的时间内，他竟一命呜呼。

袁世凯死后，民国大总统黎元洪和内阁总理段祺瑞之间常常发生冲突，这就是"府院之争"的由来。在这种情况下，一些保皇势力纷纷萌生野心，与民国政府进行明争暗斗，其中以张勋领导的辫子军最为突出。张勋出身行伍，清政府未亡时曾任江南提督。袁世凯做了民国大总统后封他为定武上将军。然而，他更加拥护清王朝。之所以要归附民国政府，只是为了保存实力。为了表示自己对清王朝的忠心和辅助溥仪复辟的决心，他在溥仪退位后要求部将一律不准剪去辫子，"辫子军"来源于此。

1917年6月中旬，张勋率领辫子军入京，对外声称调节"府院之争"，实际上是在为复辟做准备。待一切准备就绪，张勋和其他保皇分子于7月1日将12岁的溥仪推上了皇位。

溥仪复辟后，迅速按照清政府的官僚制度分封议政大臣、各部尚书、顾问大臣、总督、巡抚等等。冯国璋、黎元洪、段祺瑞等人皆在受封人员内，然而他们拒不受命。同时，各省督军、南苑航空学校、北京公使团纷纷采取了抗议或声讨复辟的行动。

在武力和舆论的双重压力下，保皇派欲使溥仪复辟的梦想仅仅维持了12日。此时的溥仪虽然能够体会到些许做皇帝的滋味，但还来不及寻思便再次被赶下了皇位，又一次回到了养心殿。

保皇派的失败直接影响着溥仪的命运，溥仪的生活将会变得更糟糕。在冯玉祥的策动下，溥仪于1924年11月5日被民国政府赶出皇宫。溥仪无奈，交出宝玺后被送回他的出生地北府。

溥仪并不安分，心中的复辟念头越来越强烈。在这种野心的驱使下，他摆脱民国政府的监管，逃进了日本公使馆。

一心想做皇帝的溥仪根本没有想到，他已经成为了日本人手里的一颗棋子，从此将不断受到日本人的摆弄。天下没有免费的午餐，更何况他想借助有虎狼之心的日本人来达成自己的愿望。

为了能够更好地控制和利用溥仪，日本人不久就把溥仪送到了天津。此后，溥仪又安静地度过了七八个年头。他在默默等待着复辟的时机，梦想着做皇帝的威风和高贵。

1931年9月18日，"九一八"事件爆发。就在中国国土被日本人侵占、中国人民惨遭日本人屠杀的同时，被皇位冲昏头脑的溥仪竟然从中看到了复辟的希望。他竟异想天开地认为，一旦民国军队被日本人镇压下去，他就可以做皇帝了。

在日本人炮火的强烈攻击下，我国的东北三省沦陷。日本人为了对我国人民进行奴化统治，特意用客轮将溥仪从天津接到辽宁在东北建立了伪"满洲国"。次年8月，溥仪正式在吉林长春开始了伪执政的生涯。

溥仪虽然成为了皇帝，但不是君临天下的清朝皇帝，而是一个遭所有有良知的中国人鄙视和唾骂的傀儡皇帝。他的复辟梦想再次破灭，而且为其付出了惨痛的代价。从此，他失去了人身自由，无论做什么事情都要听从日本人的安排，唯能够继续的是生命的延续和屈辱的延伸。

1945年，8月15日，日本帝国主义宣布无条件投降。溥仪在逃跑的过程中被苏联红军俘获，他的弟弟、妹夫、侄子后与他一同被关押于伯力收容所（今位于俄罗斯哈巴罗夫斯克）。

1949年，中华人民共和国成立。五年的拘禁生活后，溥仪于1950年被遣送回国，随后在国内接受了10年的改造。1959年，经中国政府特赦，溥仪被释放，成为了一名中国公民。经过这么多年的反思，溥仪的思想渐渐改变，开始积极地面对未来的生活。1960年，溥仪在北京植物园工作，随后又在全国政协文史资料研究委员会工作。由于他的出色表现，他在1964年被选为全国政协委员。

1967年10月17日，62岁的溥仪因患肾癌不治去世。